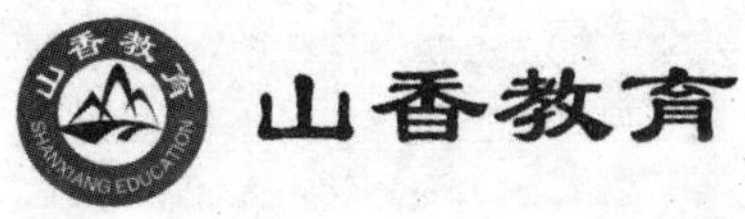

国家教师资格考试

历年真题详解及预测试卷

教育教学知识与能力·小学(真题题本Ⅰ)

重要提示:

为维护您的个人权益,确保考试的公平公正,请您帮助我们监督考试实施工作。

本场考试规定:监考人员要向本考场全体考生展示题本密封情况,并邀请2名考生代表验封签字后,方能开启试卷袋。

目　录

机密★启封前　　　　　　　　　　　　　姓名＿＿＿＿＿　准考证号＿＿＿＿＿

2023年下半年中小学教师资格考试真题试卷(一)

教育教学知识与能力(小学)

注意事项:

1. 考试时间为120分钟,满分为150分。

2. 请按规定在答题卡上填涂、作答,在试卷上作答无效,不予评分。

一、单项选择题(本大题共20小题,每小题2分,共40分)

在每小题列出的四个备选项中只有一个是符合题目要求的,请用2B铅笔把答题卡上对应题目的答案字母按要求涂黑。错选、多选或未选均无分。

1. 世界上第一部专门论述教育、教学问题的著作是(　　)

A.《论语》　　B.《学记》

C.《理想国》　　D.《雄辩术原理》

2. 依据教育作用对象的不同,教育功能可划分为(　　)

A. 个体功能与社会功能　　B. 正向功能与负向功能

C. 显性功能与隐性功能　　D. 积极功能与消极功能

3. "我敢说我们日常所见的人中,他们之所以或好或坏,或有用或无用,十分之九都是他们的教育所决定的。"这一教育观点出自(　　)(易错)

A.《爱弥儿》　　B.《教育漫话》

C.《大教学论》　　D.《普通教育学》

4. 班级组织建构的首要原则是(　　)

A. 有利于教育原则　　B. 目标一致原则

C. 有利于管理原则　　D. 可接受性原则

5. 若一份调查问卷的所有问题都是封闭性问题,则该问卷属于(　　)

A. 结构性问卷　　B. 非结构性问卷

C. 开放性问卷　　D. 综合性问卷

6. 在儿童身心发展过程中,身高、体重等方面有两个生长加速期。这表明儿童身体发展具有(　　)

A. 顺序性　　B. 阶段性

C. 不平衡性　　D. 个别差异性

7. 为预防营养不足导致的小学生缺铁性贫血，日常饮食中需要适当补充(　　)

A. 面包　　B. 水果　　C. 牛奶　　D. 鸡蛋

8. 依据科尔伯格的理论，以严守社会秩序为取向的儿童道德发展处于(　　)(易混)

A. 惩罚服从取向阶段　　B. 相对功利取向阶段

C. 寻求认可取向阶段　　D. 遵守法规取向阶段

9. 小龙最近总认为自己一事无成。为改变他的消极认识，徐老师对小龙说："你还记得吗？你很多事情都做得很棒，还做过班干部呢！"这种心理辅导技术属于(　　)

A. 积极暗示技术　　B. 行为矫正技术

C. 认知改变技术　　D. 情绪调控技术

10. 为记住学过的知识，小学生常常采用眼睛看、耳朵听、嘴巴念、动手写等多通道协同记忆。这种学习策略属于(　　)(常考)

A. 计划策略　　B. 元认知策略

C. 认知策略　　D. 资源管理策略

11. 小学生在教师指导下，分析"澡""燥""躁"三个字的结构后，归纳出形声字的特点。这种学习属于(　　)

A. 上位学习　　B. 下位学习

C. 并列结合学习　　D. 派生类属学习

12. 课间休息时，小明和同学在操场上玩"老鹰捉小鸡"的游戏。接下来上数学课，小明很快就进入了学习状态。这种心理现象属于(　　)

A. 注意分配　　B. 注意转移　　C. 注意广度　　D. 注意起伏

13. 某小学开发了具有当地特色的民族舞、民间戏剧等系列课程，从课程开发主体来看，这些课程属于(　　)

A. 国家课程　　B. 地方课程　　C. 校本课程　　D. 活动课程

14. 小学"体育与健康"课程首先应该关注的是(　　)

A. 体育技能　　B. 体育知识　　C. 学生参与　　D. 学生健康

15. 依据《义务教育课程方案(2022年版)》，小学"综合实践活动"课程的起始年级为(　　)

A. 一年级　　B. 二年级　　C. 三年级　　D. 四年级

16. "语文学习的外延等于生活的外延。"这句话表明语文学科具有(　　)

A. 综合性　　B. 思想性　　C. 工具性　　D. 人文性

17. 在评价对象群体之外，预定一个客观的或理想的标准，并运用这个标准去评价每个对象。这种评价方式属于(　　)

A. 常模参照评价　　B. 相对评价

C. 个体内差异评价　　D. 绝对评价

18. 课外活动与课堂教学活动的共同特点是(　　)

A. 标准化　　B. 同步化

C. 个别性　　D. 计划性

19.《论语》记载：冉求做事好退缩，孔子就教他凡事要果断，想到了马上就去做；仲由争强好胜，孔子怕他冒失惹祸，就教他遇事要缓行。孔子的做法所体现的教学原则是(　　)(常考)

A. 循序渐进　　B. 因材施教　　C. 教学相长　　D. 启发诱导

20. 有利于学生在较短时间内获得系统的学科知识的教学方法是(　　)

A. 讨论法　　B. 讲授法

C. 演示法　　D. 练习法

二、简答题(本大题共3小题，每小题10分，共30分)

21. 简述教学评价的功能。

22. 简述德育的基本内容。

23. 根据桑代克的理论，简述学习的实质与学习律。

三、材料分析题（本大题共2小题，每小题20分，共40分）阅读材料，并回答问题。

24. 材料：

新学期，丁老师接任三(2)班班主任。上任第一天，她走进教室，映入眼帘的是：杂物满地，黑板上涂得乱七八糟，学生相互打闹、乱作一团。丁老师没说什么，只是请同学们到室外活动，自己开始打扫教室。打扫完毕后，丁老师请同学们回到教室。往常上课说闹不止的学生坐在干净的教室里，变得"规矩"多了。

第二天一早，丁老师又开始打扫卫生，同学们有点儿不好意思，对丁老师说："老师，让我们来打扫吧。"丁老师微笑着说："这周我值日，下周大家轮流做，我相信你们会做得更好。"周五的主题班会上，丁老师组织学生们围绕"课堂纪律、班级卫生与我们的关系"展开讨论，并与大家一起制定了值日表。

从第二周开始，同学们轮流值日，每天的值日生都非常认真负责。到了期末，三(2)班赢得了卫生流动红旗，还被评为"文明班级"。

问题：

(1)试评析丁老师的教育行为。(10分)

(2)小学教师管理班级应遵循哪些基本原则?(10分)

25. 材料：

科学课上，老师带领小学四年级学生学习“我们周围的空气”一课。

师：大家都会吹气球，今天我们换一种玩法。请拿出矿泉水瓶，把气球放进瓶子里再吹，看谁能把气球吹起来。

同学们跃跃欲试，可是努力了半天，谁也吹不起来。

师：同学们，我也很纳闷，怎么就吹不起来呢？大家讨论一下，看看能否找到原因。

同学们讨论了5分钟，仍未找到原因。

师：看来这个问题比较复杂，想象一下，如果吹气球时，老师把你们的气球紧紧握住，你们还能把气球吹起来吗？

生：不能。

师：想一想，瓶子里面是不是也有一只“手”把气球“握”住了呢？能不能找到这只“手”，并把它拿走？

同学们恍然大悟。

生：原来气球刚刚吹起来一点时，膨胀的气球就把瓶口堵住了，瓶子里面的空气出不来，就对气球产生了压力，相当于一只手握住了气球，如果能让瓶子里面的空气随着气球的膨胀及时地跑到外面，气球就能吹起来了。

师：说得对，空气是有力的。你们已经把其中的道理弄清楚了，那就赶快想办法吧！

同学们有的用圆规，在瓶子上戳了几个洞，再吹气球，气球果然很容易就吹起来了。

问题：

(1)结合材料分析探究教学的主要实施步骤。(10分)

(2)谈谈在小学教学中实施探究教学的意义。(10分)

四、教学设计题(本大题有6小题,任选1小题作答。多答只按第1小题计分,40分。考生可按照所学专业方向,选择作答。26为中文与社会,27为数学与科学,28为英语,29为音乐,30为体育,31为美术)请用2B铅笔在答题卡上将所选题目的题号涂黑,未涂或多涂均无分。

26. 请认真阅读下列材料,并按要求作答。

⑪ 赵州桥

河北省赵县的洨河上,有一座世界闻名的石拱桥,叫安济桥,又叫赵州桥。它是隋朝的石匠李春设计并参加建造的,到现在已经有一千四百多年了。

赵州桥非常雄伟。桥长五十多米,有九米多宽,中间行车马,两旁走人。这么长的桥,全部用石头砌成,下面没有桥墩,只有一个拱形的大桥洞,横跨在三十七米多宽的河面上。大桥洞顶上的左右两边,还各有两个拱形的小桥洞。平时,河水从大桥洞流过,发大水的时候,河水还可以从四个小桥洞流过。这种设计,在建桥史上是一个创举,既减轻了流水对桥身的冲击力,使桥不容易被大水冲毁,又减轻了桥身的重量,节省了石料。

这座桥不但坚固,而且美观。桥面两侧有石栏,栏板上雕刻着精美的图案:有的刻着两条相互缠绕的龙,嘴里吐出美丽的水花;有的刻着两条飞龙,前爪相互抵着,各自回首遥望;还有的刻着双龙戏珠。所有的龙似乎都在游动,真像活了一样。

赵州桥体现了劳动人民的智慧和才干,是我国宝贵的历史文化遗产。

本文选自人民教育出版社《全日制十年制学校小学课本(试用本)语文第六册》。

xiàn gǒng jì jiàng jì héng shǐ zhǎo zhì huì lì
县 拱 济 匠 计 横 史 爪 智 慧 历

赵	省	县	匠	设	计	史
创	举	且	智	慧	历	

请根据上述材料完成下列任务:

(1)简述在本课教学中如何培养学生的“审美创造”素养。(8分)

(2)如指导第二学段学生学习本文,试拟定教学目标。(10分)

(3)依据拟定的教学目标,设计第二自然段的教学活动,并简要说明理由。(22分)

27. 请认真阅读下列材料，并按要求作答。

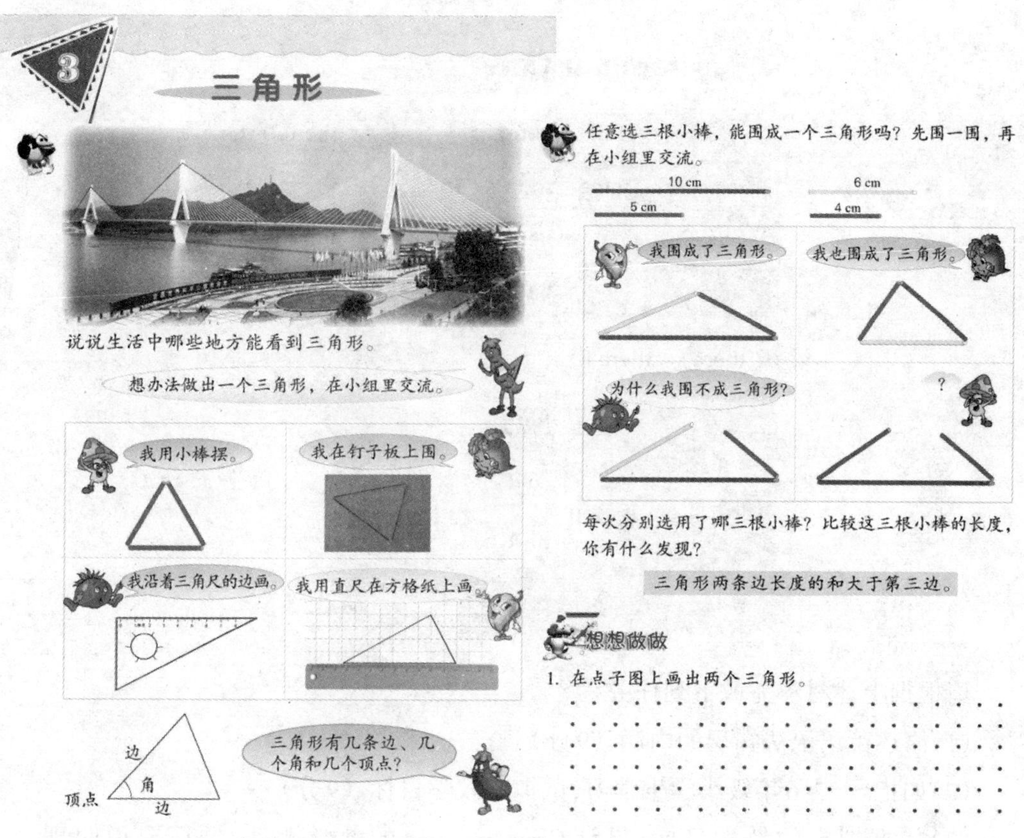

3

三角形

说说生活中哪些地方能看到三角形。

想办法做出一个三角形，在小组里交流。

我用小棒摆。

我在钉子板上围。

我沿着三角尺的边画。

我用直尺在方格纸上画

三角形有几条边、几个角和几个顶点？

边

角

顶点

边

任意选三根小棒，能围成一个三角形吗？先围一围，再在小组里交流。

10 cm

5 cm

6 cm

4 cm

我围成了三角形。

我也围成了三角形。

为什么我围不成三角形？

?

每次分别选用了哪三根小棒？比较这三根小棒的长度，你有什么发现？

三角形两条边长度的和大于第三边。

想想做做

1. 在点子图上画出两个三角形。

请根据上述材料完成下列任务：

（1）简述《义务教育数学课程标准（2022年版）》中“图形的认识与测量”的内容及教学要求。（8分）

（2）如指导第二学段学生学习上述内容，试拟定教学目标。（10分）

（3）依据拟定的教学目标，设计新授环节的教学活动，并简要说明理由。（22分）

28. 请认真阅读下列材料，并按要求作答。

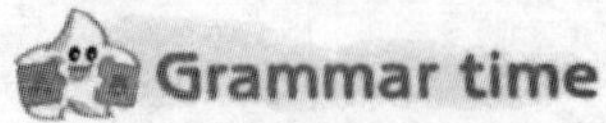

There	is	a	house	in	the forest	.
		some	soup	on	the table	
	are	three	beds	in	the room	
			bears	in front of	her	

★ there's = there is

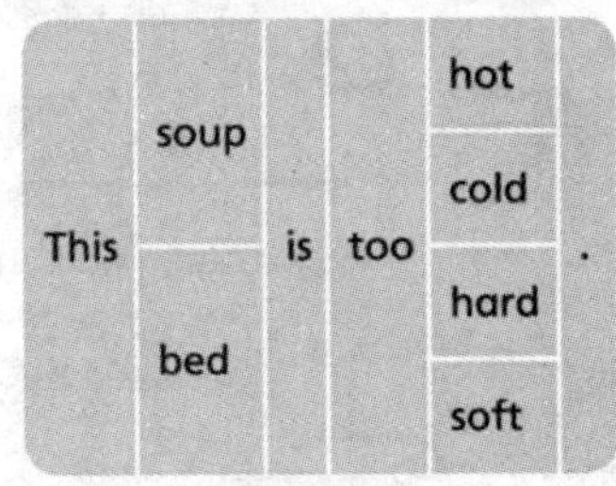

This	soup	is	too	hot	.
				cold	
	bed			hard	
				soft	

请根据上述材料完成下列任务：

(1)简述英语语法知识的内涵。(9分)

(2)如指导5～6年级小学生学习，试拟定教学目标。(9分)

(3)依据拟定的教学目标，设计Grammar time的教学活动，并简要说明理由。(22分)

29. 请认真阅读下列材料，并按要求作答。

龙咚锵

1=F $\frac{2}{4}$

热烈地　　　　　　　　　　　　　　　　刘明将词曲

3 3 | 3. 2 | 1.2 1 2 | 3 0 |

过 新 年 呀 龙咚 龙咚 锵！

2 2 | 2. 1 | 6.1 6 1 | 2 0 |

多 快 乐 呀 龙咚 龙咚 锵！

2.3 2 3 | 5 0 | 2.3 2 3 | 5 0 |

龙咚 龙咚 锵！ 龙咚 龙咚 锵！

2.3 2 3 | 5 0 3 2 | 1 0 1 0 | 1 0 ‖

龙咚 龙咚 锵！ 龙咚 锵！ 锵！ 锵！

请根据上述材料完成下列任务：

（1）简要分析歌曲的调式、曲式结构及情绪情感。（8分）

（2）如指导第一学段学生学习，试拟定教学目标。（10分）

（3）依据拟定的教学目标，设计导入环节的教学活动，并简要说明理由。（22分）

30. 请认真阅读下列材料，并按要求作答。

乒乓球——正手推挡球（以右手为例）

动作方法：右脚稍站前或两脚开立平站，身体离台约30厘米。持拍手臂微屈并做外旋，肘部自然靠近身体右侧，右手持拍于腹前，当来球处在反弹上升前期时，球拍略前倾，前臂和手腕外旋迅速用力向前推压，击球的中上部。推球时，前臂稍外旋，手腕外展，上臂向前顺势挥动。

请根据上述材料完成下列任务：

(1)简述“乒乓球——正手推挡球”的动作要点。(8分)

(2)如指导中年级小学生学习上述内容，试拟定教学目标。(10分)

(3)依据拟定的教学目标，设计教学过程并简要说明理由。(22分)

31. 请认真阅读下列材料,并按要求作答。

美术档案袋的基本构成要素

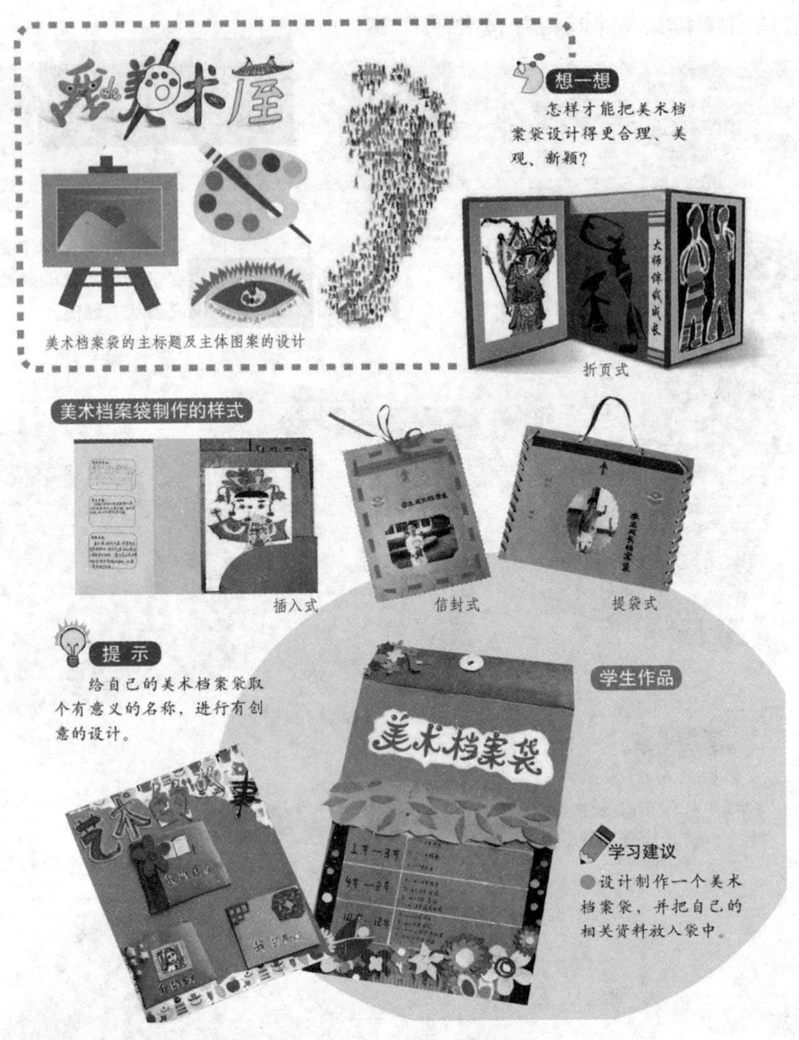

请根据上述材料完成下列任务：

(1)如何理解美术档案袋的独创性和美观性？(8分)

(2)如指导第二学段学生学习，试拟定教学目标。(10分)

(3)依据拟定的教学目标，设计新授环节的教学活动，并简要说明理由。(22分)

关注公众号，点击“笔试练习”领取历年真题及模拟卷20套！

机密★启封前　　　　　　　　　　　　　姓名＿＿＿＿＿＿　准考证号＿＿＿＿＿＿

2023年上半年中小学教师资格考试真题试卷(二)

教育教学知识与能力(小学)

注意事项:

1. 考试时间为120分钟,满分为150分。

2. 请按规定在答题卡上填涂、作答,在试卷上作答无效,不予评分。

一、单项选择题(本大题共20小题,每小题2分,共40分)

在每小题列出的四个备选项中只有一个是符合题目要求的,请用2B铅笔把答题卡上对应题目的答案字母按要求涂黑。错选、多选或未选均无分。

1. “建国君民,教学为先。”这句话反映的是(　　)

A. 教育与文化的关系　　B. 教育与经济的关系

C. 教育与政治的关系　　D. 教育与科技的关系

2. “其身正,不令而行;其身不正,虽令不从。”这表明教师的行为具有(　　)

A. 主体性　　B. 创造性　　C. 间接性　　D. 示范性

3. 班集体形成的条件和发展的动力是(　　)

A. 共同的奋斗目标　　B. 班主任的要求

C. 班委会的形成　　D. 共同的活动

4. 下列著作中,由古罗马教育家昆体良撰写的是(　　)

A.《教育论》　　B.《理想国》

C.《教育漫话》　　D.《雄辩术原理》

5. 兵兵很想改掉上课爱说闲话的毛病,但上课时只要老师一不注意,他又忍不住和同学说起闲话来。针对兵兵的情况,对他的教育应着重培养(　　)(常考)

A. 道德认识　　B. 道德情感　　C. 道德意志　　D. 道德行为

6. 对观察内容与步骤不作限定的教育观察属于(　　)

A. 结构式观察　　B. 参与性观察

C. 非结构式观察　　D. 非参与性观察

7. 学龄儿童易感染麻疹病毒。该病毒传播的主要途径是(　　)(易混)

A. 血液　　B. 消化道　　C. 呼吸道　　D. 蚊虫叮咬

8. 依据科尔伯格的理论，以“好孩子”为取向的儿童道德发展处于(　　)

A. 惩罚服从取向阶段　　B. 相对功利取向阶段

C. 寻求认可取向阶段　　D. 遵守法规取向阶段

9. 贾老师告诉学生：“不高兴时，你可以跑跑步、打打球，或者散散步、听听音乐，甚至可以大声喊叫。”贾老师所使用的心理辅导技术是(　　)

A. 积极暗示　　B. 行为矫正　　C. 认知改变　　D. 情绪调控

10. 考试时，学生依据实际情况适时调整答题速度或解题思路的策略属于(　　)

A. 元认知策略　　B. 认知策略

C. 精加工策略　　D. 资源管理策略

11. 在掌握“动物”概念的基础上，学生又学习了“脊椎动物”和“无脊椎动物”这两个概念。这种学习属于(　　)

A. 上位学习　　B. 下位学习

C. 发现学习　　D. 并列结合学习

12. 数学课已经开始了，萍萍还在想着课间谈论的周末春游的事。这种心理现象属于(　　)

A. 注意分散　　B. 注意动摇

C. 注意分配　　D. 注意转移

13. 强调学科逻辑体系完整性和不同学科门类之间相对独立性的课程是(　　)

A. 经验课程　　B. 综合课程　　C. 活动课程　　D. 分科课程

14.《学记》中体现“循序渐进”教学原则的语句是(　　)

A. 禁于未发　　B. 学不躐等　　C. 相观而善　　D. 独学而无友

15.《义务教育课程方案(2022年版)》提出，应充分发挥实践的独特育人功能，突出学科思想方法和探究方式的学习，加强知行合一、学思结合，倡导(　　)(易错)

A.“做中学”“思中学”“创中学”　　B.“做中学”“用中学”“创中学”

C.“做中学”“练中学”“创中学”　　D.“做中学”“用中学”“读中学”

16. 最有利于高效率、大面积传授知识的教学组织形式是(　　)

A. 班级授课制　　B. 道尔顿制

C. 特朗普制　　D. 文纳特卡制

17. 芸芸期末考试数学成绩不太好，只得了55分，但杨老师仍表扬了她，因为期中考试芸芸的数学只考了30分。杨老师所采用的评价方式属于(　　)

A. 过程性评价　　B. 终结性评价

C. 相对性评价　　D. 个体内差异评价

18. 课外活动区别于课堂教学的显著特征是(　　)

A. 自愿性　　B. 计划性　　C. 同步性　　D. 组织性

19. 下列关于课程的理解中，没有体现“学习者是课程主体”的是(　　)

A. 课程即对话　　B. 课程即知识　　C. 课程即经验　　D. 课程即活动

20. “10以内的数字”一课教学结束时，为巩固所学内容，李老师让学生诵读儿歌：“1像铅笔细长条，2像小鸭水上漂，3像耳朵听声音，4像小旗迎风飘……”这种结课方式属于(　　)

A. 自然式　　B. 总结式　　C. 游戏式　　D. 悬念式

二、简答题(本大题共3小题，每小题10分，共30分)

21. 简述美育的主要任务。

22. 简述少先队活动的基本形式。

23. 根据班杜拉的理论，影响自我效能感形成的主要因素有哪些？

三、材料分析题(本大题共2小题,每小题20分,共40分)阅读材料,并回答问题。

24. 材料:

二(2)班小亮同学经常迟到、上课不认真听讲,作业也不按时完成。在多次批评教育无效后,班主任艾老师决定进行一次家访。

艾老师到小亮家时,他正在做晚饭,父母还没回家。见老师来了,小亮吃了一惊,不安地说了声“老师好”,又忙着做饭去了。过了一会儿,小亮妈妈回来了。艾老师从小亮妈妈那儿得知,小亮家比较贫困,父母每天忙于生计,早出晚归,无暇顾及孩子的教育,一些家务活还需要小亮来做。了解这些情况后,艾老师打消了原本想要“告状”的念头。

第二天,艾老师在班上表扬小亮不仅懂礼貌,见到老师主动问好,还帮父母做家务,希望同学们都向小亮学习。之后,艾老师安排他负责监督班级卫生工作,并对他尽职尽责的表现及时给予表扬。没过多久,小亮迟到的次数明显减少了,课堂学习认真多了,作业也能按时完成了。

问题:

(1)结合家访前后小亮的变化,评析艾老师的教育行为。(8分)

(2)谈谈小学教师应该树立怎样的儿童观。(12分)

25. 材料：

科学课上，张老师在讲授“月食”现象时，首先给学生讲了“天狗吃月亮”的民间故事，然后引出“月食”这个概念。接着，伴随多媒体课件的播放，张老师娓娓道来：“月食的形成和地球、太阳运行的相对位置有关。地球绕着太阳转，月亮绕着地球转。当太阳、月亮、地球基本运行在同一条直线上，而且地球位于太阳和月亮之间时，月亮就渐渐地被地球遮住了。此时，地球上的人们会看到圆圆的月亮逐渐变得像小船、像镰刀、像眉毛，直至什么也看不见了。”

最后，张老师总结道：“我们的祖国有悠久的历史、灿烂的文化。早在公元前13世纪，甲骨文里就有关于日食和月食的记载，公元前8世纪又有月食的确切记载，我们应当为此感到骄傲。同学们，我们一定要努力学习科学文化知识，把我们的国家建设得更加强大！”

问题：

（1）评析张老师的教学行为。（10分）

（2）谈谈小学教师如何在教学中贯彻“科学性与思想性相统一”的原则。（10分）

四、教学设计题(本大题有6小题,任选1小题作答。多答只按第1小题计分,40分。考生可按照所学专业方向,选择作答。26为中文与社会,27为数学与科学,28为英语,29为音乐,30为体育,31为美术)请用2B铅笔在答题卡上将所选题目的题号涂黑,未涂或多涂均无分。

26. 请认真阅读下列材料,并按要求作答。

17　长　城

远看长城，它像一条长龙，在崇(chóng)山峻(jùn)岭之间蜿(wān)蜒(yán)盘旋。从东头的山海关到西头的嘉(jiā)峪(yù)关，有一万三千多里。

从北京出发，不过一百多里就来到长城脚下。这一段长城修筑在八达岭上，高大坚固，是用巨大的条石和城砖筑成的。城墙顶上铺着方砖，十分平整，像很宽的马路，五六匹马可以并行。城墙外沿有两米多高的成排的垛(duǒ)子，垛子上有方形的瞭(liào)望口和射口，供瞭望和射击用。城墙顶上，每隔三百多米就有一座方形的城台，是屯(tún)兵的堡垒(lěi)。打仗的时候，城台之间可以互相呼应。

站在长城上，踏着脚下的方砖，扶着墙上的条石，很自然地想起古代修筑长城的劳动人民来。单看这数不清的条石，一块有两三千斤重，那时候没有火车、汽车，没有起重机，就靠着无数的肩膀无数的手，一步一步地抬上这陡峭的山岭。多少劳动人民的血汗和智慧，才凝结成这前不见头、后不见尾的万里长城。

这样气魄(pò)雄伟的工程，在世界历史上是一个伟大的奇迹。

崇　峻　嘉　峪　瞭　屯　垒　魄

崇	旋	嘉	砖	隔	屯	
堡	垒	仗	扶	智	慧	魄

请根据上述材料完成下列任务:

(1)结合本文教学,谈谈小学语文课程所要培养的核心素养包括哪些方面。(8分)

(2)如指导第二学段学生学习本文,试拟定教学目标。(10分)

(3)依据拟定的教学目标,设计第一课时教学活动并简要说明理由。(22分)

27. 请认真阅读下列材料,并按要求作答。

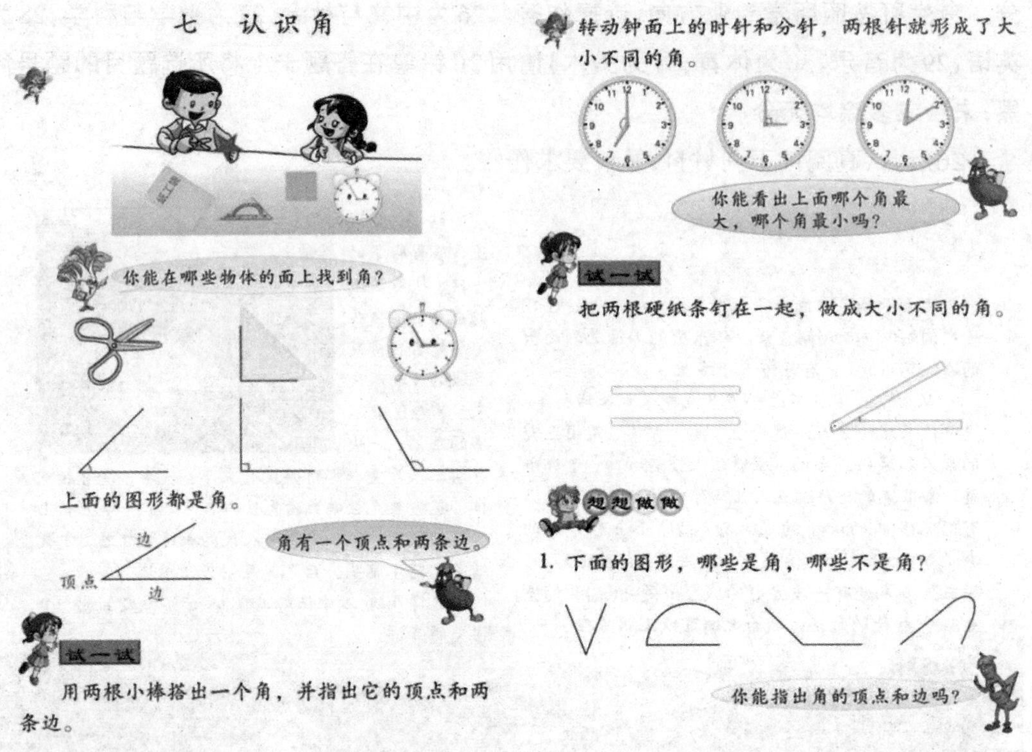

七　认识角

你能在哪些物体的面上找到角?

上面的图形都是角。

边

顶点

边

角有一个顶点和两条边。

试一试

用两根小棒搭出一个角，并指出它的顶点和两条边。

转动钟面上的时针和分针，两根针就形成了大小不同的角。

你能看出上面哪个角最大，哪个角最小吗?

试一试

把两根硬纸条钉在一起，做成大小不同的角。

想想做做

1. 下面的图形，哪些是角，哪些不是角?

你能指出角的顶点和边吗?

请根据上述材料完成下列任务:

(1)结合材料,谈谈如何落实“促进信息技术与数学课程融合”的课程理念。(10分)

(2)如指导第一学段学生学习上述内容,试拟定教学目标。(10分)

(3)根据拟定的教学目标,设计教学活动并简要说明理由。(20分)

28. 请认真阅读下列材料，并按要求作答。

UNIT SIX

WHAT IS HE WEARING?

Lesson 19

Listen and say

Guoguo: Hi, Mike. Why are you standing there?

Mike: Hi, Guoguo. I'm waiting for my dad's friend.

Guoguo: Is it a man or a woman?

Mike: A man. Look! Here he comes.

Guoguo: There are two men. Which one? What is he wearing?

Mike: It's the taller man. He is wearing a blue suit with a silver tie.

Guoguo: Ah, yes. He is wearing a pair of black shoes.

Mike: Yes, he is Mr Brown. He's a lawyer.

Guoguo: No wonder he looks so serious. I have to say goodbye to you now.

Mike: Bye-bye! See you tomorrow, Guoguo!

请根据上述材料完成下列任务：

(1)简要阐述对话教学的基本环节。(4分)

(2)如指导小学生学习此对话内容，试拟定相应的教学目标。(9分)

(3)依据拟定的教学目标，设计操练环节并说明理由。(27分)

29. 请认真阅读下列材料，并按要求作答。

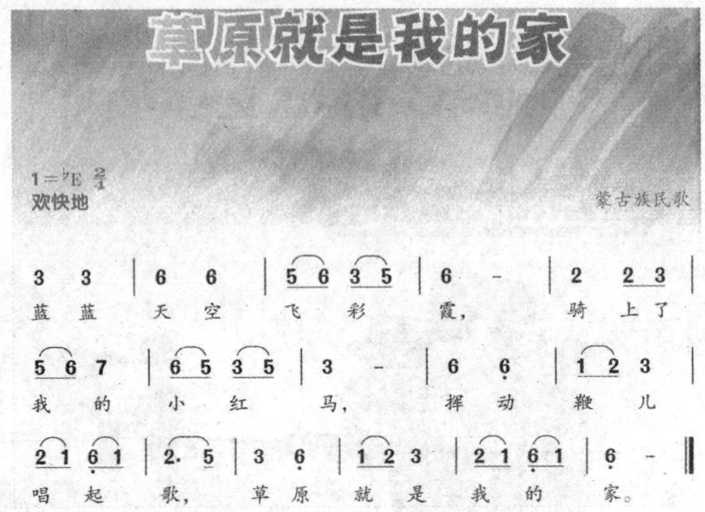

请根据上述材料完成下列任务：

(1)简要分析歌曲的音乐风格、节拍、调式、情绪情感。(4分)

(2)如指导低年段小学生学习这首歌曲，试拟定教学目标。(9分)

(3)依据拟定的教学目标，设计学唱歌词环节的教学活动并说明理由。(27分)

30. 请认真阅读下列材料,并按要求作答。

武术基本动作——弹踢

动作方法:并步站立,两手叉腰。右腿屈膝提起,大腿抬平,右脚绷直,当提膝接近水平时,迅速猛力向前平踢,使力量达于脚尖,左腿伸直或微屈支撑,上体正直。

请根据上述材料完成下列任务:

(1)请简述"武术基本动作——弹踢"的动作要点。(4分)

(2)拟定小学中年级"武术基本动作——弹踢"的教学目标。(9分)

(3)根据拟定的教学目标,设计本课内容的教学环节并说明理由。(27分)

31. 请认真阅读下列材料，并按要求作答。

第一单元 奇思妙想

meishu

第3课

象形的文字

⑥

古文字，字形奇，
字意表现图像记，
想字意，添背景，
象形文字真有趣。

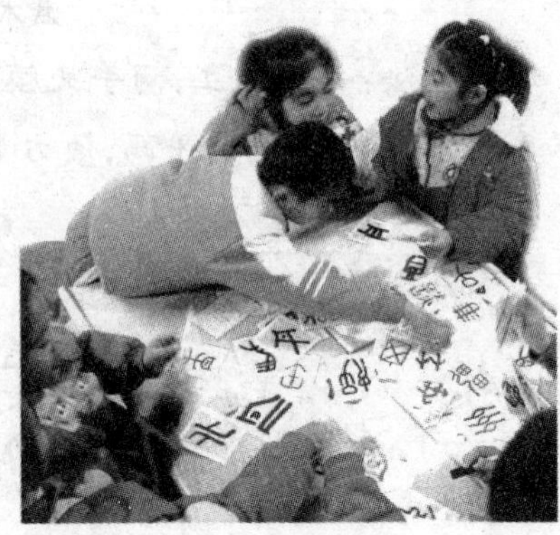

象形文字	𣎳	果(古)	鱼(古)	艸	目(古)	马(古)
现代汉字	木	果	鱼	草	目	马

写文字

画背景

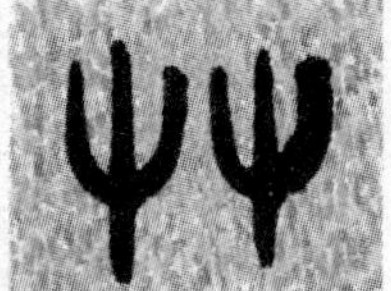

完成作品

《甲骨文》 殷商时代

作品欣赏

殷、商的甲骨文是十分成熟的文字，其特点是象形，因文字刻在龟甲、兽骨上而得名。《甲骨文》作品文字形象生动，笔画流畅、遒劲有力，表现出契刻者以刀代笔的熟练技巧，就是一幅精美的书法作品。

学习要求

- 了解象形文字并进行书写，根据字意巧妙地联想添加，画出相应的背景。
- 依据材料的不同特点，运用颜色的叠加或油水分离的方法涂色。

讨论与发现

- 用多种方法画背景，可以出现不同的效果。
- 你能认识多少象形文字？

《鱼》文字装饰画　《文字中的故事》装饰画

请根据上述材料回答下列问题：

(1)简述象形文字的含义及特征。(4分)

(2)如指导低年段小学生学习，试拟定教学目标。(9分)

(3)依据拟定的教学目标，设计新授环节的教学活动并说明设计理由。(27分)

机密★启封前　　　　　　　　　　　　　姓名__________　准考证号__________

2022年下半年中小学教师资格考试真题试卷(三)

教育教学知识与能力(小学)

注意事项:

1. 考试时间为120分钟,满分为150分。

2. 请按规定在答题卡上填涂、作答,在试卷上作答无效,不予评分。

一、单项选择题(本大题共20小题,每小题2分,共40分)

在每小题列出的四个备选项中只有一个是符合题目要求的,请用2B铅笔把答题卡上对应题目的答案字母按要求涂黑。错选、多选或未选均无分。

1. 制约教育发展规模和速度的主要因素是(　　)

A. 政治　　B. 经济　　C. 文化　　D. 人口

2. “只有受过恰当的教育之后,人才能成为一个人。”这表明教育的本质是(　　)

A. 传递社会经验的活动　　B. 培养人的社会实践活动

C. 传递人类文化的活动　　D. 保存人类文明的活动

3. 1912年,蔡元培在《对于教育方针之意见》一文中提出了世界观教育,并指明实现世界观教育的主要途径是(　　)

A. 德育　　B. 智育　　C. 美育　　D. 体育

4. 在小学阶段,榜样作为一种重要的德育手段,主要是将道德规范(　　)

A. 具体化与人格化　　B. 标准化与系统化

C. 标准化与制度化　　D. 人格化与系统化

5. 在我国近代教育史上,以美国学制为蓝本,强调适应社会发展需要的学制是(　　)(易混)

A. 壬寅学制　　B. 癸卯学制

C. 壬戌学制　　D. 壬子癸丑学制

6. “教学有法,但无定法,贵在得法。”这说明教师劳动具有(　　)

A. 繁重性　　B. 创造性　　C. 示范性　　D. 长期性

7. 夏季,师生在操场活动时突然遇到雷雨天气,最安全的做法是(　　)

A. 站在空旷的地方　　B. 在大树下避雨

C. 在建筑物下避雨　　D. 立即进入建筑物内并关闭门窗

8. “及时复习”是学生记忆学习材料的有效策略，依据的遗忘规律是(　　)

A. 先快后慢　　B. 时快时慢

C. 先慢后快　　D. 呈倒U型

9. 小明思维与行动敏捷活泼，善于适应环境变化，他的气质类型属于(　　)

A. 多血质　　B. 胆汁质　　C. 黏液质　　D. 抑郁质

10. 小学生在学习加法时，需要利用小石子、小木棒、手指等完成计算活动。依据加里培林的“智力活动按阶段形成的理论”，这种智力活动处于(　　)(易错)

A. 活动的定向阶段　　B. 无声的外部言语活动阶段

C. 内部言语活动阶段　　D. 物质活动或物质化活动阶段

11. 小红非常喜欢数学，对数学问题具有强烈的好奇心和探究兴趣。这种学习动机是(　　)

A. 成就动机　　B. 认知内驱力

C. 自我提高内驱力　　D. 附属内驱力

12. 小学三、四年级儿童的思维发展会出现质变，表现为(　　)

A. 从直观动作思维过渡到具体形象思维

B. 从具体形象思维过渡到直观动作思维

C. 从具体形象思维过渡到初步的抽象逻辑思维

D. 从直观动作思维过渡到初步的抽象逻辑思维

13. 小学分科课程与综合课程的分类依据是(　　)(易混)

A. 课程内容的组织方式　　B. 课程计划对课程实施的要求

C. 课程内容固有的属性　　D. 课程管理的层次

14. 在设计教学目标时，经常用“参与、交流、经历、发现、探索”等行为动词表述的属于(　　)

A. 知识与技能目标　　B. 行为与实践目标

C. 过程与方法目标　　D. 情感态度与价值观目标

15. 为进一步推进教育评价改革，教育部倡导对小学生的评价应采用(　　)

A. 百分制　　B. 等级制　　C. 评语制　　D. 等级加评语

16. 具体规定基础教育阶段学校应设置的课程，课程开设的顺序及课时分配的指导性文件是(　　)

A. 课程计划　　B. 课程标准

C. 培养方案　　D. 教学大纲

17. 基础教育课程改革倡导教师“用教材教，而不是教教材”。这体现的课程实施取向是(　　)(常考)

A. 忠实取向　　B. 创生取向

C. 实践取向　　D. 相互适应取向

18. 在下列选自《学记》的语句中，体现教学语言应言简意赅的是(　　)

A. 学不躐等　　B. 开而弗达　　C. 禁于未发　　D. 罕譬而喻

19. 在讲完长方形面积计算后，王老师要求学生回家计算一下自己房间的面积，以加深对面积知识的理解。这种教学方法是(　　)

A. 实践研究法　　B. 实验教学法

C. 实习作业法　　D. 实物演示法

20. 强强学习成绩一般，但劳动积极，老师奖励他一朵小红花。这种评价属于(　　)

A. 常模参照评价　　B. 标准参照评价

C. 个体内差异评价　　D. 总结性评价

二、简答题(本大题共3小题，每小题10分，共30分)

21. 简述学习动机强度与学习效果的关系。

22. 简述小学德育中实施奖惩的要求。

23. 简述文献检索在教育研究中的作用。

三、材料分析题(本大题共2小题,每小题20分,共40分)阅读材料,并回答问题。

24. 材料:

某小学召开期中学生座谈会,以了解任课教师的教学情况。其中,六(2)班学生对王老师的意见最大。当学校向王老师反馈学生意见后,她非常生气。

第二天一上课,王老师就将学生"痛骂"一顿,责怪学生不知好歹,不理解老师的良苦用心。她说着说着,委屈地掉下了眼泪。这时,学生们都低着头,不知所措。

第三天,王老师批改作业时,看到一张小纸条:"老师,请您别生气了,我们不是说您课上得不好,而是因为您动不动就发脾气,有时竟为一点儿小事大发雷霆。说真的,上您的课,我们总是提心吊胆,生怕一不小心就挨骂。老师,真没想到我们的意见会给您造成这么大的伤害。请原谅我们吧!"落款是几位参会学生的署名。王老师看后,对自己之前的做法有些后悔。

问题:

(1)应如何看待材料中学生的行为?(10分)

(2)结合材料谈谈教师应如何成为一名学生喜欢的老师。(10分)

25. 材料：

单元测验后，李老师照例上了一堂讲评课。上课不到十分钟，她就发现那几位考满分的学生表现出不耐烦和心不在焉。于是，她及时调整了教学策略：每讲一道题，就请做对的学生将自己的答题思路和方法讲给其他同学听，不明白的可以随时提问，然后进行讨论。结果，这节课上得生动、活泼，不仅将学生的积极性调动起来了，还产生了许多新的解题思路和方法。

问题：

(1)评析材料中李老师的教学行为。(10分)

(2)如何理解教学中的“预设”与“生成”?(10分)

四、教学设计题(本大题有6小题,任选1小题作答。多答只按第1小题计分,40分。考生可按照所学专业方向,选择作答。26为中文与社会,27为数学与科学,28为英语,29为音乐,30为体育,31为美术)请用2B铅笔在答题卡上将所选题目的题号涂黑,未涂或多涂均无分。

26. 请认真阅读下列材料,并按要求作答。

chǎng jǐng gē
① 场景歌

yì zhī hǎi ōu, yì tiáo fān chuán
一只海鸥,一条帆船。
yì sōu jūn jiàn, yí chù gǎng wān
一艘军舰,一处港湾。

yì fāng yú táng, yí kuài dào tián
一方鱼塘,一块稻田。
yì háng chuí liǔ, yí piàn huā yuán
一行垂柳,一片花园。

yí dào xiǎo xī, yí zuò shí qiáo
一道小溪,一座石桥。
yì cóng cuì zhú, yì qún fēi niǎo
一丛翠竹,一群飞鸟。

yí miàn duì qí, yì bǎ tóng hào
一面队旗,一把铜号。
yí duì hóng lǐng jīn, yí piàn huān xiào
一队“红领巾”,一片欢笑。

fān sōu jūn jiàn dào yuán cuì duì tóng hào
帆 艘 军 舰 稻 园 翠 队 铜 号

处	处	园	园
桥	桥	群	群
队	队	旗	旗
铜	铜	号	号
领	领	巾	巾

朗读课文。背诵课文。

说一说,看谁说得多。

我会说:“一只海鸥、一群海鸥……”

一(　)鱼塘　一(　)稻田
一(　)石桥　一(　)翠竹
一(　)海鸥　一(　)帆船

选一张你喜欢的照片或图画,仿照课文,说说上面有些什么。

请根据上述材料完成下列任务:

(1)请从国家通用语言文字学习的角度分析上述文本。(10分)

(2)如指导二年级学生学习文本,试拟定教学目标。(10分)

(3)依据拟定的教学目标,设计教学思路与方法。(20分)

27. 请认真阅读下列材料，并按要求作答。

小数乘整数

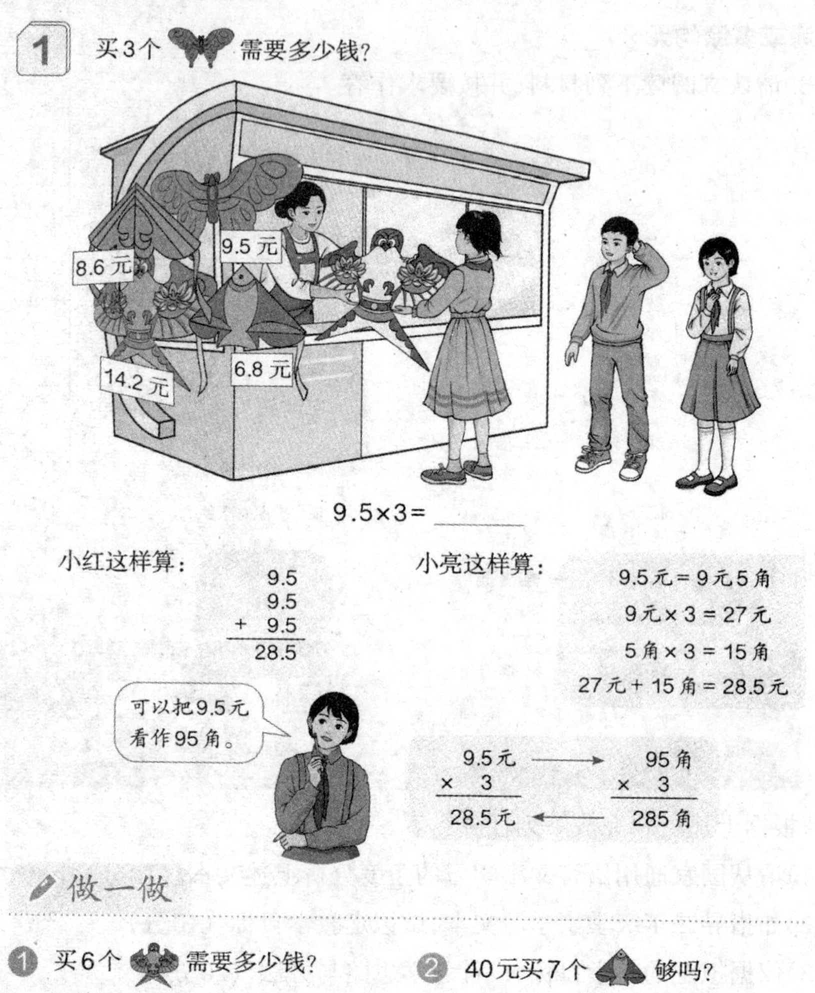

请根据上述材料完成下列任务：

(1)分析上述材料所体现的数学思想和包含的运算规律。(8分)

(2)如指导小学高年段学生学习上述内容，试拟定教学目标。(12分)

(3)依据拟定的教学目标，针对教学重点、难点设计相应的教学活动并说明理由。(20分)

28. 请认真阅读下列材料，并按要求作答。

STORY 8

A fox is very hungry and wants to find something to eat. He comes to a house and sees a lot of grapes in front of the house.

The grapes look very good and they make the fox's mouth water (流口水). The fox tries very hard to grab the grapes. But he can't reach them.

He has to go away.

The grapes are not ripe yet. They must be very sour.

请根据上述材料完成下列任务：

(1)简述英语故事的教学作用。(4分)

(2)如指导小学生学习本文，试拟定相应的教学目标。(9分)

(3)依据拟定的教学目标，设计新授课导入和故事理解环节的教学活动，并说明理由。(27分)

29. 请认真阅读下列材料，并按要求作答。

踏雪寻梅

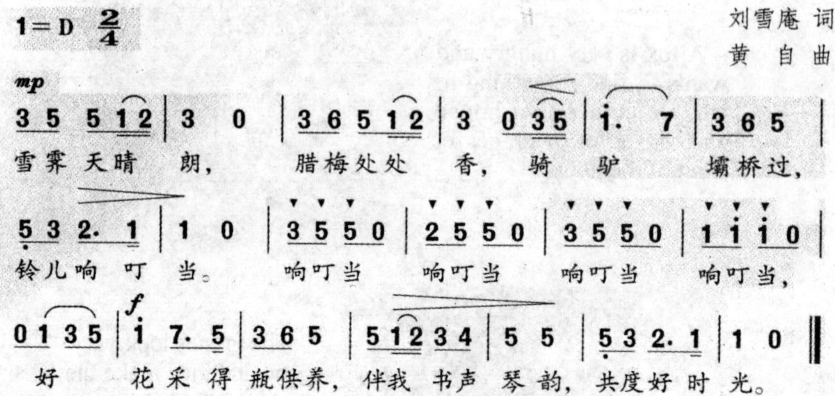

请根据上述材料完成下列任务：

(1)简要分析歌曲的调式、节拍、歌词内容与情感。(4分)

(2)如指导中年段小学生学习这首歌曲，试拟定教学目标。(9分)

(3)依据拟定的教学目标，设计导入环节的教学活动并说明理由。(27分)

30. 请认真阅读下列材料，并按要求作答。

脚内侧接地滚球

动作方法：支撑脚脚尖正对来球，膝关节微屈，接球腿提膝稍外展，脚尖微翘，脚掌与地面平行，使脚内侧正对来球；当球滚到体前时，接球脚自然伸出迎球，触球的一刹那接球脚顺势后撤，以缓冲来球力量，将球接在脚下。

请根据上述材料完成下列任务：

(1)请简述“脚内侧接地滚球”的动作要点。(4分)

(2)试拟定小学中年级“脚内侧接地滚球”第1课时的教学目标。(9分)

(3)依据拟定的教学目标，设计本课内容的教学环节并说明理由。(27分)

31. 请认真阅读下列材料，并按要求作答。

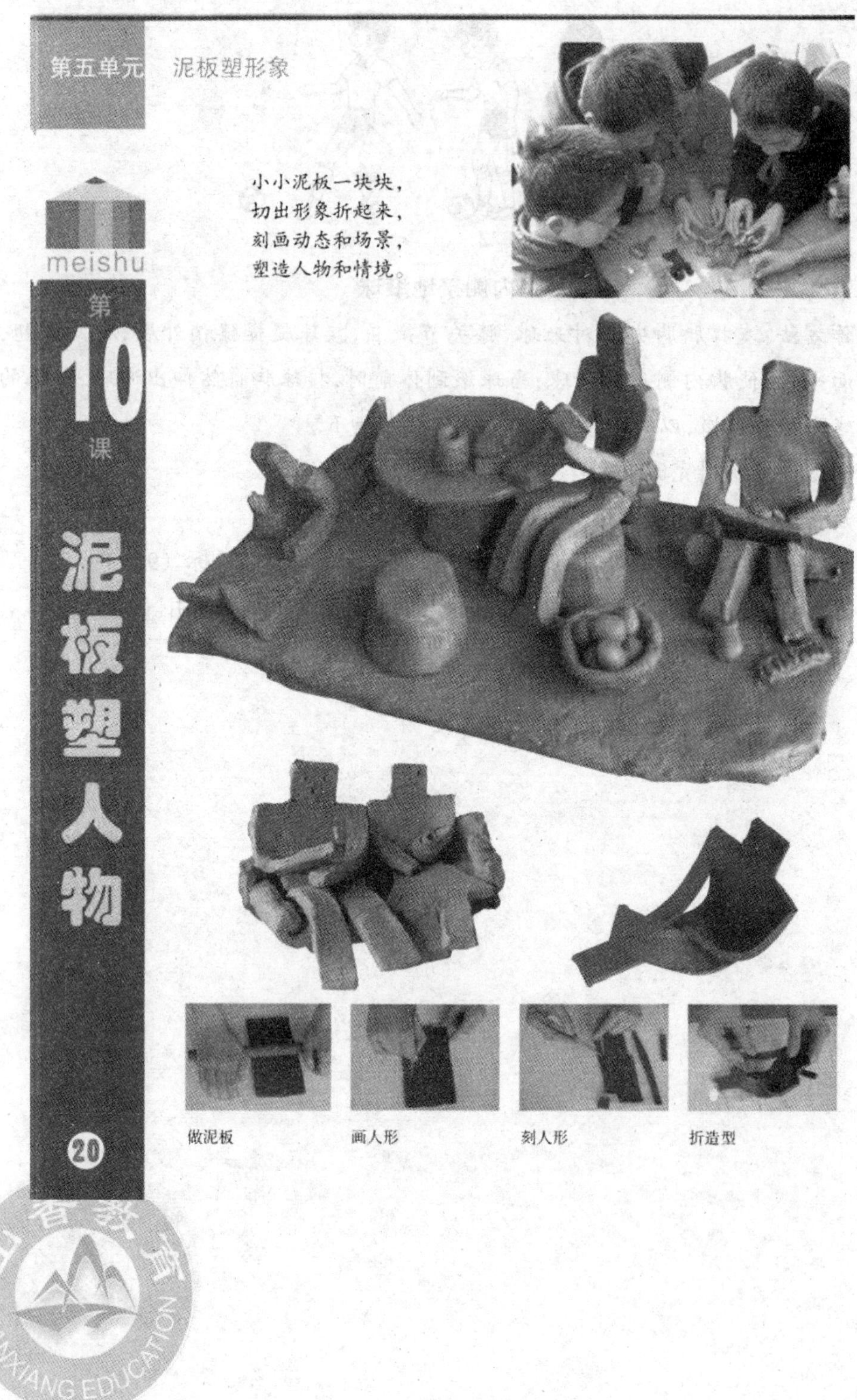

《兄弟》 克莱门特（西班牙）

作品欣赏

《兄弟》现代陶艺作品是用泥片做好人物陶坯之后，又涂化妆土（可烧制的颜料），最后在高温一千多度的炉中加热。这件作品造型简洁，富有动感，在人形泥片上增添许多装饰，又涂上漂亮的装饰性色彩，显得华丽有趣。

学习要求

- 学习泥板塑造人物形象的技法，组成“快乐的一家人”。
- 用切割、转折等泥工技能，制作动态的人物，添加生活用具，注意人物与场景的组合关系。

讨论与发现

- 泥板人物的动态要抓住人物的关节位置来表现。
- 为人物添加哪些道具才会有生活气息？

请根据上述材料完成下列任务：

(1)简述雕塑的含义及形式。(4分)

(2)如指导高年段小学生学习，试拟定教学目标。(9分)

(3)依据拟定的教学目标，设计新授环节的教学活动并说明设计理由。(27分)

机密★启封前　　　　　　　　　　姓名＿＿＿＿＿　准考证号＿＿＿＿＿

2022年上半年中小学教师资格考试真题试卷(四)

教育教学知识与能力(小学)

注意事项：

1. 考试时间为120分钟，满分为150分。

2. 请按规定在答题卡上填涂、作答，在试卷上作答无效，不予评分。

一、单项选择题(本大题共20小题，每小题2分，共40分)

在每小题列出的四个备选项中只有一个是符合题目要求的，请用2B铅笔把答题卡上对应题目的答案字母按要求涂黑。错选、多选或未选均无分。

1. 提出生活教育理论，主张“教学做合一”的教育家是(　　)

A. 陶行知　　B. 晏阳初　　C. 梁漱溟　　D. 蔡元培

2. 认为教育起源于动物的本能活动，不仅在脊椎动物中存在教育，甚至在非脊椎动物中也存在教育。这种观点被称为(　　)

A. 神话起源论　　B. 心理起源论

C. 生物起源论　　D. 劳动起源论

3. 2012年教育部印发的《小学教师专业标准(试行)》规定，小学教师的专业知识包括(　　)(常考)

①小学生发展知识　②学科知识　③教育教学知识

④通识性知识　⑤实践性知识

A. ①②③⑤　　B. ①②③④　　C. ①③④⑤　　D. ②③④⑤

4. 毛泽东在《体育之研究》一文中指出：“欲图体育之有效，非动其主观，促其对于体育之自觉不可。”这句话强调学校体育应注重(　　)

A. 帮助学生形成正确的体育观念　　B. 增强学生体质

C. 培养学生自我锻炼的能力与习惯　　D. 发展学生的体育特长

5. 少先队的队礼是右手五指并拢，高举头上，其含义是(　　)(易错)

A. 党的利益高于一切　　B. 国家的利益高于一切

C. 少先队的利益高于一切　　D. 人民的利益高于一切

6. 马卡连柯总结了集体教育、劳动教育和纪律教育的实践经验，提出了(　　)

A. 知行统一原则　　B. 因材施教原则

C. 平行影响原则　　D. 教育一致性原则

7. 当灰尘、飞虫等异物进入孩子的眼睛时，不宜采用的措施是（　　）

A. 用手揉眼睛　　B. 用生理盐水冲洗

C. 用清水冲洗　　D. 用棉签去除异物

8. 小学生通过学习，掌握了"长方形面积=长×宽"这一公式。这种学习属于（　　）（常考）

A. 信号学习　　B. 连锁学习

C. 概念学习　　D. 命题学习

9. 个体早期发展阶段存在着关键期，表明儿童的身心发展具有（　　）（常考）

A. 差异性　　B. 不平衡性　　C. 稳定性　　D. 顺序性

10. 小学生思维发展的基本特点是（　　）

A. 具体形象思维和抽象逻辑思维均衡发展

B. 完全摆脱具体形象思维

C. 由具体形象思维向抽象逻辑思维过渡

D. 抽象逻辑思维是思维的主要成分

11. 小文的学习成绩不好，但爱在同学面前炫耀自己的限量版运动鞋或其他高档物品，看到同学投来羡慕的目光，感到十分满足。小文的心理防御方式是（　　）

A. 升华　　B. 转移　　C. 补偿　　D. 退行

12. 下列词语中，体现注意品质广度特征的是（　　）（常考）

A. 一目十行　　B. 一心二用　　C. 目不转睛　　D. 心猿意马

13. 教师在选择和组织教学内容时，首先要保证教学内容具有（　　）

A. 科学性与思想性　　B. 生活性与情境性

C. 系统性与逻辑性　　D. 专业性与学术性

14.《小学教育专业师范生教师职业能力标准（试行）》所列举的教学活动中通常被合称为"三字一话"的是（　　）（易混）

A. 铅笔字、毛笔字、粉笔字、普通话　　B. 钢笔字、毛笔字、电脑打字、普通话

C. 钢笔字、毛笔字、粉笔字、普通话　　D. 钢笔字、毛笔字、粉笔字、地方话

15. 在教学《桂林山水》一课时，教师制定的"感受山水之美，体会作者对祖国的热爱之情"的教学目标属于（　　）

A. 结果性目标　　B. 体验性目标

C. 表现性目标　　D. 知识性目标

16. 有教师提出，小学数学教师要跳出数学看数学，要上有文化味道的数学课。这一观点符合的教学规律是(　　)

A. 教与学的辩证统一　　B. 直接经验与间接经验相结合

C. 掌握知识与提高能力相统一　　D. 掌握知识与提高思想觉悟相统一

17. 为了认识蚕的生长过程，李老师指导学生饲养蚕宝宝，观察“卵—幼虫—蛹—蛾”的变化。这种教学方法是(　　)

A. 讨论法　　B. 实验法　　C. 练习法　　D. 演示法

18. 从课程类型来说，教室里的图画、标语、黑板报属于(　　)(常考)

A. 学科课程　　B. 活动课程

C. 显性课程　　D. 隐性课程

19. 根据古德莱德的观点，由教育行政部门规定的课程计划、课程标准和教材属于(　　)

A. 理想的课程　　B. 正式的课程　　C. 运作的课程　　D. 经验的课程

20. 在小学阶段提倡运用的“档案袋评价”属于(　　)

A. 量化评价　　B. 质性评价

C. 绝对评价　　D. 相对评价

二、简答题(本大题共3小题，每小题10分，共30分)

21. 简述加里培林关于智力技能形成阶段的理论。

22. 简述学校美育的实施途径。

23. 简述教育实验设计的基本要素。

三、材料分析题(本大题共2小题,每小题20分,共40分)阅读材料,并回答问题。

24. 材料:

三(1)班小玉同学新买的《新华字典》不见了,她曾在这本字典的背面写了一个"玉"字,班主任沈老师让小玉先不要声张,到教室对同学们说:"前两天老师请每位同学都买了一本字典,现在请大家把自己的字典拿出来让老师看一下。"沈老师在检查时发现小叶满面通红,她的字典背面有个"壁"字,像是在"玉"字上面改的。沈老师迟疑了一下,继续检查其他学生的字典。

事后,沈老师了解到小叶家生活非常困难,母亲卧病在床,对她来说,购买一本字典是个不小的负担。沈老师就自己买了一本字典,并在背面精心地描摹了一个"玉"字,当着全班同学的面把字典交给了小玉,然后对她说:"你的字典找到了,是其他班的同学捡到了。"小叶听到后,红着脸低了头。

问题:

(1)请结合材料,从德育的角度评析老师的行为。(10分)

(2)作为一名小学教师,处理类似问题时应遵循哪些原则?(10分)

25. 材料：

近年来，某小学为改革过于依赖纸笔测试的学业评价方式，在低年级实施基于绘本场景的表现性评价，采用游戏化、项目化、综合式评价方法，对学生各学科学习情况进行评价。由教师、家长志愿者、中高年级学生志愿者组成评价小组，根据每一位学生的表现评定等级。

一年级表现性评价选定的绘本为《犟龟》，其主要内容为：乌龟陶陶响应远方的邀请，启程去参加狮王二十八世的婚礼。一路上历经千辛万苦，闯过了各种难关。最终，他赶上的是狮王二十九世的结婚庆典。为考查学生的拼读能力，教师设计了"帮助乌龟陶陶朗读用拼音书写的请柬"的任务；为考查学生的音乐表演能力，要求学生为"狮王"唱一首歌，并配以表情和动作。接着，学生进行小组合作，用事先准备好的橡皮泥捏一顶王冠，作为献给"狮王"的礼物，这一任务不仅考查学生的造型能力，还考查学生的想象力、创造力和合作能力等。

实施表现性评价后，学生们都把期末评价当成期末庆典，从学期初就开始期待，整个学期的学习状态与以往大不相同，表现出极大的热情。

问题：

(1)请对该校的表现性评价进行评析。(10分)

(2)结合材料谈谈教学评价的功能。(10分)

四、教学设计题(本大题有6小题，任选1小题作答。多答只按第1小题计分，40分。考生可按照所学专业方向，选择作答。26为中文与社会，27为数学与科学，28为英语，29为音乐，30为体育，31为美术)请用2B铅笔在答题卡上将所选题目的题号涂黑，未涂或多涂均无分。

26. 请认真阅读下列材料，并按要求作答。

⑳ 蜘蛛开店

有一只蜘蛛，每天蹲在网上等着小飞虫落在上面，好寂寞，好无聊啊。

蜘蛛决定开一家商店。卖什么呢？就卖口罩吧，因为口罩织起来很简单。

于是，蜘蛛在一间小木屋外面挂了一个招牌，上面写着：“口罩编织店，每位顾客只需付一元钱。”

顾客来了，是一只河马。河马嘴巴那么大，口罩好难织啊，蜘蛛用了一整天的工夫，终于织完了。

晚上，蜘蛛想：还是卖围巾吧，因为围巾织起来很简单。

第二天，蜘蛛的招牌换了，上面写着：“围巾编织店，每位顾客只需付一元钱。”

顾客来了，只见身子不见头。蜘蛛向上一看，原来是一只长颈鹿，他的脖子和大树一样高，脑袋从树叶间露出来，正对着蜘蛛笑呢。

蜘蛛织啊织，足足忙了一个星期，才织完那条长长的围巾。

蜘蛛累得趴倒在地上，心里想：还是卖袜子吧，因为袜子织起来很简单。

第二天，蜘蛛的招牌又换了，上面写着：“袜子编织店，每位顾客只需付一元钱。”

可是，蜘蛛看到顾客后，却吓得匆忙跑回网上。原来那位顾客竟是一条四十二只脚的蜈蚣！

diàn	dūn	jì	mò	zhào	biān	gù	fù	fū	huàn	jǐng	wà	cōng	wú	gōng
店	蹲	寂	寞	罩	编	顾	付	夫	换	颈	袜	匆	蜈	蚣

店	店			决	决		
定	定			商	商		
夫	夫			终	终		
完	完			换	换		
期	期						

朗读课文。根据示意图讲一讲这个故事。

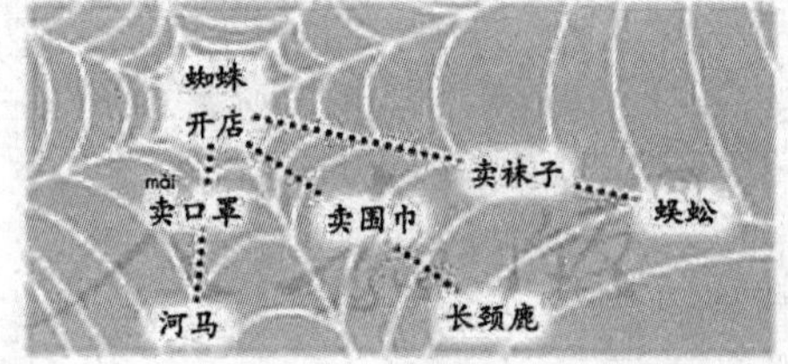

接下来会发生什么事？展开想象，续编故事，讲给大家听。

91

请根据上述材料完成下列任务:

(1)试分析本文的写作特点。(8分)

(2)若指导二年级小学生学习本文,试拟定教学目标。(10分)

(3)根据蜘蛛开店“卖口罩”的内容设计教学片段,并说明设计理由。(22分)

27. 请认真阅读下列材料，并按要求作答。

1. 用字母表示数

(1)

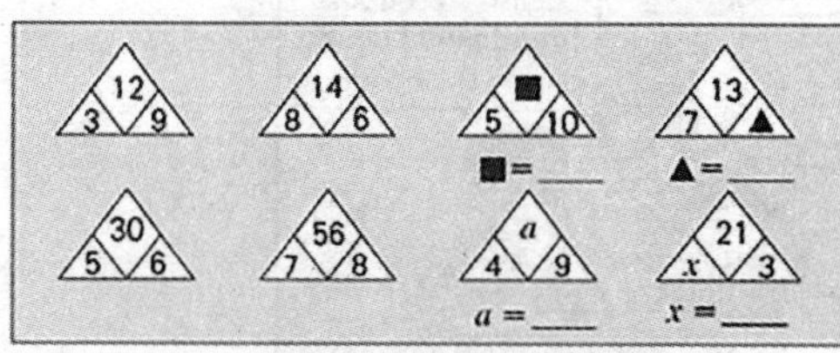

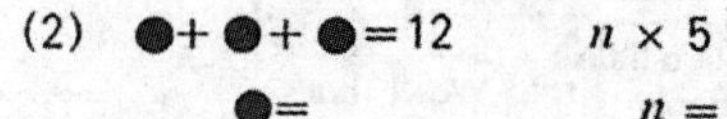

(2) ●+●+●=12　　　$n\times5=15$

●=____　　　$n=$____

(3) 2　4　6　m　10　12

$m=$____

■、▲、● 或 a、x、n、m 这些符号和字母可以用来表示数。

在数学中，我们经常用字母来表示数。

你还见过哪些用符号或字母表示数的例子？

我们已经学过一些运算定律，你会把它们表示出来吗？

乘法交换律

用字母表示运算定律，简明易记、便于应用。

在含有字母的式子里，字母中间的乘号可以记作“·”，也可以省略不写。

$a\times b=b\times a$

可以写成　$a\cdot b=b\cdot a$　或　$ab=ba$

用 a、b、c 分别表示三个数，写出其他运算定律。

为了书写方便，人们常用字母表示计量单位。

长度单位		面积单位		质量单位	
千米	km	平方千米	km^2	吨	t
米	m	平方米	m^2	千克	kg
分米	dm	平方分米	dm^2	克	g
厘米	cm	平方厘米	cm^2		
毫米	mm	平方毫米	mm^2		

请根据上述材料完成下列任务：

(1)什么是符号意识？(4分)在数学教学中，如何发展小学生的符号意识？(4分)

(2)若指导五年级小学生学习上述内容，试拟定教学目标。(10分)

(3)依据拟定的教学目标，设计新授环节的教学活动并说明理由。(22分)

28. 请认真阅读下列材料，并按要求作答。

The new school year begins after the summer holidays. The students are talking about their holidays.

请根据上述材料完成下列任务：

(1)简述四种常见的英语学习活动类型，并举例说明。(8分)

(2)如指导小学生学习本文，试拟定教学目标。(10分)

(3)依据拟定的教学目标，设计一个拓展运用环节，让学生汇报假期里的学习情况，并说明理由。(22分)

29. 请认真阅读下列材料，并按要求作答。

时间像小马车

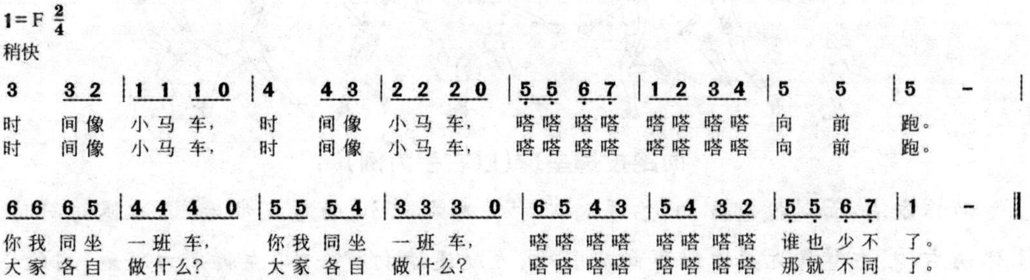

1=F $\frac{2}{4}$

稍快

3 3 2 | 1 1 1 0 | 4 4 3 | 2 2 2 0 | 5 5 6 7 | 1 2 3 4 | 5 5 | 5 - |

时 间像 小马 车， 时 间像 小马 车， 嗒嗒嗒嗒 嗒嗒嗒嗒 向 前 跑。

时 间像 小马 车， 时 间像 小马 车， 嗒嗒嗒嗒 嗒嗒嗒嗒 向 前 跑。

6 6 6 5 | 4 4 4 0 | 5 5 5 4 | 3 3 3 0 | 6 5 4 3 | 5 4 3 2 | 5 5 6 7 | 1 - ‖

你我同坐 一班 车， 你我同坐 一班 车， 嗒嗒嗒嗒 嗒嗒嗒嗒 谁也少不 了。

大家各自 做什么？ 大家各自 做什么？ 嗒嗒嗒嗒 嗒嗒嗒嗒 那就不同 了。

请根据上述材料完成下列任务：

(1)简要分析歌曲的特点。(8分)

(2)如指导低年级小学生学唱本歌曲，试拟定教学目标。(10分)

(3)依据拟定的教学目标，结合该歌曲的学习，设计“四分音符、八分音符”的教学环节并说明理由。(22分)

30. 请认真阅读下列材料，并按要求作答。

助跑投掷垒球(以右手为例)

动作方法：面对投掷方向，右手持球于头的右前方；助跑几步后，迈右腿的同时，上体向右转，右臂靠近身体经下向后引球，左腿迅速向前一步；左脚用力蹬地，右腿迅速向前交叉，当右脚刚一落地，迅速蹬地、转髋、挺胸，同时身体左转，重心前移，左腿积极落地蹬伸，上体向前鞭打，右臂经肩上屈肘向前挥臂，将球快速投出。

请根据上述材料完成下列任务：

(1)写出“助跑投掷垒球”的教学重点、难点。(8分)

(2)如果指导水平三的学生练习，试拟定教学目标。(10分)

(3)依据拟定的教学目标，设计技术教学环节的步骤并说明理由。(22分)

31. 请认真阅读下列材料，并按要求作答。

第13课　古建筑的保护

一座具有历史的城镇，不仅会将它的历史写在书上，还会将它的历史通过古建筑告诉世人，并流传后世。

● 你所生活的这座城镇，有哪些值得保护的古建筑？

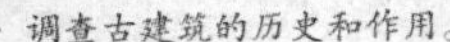

· 调查古建筑的历史和作用。

30

· 了解你所居住的城镇今后发展的规划。

· 了解古建筑的保护现状。

贵州地坪风雨桥

北京四合院垂花门

北京故宫三大殿俯瞰

请根据上述材料完成下列任务：

(1)中国古建筑采用什么结构方式？(4分)在群体组合与布局上的特点是什么？(4分)

(2)如指导高年段小学生学习，试拟定教学目标。(10分)

(3)依据拟定的教学目标，设计“古建筑的审美感知与保护”内容的教学活动并说明理由。(22分)

机密★启封前　　　　　　　　　　姓名________　准考证号________

2021年下半年中小学教师资格考试真题试卷(五)

教育教学知识与能力(小学)

注意事项:

1. 考试时间为120分钟,满分为150分。

2. 请按规定在答题卡上填涂、作答,在试卷上作答无效,不予评分。

一、单项选择题(本大题共20小题,每小题2分,共40分)

在每小题列出的四个备选项中只有一个是符合题目要求的,请用2B铅笔把答题卡上对应题目的答案字母按要求涂黑。错选、多选或未选均无分。

1. 古代思想家管仲说:“一年之计,莫如树谷;十年之计,莫如树木;终身之计,莫如树人。”这句话反映了教师劳动具有(　　)

A. 全面性　　B. 创造性　　C. 示范性　　D. 长期性

2. 陶行知“生活教育理论”的主要观点是(　　)(易混)

A. 教育即生活,社会即学校,从做中学

B. 教育即生活,学校即社会,教学做合一

C. 生活即教育,社会即学校,教学做合一

D. 生活即教育,学校即社会,从做中学

3. 在我国近代教育史上,以日本学制为蓝本,以“中学为体,西学为用”为指导思想制定并实施的学制是(　　)(易错)

A. 壬寅学制　　B. 癸卯学制

C. 壬戌学制　　D. 壬子癸丑学制

4. 中国少年先锋队是一个少年儿童的群众组织,其队旗上的图案是(　　)

A. 火炬加斧头　　B. 镰刀加斧头

C. 五角星加镰刀　　D. 火炬加五角星

5. 根据实验目的的不同,可将教育实验分为(　　)

A. 定性实验和定量实验

B. 实验室实验和现场实验

C. 前实验、准实验和真实验

D. 探索性实验、鉴别性实验和验证性实验

6. 小学班集体形成的主要标志是(　　)

A. 成立班委会　　B. 形成了正确的集体舆论

C. 确定班级工作计划　　D. 开展班级工作

7. 琳琳参加学校活动时,出现头晕、恶心等中暑现象。此时,教师首先应采取的正确做法是(　　)

A. 将她送往医院　　B. 让她躺下,垫高头部

C. 让她休息一下,不用特别处理　　D. 带她到阴凉通风的地方,冷敷头部

8. 识字教学中,教师将"辩""辨""辫""瓣"的不同部件标成红色,以帮助学生更好区别。这一做法符合(　　)

A. 知觉的选择性　　B. 知觉的理解性

C. 知觉的恒常性　　D. 知觉的整体性

9. 心理活动的准备状态有时有助于问题的解决,有时又会妨碍问题的解决。这种影响问题解决的心理活动准备状态属于(　　)

A. 情绪　　B. 定势　　C. 动机　　D. 酝酿效应

10. 皮亚杰认为,处于具体运算阶段的儿童,其思维的典型特点是(　　)

A. 自我中心性　　B. 可逆性　　C. 客体永久性　　D. 可验证性

11. 教师上课提问时,有的学生总是急于表现,甚至没有弄清题意便抢先回答。这类学生的认知风格属于(　　)

A. 冲动型　　B. 沉思型　　C. 场独立型　　D. 场依存型

12. 在教师的帮助下,小学生通过列提纲、画思维导图等方式进行学习。这种学习策略属于(　　)

A. 计划策略　　B. 元认知策略

C. 组织策略　　D. 资源管理策略

13. 某小学为弘扬传统文化,开设了中华传统经典诵读、民族乐器、地方戏曲等课程。这类课程属于(　　)(常考)

A. 校本课程　　B. 学科课程

C. 国家课程　　D. 地方课程

14. 小学语文教师在进行教学设计时,常用"会读、会写、会说、会背"等行为动词表述教学目标。这类教学目标属于(　　)

A. 知识与技能目标　　B. 价值观目标

C. 过程与方法目标　　D. 情感态度目标

15.《国家中长期教育改革和发展规划纲要(2010—2020年)》提出,为了提高义务

教育质量,深化课程与教学方法改革,中小学教学组织形式推行(　　)

A. 小组教学　　B. 开放课堂　　C. 小班教学　　D. 个别教学

16. 相比较而言,更有利于学生掌握系统知识的课程类型是(　　)

A. 学科课程　　B. 综合课程

C. 活动课程　　D. 隐性课程

17. 2001年启动的基础教育课程改革倡导"教师即课程开发者",其课程实施取向属于(　　)

A. 忠实取向　　B. 创生取向

C. 实践取向　　D. 相互适应取向

18.《学记》中下列语句,体现循序渐进教学原则的是(　　)

A. 学不躐等　　B. 开而弗达　　C. 禁于未发　　D. 罕譬而喻

19. 科学课上,张老师在讲台上做水的加温和降温实验,让学生观察水的状态变化。张老师采用的教学方法是(　　)(常考)

A. 实验法　　B. 探究法　　C. 演示法　　D. 练习法

20. 小红语文测验得了90分,但与全班平均成绩相比属于"中下",老师鼓励她继续努力,争取取得更好的成绩。这种评价方式属于(　　)(易混)

A. 标准参照评价　　B. 常模参照评价

C. 个体内差异评价　　D. 形成性评价

二、简答题(本大题共3小题,每小题10分,共30分)

21. 简述儿童心理发展"关键期"的教育意义。

22. 简述学校德育陶冶法及其要求。

23. 简述小学教师进行教学研究的基本要求。

三、材料分析题(本大题共2小题,每小题20分,共40分)阅读材料,并回答问题。

24. 材料:

一(2)班的学生经常向刘老师提出一些“稀奇古怪”的问题。比如,当她在课堂上讲太阳和月亮时,有的学生便会问:“老师,太阳为什么白天出来?月亮为什么晚上出来?”刘老师对这样的问题还能回答,但有些学生提出的问题,就让她难以应对了。比如,有的学生会问:“老师,为什么有的小朋友跟爸爸姓,有的小朋友跟妈妈姓?”“我能成为齐天大圣吗?”“你喜欢熊大还是熊二?”等等。

问题:

(1)分析材料中低年级小学生的行为表现。(10分)

(2)结合材料谈谈教师应如何对待学生“稀奇古怪”的提问。(10分)

25. 材料：

刘老师讲到“白求恩不远万里来到中国”时，一个学生突然大声说：“那么远？怎么来？是坐飞机，还是坐轮船？”同学们都笑了起来。刘老师也笑了，想了想，向同学们提出了这样几个问题：白求恩来中国的方式可能有哪几种？“不远万里”又该怎样解释？这体现了白求恩的什么精神？经过热烈的讨论，同学们明白了：无论是坐飞机、轮船，还是坐汽车、马车，白求恩不远万里来到中国，这体现了他的国际主义精神。

问题：

(1)对刘老师的教学行为进行评析。(10分)

(2)结合材料分析课堂教学中教师的角色。(10分)

四、教学设计题(本大题有6小题，任选1小题作答。多答只按第1小题计分，40分。考生可按照所学专业方向，选择作答。26为中文与社会，27为数学与科学，28为英语，29为音乐，30为体育，31为美术)请用2B铅笔在答题卡上将所选题目的题号涂黑，未涂或多涂均无分。

26. 请认真阅读下列材料，并按要求回答问题。

鹿角和鹿腿

丛林中，住着一只漂亮的鹿。

有一天，鹿口渴了，找到一个池塘，痛痛快快地喝起水来。池水清清的，像一面镜子。鹿忽然发现了自己倒映在水中的影子：“咦，这是我吗？”

鹿摆摆身子，水中的倒影也跟着摆动起来。他从来没有注意到自己是这么漂亮！他不着急离开了，对着池水欣赏自己的美丽：“啊！我的身段多么匀称(chèn)，我的角多么精美别致，好像两束美丽的珊(shān)瑚(hú)！”

一阵清风吹过，池水泛起了层层波纹。鹿忽然看到了自己的腿，不禁(jīn)噘(juē)起了嘴，皱(zhòu)起了眉头：“唉，这四条腿太细了，怎么配(pèi)得上这两只美丽的角呢！”

鹿开始抱怨(yuàn)起自己的腿来。就在他没精打采地准备离开的时候，忽然听到远处传来一阵脚步声。他机灵地支起耳朵，不错，正是脚步声！鹿猛一回头，哎呀，一头狮(shī)子正悄悄地向自己逼(bī)近。

鹿不敢犹豫，撒(sā)开长腿就跑。有力的长腿在灌木丛中蹦来跳去，不一会儿，就把凶猛的狮子远远地甩在了后面。就在狮子灰心丧气不想再追的时候，鹿的角却被树枝挂住了。狮子赶紧抓住这个机会，猛扑过来。眼看就要追上了，鹿用尽全身力气，使劲一扯，才把两只角从树枝中挣脱出来，然后又拼命向前奔去。这次，狮子再也没有追上。

鹿跑到一条小溪边，停下脚步，一边喘气，一边休息。他叹了口气，说："两只美丽的角差点儿让我送了命，可四条难看的腿却让我狮口逃生！"

chèn	jìn	zhòu	pèi	yuàn	shī	bī	sā
称	禁	皱	配	怨	狮	逼	撒

鹿	塘	映	欣	赏	匀
致	配	传	哎	狮	叹

一、朗读课文，注意读出鹿的心情变化。

二、根据下面的提示，用自己的话讲述这个故事。

角：美丽　欣赏　差点儿送命

腿：难看　抱怨　狮口逃生

三、下面的说法，你赞成哪一种？说说你的理由。

1. 美丽的鹿角不重要，实用的鹿腿才是重要的。

2. 鹿角和鹿腿都很重要，它们各有各的长处。

请根据上述材料完成下列任务：

(1)从文体的角度分析上述文本。(8分)

(2)如指导三年级学生学习本文，请设定教学难点和突破教学难点的思路。(12分)

(3)设计一个引导学生品味语言，感受鹿的心情变化的教学片段。(20分)

27. 请认真阅读下列材料，并按要求作答。

我们以前学过对称图形和对称轴，长方形、正方形和圆等都是对称图形，都有对称轴。这些图形都是轴对称图形。

你能分别画出下面两个圆的对称轴吗？你能画出几条呢？

1. 想一想，我们已经学过的平面图形中有哪些是轴对称图形？哪些图形的对称轴只有一条？哪些不止一条？

2. 根据对称轴画出给定图形的轴对称图形。

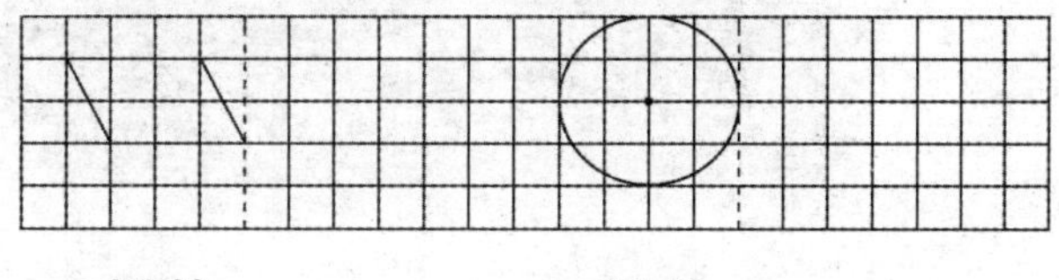

对称轴　　　　对称轴

请根据上述材料完成下列任务：

(1)概述小学数学中“圆”的基础知识包括哪些内容。(8分)

(2)如指导高年段学生学习材料内容，试拟定教学目标。(12分)

(3)依据拟定的教学目标，设定教学重点、难点，设计相应的教学活动，并简要说明理由。(20分)

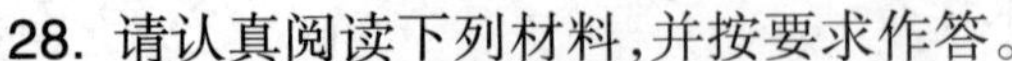

28. 请认真阅读下列材料，并按要求作答。

请根据上述材料完成下列任务：

(1)简述小学阶段英语语音和词汇教学的重要性。(4分)

(2)如指导小学生学习上述内容，试拟定相应的教学目标。(9分)

(3)依据拟定的教学目标，设计词汇语音部分的呈现和操练环节的教学活动，并简要说明理由。(27分)

29. 请认真阅读下述材料，并按要求作答。

共产儿童团歌

1=F $\frac{4}{4}$ 革命历史歌曲

1 3·1 2 5 | 1 3·1 2 5 | 2 3·5 6 5 | 3·5 2 3 5 - |

① 准备好了么？时刻准备着，我们都是共产儿童团，
② 小兄弟们呀，小姐妹们呀！我们的将来是无限好呀，
③ 帝国主义者，地主和军阀，我们的精神使他们害怕，
④ 红色的儿童，我们向前进！我们是共产主义接班人，

1 3·1 2 5 | 1 3·1 2 5 | 2 3·5 6 5 | 3·5 2 3 1 - ‖

将来的主人，必定是我们。
牵着手前进，时刻准备着。
快团结起来，时刻准备着。
美丽的世界，在远处召唤。
嘀嘀嗒嘀嗒 嘀嘀嗒嘀嗒。

请根据上述材料完成下列任务：

(1)简要分析歌曲的节拍、风格、节奏特点及情绪情感。(4分)

(2)如指导低年级小学生学习这首歌曲，试拟定教学目标。(9分)

(3)依据拟定的教学目标，设计学唱歌曲环节的教学活动并简要说明理由。(27分)

30. 请认真阅读下列材料，并按要求作答。

50米快速跑

动作方法：采用站立式起跑。“各就位”时，站在起跑线后面，两脚前后开立，有力脚靠近起跑线；“预备”时，两腿稍弯曲，前脚的异侧臂屈肘在体前，上体稍前倾；听到“跑”或信号时，两脚用力蹬地，迅速向前跑出；途中跑时，后蹬充分有力，大腿积极前摆，用前脚掌着地；眼看前方，上体保持正直；两臂屈肘前后协调摆动，并以最快的速度冲过终点。

站立式起跑

途中跑

请根据上述材料完成下列任务：

（1）请简述“50米快速跑”的动作要点。（4分）

（2）拟定中年段学生练习“50米快速跑”第1课时的教学目标。（9分）

（3）依据拟定的教学目标，设计本课内容的教学环节并简要说明理由。（27分）

31. 请认真阅读下列材料,并按要求作答。

17 虎头装饰

虎是兽中之王。在我国民间，虎头装饰品是最具特色的民间艺术品之一。它是驱除邪恶、保佑平安的吉祥物。民间创作的老虎形象千姿百态，充满了丰富的想象力，表达了人们对美好生活的向往。

挂虎（陕西）

我的发现

民间艺术品中的虎头装饰和自然界中的虎头有异同，它重点夸张变形了虎头的色彩和形象，并加入了吉祥纹样。

色彩

纹样

夸张变形

布老虎（山西）

彝族虎头面具（云南）

虎头帽（山西）

生肖虎（山东）

我来体验

试着用上面的分析方法将这些作品进行分析。

卡通虎

34

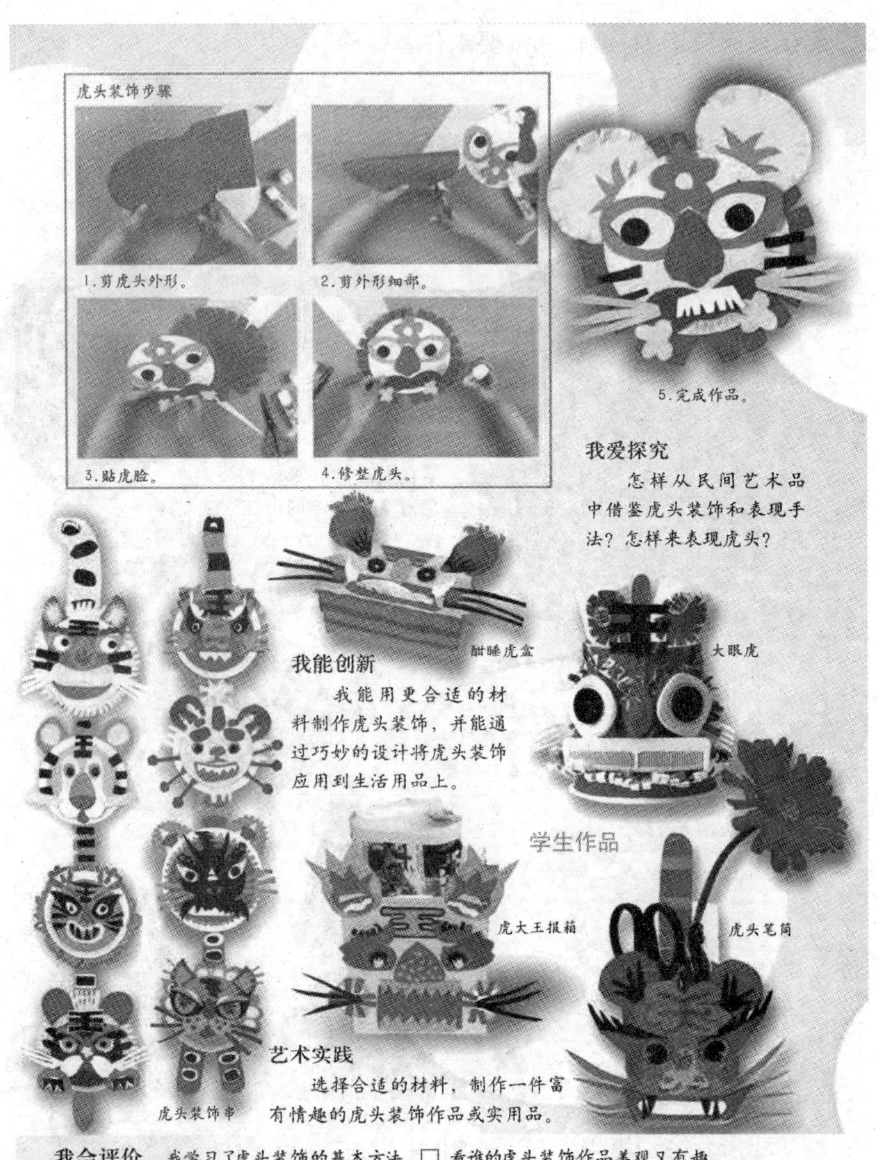

虎头装饰步骤

1.剪虎头外形。

2.剪外形细部。

3.贴虎脸。

4.修整虎头。

5.完成作品。

我爱探究

怎样从民间艺术品中借鉴虎头装饰和表现手法？怎样来表现虎头？

甜睡虎盒

大眼虎

我能创新

我能用更合适的材料制作虎头装饰，并能通过巧妙的设计将虎头装饰应用到生活用品上。

学生作品

虎大王报箱

虎头笔筒

艺术实践

选择合适的材料，制作一件富有情趣的虎头装饰作品或实用品。

虎头装饰串

我会评价　我学习了虎头装饰的基本方法。□　看谁的虎头装饰作品美观又有趣。

35

请根据上述材料完成下列任务：

(1)请列举4种中国民间美术。(4分)

(2)如指导中年段小学生学习上述内容，试拟定教学目标。(9分)

(3)依据拟定的教学目标，设计新授环节的教学活动并简要说明理由。(27分)

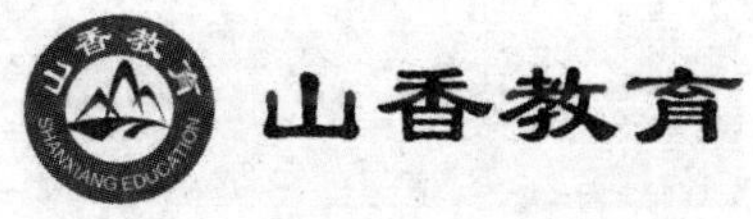

国家教师资格考试

历年真题详解及预测试卷

教育教学知识与能力·小学(真题题本Ⅱ)

重要提示:

为维护您的个人权益,确保考试的公平公正,请您帮助我们监督考试实施工作。

本场考试规定:监考人员要向本考场全体考生展示题本密封情况,并邀请2名考生代表验封签字后,方能开启试卷袋。

目　录

机密★启封前　　　　　　　　　　姓名＿＿＿＿＿　准考证号＿＿＿＿＿

2021年上半年中小学教师资格考试真题试卷(六)

教育教学知识与能力(小学)

注意事项:

1. 考试时间为120分钟,满分为150分。

2. 请按规定在答题卡上填涂、作答,在试卷上作答无效,不予评分。

一、单项选择题(本大题共20小题,每小题2分,共40分)

在每小题列出的四个备选项中只有一个是符合题目要求的,请用2B铅笔把答题卡上对应题目的答案字母按要求涂黑。错选、多选或未选均无分。

1. 裴斯泰洛齐认为教育目的就在于全面和谐地发展人的一切天赋力量和才能,使人的各项能力得到自然的进步与均衡发展,其价值取向属于(　　)

A. 个人本位论　　　B. 社会本位论

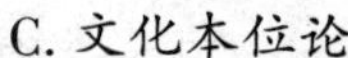

C. 文化本位论　　　D. 生活本位论

2. “治贫先治愚”,教育扶贫能够阻断代际传递,这是因为教育具有(　　)

A. 政治功能　　B. 经济功能　　C. 生态功能　　D. 人口功能

3. 格塞尔的“同卵双生子爬梯实验”表明,儿童有效学习和接受教育的前提条件是(　　)

A. 遗传素质　　B. 学习训练　　C. 指导学习　　D. 成熟程度

4. 三(2)班的一些学生只要作业稍微难一点就望而却步,还有一些学生在班级活动中经常叫苦叫累,对此班主任需要在班级加强学生(　　)

A. 情绪情感的教育　　　B. 意志品质的培养

C. 人际交往的教育　　　D. 思维品质的培养

5. 联合国教科文组织在《教育——财富蕴藏其中》报告中提出,21世纪教育的四大支柱是(　　)

①学会生存　②学会认知　③学会做事　④学会创造　⑤学会共同生活

A. ①②③④　　B. ①②③⑤　　C. ①②④⑤　　D. ②③④⑤

6. 班主任的影响力除表现在职权影响力外,更重要的表现为(　　)

A. 年龄影响力　　　B. 性别影响力

C. 人格影响力　　　D. 知识影响力

7. 眼保健操是预防小学生近视的一种保健方法,包括(　　)(易错)

①挤按睛明穴　②揉按四白穴　③揉按太阳穴和闭目轮刮眼眶

④揉按涌泉穴　⑤揉按风池穴　⑥闭目干洗脸

A. ①②③④⑤　B. ①②③⑤⑥　C. ①②③④⑥　D. ②③④⑤⑥

8. 教师在课堂上一边讲授一边板书,同时留意学生反应,这种品质属于(　　)(常考)

A. 注意的广度　B. 注意的转移

C. 注意的分配　D. 注意的稳定性

9. 小军因喜欢班主任王老师,所以喜欢她的课和她组织的各种活动。这种心理现象属于(　　)

A. 泛化　B. 强化　C. 分化　D. 消退

10. 在许多人起哄的时候,平时文静的学生往往也会参与其中。这种行为是(　　)(易混)

A. 服从　B. 模仿　C. 从众　D. 顺从

11. 小勇认为自己学习成绩不好是因为自己不够聪明,根据韦纳的归因理论,这属于(　　)

A. 内部、稳定归因　B. 外部、稳定归因

C. 内部、不稳定归因　D. 外部、不稳定归因

12. 小学心理健康教育的对象是(　　)

A. 全体学生　B. 有行为障碍的学生

C. 学业成绩差的学生　D. 有心理问题的学生

13. 因1918年出版《课程》一书而被称为“现代课程理论开拓者”的学者是(　　)

A. 杜威　B. 博比特　C. 查特斯　D. 泰勒

14. 在课程内容组织过程中,应考虑(　　)

A. 逻辑顺序　B. 心理顺序

C. 逻辑顺序与心理顺序　D. 逻辑顺序与时间顺序

15. 老师建立了记录学生学习成就、持续进步信息的一连串表现、作品以及其他相关资料的档案袋,据此对学生进行评价。这种评价属于(　　)

A. 绝对评价　B. 相对评价　C. 过程性评价　D. 终结性评价

16. 赵老师在教授《第一场雪》时,播放了北方漫天大雪的视频,让学生感受下雪场景。他运用的教学手段属于(　　)

A. 实物直观　B. 模像直观

C. 语言直观　　　　D. 虚拟直观

17. 下列中国古代经典教育名言中，体现循序渐进教学原则的是(　　)

A. 温故而知新　　　　B. 不愤不启，不悱不发

C. 不陵节而施　　　　D. 博学于文，约之以礼

18. 某小学有计划地将当地民谣融入语文课程，这属于(　　)(常考)

A. 国家课程校本化　　　　B. 校本课程开发

C. 国家课程地方化　　　　D. 地方课程开发

19. 集体备课时，如教师在教学目标设置和内容选择上存在意见分歧，应首先遵从(　　)

A. 教材编排　　B. 课程标准　　C. 名师经验　　D. 教学指导

20. 作为一种常用的课程教学方法，讲授法的主要局限在于(　　)

A. 难以呈现系统的科学知识　　　　B. 难以控制教学时间

C. 难以发挥教师的主导作用　　　　D. 难以做到因材施教

二、简答题(本大题共3小题，每小题10分，共30分)

21. 简述小学劳动教育的基本目标。

22. 老师如何培养学生的自我效能感。

23. 简述教育叙事研究的一般步骤。

三、材料分析题(本大题共2小题,每小题20分,共40分)阅读材料,并回答问题。

24. 材料:

20世纪90年代,美国各州先后颁布相关政令,对学生违纪行为明确处罚原则。例如,对学生的惩戒分为9个层次,包括训示、学业制裁、短期停学、惩戒性转学等。教育惩戒是我国中小学管理的敏感区,面对学生违纪行为,惩戒与否,如何惩戒,惩戒不当带来的后果,都是令学校和老师头疼的问题。因而,许多教师在班级管理中不敢采用教育惩戒,唯恐由此引起师生冲突、家校矛盾。2020年,教育部制定颁布了《中小学教育惩戒规则(试行)》,系统规定了教育惩戒的属性,适用范围及实施的规则、程序、措施、要求等,为实施教育惩戒提供了依据。

问题:

(1)结合材料谈谈你对惩戒作为一种教育手段的认识。(10分)

(2)阐述小学教师使用教育惩戒的注意事项。(10分)

25. 材料：

陈老师和王老师在各自班上教学《孙悟空大战白骨精》一课，都提出这样一个问题："你喜欢文中的谁？为什么？"有的学生说喜欢孙悟空，有的学生说喜欢唐僧……出乎意料的是，两个班里都有学生说喜欢白骨精，理由是白骨精为了吃到唐僧肉不怕困难，坚持不懈。但是，两位老师的处理方式却不同。陈老师的回应是："你的想法很独特，有创意。"王老师则反问那个学生："白骨精做的是好事还是坏事？"学生想了想，回答道："坏事。"王老师接着问："白骨精不怕困难，坚持不懈做坏事，你也喜欢她吗？"学生红着脸摇了摇头。

问题：

(1)对两位老师不同的理答进行评析。(8分)

(2)结合材料谈谈课堂教学评价的功能。(12分)

四、教学设计题(本大题有6小题,任选1小题作答。多答只按第1小题计分,40分。考生可按照所学专业方向,选择作答。26为中文与社会,27为数学与科学,28为英语,29为音乐,30为体育,31为美术)请用2B铅笔在答题卡上将所选题目的题号涂黑,未涂或多涂均无分。

26. 请认真阅读下列材料,并按要求作答。

七律·长征

红军不怕远征难,万水千山只等闲。

五岭[①]逶迤腾细浪,乌蒙[②]磅礴走泥丸。

金沙水拍云崖暖,大渡桥横铁索寒。

更喜岷山千里雪,三军过后尽开颜。

注释:

①五岭:越城岭、都庞岭、萌渚岭、骑田岭、大庾岭的总称。位于湖南、江西、广东、广西四省区交界处。

②乌蒙:即乌蒙山,位于贵州、云南两省交界处。

请根据上述材料完成下列任务:

(1)小学语文诗歌教学重点应从哪些方面着手?(9分)

(2)如指导高年段小学生学习本文,试确定教学重难点。(9分)

(3)谈谈你对"金沙水拍云崖暖,大渡桥横铁索寒"这一诗句的理解,并设计该诗句的教学过程。(22分)

27. 请认真阅读下列材料，并按要求作答。

3 小明上学走哪条路最近？

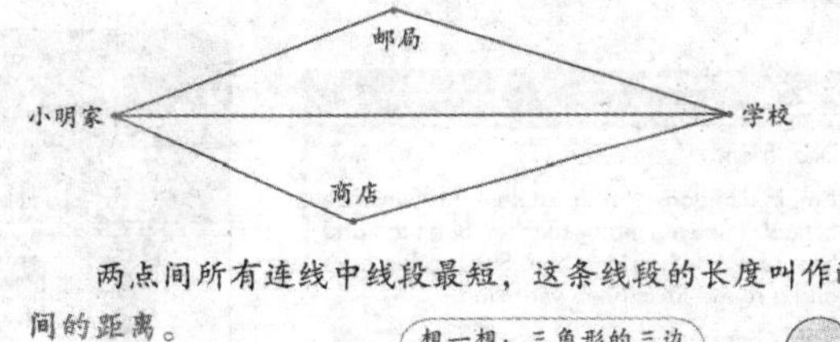

两点间所有连线中线段最短，这条线段的长度叫作两点间的距离。

想一想：三角形的三边之间有怎样的关系呢？

三角形任意两边的和大于第三边。

4 什么样的3条线段能围成三角形呢？我们来做个实验。

剪出下面4组纸条（单位：cm）。

（1）6、7、8；　　（2）4、5、9；

（3）3、6、10；　　（4）8、11、11。

用每组纸条围三角形。

你发现了什么？

请根据上述材料完成下列任务：

(1)依据课标，简述小学数学教学活动的基本要求。(10分)

(2)如指导中年段小学生学习上述内容，试拟定教学目标。(10分)

(3)依据拟定的教学目标设计新授环节的教学活动并说明理由。(20分)

28. 请认真阅读下列材料，并按要求作答。

请根据上述材料完成下列任务：

(1)简述课堂与课后作业的类型及基本操作方式。(10分)

(2)如指导小学生学习本文，试拟定教学目标。(10分)

(3)依据拟定的教学目标，设计"读后说或读后写"的语言操练环节，并说明理由。(20分)

29. 请认真阅读下列材料，并按要求作答。

牧羊女

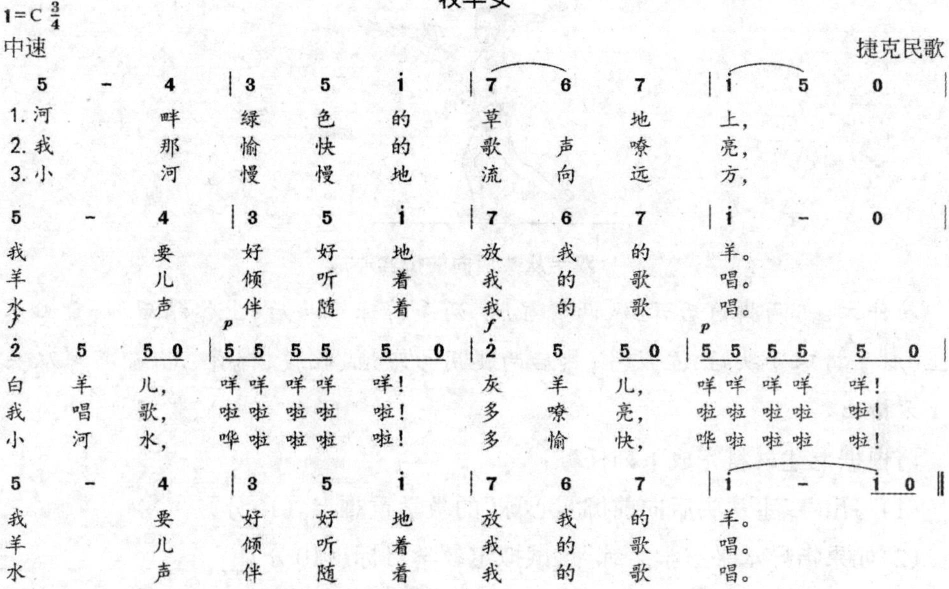

1=C $\frac{3}{4}$

中速

捷克民歌

5 – 4 | 3 5 $\dot{1}$ | 7 6 7 | $\dot{1}$ 5 0 |

1. 河 畔 绿 色 的 草 地 上，
2. 我 那 愉 快 的 歌 声 嘹 亮，
3. 小 河 慢 慢 地 流 向 远 方，

5 – 4 | 3 5 $\dot{1}$ | 7 6 7 | $\dot{1}$ – 0 |

我 要 好 好 地 放 我 的 羊。
羊 儿 倾 听 着 我 的 歌 唱。
水 声 伴 随 着 我 的 歌 唱。

f $\dot{2}$ 5 5 0 | *p* 5 5 5 5 5 0 | *f* $\dot{2}$ 5 5 0 | *p* 5 5 5 5 5 0 |

白 羊 儿，咩咩 咩咩 咩！ 灰 羊 儿，咩咩 咩咩 咩！
我 唱 歌，啦啦 啦啦 啦！ 多 嘹 亮，啦啦 啦啦 啦！
小 河 水，哗啦 啦啦 啦！ 多 愉 快，哗啦 啦啦 啦！

5 – 4 | 3 5 $\dot{1}$ | 7 6 7 | $\dot{1}$ – $\dot{1}$ 0 ‖

我 要 好 好 地 放 我 的 羊。
羊 儿 倾 听 着 我 的 歌 唱。
水 声 伴 随 着 我 的 歌 唱。

请根据上述材料完成下列任务：

(1)简要分析歌曲的特点。(10分)

(2)如指导中年级小学生学唱本歌曲，试拟定教学目标。(10分)

(3)依据拟定的教学目标，设计“唱好歌曲”(在学生音准、节奏、词曲结合基本无误基础上，依据作品特点，合理进行歌曲处理)环节并说明理由。(20分)

30. 请认真阅读下列材料，并按要求作答。

双手从头后向前掷实心球

动作方法：两脚前后开立，两臂屈肘，两手持球于头后；上体稍后仰，重心落在后腿上，双手持球于头后，呈反弓；然后两腿用力蹬地、收腹、挥臂、甩腕，将球从头后向前上方掷出。

请根据上述材料完成下列任务：

(1)写出“双手从头后向前掷实心球”的教学重难点。(10分)

(2)如果指导水平三学生练习，试拟定教学目标。(10分)

(3)依据拟定的教学目标，设计易犯错误及纠正方法并说明理由。(20分)

31. 请认真阅读下列材料，并按要求作答。

从造型角度观赏：根据不同的用途，青铜器有各种不同的造型。

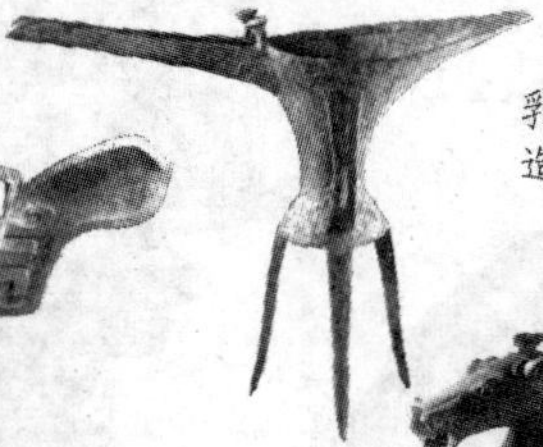

乳钉纹爵（夏）
造型稳定、挺拔。

青铜纵目面具（商）
造型夸张、奇特。

莲鹤方壶（春秋）
盖顶莲瓣中站立一只展翅欲飞的仙鹤，壶身布满龙虎等纹样。

铜奔马（东汉）
马形轻盈、矫健。

从纹样角度观赏：青铜上常饰有动物纹、几何纹、人事活动的图案，反映了当时人们的社会生活和思想观念。

画面人物达120人以上，反映战国时代人们采桑、射猎、宴乐、攻战的社会生活。

四羊方尊（商）
四只形态逼真的大卷角羊构成器皿的主体装饰。

宴乐攻战纹壶（战国）

我国古代青铜的铸造，远在四千年前的夏代就已经开始出现。商代和西周是青铜铸造的鼎盛时期。

长信宫灯（西汉）
造型优美、生动。

虎噬鹿铜器座（战国）
虎形凶猛、刚健。

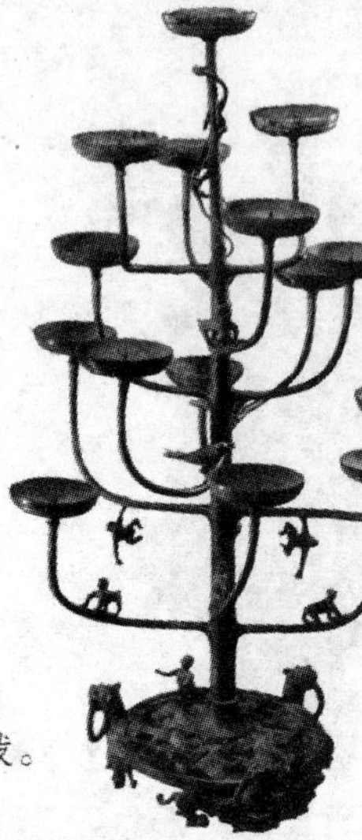

树形灯（战国）
造型精巧、活泼。

兽面纹

凤鸟纹

兽面纹方鼎（商）
造型规整、庄重。

龙纹

从文字角度观赏：青铜器上常铸或刻有文字。这些文字通常称为“铜器铭文”，又称“金文”或“钟鼎文”。它是研究汉字发展演变的珍贵资料，也是研究我国古代历史的重要资料。

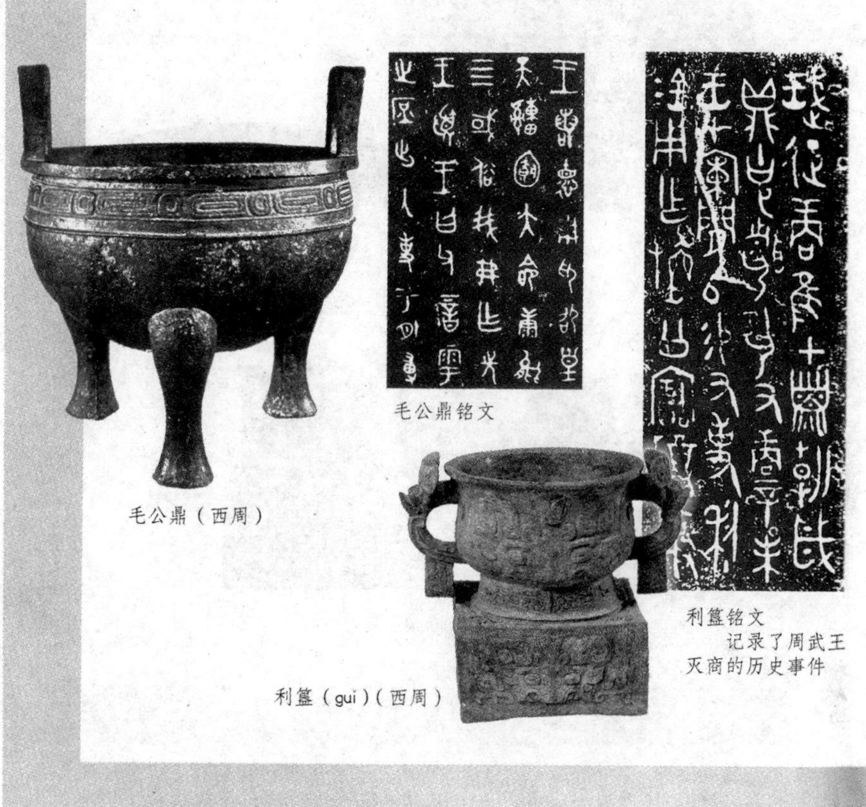

毛公鼎铭文

毛公鼎（西周）

利簋铭文 记录了周武王灭商的历史事件

利簋（guì）（西周）

青铜是红铜和锡的合金，也有的是红铜与锡、铅的合金。红铜加了锡、铅以后，使铜的熔点降低，硬度加强。因为呈青灰色，所以叫青铜。

大克鼎（西周）

铜史墙盘（西周中期）

铜黄子壶（春秋中期）

学习要求：

搜集：我国著名的青铜器图片资料。

交流：将自己搜集的青铜器图片，与同学一起赏析。

尝试：从造型、纹样、文字等方面来描述青铜器作品。

请根据上述材料完成下列任务：

(1)我国先秦时期青铜器按用途划分主要有哪些？青铜器发展至鼎盛时期在造型、纹样上的特点主要有哪些？(10分)

(2)如指导高年段小学生学习本课程，试拟定教学目标。(10分)

(3)依据拟定的教学目标，设计“青铜器艺术赏析”内容的新授教学活动并说明理由。(20分)

机密★启封前　　　　　　　　　　姓名＿＿＿＿＿　准考证号＿＿＿＿＿

2020年下半年中小学教师资格考试真题试卷(七)

教育教学知识与能力(小学)

注意事项:

1. 考试时间为120分钟,满分为150分。

2. 请按规定在答题卡上填涂、作答,在试卷上作答无效,不予评分。

一、单项选择题(本大题共20小题,每小题2分,共40分)

在每小题列出的四个备选项中只有一个是符合题目要求的,请用2B铅笔把答题卡上对应题目的答案字母按要求涂黑。错选、多选或未选均无分。

1. “子曰:自行束脩以上,吾未尝无诲焉。”《论语》中这句话体现的教育思想是(　　)

A. 启发诱导　　　　B. 因材施教

C. 有教无类　　　　D. 诲人不倦

2. 小学教育要抓住儿童发展的“关键期”,这是由于个体身心发展具有(　　)(常考)

A. 顺序性　　　　B. 阶段性

C. 不均衡性　　　　D. 个别差异性

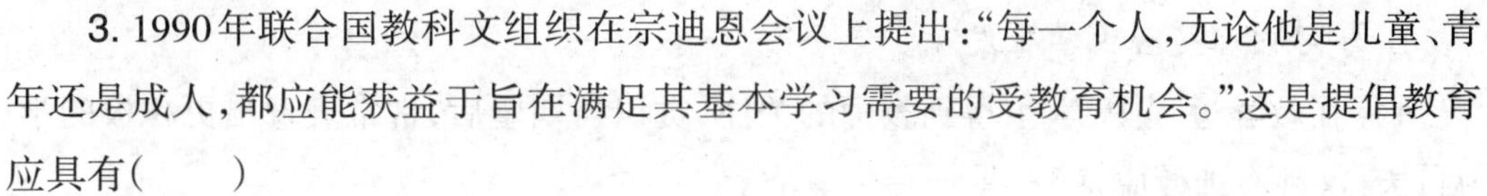

3. 1990年联合国教科文组织在宗迪恩会议上提出:“每一个人,无论他是儿童、青年还是成人,都应能获益于旨在满足其基本学习需要的受教育机会。”这是提倡教育应具有(　　)

A. 全面性　　　　B. 全民性

C. 基础性　　　　D. 义务性

4. 2016年颁布的《青少年法治教育大纲》明确提出,青少年法治教育的核心是(　　)

A. 公民教育　　　　B. 宪法教育

C. 纪律教育　　　　D. 核心价值观教育

5. 做“好老师”应该具有理想信念、道德情操、扎实学识和仁爱之心的特质。这是由下列哪位党和国家领导人提出的(　　)

A. 邓小平　　　　B. 江泽民

C. 胡锦涛　　　　D. 习近平

6. 在设计教育调查问卷时，应避免将权威论断、个人观点包含在问题之中。这体现的问卷设计原则是（　　）

A. 面向对象　　B. 价值中立

C. 语句简洁　　D. 避免社会认可效应

7. 小学生疾跑后不能立刻站立不动或坐下，需继续慢跑一小会儿，主要原因是（　　）

A. 防止低血糖晕倒　　B. 有利于氧债的偿还

C. 防止重力性休克　　D. 有利于心功能恢复

8. 根据耶克斯—多德森定律，若要求学生完成较容易的学习任务，教师应使其学习动机强度控制在（　　）（常考）

A. 较高水平　　B. 较低水平

C. 中等水平　　D. 任意水平

9. 小学生在背诵一篇较长的课文时，往往中间部分比开头和末尾部分遗忘较多，这是因为其记忆受到了（　　）

A. 前摄抑制　　B. 前摄抑制和倒摄抑制

C. 倒摄抑制　　D. 倒摄抑制和干扰抑制

10. 划分机械学习与有意义学习的主要依据是（　　）（易错）

A. 学生是否主动学习

B. 学习目的是否为解决问题

C. 学生是否理解学习材料

D. 学习内容是否由学生发现

11. 在教学过程中，学生得到教师的关注、赏识与期望后，常常表现出更积极的学习行为，这种心理效应是（　　）

A. 蝴蝶效应　　B. 鲇鱼效应

C. 马太效应　　D. 罗森塔尔效应

12. 在创造性思维训练中，教师要求学生在规定时间内尽可能多地举出"杯子"的用途，这侧重培养的是（　　）（易混）

A. 思维的独创性　　B. 思维的灵活性

C. 思维的流畅性　　D. 思维的深刻性

13. 校歌、校徽、校标等是学校课程的一部分，这类课程属于（　　）（常考）

A. 学科课程　　B. 活动课程

C. 显性课程　　D. 隐性课程

14. 将课程编制过程划分为确定目标、选择经验、组织经验、评价结果四个阶段，并被誉为“课程评价之父”的教育家是(　　)

A. 卢梭　　B. 杜威

C. 泰勒　　D. 布鲁纳

15. 在学习《长城》一课时，通过阅读课文和观看长城的影像，学生感受到万里长城的宏伟和壮观，民族自豪感和爱国之情油然而生。这一教学活动主要达成的教学目标是(　　)(常考)

A. 知识与技能　　B. 认知与技能

C. 过程与方法　　D. 情感态度与价值观

16. 教学《圆的认识》一课时，教师展示圆形图片、硬币，让学生看一看、摸一摸，然后总结圆的特点。这一教学过程主要遵循的是(　　)

A. 直观性原则　　B. 启发性原则

C. 循序渐进原则　　D. 因材施教原则

17. 学期末，李老师对小明做出的评价是：“这个学期你上课听讲比以往认真，积极回答课堂提问，能按时完成作业，学习成绩有很大进步。继续加油，我看好你哦！”这种评价属于(　　)

A. 适时评价　　B. 相对评价

C. 量化评价　　D. 质性评价

18. 在某些偏远地区的小学，将不同年级的学生编在一个班里，教师在同一节课里以直接授课和完成作业等交替进行的方式对不同年级的学生施教。这种教学组织形式属于(　　)

A. 个别教学　　B. 课堂教学

C. 混合教学　　D. 复式教学

19. 王老师在《两小儿辩日》教学开始时说道：“孔子是我国古代学识渊博的大教育家，有一次却被两个小孩子提出的问题难住了，为什么呢？学习了这篇课文后，你们就知道了。”这种导入方式属于(　　)

A. 设疑导入　　B. 直接导入

C. 经验导入　　D. 活动导入

20. 教师布置的作业应让学生“跳一跳，够得着”。这体现的作业设计基本要求是(　　)

A. 形式多样　　B. 难度适宜

C. 尊重差异　　D. 注重创新

二、简答题(本大题共3小题,每小题10分,共30分)

21. 简述皮亚杰认知发展理论的教育启示。

22. 简述小学班主任对学优生的教育策略。

23. 简述教育观察法的基本步骤。

三、材料分析题(本大题共2小题,每小题20分,共40分)阅读材料,并回答问题。

24. 材料:

在一次关于学生个体差异的研讨会上,一位小学校长将学生比喻成鲜花,他说:“有的学生是适时盛开的花朵,有的学生是还未开放的花苞。只要给予足够的阳光、空气、水分及耐心的等待,未开的花苞总会开放,而且有的迟开的花苞盛开时可能会更鲜艳、更长久。我们要用静待花开的心态去对待孩子,接受他,尊重他,这样才能帮助他,促进他。”

问题:

(1)分析该校长发言中所蕴含的学生观。(10分)

(2)结合材料谈谈小学教师应树立怎样的教育观。(10分)

25. 材料：

李老师批改五年级学生作文时，看到小勇的作文不足200字，而且字迹潦草，错别字不少，这样的作文打60分也就差不多了。但李老师想，只给一个分数对作文成绩一直不高的小勇不会有什么触动。于是，李老师经过认真思考，给他打了“100-25-15”，并附上文字说明：你的作文选材新颖，有真情实感，但是字数不足，层次不清，减25分；书写潦草，错别字多，减15分。小勇根据老师的评语，进行了认真修改。李老师给修改后的作文打了80分。

问题：

(1)评析李老师评价作文的方式。(10分)

(2)如何通过作业评价促进学生的发展？(10分)

四、教学设计题（本大题有6小题，任选1小题作答。多答只按第1小题计分，40分。考生可按照所学专业方向，选择作答。26为中文与社会，27为数学与科学，28为英语，29为音乐，30为体育，31为美术）请用2B铅笔在答题卡上将所选题目的题号涂黑，未涂或多涂均无分。

26. 请认真阅读下列材料，并按要求作答。

⑭ 我要的是葫芦

从前，有个人种了一棵葫芦。细长的葫芦藤上长满了绿叶，开出了几朵雪白的小花。花谢以后，藤上挂了几个小葫芦。多么可爱的小葫芦哇！那个人每天都要去看几次。

有一天，他看见叶子上爬着一些蚜虫，心里想，有几个虫子怕什么！他盯着小葫芦自言自语地说："我的小葫芦，快长啊，快长啊！长得赛过大南瓜才好呢！"

一个邻居看见了，对他说："你别光盯着葫芦了，叶子上生了蚜虫，快治一治吧！"那个人感到很奇怪，说："什么？叶子上的虫还用治？我要的是葫芦。"

没过几天，叶子上的蚜虫更多了。小葫芦慢慢地变黄了，一个一个都落了。

葫 芦 藤 谢 哇 蚜 盯 赛 感 怪 慢

棵	棵			谢	谢		
想	想			盯	盯		
言	言			邻	邻		
治	治			怪	怪		

◎ 朗读课文。想一想，种葫芦的人想要葫芦，为什么最后却一个也没得到？

◎ 读一读，注意句子不同的语气。

有几个虫子怕什么！
有几个虫子不可怕。

叶子上的虫还用治？
叶子上的虫不用治。

请根据上述材料完成下列任务：

(1)如指导二年级学生学习本文，试拟定教学目标。(10分)

(2)设计本课识字写字教学的主要环节。(22分)

(3)结合教材和二年级学生特点，设计一项课堂小练笔。(8分)

27. 请认真阅读下列材料，并按要求作答。

1 五（2）班要选10名同学组队参加集体舞比赛。

下面是20名候选队员的身高情况（单位：m）。

1.32 1.33 1.44 1.45 1.46 1.46 1.47
1.47 1.48 1.48 1.49 1.50 1.51 1.52
1.52 1.52 1.52 1.52 1.52 1.52

根据以上数据，你认为参赛队员身高是多少比较合适？

上面这组数据中，1.52出现的次数最多，是这组数据的众数。众数能够反映一组数据的集中情况。

五（1）班全体同学左眼视力情况如下：

5.0 4.9 5.3 5.2 4.7 5.2 4.8 5.1 5.3 5.2
4.8 5.0 4.5 5.1 4.9 5.1 4.7 5.0 4.8 5.1
5.0 4.8 4.9 5.1 4.5 5.1 4.6 5.1 4.7 5.1
5.0 5.1 5.1 4.9 5.0 5.1 5.2 5.1 4.6 5.0

（1）根据上面的数据完成下面的统计表。

左眼视力	4.5	4.6	4.7	4.8	4.9	5.0	5.1	5.2	5.3
人　数									

（2）这组数据的中位数、众数各是多少？

（3）你认为用哪一个数据代表全班同学视力的一般水平比较合适？

（4）视力在4.9及以下为近视。五（1）班同学左眼的视力如何？你对他们有什么建议？

（5）调查本班同学左右眼的视力，找出这组数据的众数。

生活中的数学

你去商场买过服装吗？你知道休闲类服装型号的“均码”是什么意思吗？均码一般是根据人的平均身高、胸围等数据确定的统一商品型号，与多数人的型号接近。所以，均码里蕴涵着平均数和众数的原理。

尺寸：均码
价格：30元

尺寸：均码
价格：25元

请根据上述材料完成下列任务：

(1)什么是众数？众数有什么特点？(10分)

(2)如指导高年段学生学习上述内容，试拟定教学目标。(10分)

(3)依据拟定的教学目标，设计新授环节的教学活动并简要说明理由。(20分)

28. 请认真阅读下列材料，并按要求作答。

请根据上述材料完成下列任务：

(1)简述小学英语单词教学的有效方法。(10分)

(2)如指导小学生学习本文，试拟定教学目标。(10分)

(3)依据拟定的教学目标，设计单词教学环节并说明理由。(20分)

29. 请认真阅读下列材料，并按要求作答。

小松树

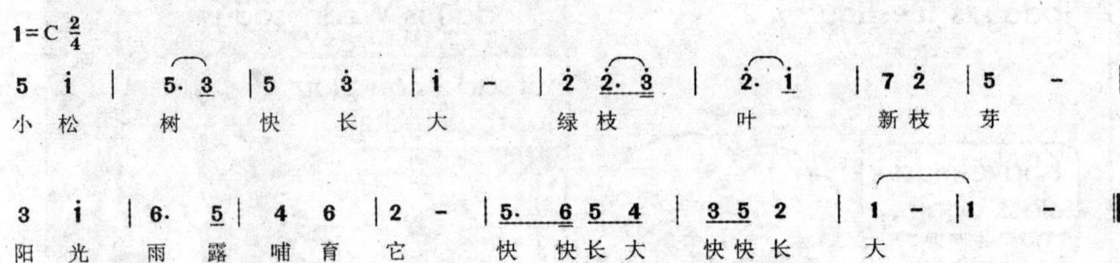

请根据上述材料完成下列任务：

(1)简要分析歌曲的特点。(10分)

(2)如指导中年级小学生学唱本歌曲，试拟定教学目标。(10分)

(3)依据拟定的教学目标，结合歌曲的学习，设计“学唱1、2乐句”教学环节并说明理由。(20分)

30. 请认真阅读下列材料，并按要求作答。

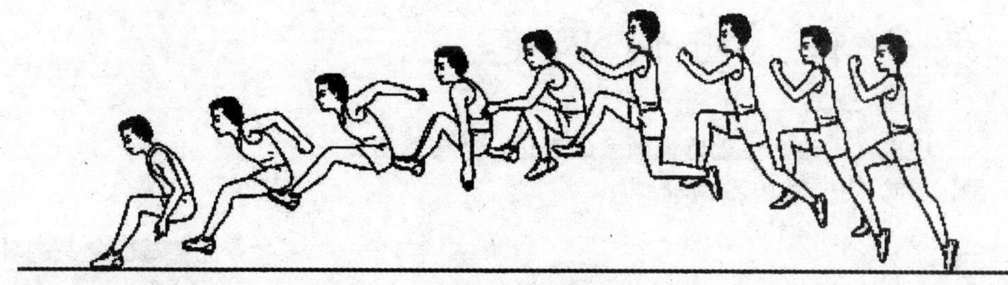

蹲踞式跳远

动作方法：蹲踞式跳远的技术动作是由助跑、踏跳、腾空、落地四个环节组成。助跑动作自然、轻松，逐渐加速，最后几步速度最快，最后一步步幅稍小。最后一步踏跳时以脚跟先着地并快速过渡到全脚掌蹬地起跳，同时摆动腿和两臂快速向前上方摆起，并在达到水平位置时制动，眼看前上方；身体蹬离地面后成"腾空步"，腾至最高点时，起跳腿屈膝收起与摆动腿靠拢，成蹲踞姿势；落地时，两小腿向前伸出，同时两臂后摆，以脚跟接触沙面后，立即屈膝缓冲，向前走出沙坑。

请根据上述材料完成下列任务：

(1)简要说明"蹲踞式跳远"的教学重点、难点。(10分)

(2)如果指导水平三的学生练习，试拟定教学目标。(10分)

(3)依据拟定的教学目标，设计导入环节的教学活动并说明理由。(20分)

31. 请认真阅读下列材料，并按要求作答。

第9课　诗情画意

中国文人绘画注重诗情画意的表达，情与景的交融，形成了中国绘画艺术的魅力。

诗意图（中国画）　近代
吴昌硕
采菊东篱下，悠然见南山。

稼轩词意图（中国画）　现代　吴湖帆
我见青山多妩媚，料青山见我应如是。情与貌，略相似。

杜甫诗意图（中国画）　现代　陆俨少
楼下长江百丈清，山头落日半轮明。

学习提示

诗画结合是在领会诗意的基础上，用视觉形象来突出表现诗中的意思。

学习要求：

思考：诗与绘画的关系。

尝试：选择一首古诗，用绘画的形式来表现。

交流：比比谁的画最符合诗意。

学生作品

《望天门山》（唐）李白
天门中断楚江开，
碧水东流至此回。
两岸青山相对出，
孤帆一片日边来。

《早发白帝城》（唐） 李白
朝辞白帝彩云间，千里江陵一日还。
两岸猿声啼不住，轻舟已过万重山。

《七步诗》（三国） 曹植
煮豆燃豆萁，漉豉以为汁。
萁在釜下燃，豆在釜中泣。
本是同根生，相煎何太急？

《寻隐者不遇》（唐） 贾岛
松下问童子，言师采药去。
只在此山中，云深不知处。

《蚕妇》（宋） 张俞
昨日入城市，归来泪满巾。
遍身罗绮者，不是养蚕人。

请根据上述材料完成下列任务：

（1）“诗”与“画”的结合对“画”与“诗”各有什么影响？（10分）

（2）如指导高年段小学生学习上述内容，试拟定教学目标。（10分）

（3）依据拟定的教学目标，设计新授环节的教学活动并说明理由。（20分）

机密★启封前　　　　　　　　　　　姓名________　准考证号________

2019年下半年中小学教师资格考试真题试卷(八)

教育教学知识与能力(小学)

注意事项:

1. 考试时间为120分钟,满分为150分。

2. 请按规定在答题卡上填涂、作答,在试卷上作答无效,不予评分。

一、单项选择题(本大题共20小题,每小题2分,共40分)

在每小题列出的四个备选项中只有一个是符合题目要求的,请用2B铅笔把答题卡上对应题目的答案字母按要求涂黑。错选、多选或未选均无分。

1. "玉不琢,不成器;人不学,不知道。是故古之王者建国君民,教学为先。"《学记》中的这句话反映了(　　)

A. 教育与经济的关系　　B. 教育与文化的关系
C. 教育与政治的关系　　D. 教育与科技的关系

2. 义务教育的基本特征主要包括(　　)

①强制性　②普遍性　③公共性　④选择性　⑤终身性

A. ①②③　B. ①②④　C. ①③⑤　D. ②③④

3. 小学教师经常采用贴小红花、插小红旗等方式鼓励学生为班级做好事,这种德育方法是(　　)

A. 奖惩评价法　　B. 榜样示范法
C. 情感陶冶法　　D. 实际锻炼法

4. 从课外活动的内容看,学校举办的法治教育报告会属于(　　)

A. 学科活动　B. 社会活动　C. 主题活动　D. 文体活动

5. 总书记在2014年教师节讲话中提出了"四有好老师"标准,其主要内容是(　　)

①有理想信念　②有道德情操　③有扎实学识　④有实践能力　⑤有仁爱之心

A. ①②③④　　B. ①②③⑤
C. ①③④⑤　　D. ②③④⑤

6. 教育实验中,控制其他条件,考查不同教学方式对学生学习效果的影响。教学方式在这项实验中属于(　　)

A. 因变量　B. 自变量　C. 干扰变量　D. 无关变量

7. 小学生在课间玩耍时不小心扭伤了脚踝，教师首先应采取的措施是（　　）

A. 揉一揉受伤的脚踝　　B. 抬高受伤的脚踝

C. 在受伤处进行热敷　　D. 给学生吃止痛药

8. 在学习成败归因影响学习动机的诸因素中，激励作用最大的是（　　）（常考）

A. 运气好坏　　B. 能力高低

C. 任务难度　　D. 努力程度

9. 小学高年级学生自我意识的发展受学校、教师、同伴等影响显著。这表明其自我意识发展处于（　　）（常考）

A. 生理自我时期　　B. 社会自我时期

C. 心理自我时期　　D. 精神自我时期

10. 小学生背诵课文时，为达到最佳的记忆效果，学习程度最好达到（　　）

A. 200%　　B. 150%　　C. 100%　　D. 50%

11. 小学生通过学习，掌握了“路程=速度×时间”这一公式。这种学习属于（　　）（易错）

A. 符号学习　　B. 辨别学习

C. 概念学习　　D. 命题学习

12. 教师表扬小明坚持每天背诵20个单词之后，班上更多的同学表现出坚持完成学习任务的行为。这属于（　　）

A. 直接强化　　B. 替代强化　　C. 自我强化　　D. 负强化

13. 在小学课程实施过程中，教师挖掘和利用的民风民俗、传说故事、传统节日、文化活动等资源属于（　　）

A. 自然资源　　B. 校内资源　　C. 社会资源　　D. 个体资源

14. 倡导经验课程，并主张以主动作业形式实施这种课程的教育家是（　　）

A. 卢梭　　B. 杜威　　C. 泰勒　　D. 布鲁纳

15. 小学生通过科学课的学习，了解了水具有固态、液态和气态三种状态，进而知道在一定条件下物质状态可以改变。按照三维目标的分类，这主要达成的教学目标是（　　）

A. 知识与技能　　B. 过程与方法

C. 认知与实践　　D. 情感态度与价值观

16. 我国现行的小学《道德与法治》课程属于（　　）（常考）

A. 分科课程　　B. 综合课程

C. 边缘课程　　D. 隐性课程

17. 教学《雪地里的小画家》一课时，张老师展示了大量动物脚印的图片，帮助学生更好地理解课文内容。他所采用的教学方法是（ ）

A. 实验法　　B. 练习法

C. 演示法　　D. 参观法

18. 课程实施中，不适合评价"情感态度与价值观"目标达成度的方法是（ ）

A. 课堂观察　　B. 活动记录

C. 标准化测验　　D. 课后访谈

19. 布置作业时，李老师针对不同水平的学生设置了不同数量和难度的作业，这一做法所遵循的教学原则是（ ）（常考）

A. 直观性原则　　B. 启发性原则

C. 循序渐进原则　　D. 因材施教原则

20. 为了让学生认识常见的交通标志，遵守交通规则，教师组织学生到学校附近的路口进行观察，这种教学组织形式属于（ ）

A. 复式教学　　B. 现场教学

C. 个别教学　　D. 课堂教学

二、简答题（本大题共3小题，每小题10分，共30分）

21. 简述维果斯基"最近发展区"理论及其教育启示。

22. 简述小学综合实践活动开展的基本步骤。

23. 简述实施榜样教育的基本要求。

三、材料分析题(本大题共2小题,每小题20分,共40分)阅读材料,并回答问题。

24. 材料:

课前,我一走进教室,几个学生便围着我有说有笑。“咦,许老师的水杯怎么还在这儿?”我笑着说:“谁帮许老师送回办公室啊?”话音刚落,离我最近的小璇同学便伸手去端水杯。当我看到她脏兮兮的小手时,竟鬼使神差地制止了她:“不用了,让课代表去吧。”课代表从教室后面跑来,高兴地端着水杯走了。上课时,我发现小璇的情绪明显低落,下课后,我便问她是不是有什么心事,她只是摇头不语,从那以后,我感觉小璇与我的关系明显疏远了。

问题:

(1)分析小璇和我关系疏远的原因。(8分)

(2)结合材料谈谈建立良好师生关系的基本要求。(12分)

25. 材料：

王老师在教学《海底世界》一课时，通过播放海底奇妙风光的视频，让学生在色、光、音的美妙组合下，对海底世界有整体的感知；通过演示课件，展示海面图景，启发学生理解“波涛汹涌”的含义，播放“海底听音器”，模拟海底的声音，帮助学生理解“窃窃私语”的含义；通过鼓励学生在黑板上画出自己心目中的海底世界，深化学生对海洋知识的理解。

问题：

(1)对材料中王老师使用教学媒体的情况进行评析。(8分)

(2)阐述在教学过程中选择教学媒体的依据。(12分)

四、教学设计题(本大题有6小题,任选1小题作答。多答只按第1小题计分,40分。考生可按照所学专业方向,选择作答。26为中文与社会,27为数学与科学,28为英语,29为音乐,30为体育,31为美术)请用2B铅笔在答题卡上将所选题目的题号涂黑,未涂或多涂均无分。

26. 请认真阅读下列材料,并按要求作答。

火烧云

晚饭过后,火烧云上来了。霞光照得小孩子的脸红红的。大白狗变成红的了。红公鸡变成金的了。黑母鸡变成紫檀色的了。喂猪的老头儿在墙根靠着,笑盈盈地看着他的两头小白猪变成小金猪了。他刚想说"你们也变了……",旁边走来个乘凉的人对他说:"您老人家必要高寿,您老是金胡子了。"

天上的云从西边一直烧到东边,红彤彤的,好像是天空着了火。

这地方的火烧云变化极多,一会儿红彤彤的,一会儿金灿灿的,一会儿半紫半黄,一会儿半灰半百合色。葡萄灰、梨黄、茄子紫,这些颜色天空都有。还有些说也说不出来、见也没见过的颜色。

一会儿,天空出现一匹马,马头向南,马尾向西。马是跪着的,像等人骑上它的背,它才站起来似的。过了两三秒钟,那匹马大起来了,腿伸开了,脖子也长了,尾巴却不见了。看的人正在寻找马尾巴,那匹马变模糊了。

忽然又来了一条大狗。那条狗十分凶猛,在向前跑,后边似乎还跟着好几条小狗。跑着跑着,小狗不知哪里去了,大狗也不见了。

接着又来了一头大狮子,跟庙门前的石头狮子一模一样,也那么大,也那样蹲着,很威武很镇静地蹲着。可是一转眼就变了,再也找不着了。

一时恍恍惚惚的,天空里又像这个又像那个,其实什么也不像,什么也看不清了。必须低下头,揉一揉眼睛,沉静一会儿再看。可是天空偏偏不等待那些爱好它的孩子。一会儿工夫,火烧云就下去了。

檀 盈 凶 庙 惚

请根据上述材料完成下列任务:

(1)简析这篇课文的写作特点及教学价值。(10分)

(2)如指导三年级学生学习本文,试拟定教学目标。(8分)

(3)依据拟定的教学目标,设计第3~6自然段的教学。(22分)

27. 请认真阅读下列材料，并按要求作答。

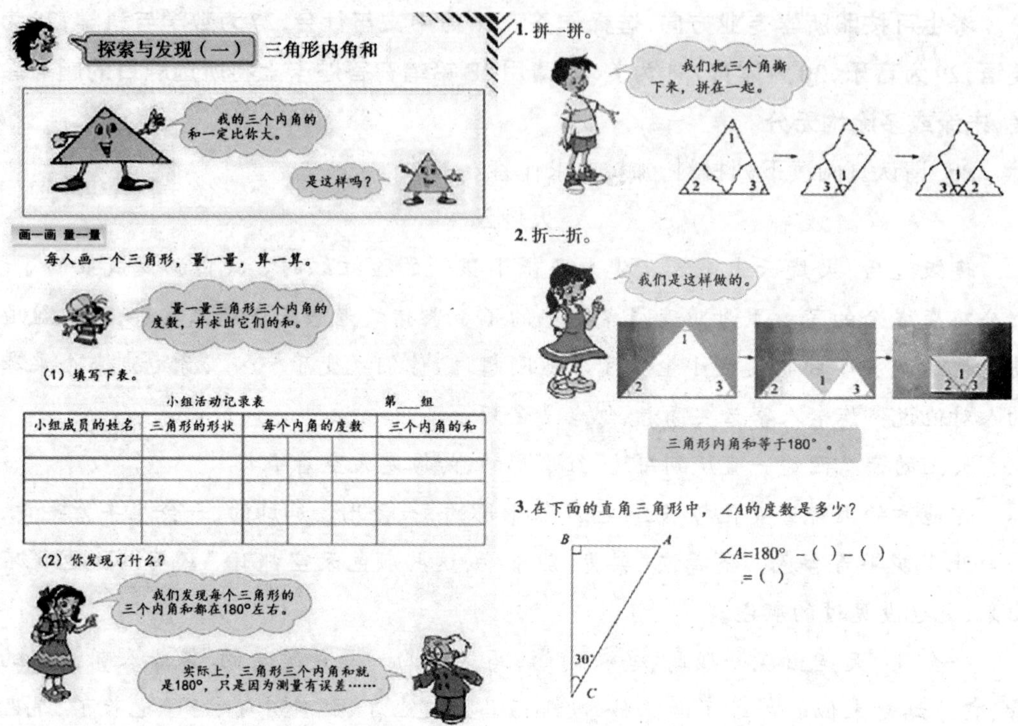

探索与发现（一） 三角形内角和

我的三个内角的和一定比你大。

是这样吗？

画一画 量一量

每人画一个三角形，量一量，算一算。

量一量三角形三个内角的度数，并求出它们的和。

（1）填写下表。

小组活动记录表　　第___组

小组成员的姓名	三角形的形状	每个内角的度数			三个内角的和

（2）你发现了什么？

我们发现每个三角形的三个内角和都在180°左右。

实际上，三角形三个内角和就是180°，只是因为测量有误差……

1. 拼一拼。

我们把三个角撕下来，拼在一起。

2. 折一折。

我们是这样做的。

三角形内角和等于180°。

3. 在下面的直角三角形中，∠A的度数是多少？

$\angle A=180°-(\ )-(\ )$
$=(\ )$

请根据上述材料完成下列任务：

(1)什么是分类?(4分)请对三角形进行分类。(6分)

(2)如指导四年级学生学习上述内容，试拟定教学目标。(10分)

(3)依据拟定的教学目标，设计课堂教学的导入环节，并简要说明理由。(20分)

28. 请认真阅读下列材料,并按要求作答。

请根据上述材料完成下列任务:

(1)简述帮助学生正确学习和记忆单词的方法。(10分)

(2)如指导小学生学习,试拟定教学目标。(10分)

(3)依据拟定的教学目标,设计导入和新授环节的教学活动并说明理由。(20分)

29. 请认真阅读下列材料，并按要求作答。

小纸船的梦

请根据上述材料完成下列任务：

(1)简要分析歌曲的特点。(10分)

(2)如指导高年级小学生学唱本歌曲，试拟定教学目标。(10分)

(3)依据拟定的教学目标，设计“解决难点乐句(划框部分)”的教学环节并说明理由。(20分)

30. 请认真阅读下列材料，并按要求作答。

正面下手双手垫球

动作方法：正对来球，成准备姿势。垫球前，两臂自然下垂，两手并拢，两拇指平行，两小臂尽量靠紧；垫球时，用两脚蹬地，两臂稍内收，利用伸膝、含胸、提肩、压腕的全身协调动作迎向来球，将球准确地垫击在前臂的击球部位上。击球瞬间，两臂要保持平稳，身体重心向抬臂的方向移动伴送球击出。

下手双手垫球的击球手型一般分为叠指法和包拳法两种。

叠指法：将两手手指上下相叠，两拇指对齐平行靠压在上面手的中指第二指节上，掌根靠紧，两臂伸直相夹，手掌部位不能相叠。

包拳法：将两手抱拳互握，两拇指平行放于上面，两掌根和两小臂靠紧手腕下压，使前臂形成一个垫击平面。

双手下手垫球的部位：一般是用手腕向上10厘米左右的平面。

请根据上述材料完成下列任务：

(1)简要说明“正面下手双手垫球”的教学重点、难点。(10分)

(2)如指导水平三的小学生练习，试拟定教学目标。(10分)

(3)依据拟定的教学目标，设计技术教学环节的步骤并说明理由。(20分)

31. 请认真阅读下列材料，并按要求作答。

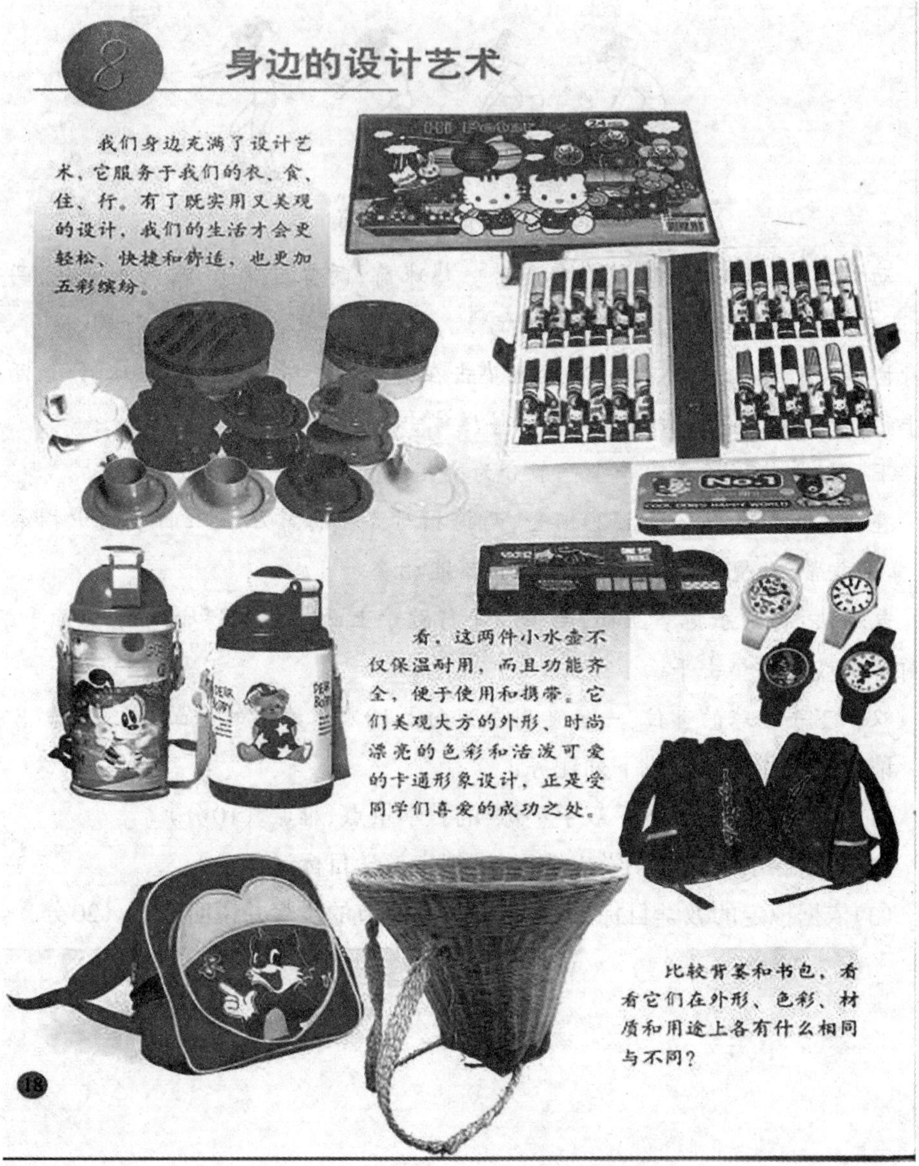

8 身边的设计艺术

我们身边充满了设计艺术，它服务于我们的衣、食、住、行。有了既实用又美观的设计，我们的生活才会更轻松、快捷和舒适，也更加五彩缤纷。

看，这两件小水壶不仅保温耐用，而且功能齐全，便于使用和携带。它们美观大方的外形、时尚漂亮的色彩和活泼可爱的卡通形象设计，正是受同学们喜爱的成功之处。

比较背篓和书包，看看它们在外形、色彩、材质和用途上各有什么相同与不同？

18

请根据上述材料完成下列任务：

(1)平面设计、立体设计和空间设计各自满足人类的什么需求?(10分)

(2)如指导中年级小学生学习,试拟定教学目标。(10分)

(3)依据拟定的教学目标,设计“什么是好的设计”内容的新授教学活动并说明理由。(10分)

(4)依据拟定的教学目标,设计“身边用品设计的欣赏和评述方法”内容的新授教学活动并说明理由。(10分)

机密★启封前　　　　　　　　　　　　　　姓名＿＿＿＿＿　准考证号＿＿＿＿＿

2019年上半年中小学教师资格考试真题试卷(九)

教育教学知识与能力(小学)

注意事项:

1. 考试时间为120分钟,满分为150分。

2. 请按规定在答题卡上填涂、作答,在试卷上作答无效,不予评分。

一、单项选择题(本大题共20小题,每小题2分,共40分)

在每小题列出的四个备选项中只有一个是符合题目要求的,请用2B铅笔把答题卡上对应题目的答案字母按要求涂黑。错选、多选或未选均无分。

1. 英国哲学家洛克提出"白板说",认为外部的力量决定了人的发展。这种观点属于(　　)

A. 外铄论　　B. 内发论

C. 多因素论　　D. 相互作用论

2. 马克思主义经典作家关于人的全面发展的基本含义是指(　　)

A. 德智体美劳全面发展　　B. 人的身心全面发展

C. 人的劳动能力全面发展　　D. 人的独立个性全面发展

3. 小龙明知乱扔纸屑是不文明的行为,但又总是管不住自己,教师应注重培养其(　　)(常考)

A. 道德认识　　B. 道德情感　　C. 道德意志　　D. 道德信念

4.《中华人民共和国义务教育法》颁布的时间是(　　)

A. 1983年　　B. 1986年　　C. 1993年　　D. 2006年

5. 学校在课外活动中举办安全教育报告会,这一活动形式属于(　　)

A. 小组活动　　B. 学科活动

C. 阅读活动　　D. 群众性活动

6. 在教育调查研究中,有效问卷的回收率一般不低于(　　)(易错)

A. 20%　　B. 40%　　C. 60%　　D. 80%

7. 儿童易患口角炎、角膜炎、皮炎等,可能是缺乏(　　)

A. 维生素A　　B. 维生素B_2

C. 维生素C　　D. 维生素D

8. 橙色往往使人感到温暖，蓝色往往使人感到清凉，这种心理现象属于(　　)

A. 联觉　　B. 感觉对比　　C. 感觉适应　　D. 感觉后像

9. 在下列各种学习动机中，属于内在动机的是(　　)

A. 班级排名　　B. 老师表扬　　C. 家长鼓励　　D. 学习兴趣

10. 学生学习了自然数以后，再学习整数，这种学习属于(　　)(易错)

A. 上位学习　　B. 下位学习

C. 类属学习　　D. 组合学习

11. 为方便学生理解和记忆，教师将某个英语单词编成小故事，这是运用了(　　)

A. 复述策略　　B. 组织策略

C. 精加工策略　　D. 元认知策略

12. 在心理辅导中，小学生有时会把辅导老师当成自己的父母，以获得情感的满足。这种心理现象属于(　　)(易混)

A. 共情　　B. 移情　　C. 同情　　D. 激情

13. 按照美国学者古德莱德的课程层次理论，由教育行政部门规定的课程计划属于(　　)

A. 理想的课程　　B. 正式的课程

C. 领悟的课程　　D. 运作的课程

14.《学记》中"君子之教，喻也"所蕴含的教学原则是(　　)

A. 直观性原则　　B. 因材施教原则

C. 启发性原则　　D. 循序渐进原则

15. 在教学《圆的周长》时，张老师将"掌握圆的周长计算公式"拟定为教学目标之一。该目标属于(　　)

A. 知识与技能目标　　B. 过程与方法目标

C. 思想与方法目标　　D. 情感态度与价值观目标

16. 在小学《科学》教材中，先呈现动植物的基本知识，接着是与动植物有关的生态系统知识，再是与人类相关的生态系统知识，这种课程内容的组织形式属于(　　)(常考)

A. 直线式　　B. 螺旋式　　C. 并列式　　D. 循环式

17. 某小学拟编写一本综合实践活动校本教材，编写这一教材的主要依据应为(　　)

A. 教学目标　　B. 教学内容

C. 课程标准　　D. 课程计划

18. 学完《雷锋叔叔，你在哪里》一课后，为了更好地达成“通过朗读感悟，懂得奉献爱心”的教学目标，老师布置学生有感情地反复朗读课文。这种教学方法属于(　　)

A. 练习法　　B. 实验法

C. 读书指导法　　D. 实习作业法

19. 为了保护学生学习的积极性，老师在批改学生作业时，对做错的题目暂不打“×”，做对后再打“√”，这种评价属于(　　)

A. 延迟评价　　B. 绝对评价

C. 相对评价　　D. 个体内差异评价

20. 当前我国小学阶段课程结构的主要特点是(　　)

A. 分科课程为主　　B. 活动课程为主

C. 综合课程为主　　D. 校本课程为主

二、简答题(本大题共3小题，每小题10分，共30分)

21. 简述人格形成与发展的影响因素。

22. 简述小学德育的实施途径。

23. 简述《小学教师专业标准(试行)》中关于教师专业能力的构成。

三、材料分析题(本大题共2小题,每小题20分,共40分)阅读材料,并回答问题。

24. 材料:

四(2)班的小明最近在校表现不好,学习成绩直线下滑,为了解小明在家中的情况,班主任顾老师到小明家家访。在同小明的父亲交流情况时,顾老师引用了一句古语:“养不教,父之过。”小明的父亲听后很不高兴地说:“顾老师,您这话欠妥。孩子是我生养的,我不送他到学校接受教育,剥夺他受教育的权利,那是我的过错。现在,我把孩子送到学校接受教育,你们教不好,这应是老师的过错,怎么能说是我们做家长的过错呢?”结果,双方未能在教育小明的问题上达成共识。

问题:

(1)结合材料,谈谈你对教师与家长冲突的看法。(10分)

(2)试述教师家访的注意事项。(10分)

25. 材料：

王老师出示问题：每棵树苗16元，张叔叔要买4棵，经过协商，买3棵送1棵。每棵便宜多少元？学生很快就有了以下两种解法：

(1)16×3=48(元)，48÷4=12(元)，16−12=4(元)

(2)16×3=48(元)，16×4=64(元)，64−48=16(元)，16÷4=4(元)

王老师习惯性地问了一句："还有不同的解法吗？"

小杰迟疑地举起了手："老师，我的方法是16÷4=4(元)，但我说不出为什么。"这种解法王老师也没预料到，是否可行呢？是巧合吗？面对这一情况，王老师及时调整了教学思路，组织同学进行探讨。

学生纷纷发言，有的说："这个16元也表示买4棵一共便宜的，除以4得到的就是每棵便宜的。"有的说："买3棵送1棵，便宜的就是送的这1棵，也就是4棵便宜16元，所以16除以4就是每棵树便宜多少元。"……小杰困惑的表情舒展了，王老师也露出了笑容。

问题：

(1)结合材料，评析王老师解决小杰困惑的教学行为。(10分)

(2)简述教学过程中开发和利用学生资源的基本要求。(10分)

四、教学设计题(本大题有6小题,任选1小题作答。多答只按第1小题计分,40分。考生可按照所学专业方向,选择作答。26为中文与社会,27为数学与科学,28为英语,29为音乐,30为体育,31为美术)请用2B铅笔在答题卡上将所选题目的题号涂黑,未涂或多涂均无分。

26. 请认真阅读下列材料,并按要求作答。

10 惊弓之鸟

更羸(léi)是古时候魏(wèi)国有名的射箭能手。

有一天,更羸跟魏王到郊外去打猎。一只大雁从远处慢慢地飞来,边飞边鸣。更羸仔细看了看,指着大雁对魏王说:"大王,我不用箭,只要拉一下弓,这只大雁就能掉下来。"

"是吗?"魏王信不过自己的耳朵,问道,"你有这样的本事?"

更羸说:"请让我试一下。"

更羸并不取箭,他左手拿弓,右手拉弦(xián),只听得嘣(bēng)的一声响,那只大雁直往上飞,拍了两下翅膀,忽然从半空里直掉下来。

"啊!"魏王看了,大吃一惊,"真有这样的本事!"

更羸笑笑说:"不是我的本事大,是因为我知道,这是一只受过箭伤的鸟。"

魏王更加奇怪了,问:"你怎么知道的?"

更羸说:"它飞得慢,叫的声音很悲(bēi)惨(cǎn)。飞得慢,因为它受过箭伤,伤口没有愈(yù)合,还在作痛;叫得悲惨,因为它离开同伴,孤单失群,得不到帮助。它一听到弦响,心里很害怕,就拼命往高处飞。它一使劲,伤口又裂开了,就掉了下来。"

魏 弦 悲 惨 愈

弓	魏	射	箭	猎	雁
弦	悲	惨	愈	痛	裂

请根据上述材料完成下列任务:

(1)简要分析该文的文本特点。(10分)

(2)如指导小学中年段学生学习,试拟定教学目标。(12分)

(3)更羸看到大雁后做出了怎样的判断?这个判断是怎样一步一步做出来的?针对这些问题设计教学活动。(18分)

27. 请认真阅读下列材料，并按要求作答。

试验观察：取两个同样大小的玻璃杯，先往一个杯子里倒满水；取一块鹅卵石放入另一个杯子，再把第一个杯子里的水倒到第二个杯子里，会出现什么情况？为什么？

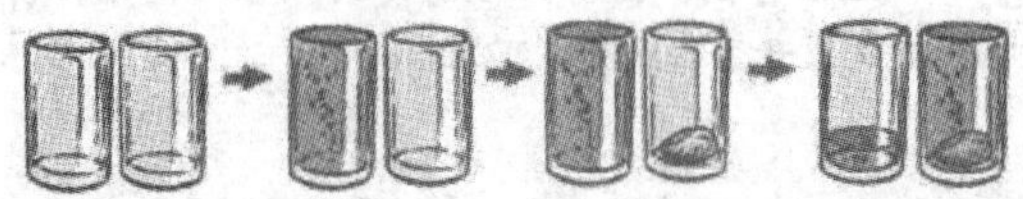

下面的电视机、影碟机和手机，哪个所占的空间大？

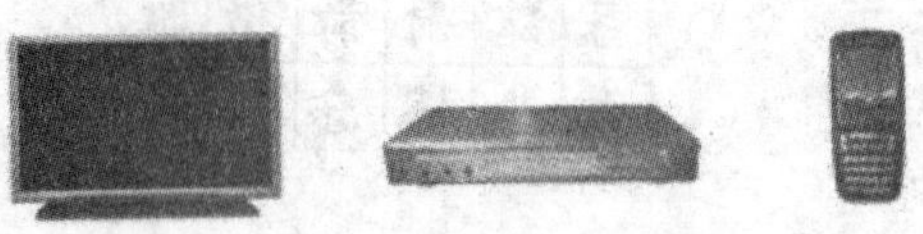

物体所占空间的大小叫作物体的体积。

上面三个物体，哪个体积最大？哪个体积最小？

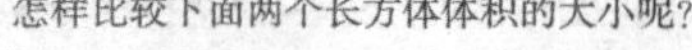

怎样比较下面两个长方体体积的大小呢？

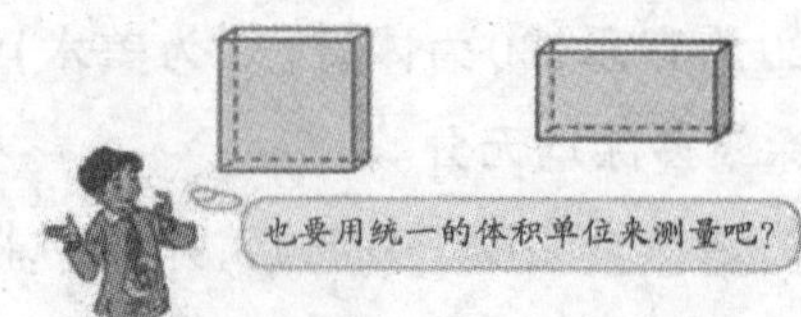

计量体积要用体积单位，常用的体积单位有立方厘米、立方分米和立方米，可以分别写成cm^3，dm^3和m^3。

（1）棱长是1cm的正方体，体积是$1cm^3$。

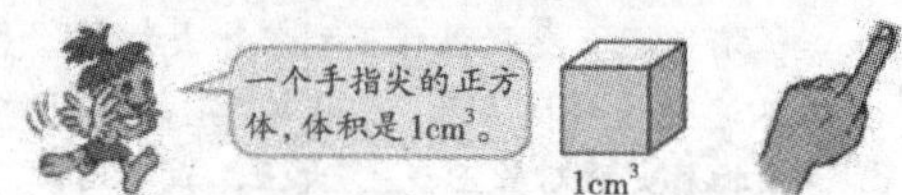

（2）棱长是1dm的正方体，体积是$1dm^3$。

（3）棱长是1m的正方体，体积是$1m^3$。

用3根1m长的木条做成一个互成直角的架子，放在墙角，看看$1m^3$的体积有多大。

请根据上述材料完成下列任务：

(1)简述《义务教育数学课程标准(2011年版)》中关于“长度、面积、体积”教学的基本要求。(10分)

(2)如指导小学高年级学生学习，试拟定教学目标。(10分)

(3)依据拟定的教学目标，设计课堂教学的导入环节，并简要说明理由。(20分)

28. 请认真阅读下列材料，并按要求作答。

At the Department Store

Lingling: This black bag is nice. It's big!

Ms Smart: But it's heavy. This green one is light. And it's got two pockets. You can put your umbrella there.

Lingling: But it's small.

Ms Smart: Look at this blue one. It's big and light.

Lingling: Oh yes!

Sales assistant: And it's got four wheels. It'll be easy for you to carry.

Ms Smart: Great! We'll take it.

Lingling: Thank you very much.

请根据上述材料完成下列任务：

(1)简要分析上述本文的教学重点、难点。(10分)

(2)如指导小学生学习本文，试拟定教学目标。(10分)

(3)依据拟定的教学目标，设计句型教学环节并说明理由。(20分)

29. 请认真阅读下列材料,并按要求作答。

数鸭子

X X X X X | X X X X X 0 | X X X X X X X | X X X X X 0 |
(念)门 前 大桥下 游过一群鸭, 快来快来数一数 二四六七八。

3 1 3 3 1 | 3 3 5 6 5 0 | 6 6 6 5 4 4 4 | 2 3 2 1 2 0 |
1.门 前 大桥下 游过一群鸭, 快来快来数一数 二四六七八。
2.赶 鸭 老爷爷 胡子白花花, 唱呀唱着家乡戏 还会说笑话。

3 1 0 3 1 0 | 3 3 5 6 6 0 | 1̇ 5 5 6 3 | 2 1 2 3 5 0 |
嘎 嘎 嘎 嘎 真呀真多呀, 数 不清到 底 多 少 鸭,
小 孩 小 孩 快去上学校, 别 考个鸭 蛋 抱 回 家,

1̇ 5 5 6 3 | 2 1 2 3 1 — :||
数 不清到 底 多 少 鸭。
别 考个鸭 蛋 抱 回 家。

X X X X X | X X X X X 0 | X X X X X X X | X X X X X 0 |
(念)门 前 大桥下 游过一群鸭, 快来快来数一数 二四六七八。

请根据上述材料完成下列任务:

(1)简要分析歌曲的特点。(10分)

(2)如指导低年级小学生学唱本歌曲,试拟定教学目标。(10分)

(3)依据拟定的教学目标,结合歌曲设计节奏教学环节并说明理由。(20分)

30. 请认真阅读下列材料，并按要求作答。

跨越式跳高

动作方法：侧面直线助跑，助跑方向与横杆的夹角为30°~60°，一般跑6~8步；左脚起跳的在右侧助跑，右脚起跳的在左侧助跑；助跑逐渐加速，在距横杆垂直线三四脚的地方，用有力脚起跳；起跳以脚跟先着地、快速过渡到全脚掌并稍屈膝、以前脚掌快速有力蹬地起跳，同时摆动腿积极向上方摆起，两臂配合协调上摆；过杆时上体前倾，摆动腿屈膝，大腿靠近胸部，摆至横杆上后稍内旋，积极下压；过杆后上体稍前倾并向横杆方向扭转，接着起跳腿迅速向上摆起、高抬外旋，两腿相继过杆；摆动腿先落地，然后起跳腿落地，屈膝缓冲。

请根据上述材料完成下列任务：

(1)简要说明“跨越式跳高”的教学重点、难点。(10分)

(2)如指导水平三的小学生练习，试拟定教学目标。(10分)

(3)依据拟定的教学目标，设计技术教学环节的步骤并说明理由。(20分)

31. 请认真阅读下列材料，并按要求作答。

第7课　变幻无穷的形象

开动脑筋，发挥想象，简单的形象会变身！你能在身边常见物或图形的基础上创造出令人惊奇的新形象吗？

恐惧的同伴（油画）［现代］ 马格利特［比利时］

一瞥（油画）［现代］ 达利［西班牙］

花馍“龙”（面塑） 陕西

学习要求：

想一想：你能把常见的形象变得奇特吗？

试一试：对找到的物品或图片进行联想、变化，并添加、组合成一件新作品。

说一说：你的作品是怎样构思的？

请根据上述材料完成下列任务：

(1)废物艺术的目的何在?(10分)

(2)如指导中年级小学生学习,试拟定本节课的教学目标。(10分)

(3)依据拟定的教学目标,设计新授环节的教学活动并说明理由。(20分)

机密★启封前　　　　　　　　姓名__________　准考证号__________

2018年下半年中小学教师资格考试真题试卷(十)

教育教学知识与能力(小学)

注意事项:

1. 考试时间为120分钟,满分为150分。

2. 请按规定在答题卡上填涂、作答,在试卷上作答无效,不予评分。

一、单项选择题(本大题共20小题,每小题2分,共40分)

在每小题列出的四个备选项中只有一个是符合题目要求的,请用2B铅笔把答题卡上对应题目的答案字母按要求涂黑。错选、多选或未选均无分。

1. 衡量一个国家文明程度和人口素质高低的重要标志是(　　)

A. 经济发展水平　　B. 科技发展水平

C. 人口结构状况　　D. 基础教育水平

2. 下列主张属于儒家教育思想的是(　　)

A. 有教无类　　B. 道法自然　　C. 绝圣弃智　　D. 以吏为师

3. 我国教育史上首次纳入师范教育并实施的学制是(　　)

A. “癸卯学制”　　B. “五四三学制”

C. “壬寅学制”　　D. “六三三学制”

4. 人们常说“三翻六坐八爬叉,十二个月喊爸爸”,这一说法所体现的儿童身心发展规律是(　　)

A. 稳定性　　B. 顺序性

C. 不平衡性　　D. 个体差异性

5. 通过“道德两难故事法”提出道德认知发展阶段理论的学者是(　　)(易混)

A. 马斯洛　　B. 皮亚杰　　C. 科尔伯格　　D. 罗森塔尔

6. 在发生火灾时,使用干粉灭火器进行灭火,正确的步骤是(　　)

①将灭火器提到距火源两米左右的上风处

②倒置灭火器,握紧压把

③除掉铅封,拔出保险销

④右手用力压下压把,左手拿着喇叭筒,对准火源根部喷射

A. ①②③　　B. ①②④　　C. ①③④　　D. ②③④

7. 在教育研究中，访谈法与问卷法相比(　　)

A. 更具客观性　　B. 更有利于做大样本研究

C. 更易对数据进行编码处理　　D. 更有利于对问题进行深层次研究

8. 某小学为弘扬民族文化，围绕"中国风"组织学生在课外开展书法练习、风筝制作、中国结编织等活动。这属于(　　)

A. 学科活动　　B. 科技活动　　C. 游戏活动　　D. 主题活动

9. 小英帮助生病在家的小勇辅导功课后，感到很快乐，这种情感属于(　　)

A. 道德感　　B. 美感

C. 理智感　　D. 幸福感

10. 小学生学写新字时，先听教师讲解，观察教师书写示范。这时的技能学习阶段处于(　　)(易错)

A. 操作定向　　B. 操作模仿　　C. 操作整合　　D. 操作熟练

11. 芳芳在学习中遇到不懂的问题就会主动向老师请教。她采用的学习策略是(　　)

A. 精加工策略　　B. 认知策略

C. 元认知策略　　D. 资源管理策略

12. 小涛认为这次考试取得好成绩是因为自己运气好。依据韦纳的归因理论，这属于(　　)(易混)

A. 稳定、外在、可控归因　　B. 不稳定、外在、不可控归因

C. 不稳定、外在、可控归因　　D. 稳定、外在、不可控归因

13. 明确指出教学就是阐明"把一切事物教给一切人类的全部艺术"的著作是(　　)

A. 赫尔巴特的《普通教育学》　　B. 卢梭的《爱弥儿》

C. 夸美纽斯的《大教学论》　　D. 洛克的《教育漫话》

14. 在我国基础教育课程结构中，地方课程与国家课程在地位上具有(　　)

A. 平等性　　B. 层次性　　C. 辅助性　　D. 从属性

15. 小学教科书的编排形式应有利于学生的学习，不仅要符合教育学、心理学和美学的要求，还应符合(　　)

A. 社会学的要求　　B. 政治学的要求

C. 生态学的要求　　D. 卫生学的要求

16. 教师不是分学科进行系统的知识传授，而是为学生创设学习环境，由学生根据自己的兴趣在教室或其他场所自由学习。这样的教学形式属于(　　)

A. 在线课堂　　B. 网络课堂　　C. 开放课堂　　D. 翻转课堂

17. 小学开设的科学、艺术课程，其课程类型属于(　　)(常考)

A. 分科课程　　B. 综合课程　　C. 活动课程　　D. 经验课程

18. 在《金色的鱼钩》教学开始时，张老师说："同学们，前面我们通过学习《七律·长征》一诗，领略了红军长征的非凡气概，今天我们再来感受一下红军过草地的艰难困苦。"这种导课方式属于(　　)

A. 设疑导入　　B. 温故导入　　C. 情境导入　　D. 故事导入

19. 巴班斯基认为，应该把教学看作一个系统，从系统的整体与部分之间、部分与部分之间以及系统与环境之间的相互联系、相互作用之中设计教学。这一教学理论称为(　　)

A. 教学环境最优化　　B. 教学内容最优化

C. 教学过程最优化　　D. 教学方法最优化

20. 小明数学考试经常得不到高分，但数学老师从小明较好的计算能力、图形感知能力、逻辑推理能力等方面分析，认为小明具有较强的数学学习潜力。这种评价属于(　　)

A. 相对性评价　　B. 绝对性评价

C. 诊断性评价　　D. 个体内差异评价

二、简答题(本大题共3小题，每小题10分，共30分)

21. 简述影响学生有意注意的因素。

22. 简述家校合作的途径。

23.《小学教师专业标准(试行)》中“专业知识”维度包括哪些领域?

三、材料分析题(本大题共2小题,每小题20分,共40分)阅读材料,并回答问题。

24. 材料:

一天,黄老师要求学生背诵课文。才过了五六分钟,几个成绩比较优秀的学生就来找老师背诵,并得到了老师表扬。这时,小伟也要求背诵,几个同学听了哈哈大笑,因为小伟有智力缺陷,思维缓慢,说话不流畅,普通孩子用几秒钟说的一句话,他却需要一两分钟才能讲清楚,黄老师望着小伟涨红的脸,微笑着说:“好的。小伟,你来背,不着急,慢慢来。”

小伟用他那特有的发音,一字一句认真地背诵起来。5分钟过去了,小伟一字不差地背完了。黄老师激动地竖起大拇指说:“小伟,你真棒!”教室里响起了热烈的掌声,小伟的脸上露出了灿烂的笑容。

问题:

(1)结合材料,评析黄老师的做法。(10分)

(2)教师应如何对随班就读的“特殊儿童”进行教育?(10分)

25. 材料：

一年级二班的林老师上完《要下雨了》一课之后，设计了两项作业：(1)请你回家后把小白兔碰到的趣事讲给你最喜欢的人听；(2)你还想知道下雨前其他动物的表现吗？可以跟家人交流一下。第二天，林老师刚走进教室，学生就纷纷围住他，迫不及待地汇报作业的完成情况，还抢着说："我好喜欢这个作业哦！"

问题：

(1)结合材料，评析林老师的作业设计。(10分)

(2)谈谈教师布置作业的基本要求。(10分)

四、教学设计题(本大题有6小题,任选1小题作答。多答只按第1小题计分,40分。考生可按照所学专业方向,选择作答。26为中文与社会,27为数学与科学,28为英语,29为音乐,30为体育,31为美术)请用2B铅笔在答题卡上将所选题目的题号涂黑,未涂或多涂均无分。

26. 请认真阅读下列材料,并按要求作答。

6 爬山虎的脚

学校操场北边墙上满是爬山虎。我家也有爬山虎,从小院的西墙爬上去,在房顶上占了一大片地方。

爬山虎刚长出来的叶子是嫩红的,不几天叶子长大,就变成嫩绿的。爬山虎的嫩叶,不大引人注意,引人注意的是长大了的叶子。那些叶子绿得那么新鲜,看着非常舒服。叶尖一顺儿朝下,在墙上铺得那么均(jūn)匀(yún),没有重叠起来的,也不留一点儿空[kòng]隙。一阵风拂过,一墙的叶子就漾起波纹,好看得很。

本文作者叶圣陶。

25 26

以前,我只知道这种植物叫爬山虎,可不知道它怎么能爬。今年,我注意了,原来爬山虎是有脚的。爬山虎的脚长在茎(jīng)上。茎上长叶柄(bǐng)的地方,反面伸出枝状的六七根细丝,每根细丝像蜗牛的触角。细丝跟新叶子一样,也是嫩红的。这就是爬山虎的脚。

爬山虎的脚触着墙的时候,六七根细丝的头上就变成小圆片,巴住墙。细丝原先是直的,现在弯曲了,把爬山虎的嫩茎拉一把,使它紧贴在墙上。爬山虎就是这样一脚一脚地往上爬。如果你仔细看那些细小的脚,你会想起图画上蛟(jiāo)龙的爪子。

我来画一画爬山虎是怎样一脚一脚往上爬的。

爬山虎的脚要是没触着墙,不几天就萎了,后来连痕迹也没有了。触着墙的,细丝和小圆片逐渐变成灰色。不要瞧不起那些灰色的脚,那些脚巴在墙上相当牢固,要是你的手指不费一点儿劲,休想拉下爬山虎的一根茎。

我从文中看出作者连续观察了很长时间。你发现了吗?

均 匀 茎 柄 蛟

虎	占	铺	均	匀	
叠	茎	柄	触	痕	逐

请根据上述材料完成下列任务:

(1)简要分析本文的结构特点。(10分)

(2)如指导小学中年段学生学习本文,试拟定教学目标。(10分)

(3)设计一个教学活动方案,指导学生观察植物生长过程并学写连续性观察日志。(20分)

27. 请认真阅读下列材料，并按要求作答。

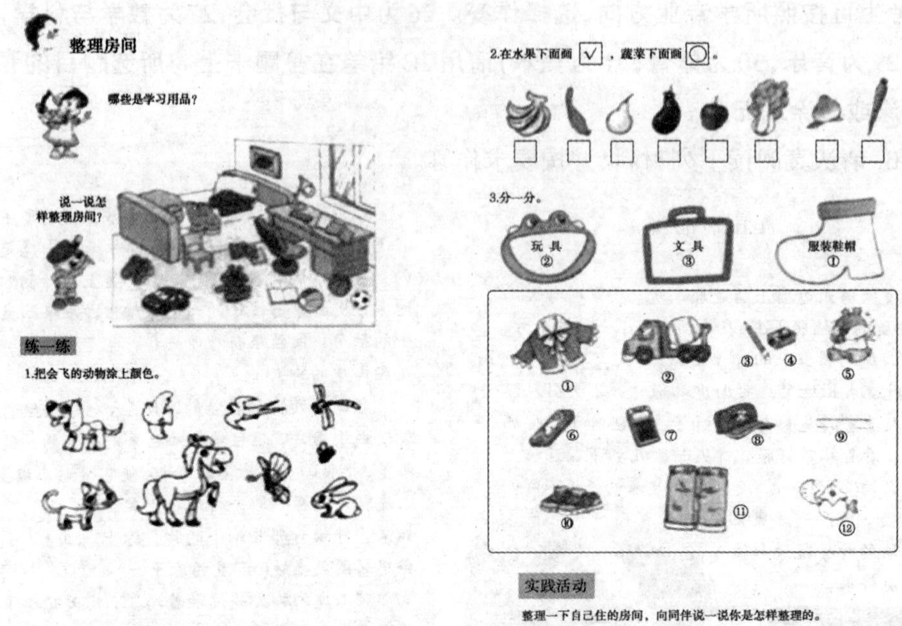

请根据上述材料完成下列任务：

(1)什么是分类思想？如何培养学生的分类思想？(10分)

(2)如指导小学一年级学生学习上述内容，试拟定教学目标。(10分)

(3)针对“整理房间”教学内容，设计教学活动方案并简要说明理由。(20分)

28. 请认真阅读下列材料，并按要求作答。

请根据上述材料完成下列任务：

(1)指出上述材料的教学重点和难点。(10分)

(2)如指导小学生学习，试拟定教学目标。(10分)

(3)依据拟定的教学目标，设计导入和新授环节的教学活动并说明理由。(20分)

29. 请认真阅读下列材料，并按要求作答。

请根据上述材料完成下列任务：

(1)简要分析歌曲的特点。(10分)

(2)如指导低年级小学生学唱本歌曲，试拟定教学目标。(10分)

(3)依据拟定的教学目标，设计“加入课堂打击乐器，丰富歌曲表现力”教学环节并说明理由。(20分)

30. 请认真阅读下列材料,并按要求作答。

立定跳远

动作方法:两脚自然左右开立与肩同宽,上体稍前倾,两腿屈膝,两臂后举;两臂自然前后预摆,同时两腿随着协调弹性屈伸;起跳时两臂由后向前上方有力摆动,两脚迅速蹬地,充分蹬伸髋、膝、踝关节向前上方跳起,腾空后挺胸、展体、伸髋,使身体尽量伸展;落地前收腹、屈膝、小腿尽量前伸;落地时脚跟先着地,并立刻屈膝缓冲,保持身体平衡。

请根据上述材料完成下列任务:

(1)简要说明"立定跳远"的教学重点、难点。(10分)

(2)如指导水平二的小学生练习,试拟定教学目标。(10分)

(3)依据拟定的教学目标,设计新授环节的教学方法并说明理由。(20分)

31. 请认真阅读下列材料，并按要求作答。

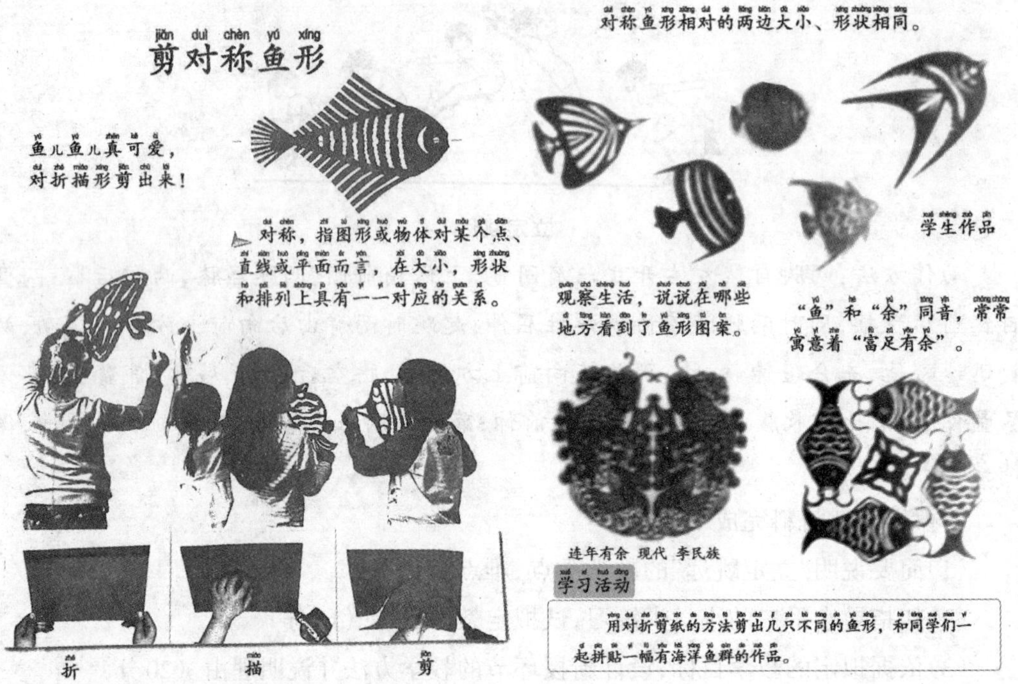

请根据上述材料完成下列任务：

(1)什么是剪纸的装饰纹样？请列出6种剪纸的装饰纹样。(10分)

(2)如指导低年级小学生学习，试拟定教学目标。(10分)

(3)依据拟定的教学目标，设计导入环节和作业评价环节的教学活动并说明理由。(20分)

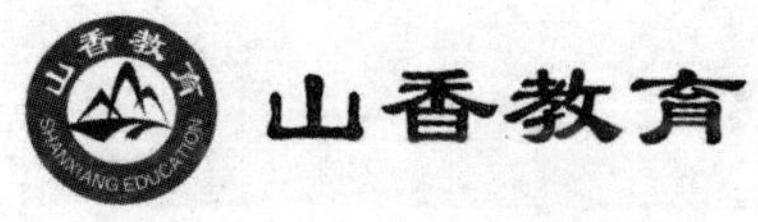

国家教师资格考试

历年真题详解及预测试卷

教育教学知识与能力·小学(预测题本)

重要提示:

为维护您的个人权益,确保考试的公平公正,请您帮助我们监督考试实施工作。

本场考试规定:监考人员要向本考场全体考生展示题本密封情况,并邀请2名考生代表验封签字后,方能开启试卷袋。

目　录

机密★启封前 姓名__________ 准考证号__________

国家教师资格考试预测试卷(十一)

教育教学知识与能力(小学)

注意事项:

1. 考试时间为120分钟,满分为150分。

2. 请按规定在答题卡上填涂、作答,在试卷上作答无效,不予评分。

一、单项选择题(本大题共20小题,每小题2分,共40分)

在每小题列出的四个备选项中只有一个是符合题目要求的,请用2B铅笔把答题卡上对应题目的答案字母按要求涂黑。错选、多选或未选均无分。

1. 教育具有自身的特点和规律,对政治经济制度和生产力具有能动作用。这说明教育具有( )

A. 历史性　　B. 阶级性

C. 社会生产性　　D. 相对独立性

2. 学校组织机构、班级管理方式和班级运行方式属于( )

A. 观念性隐性课程　　B. 物质性隐性课程

C. 制度性隐性课程　　D. 心理性隐性课程

3. 在教学过程中,教师主导作用发挥的主要标志是( )

A. 确保学生的独立地位　　B. 维持正常的课堂秩序

C. 维护教师的中心地位　　D. 调动学生的积极性

4. 按照埃里克森人格发展理论,6～12岁个体心理健康发展所形成的积极人格品质是( )

A. 希望　　B. 能力　　C. 智慧　　D. 诚实

5. 在某个时期内,对个体某一方面进行训练可以获得最佳成效,过了这个时期,训练的效果就会很小,这个时期被称为( )

A. 关键期　　B. 发展期　　C. 转折期　　D. 潜伏期

6. 最早提出"什么知识最有价值"这一经典课程论命题的学者是( )

A. 夸美纽斯　　B. 斯宾塞　　C. 杜威　　D. 博比特

7. 学校德育可以通过多种途径实施,但其中最基本的途径是( )

A. 思想品德课和其他学科教学　　B. 课外和校外活动

C. 班主任工作　　　　　　　　　　D. 共青团、少先队活动

8. 小东每次锁门离家后，明知已锁过门，但总是怀疑门没锁上，非要返回检查才安心。他的这种行为表现属于(　　)

A. 强迫恐惧　　B. 强迫焦虑　　C. 强迫观念　　D. 强迫行为

9. 在学过“正方体”“长方体”的体积公式后，再学习“一般柱体”的体积计算公式属于(　　)

A. 并列结合学习　　　　　　　　B. 下位学习

C. 派生类属学习　　　　　　　　D. 上位学习

10. 很多科学家都在自己的研究领域内进行不懈地探索，他们的动机主要是(　　)

A. 自我提高内驱力　　　　　　　B. 认知内驱力

C. 附属内驱力　　　　　　　　　D. 外部动机

11. 对于一个棕色的小熊玩具，在幼儿园时，亮亮认为它是自己的好朋友；进入小学后，亮亮认为它既是玩具，又是棕色的物品。这一变化说明亮亮进入了皮亚杰认知发展的(　　)

A. 感知运动阶段　　　　　　　　B. 前运算阶段

C. 具体运算阶段　　　　　　　　D. 形式运算阶段

12. 以某一具体事件、某一言行来对自己进行评价，如“一次失败就认为这足以证明自己没用，是失败者”“公共场合出了点洋相就认定自己又笨又蠢，连这么简单的事都做不好，更何况其他”。这属于不合理信念中的(　　)

A. 糟糕透顶　　B. 过分概括化　　C. 绝对化要求　　D. 过分幻想

13. 在全国教育大会上，习近平总书记强调：“我国是中国共产党领导的社会主义国家，这就决定了我们的教育必须把培养社会主义建设者和接班人作为根本任务。”这表明我国确定教育目的的主要依据是(　　)

A. 受教育者的身心发展规律　　　B. 文化传统

C. 马克思主义关于人的全面发展学说　　D. 政治制度

14. 临近期末考试，某市教研室的老师应邀给三所学校的六年级出题，教研室的老师们命制试卷时最需要参考的是(　　)

A. 课程计划　　B. 课程标准　　C. 活动指导书　　D. 教学目标

15. 王老师想研究语文学科系统讲授加点评的教学方法与提高学生阅读水平之间的关系，那么她应该采用的研究方法是(　　)

A. 历史研究法　　B. 调查研究法　　C. 实验研究法　　D. 比较研究法

16. 孙老师为了更好地将教育教学中的故事分享给同事，创建了班级微信朋友

圈,用文字记录班级生活,其中写道:“细读生之文字,方知己之困惑。师与生,何尝不是彼此促进?”下列最适合为此点赞的留言是( )

A. 藏息相辅　　B. 循序渐进　　C. 长善救失　　D. 教学相长

17. 美国学者孟禄根据原始社会没有学校、没有教师的史实,断定教育起源于儿童对成人的无意识模仿。这种观点被称为( )

A. 交往起源论　　B. 生物起源论

C. 心理起源论　　D. 劳动起源论

18. “孩子是由一百组成的,孩子有一百种语言,一百只手,一百个念头,一百种思考方式、游戏方式及说话方式。”这句话表现出教师劳动的( )

A. 复杂性　　B. 示范性　　C. 持续性　　D. 长期性

19. 教师在讲授贺知章的《咏柳》时,挑选了三首乐曲,让同学们根据语境选择一首。教师运用的教学方法是( )

A. 讨论法　　B. 讲授法　　C. 演示法　　D. 练习法

20. 王老师在教学《十里长街送总理》一课时,先出示周总理遗像,然后用幻灯片放映一组组感动人心的画面,让学生整体感知,再配以富有感情色彩的课文诵读。最后,教师启发学生放开歌喉,唱唱有关周总理的歌,有了初步感知后,才导入新课。王老师采用了( )

A. 直接导入　　B. 直观导入　　C. 情境导入　　D. 复习导入

二、简答题(本大题共3小题,每小题10分,共30分)

21. 简述激发小学生学习动机的方法。

22. 简述资源管理策略的种类。

23. 简述学校教育在人身心发展中起主导作用的原因。

三、材料分析题（本大题共2小题，每小题20分，共40分）阅读材料，并回答问题。

24. 材料：

于老师作为一名班主任，每天要管的事情实在太多，经常感到分身乏术，真希望有个助手能助自己一臂之力。有一天，于老师忽然想到，能不能让学生来代替自己行使班主任“职权”呢？于是她决定试试。于老师经过认真考虑，选了平时在班上威信较高的郑莉莉作为第一个“试验”对象。这使郑莉莉既感到骄傲，又感到了压力，她自然不敢有丝毫的松懈。在“任期”内，她从早自习到晚上放学事事操心，俨然一个老师的模样。对于她的工作，于老师绝不插手。但是，暗地里，却时时刻刻盯着，对她处理得很好或不当的地方都会找机会一一指出。郑莉莉很快适应了角色，除了管理好日常班级工作外，还把每周的班会课主持得有声有色，把各种活动组织得生动有趣。接着，班里又产生了第二位、第三位……“班主任”。自从学生来当“班主任”的办法实施后，学校的各项评比中，班上获得“流动红旗”的次数越来越多，来自任课教师和家长的称赞也越来越多。

问题：

(1)阐述材料中体现出的教育思想。(10分)

(2)结合材料，对于老师让学生来当“代理班主任”这件事进行分析。(10分)

25. 材料：

五年级(2)班的王亮同学上学经常迟到，每次当同学们正聚精会神地听老师讲课时，迟到的王亮总是推门而入，这不仅影响了本班在全校日常行为规范评比中的分数，更影响了班级正常的教学秩序。为此，老师专门找王亮谈话。老师了解到，天气转凉后，王亮总是赖床。老师没有直接批评王亮，而是告诉他要做个勤奋的孩子，别的同学能做到的自己也应该做到。王亮意识到自己的错误后，下定决心不再迟到。果然接下来的两天王亮早早到达了学校。但是，到了第三天，王亮又迟到了，而且晚到后不主动将作业交给各科课代表，作业中还出现了严重的少做、不做现象。虽然他知道这样做不对，但总是改不了。一次，为了掩盖自己没有做作业的实情，他就跟老师说自己的作业忘在家里了。老师对王亮的行为也很是头疼。

问题：

(1)王亮为什么会表现出这样的行为？试结合小学生品德发展的特点进行分析。(10分)

(2)如果你是王亮的老师，你如何帮助他改正？(10分)

四、教学设计题(本大题共有6小题,任选1小题作答,多答只按第1小题计分,共40分。考生可按照所学专业方向,选择作答。26为中文与社会,27为数学与科学,28为英语,29为音乐,30为体育,31为美术)请用2B铅笔在答题卡上将所选题目的题号涂黑,未涂或多涂均无分。

26. 请认真阅读下列材料,并按要求回答问题。

松 鼠

松鼠是一种漂亮的小动物,乖巧,驯良,很讨人喜欢。它们面容清秀,眼睛闪闪发光,身体矫健,四肢轻快。玲珑的小面孔,衬上一条帽缨形的美丽尾巴,显得格外漂亮。它们的尾巴老是翘起来,一直翘到头上,自己就躲在尾巴底下歇凉。它们常常直竖着身子坐着,像人们用手一样,用前爪往嘴里送东西吃。可以说,松鼠最不像四足兽了。

松鼠不躲藏在地底下,经常在高处活动,像飞鸟一样住在树顶上,满树林里跑,从这棵树跳到那棵树。它们在树上做窝,摘果实,喝露水,只有树被风刮得太厉害了,才到地上来。在平原地区是很少看到松鼠的。它们不接近人的住宅,也不待在小树丛里,只喜欢住在高大的老树上。在清朗的夏夜,可以听到松鼠在树上跳着叫着,互相追逐。它们好像很怕强烈的日光,白天躲在窝里歇凉,晚上出来奔跑,玩耍,吃东西。

松鼠不像山鼠那样一到冬天就蛰伏不动。它们是十分警觉的,只要有人触动一下松鼠所在的大树,它们就从树上的窝里跑出来躲到树枝底下,或者逃到别的树上去。松鼠轻快极了,总是小跳着前进,有时也连蹦带跑。它们的爪子是那样锐利,动作是那样敏捷,一棵很光滑的高树,一忽儿就爬上去了。松鼠在秋天拾榛子,塞到老树空心的缝隙里,塞得满满的,留到冬天吃。在冬天,它们也常用爪子把雪扒开,在雪下面找榛子。

松鼠的窝通常搭在树枝分杈的地方,又干净又暖和。它们搭窝的时候,先搬些小木片,错杂着放在一起,再用一些干苔藓编扎起来,然后把苔藓挤紧,踏平,使那建筑物足够宽敞、足够坚实。这样,它们可以带着儿女住在里面,既舒适又安全。窝口朝上,端端正正,很狭窄,勉强可以进出。窝口有一个圆锥形的盖,把整个窝遮蔽起来,下雨时雨水向四周流去,不会落在窝里。

松鼠通常一胎生三四个。小松鼠的毛是灰褐色的,过了冬就换毛,新换的毛比脱落的毛颜色深些。它们用爪子和牙齿梳理全身的毛,身上总是光光溜溜、干干净净的。

驯	矫	歇	权	藓	狭	勉	锥

鼠	秀	玲	珑	歇	窝
滑	拾	狭	勉	梳	

一、默读课文,把从课文中获得的有关松鼠的信息分条写下来。

二、读下面的句子,找出课文中相应的内容,体会表达上的不同。

◇松鼠体形细长,体长17~26厘米,尾长15~21厘米,体重300~400克。

◇松鼠在树上筑巢或利用树洞栖居,巢以树的干枝条及杂物构成,直径约50厘米。

◇松鼠每年春、秋季换毛。年产仔2~3次,一般在4、6月产仔较多。

——选自《中国大百科全书》(第二版)

请根据上述材料完成下列任务:

(1)小学语文说明文教学重点应从哪些方面着手?(9分)

(2)如指导高年段小学生学习本文,试确定教学重难点。(9分)

(3)设计一个引导学生品味语言的教学片段。(22分)

27. 请认真阅读下列材料，并按要求作答。

做一做

看一看，铅笔长(　　)厘米。

4

量比较长的物体，通常用“米”作单位。米可以用“m”表示。

5 在米尺上看看1米里面有多少个1厘米。

1米=100厘米

做一做

拿一根绳子，量出1米、2米……给大家看。

请根据上述材料完成下列任务：

(1)如指导小学二年级学生学习本课，试拟定教学目标。(10分)

(2)依据拟定的教学目标，确立本课的重难点。(10分)

(3)依据拟定的教学目标和重难点，设计教学过程。(20分)

28. 请认真阅读下列材料，并按要求作答。

请根据上述材料完成下列任务：

(1)简述小学英语教学组织游戏应注意的事项。(10分)

(2)如指导小学生学习，试拟定教学目标。(10分)

(3)依据拟定的教学目标，设计导入和新授环节的教学活动并说明理由。(20分)

29. 请认真阅读下列材料，并按要求作答。

唱山歌

电影《刘三姐》插曲

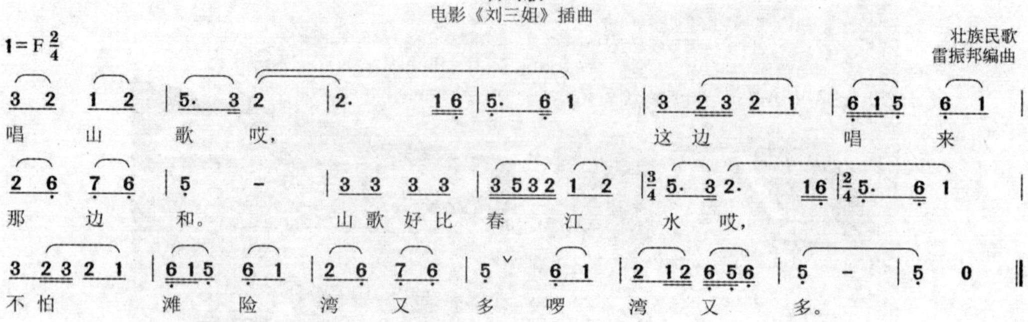

请根据上述材料完成下列任务：

(1)简要分析歌曲的特点。(10分)

(2)如指导中年级小学生学唱本歌曲，试拟定教学目标。(10分)

(3)依据拟定的教学目标，设计课堂教学环节。(20分)

30. 请认真阅读下列材料，并按要求作答。

脚底接地滚球

动作方法：支撑脚脚尖正对来球方向，膝关节稍屈；接球腿屈膝抬起，脚尖翘起，用脚掌前部位接停来球。

请根据上述材料完成下列任务：

(1)简要说明“脚底接地滚球”的教学重点、难点。(10分)

(2)若指导水平二的小学生练习，试拟定教学目标。(10分)

(3)依据拟定的教学目标，设计学习中易犯错误与纠正方法。(20分)

31. 请认真阅读下列材料，并按要求作答。

第8课　对印的图形

将纸对折，在纸的一侧涂上颜色，合起来印一印，你就会有意外的发现，快来试试吧！

生活中有很多对称的形象，借鉴它们，用对印的方法试一试。

方法：

直接上颜色

对折压一压

打开添点色

想想变什么

蝴蝶

枫叶

蓝色的花

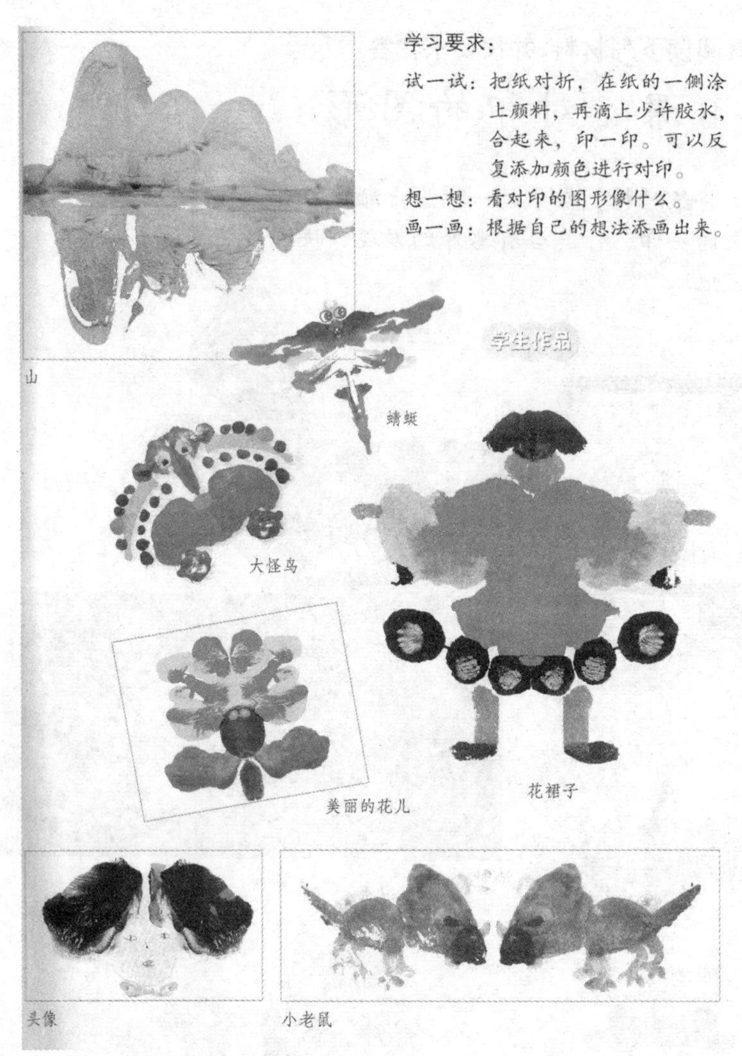
学习要求：

试一试：把纸对折，在纸的一侧涂上颜料，再滴上少许胶水，合起来，印一印。可以反复添加颜色进行对印。

想一想：看对印的图形像什么。

画一画：根据自己的想法添画出来。

学生作品

山

蜻蜓

大怪鸟

花裙子

美丽的花儿

头像

小老鼠

请根据上述材料完成下列任务：

(1)简述图案形式美的基本法则。(10分)

(2)若指导小学低年级学生学习，试拟定教学目标。(10分)

(3)依据拟定的教学目标，设计教学过程。(20分)

机密★启封前　　　　　　　　　　姓名________　准考证号________

国家教师资格考试预测试卷(十二)

教育教学知识与能力(小学)

注意事项:

1. 考试时间为120分钟,满分为150分。

2. 请按规定在答题卡上填涂、作答,在试卷上作答无效,不予评分。

一、单项选择题(本大题共20小题,每小题2分,共40分)

在每小题列出的四个备选项中只有一个是符合题目要求的,请用2B铅笔把答题卡上对应题目的答案字母按要求涂黑。错选、多选或未选均无分。

1. 西方教育史上,提出"泛智"教育和普及初等教育的主张,并对班级授课制做出系统阐述的著作是(　　)

A. 柏拉图的《理想国》　　B. 昆体良的《论演说家的教育》

C. 夸美纽斯的《大教学论》　　D. 赫尔巴特的《普通教育学》

2. 发展乡村的STEM教育(科学、技术、工程和数学教育)不仅是教育公平的体现,同时也是培养现代农业人才的重要抓手,此举将有助于城乡教育从外延向内涵方向转型,进而为实现农业农村现代化和建设高质量教育体系作出贡献。上述材料中的"STEM教育",在课程分类中属于(　　)

A. 选修课程　　B. 核心课程

C. 活动课程　　D. 综合课程

3. 在开展少先队教育活动过程中,要遵循少年儿童的年龄特点,满足少年儿童的兴趣和爱好。这体现了少先队活动的(　　)

A. 教育性　　B. 创造性　　C. 实践性　　D. 趣味性

4. 张老师在设置教学目标时,既考虑学生的现有知识水平,也考虑他们在老师指导下可以达到的水平。维果斯基将这两种水平之间的差距称为(　　)

A. 教学支架　　B. 最近发展区

C. 先行组织者　　D. 自我差异性

5. 教师:"面粉可以做什么?"

学生甲:"可以做面包、蛋糕、馒头、花卷、油条、面条。"

学生乙:"可以做馒头、调糨糊、捏面人。"

上述对话说明乙比甲的思维更具有(　　)

A. 精细性　　B. 流畅性　　C. 变通性　　D. 反思性

6. 学生操行评定的一般步骤是(　　)

A. 学生自评、小组评议、信息反馈、班主任评价

B. 学生自评、小组评议、班主任评价、信息反馈

C. 信息反馈、小组评议、班主任评价、学生自评

D. 信息反馈、小组评议、学生自评、班主任评价

7. 如遇学生触电,教师应(　　)

A. 立即切断电源

B. 用铁棍使学生脱离电源

C. 迅速将学生从电源拉回

D. 向学生触电处洒水,使学生迅速逃离电源

8. 同样的灰色小方块,放在白色背景上就显得暗些,放在黑色背景上就显得亮些。这种现象属于(　　)

A. 感觉对比　　B. 感觉适应　　C. 联觉　　D. 感觉后像

9. 王明渴望与同学建立良好的人际关系,希望被班上的兴趣小组接纳。根据马斯洛的需要层次理论,这体现了(　　)

A. 归属与爱的需要　　B. 尊重需要

C. 求知需要　　D. 安全需要

10. 小马上课时害怕回答问题,他发现自己坐在教室后排时可减少老师提问的次数。于是,他总坐在教室后排。下列哪种强化方式导致了小马愿意坐在教室的后排(　　)

A. 正强化　　B. 负强化

C. 延迟强化　　D. 替代强化

11. 学生在地理课上学习我国各省的简称,这属于(　　)

A. 符号学习　　B. 概念学习

C. 命题学习　　D. 判断学习

12. 如果一个学生不敢拒绝别人的无理要求,不敢表达自己的不满情绪,与同学发生矛盾时不敢正面解决问题,而是哭着找老师。对待这样的学生,应采取的辅导方法是(　　)

A. 放松训练　　B. 代币奖励法　　C. 系统脱敏疗法　　D. 肯定性训练

13. 科学家花费大量时间提出并论证数学定理,而学生在一个小时内就能学会二项式定理。这表明教学活动具有(　　)

A. 引导性　　B. 简捷性　　C. 直接性　　D. 实践性

14. 晓斌认为自己学习成绩好全是刻苦努力的结果。根据韦纳的归因理论,晓斌的归因属于(　　)

A. 稳定的内部归因　　B. 稳定的外部归因

C. 可控的内部归因　　D. 可控的外部归因

15. 李伟同学在上课前会对本节课的内容进行判断,如果认为自己能听懂老师讲述的知识,他就会认真听课。根据班杜拉的理论,这种现象是(　　)

A. 结果期待　　B. 过程期待　　C. 社会期待　　D. 效能期待

16. 杨老师在讲授《看雪》一课时,通过大屏幕播放雪景,让学生感受雪的美。杨老师采用的教学方法是(　　)

A. 讲授法　　B. 谈话法　　C. 参观法　　D. 演示法

17. 教师通过查明学生已有的知识水平、能力发展情况以及学习上的特点、优点与不足之处,从而更好地组织教学内容、选择教学方法,以便对症下药、因材施教。这种评价是(　　)

A. 形成性评价　　B. 诊断性评价

C. 总结性评价　　D. 绝对性评价

18.《学记》中的"师严然后道尊,道尊然后民知敬学"体现了(　　)

A. 教学相长　　B. 为人师表

C. 藏息相辅　　D. 尊师重道

19. 小芳认为奖惩不能是千篇一律的,而应该根据他人的具体情况,以平等为标准,在同情、关心的基础上对学习和生活中的道德事件进行判断。根据皮亚杰的道德发展阶段理论,小芳的道德发展处于(　　)

A. 自律阶段　　B. 前道德阶段

C. 他律阶段　　D. 公正阶段

20. 一位语文老师在执教李白的《赠汪伦》时,他是这样开讲的:"李白是我国唐代的大诗人,可他上过一次大当,受过一次骗。"这让学生疑团顿生,充满好奇。这位教师导入新课的方法是(　　)

A. 活动导入　　B. 悬念导入

C. 情境导入　　D. 温故导入

二、简答题(本大题共3小题,每小题10分,共30分)

21. 简述教师在教学中应如何对待不同气质类型的学生。

22. 简述创造想象产生的条件。

23. 小学教师如何培养良好的班集体?

三、材料分析题(本大题共2小题,每小题20分,共40分)阅读材料,并回答问题。

24. 材料:

下面是一位小学语文教师的教学反思日记:

在学习《蜜蜂》这篇课文的第二部分时,一个孩子问道:“老师,我发现课文中说,二十只蜜蜂中有十七只蜜蜂飞回来了,那么还有三只哪去了呢?”这个问题一下子打乱了我的教学方案。为了保证我的教学顺利进行,我这样回答了她:“你可真是个细心的姑娘,善于发现问题。不过这个问题老师不帮你解答,你下课后,可以自己想想或与同学交流,看这三只蜜蜂哪里去了?”

说完后,我自己向孩子们提出了设计好的问题:“法布尔为了这个试验做了哪些准备呢?”并引导孩子们进入了第二自然段的学习。后面孩子们的提问确实是一个一个地按照课文编排顺序提问的,因此我的教学工作顺利地完成了。

下课后,突然一种烦躁情绪困扰着我:那个孩子提的问题多好呀,我当时是不是应该让孩子们畅所欲言,发表自己的看法呢?就算当时不答,在引导学生读到第五段“二十只蜜蜂中有十七只完好无损、准确无误回到蜂窝”时,我也应该重提这个问题,让孩子们探讨呀。为什么我要说下课后自己去找答案或与同学讨论呢?我这样做是不是对的呢?我在课堂上没有帮助这个孩子解决疑惑,那个问题会困扰孩子一整节课,耽误她对后续知识的学习。这节课虽然结束了,可是留给我的思考仍然没有结束,对于老师意想不到的课堂生成,该怎样妥善处理呢?

问题:

(1)结合材料,谈谈“我”的教育行为。(10分)

(2)教学反思对日常教学的作用是什么?(10分)

25. 材料：

我在上公开课《九色鹿》时，课文讲到了九色鹿得知昔日那个被自己救起来的人恩将仇报时很气愤，课堂掀起了一个高潮，大家都在气愤地谴责。突然，一位同学的饭盒掉在了地上，发出了很大的声音，同学们愣住了，不知如何是好。那位同学更是看着我，脸都红了。我马上笑着说："瞧，连饭盒都气愤得跳出来了。"学生们顿时大笑，那孩子也没有那么紧张了。我便又借机说："那就请饭盒的主人来表现一下气愤吧！"那孩子顺利地读完了课文，还赢来了其他同学的掌声，他也露出灿烂的笑容。

问题：

(1)评析材料中老师对"饭盒事件"的处理策略。(10分)

(2)谈谈教师在处理课堂突发事件时的注意事项。(10分)

四、教学设计题(本大题共有6小题,任选1小题作答,多答只按第1小题计分,共40分。考生可按照所学专业方向,选择作答。26为中文与社会,27为数学与科学,28为英语,29为音乐,30为体育,31为美术)请用2B铅笔在答题卡上将所选题目的题号涂黑,未涂或多涂均无分。

26. 请认真阅读下列材料,并按要求作答。

3 开满鲜花的小路

邮递员黄狗在门口喊:“鼹鼠先生,您的包裹单!”

原来,长颈鹿大叔给鼹鼠先生寄来了一个包裹。

鼹鼠先生赶紧骑着摩托车,到邮局去领包裹。他回家后打开包裹,看见一堆小颗粒,可认不出是什么东西。

鼹鼠先生拿着包裹,来到松鼠太太家。他问松鼠太太:“长颈鹿大叔寄来一个包裹,您能帮我看看是什么东西吗?”

松鼠太太拿过来一看,里面空空的,什么也没有。原来,包裹破了,里面的东西不见了。看来都漏在来时的路上啦!鼹鼠先生很懊丧。

春天来了,鼹鼠先生要去松鼠太太家做客。啊,通往松鼠太太家的路,成了一条开满鲜花的小路。

鼹鼠先生路过刺猬太太家,正巧,刺猬太太走出门。看到门前开着一大片绚丽多彩的鲜花,她惊奇地说:“这是谁在我家门前种的花?多美啊!”

鼹鼠先生回答:“我不知道!”

鼹鼠先生经过狐狸太太家,正巧,狐狸太太走出门。看到门前开着一大片五颜六色的鲜花,她奇怪地问:“这是谁在我家门前种的花?真美啊!”

鼹鼠先生回答:“我不知道!”

鼹鼠先生来到松鼠太太门前。松鼠太太走出门,看见门前的小路上花朵簇簇,小松鼠、小刺猬和小狐狸在那里快活地蹦啊跳啊。

松鼠太太对鼹鼠先生说:“我知道了,去年长颈鹿大叔寄给你的是花籽。这是多么美好的礼物啊!”

yóu	dì	guǒ	jì	jú	duī	rèn	pò	lòu	ào	sàng	à	wèi	xuàn	lǐ
邮	递	裹	寄	局	堆	认	破	漏	懊	丧	啊	猬	绚	礼

鲜	鲜		邮	邮
递	递		员	员
原	原		叔	叔
局	局		堆	堆
认	认		礼	礼

请根据上述材料完成下列任务:

(1)试分析本文的文本特点。(10分)

(2)若指导二年级学生学习本文,试拟定教学目标。(10分)

(3)设计一个引导学生识字、写字的教学片段。(20分)

27. 请认真阅读下列材料，并按要求作答。

5 平行四边形和梯形

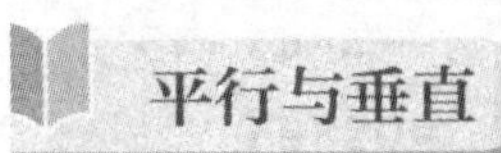

1 在纸上任意画两条直线，会有哪几种情况？

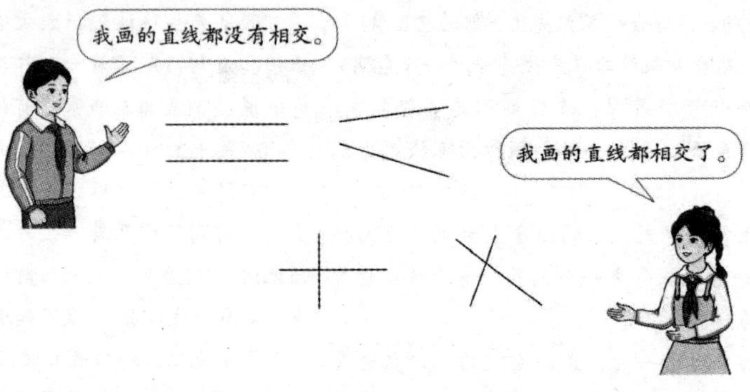

把没有相交的两条直线再画长一些会怎样？

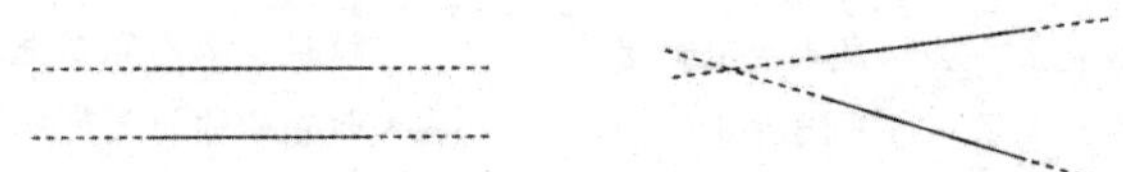

在同一个平面内不相交的两条直线叫作**平行线**，也可以说这两条直线**互相平行**。

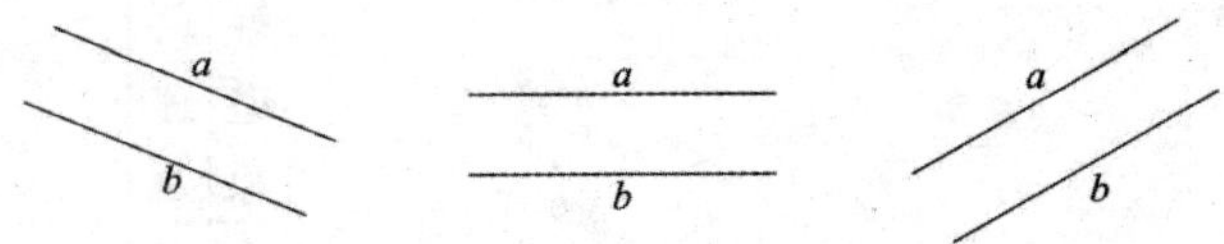

上图中 a 与 b 互相平行，记作 $a \parallel b$，读作 a 平行于 b。

平行在生活中很常见，你能举出生活中一些有关平行的例子吗？

量一量，下面的相交直线组成的角分别是多少度。

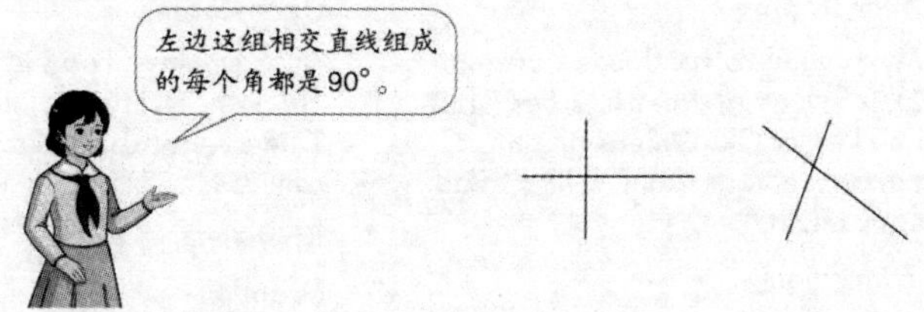

两条直线相交成直角，就说这两条直线互相**垂直**，其中一条直线叫作另一条直线的**垂线**，这两条直线的交点叫作**垂足**。

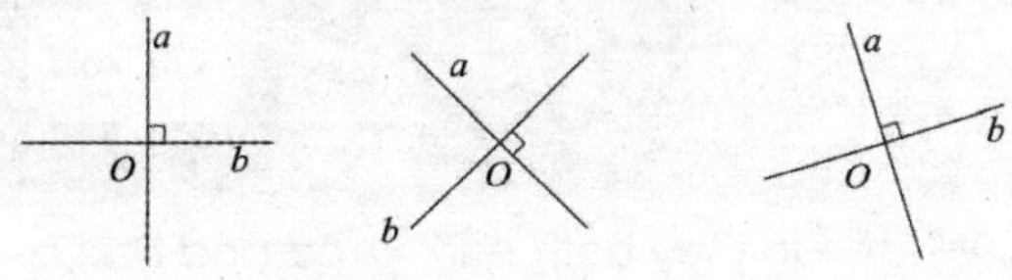

上图中直线 a 与 b 互相垂直，记作 $a \perp b$，读作 a 垂直于 b。你能举出生活中一些有关垂直的例子吗？

做一做

下面各组直线，哪一组互相平行？哪一组互相垂直？

请根据上述材料完成下列任务：

(1)简述《义务教育数学课程标准(2022年版)》第二学段“图形的认识与测量”中关于线段和直线的内容要求。(10分)

(2)如指导四年级学生学习本课，试拟定教学目标。(10分)

(3)依据拟定的教学目标，设计教学过程。(20分)

28. 请认真阅读下列材料,并按要求作答。

What can they both eat? Read and tick.

What would you like to eat? Write to Robin, please.

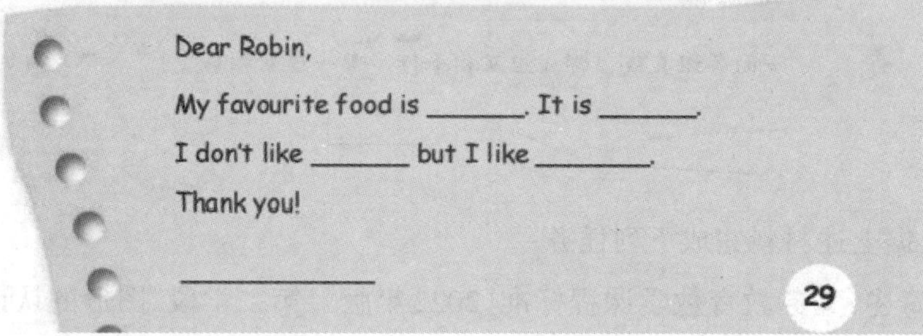

请根据上述材料完成下列任务:

(1)简述作文模板在小学英语写作教学中的优缺点。(8分)

(2)如指导小学生学习本文,试拟定教学目标。(12分)

(3)依据拟定的教学目标,设计"读后说或读后写"的语言操练环节。(20分)

29. 请认真阅读下列材料，并按要求作答。

小动物唱歌

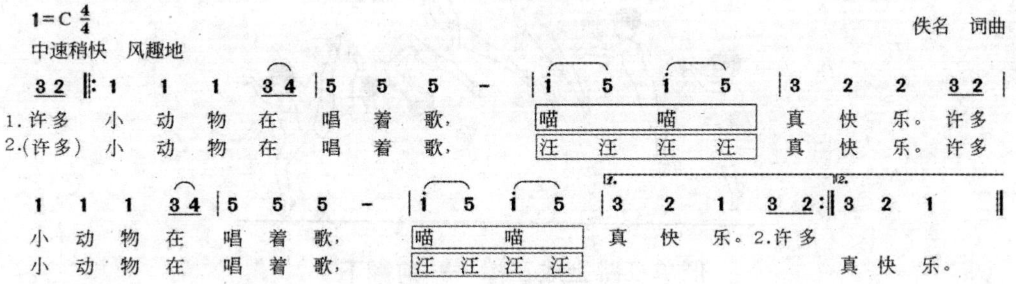

请根据上述材料完成任务：

(1)简要分析歌曲的特点。(10分)

(2)如指导低学段小学生学唱本歌曲，请拟定教学目标。(10分)

(3)依据拟定的教学目标，设计“唱好歌曲”(在学生音高、节奏、词曲结合基本无误的基础上，依据作品特点，合理进行歌曲处理)教学环节。(20分)

30. 请认真阅读下列材料,并按要求作答。

低单杠跳上成正撑——前翻下

动作方法:面对器械站立,两手正握杠与肩同宽;两腿微屈下蹲,两脚用力蹬地跳起,两臂用力压拉杠,使大腿上部贴紧杠,挺胸抬头,稍前倾,两臂伸直夹紧,两腿并拢伸直,绷脚面,保持身体平衡;然后低头、上体前屈、腹部紧贴杠、屈两臂控制身体前翻下,屈膝成蹲悬垂。

请根据上述材料完成下列任务:

(1)简要说明“低单杠跳上成正撑——前翻下”的教学重点、难点。(10分)

(2)如指导水平二的小学生练习,试拟定教学目标。(10分)

(3)依据拟定的教学目标,设计易犯错误及纠正方法并说明理由。(20分)

31. 请认真阅读下列材料，并按要求作答。

第2课　重重复复

生活中有很多重复的图形和现象，这里面可大有文章，试试看，找找它们的规律吧！

凤戏牡丹（印染花布）　湖南省

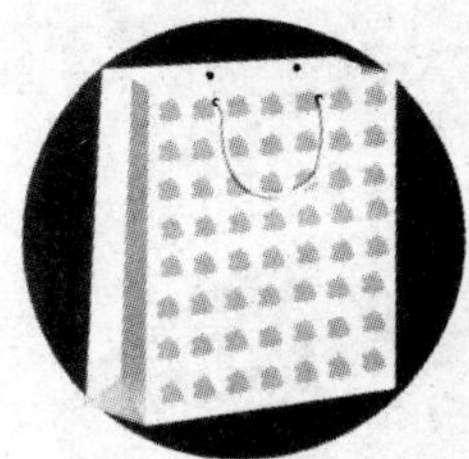

手提袋（电脑设计）
2011　王慧敏

生活中的重复现象

学生作品

一个图形向左右、上下有规律地重复排列，就会形成一个新图形。

学习要求：

找一找："凤戏牡丹"花布采用了哪些形象元素，是怎样排列的？

说一说：你身边有哪些能重复排列的材料？它们可以排列出什么形象？

试一试：用找到的材料拼贴或摆放出重复有规律的形象，并观察和体验它们的美感。

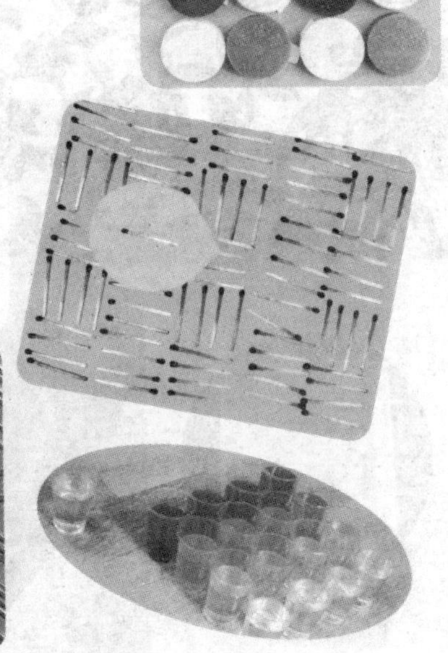

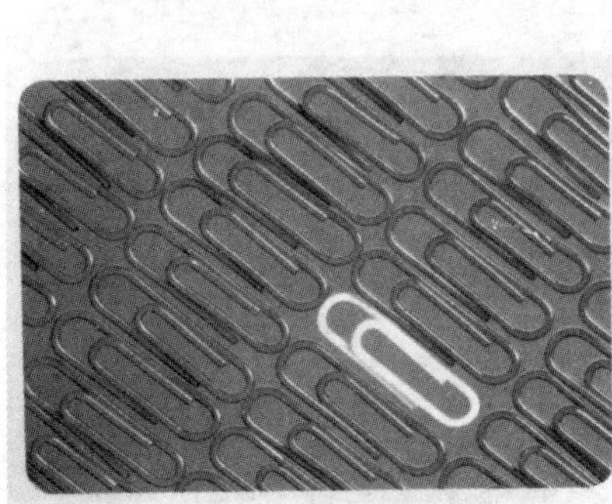

请根据上述材料完成下列任务：

(1)简述平面构成中"重复排列"的含义。(10分)

(2)若指导小学低年级学生学习材料，试拟定教学目标。(10分)

(3)依据拟定的教学目标，设计新授环节的教学活动并说明设计理由。(20分)

机密★启封前　　　　　　　　　　　　姓名＿＿＿＿＿　准考证号＿＿＿＿＿

国家教师资格考试预测试卷(十三)

教育教学知识与能力(小学)

注意事项:

1. 考试时间为120分钟,满分为150分。

2. 请按规定在答题卡上填涂、作答,在试卷上作答无效,不予评分。

一、单项选择题(本大题共20小题,每小题2分,共40分)

在每小题列出的四个备选项中只有一个是符合题目要求的,请用2B铅笔把答题卡上对应题目的答案字母按要求涂黑。错选、多选或未选均无分。

1. 每个时期都有自己时代的特点,如21世纪是世界经济发展的时代,是科学力量加强的时代。这个时代的人们拥有新的科学技术、新的思想。这体现了教育在(　　)方面的作用。

A. 传承文化　　B. 选择和提升文化

C. 传播和交流文化　　D. 更新和创造文化

2. 马克思主义认为,实现人的全面发展的唯一方法是(　　)

A. 学校教育与社会教育相结合　　B. 脑力劳动与体力劳动相结合

C. 教育与生产劳动相结合　　D. 知识分子与工人农民相结合

3. 肖老师是某班新来的班主任,在管理班级时,他首先设法影响整个班集体的氛围,然后再去影响单个学生的发展,最后再通过整个班集体和教师的影响来促进学生的发展。肖老师的这种班级管理模式属于(　　)

A. 班级集中管理模式　　B. 班级平行管理模式

C. 班级目标管理模式　　D. 班级民主管理模式

4. 庞老师从教30余年来,经常记录自己在教育教学实践中的案例。他能从一个有实际意义的教学问题展开,系统设计具体的措施和做法,并且验证、反思这些做法的有效性,提出相关结论和措施。庞老师所用的研究方法是(　　)

A. 教育调查法　　B. 教育实验法

C. 教育行动研究法　　D. 教育观察法

5. 我国学制沿革史上,采用美国式的六三三分段法的学制是(　　)

A. 壬寅学制　　B. 壬戌学制

C. 壬子癸丑学制　　D. 癸卯学制

6. 伟华看见天上的浮云，脑中出现“骏马”“恐龙”等动物形象。这种现象属于(　　)

A. 有意想象　　B. 无意想象　　C. 再造想象　　D. 创造想象

7. 儿童溺水时采取的急救措施中错误的是(　　)

A. 使溺水者俯卧，头部垫高，腰部下垂，用手压其背部

B. 清除溺水者口鼻中的泥沙、污物

C. 把溺水者腹中的水倒出

D. 对溺水者进行人工呼吸

8. 孟子说：“故天将降大任于是人也，必先苦其心志，劳其筋骨，饿其体肤，空乏其身，行拂乱其所为，所以动心忍性，曾益其所不能。”这段话体现的德育方法是(　　)

A. 实际锻炼法　　B. 品德评价法

C. 情感陶冶法　　D. 榜样示范法

9. 当志君看到他喜欢的乒乓球队夺冠时，欣喜若狂。这种情绪状态属于(　　)

A. 心境　　B. 激情　　C. 应激　　D. 热情

10. 有的小学生在学习英语字母“t”时，常常会发出汉语拼音“t”的音，造成这种干扰现象的原因是(　　)

A. 前摄抑制　　B. 倒摄抑制　　C. 消退抑制　　D. 双向抑制

11. 一个人被狗咬了之后就害怕所有的狗。这一现象属于(　　)

A. 刺激泛化　　B. 刺激分化

C. 行为消退　　D. 行为习得

12. 在心理辅导过程中，李老师听了晓阳讲述的故事之后，内心里把晓阳当作自己的女儿。这种现象属于(　　)

A. 移情　　B. 共情　　C. 同情　　D. 反移情

13. “标准化的教学很可能束缚学生的想象力和创造力，扼杀学生的创新精神。”这句话主要体现了教育的(　　)

A. 正向功能　　B. 负向功能

C. 社会发展功能　　D. 显性功能

14. 教师一句鼓励的话、一个充满信任的眼神、一个能引起共鸣的手势或表情可以使学生受到很大的鼓舞，从而取得显著的进步，这一心理效应是(　　)

A. 罗森塔尔效应　　B. 近因效应　　C. 首因效应　　D. 晕轮效应

15. 李老师为了克服教材内容繁琐的弊端，以日常生活典型事例为教育内容，通过这些例子使学生达到举一反三、掌握同一类知识的规律和方法的目的。李老师的教学方法体现了(　　)的教学理念。

A. 赞可夫　　B. 布鲁纳　　C. 瓦·根舍因　　D. 布卢姆

16. 教师不向学生系统讲授教材，而只为学生指定自学参考书、布置作业，让学生自学并独立完成作业。学生完成一定阶段的学习任务后，向教师汇报学习情况和接受考查。这种教学组织形式是(　　)

A. 道尔顿制　　B. 设计教学法

C. 贝尔—兰卡斯特制　　D. 复式教学

17. 陈老师认为，教师并非纯粹的课程实施者，而应根据自己的经验、学生状况、实际需要等因素来调整自己的教学活动。陈老师遵循了课程实施的(　　)

A. 忠实取向　　B. 相互适应取向

C. 创生取向　　D. 调控取向

18. 某小学王老师在讲授《葡萄沟》一课时，通过播放新疆吐鲁番葡萄沟的纪录片，让学生真切感受到葡萄沟出产的水果种类多、葡萄品种全的特点，从而激发学生的学习兴趣。在教学中，王老师贯彻的教学原则是(　　)

A. 直观性原则　　B. 科学性和思想性结合原则

C. 循序渐进原则　　D. 巩固性原则

19. (　　)评价具有较强的甄别功能，可以作为选拔人才、分类排队的依据。

A. 个体内差异　　B. 相对性　　C. 绝对性　　D. 形成性

20. 根据古德莱德的观点，任课教师所领会的课程属于(　　)

A. 理想的课程　　B. 正式的课程

C. 领悟的课程　　D. 经验的课程

二、简答题(本大题共3小题，每小题10分，共30分)

21. 简述影响注意转移的因素。

22. 简述我国新型师生关系的特点。

23. 我国新一轮基础教育课程改革的具体目标有哪些?

三、材料分析题(本大题共2小题,每小题20分,共40分)阅读材料,并回答问题。

24. 材料:

新入职的张老师最近很焦虑,因为她的课堂这段时间总是出问题,尤其是课堂氛围和她课前预想的活泼有序、积极互动的良好氛围大相径庭。比如,有一天刚开始上课时,她发现班级气氛过于沉闷,学生学习兴趣不高。为了活跃课堂气氛,调动学生的学习积极性,她随即提出了一个问题,话音刚落,同学们立马来了精神,便七嘴八舌地讨论起来,有的学生过度兴奋,出现了故意捣乱、起哄的情况,张老师多次制止都无济于事,场面一度失控。这种对抗的课堂情况让张老师不知所措。

问题:

(1)请分析出现上述情况,教师方面的主要原因有哪些。(10分)

(2)教师如何创设良好的课堂气氛?(10分)

25. 材料：

数学课上，周老师按照自己的教学设计讲完了规定的内容。周老师问："同学们听懂了吗？"全班学生大声说："听懂了。"周老师又问："谁还有没听懂的地方，请说出来，老师再详细解答一下。"某同学站起来怯生生地讲了不懂的问题，周老师认真做了解答。最后周老师说："记住今后要专心听讲啊。"

问题：

(1)结合材料评析周老师的教学行为。(10分)

(2)谈谈新课程倡导的教学观的内容。(10分)

四、教学设计题(本大题共有6小题,任选1小题作答,多答只按第1小题计分,共40分。考生可按照所学专业方向,选择作答。26为中文与社会,27为数学与科学,28为英语,29为音乐,30为体育,31为美术)请用2B铅笔在答题卡上将所选题目的题号涂黑,未涂或多涂均无分。

26. 请认真阅读下列材料,并按要求作答。

请根据上述材料完成下列任务:

(1)简述汉语拼音教学的方法。(10分)

(2)若指导小学一年级学生学习拼音,试拟定本次课程的教学目标。(10分)

(3)为激发学生的学习兴趣,请为本次教学设计几个教学游戏。(20分)

27. 请认真阅读下列材料,并按要求作答。

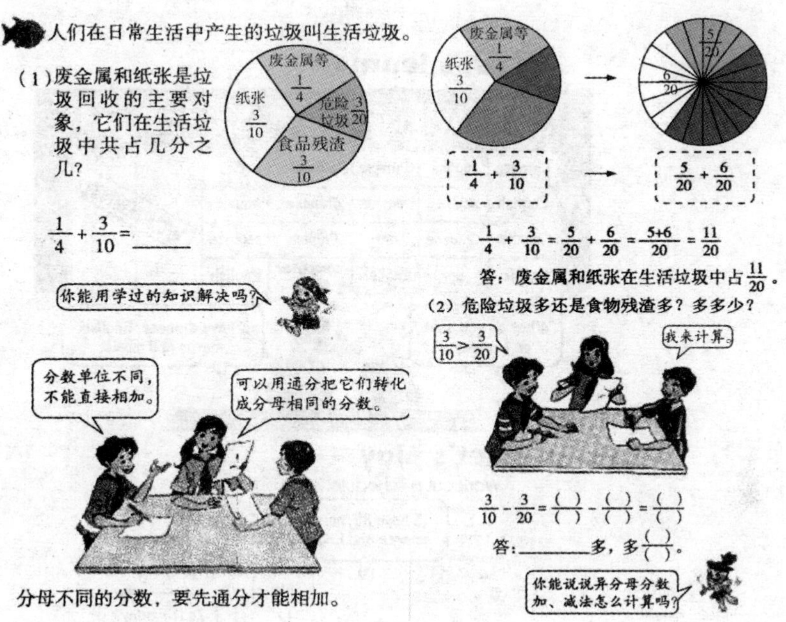

请根据上述材料完成下列任务:

(1)试分析"异分母分数加、减法"的原理及算法。(10分)

(2)若指导小学高年段学生学习上述内容,试拟定教学目标、教学重难点。(10分)

(3)依据拟定的教学目标和教学重难点,设计新授部分的教学活动。(20分)

28. 请认真阅读下列材料，并按要求作答。

请根据上述材料完成下列任务：

(1)试拟定教学重点和难点。(10分)

(2)如指导小学生学习材料，试拟定教学目标。(10分)

(3)依据拟定的教学目标，设计导入与操练环节的活动并说明理由。(20分)

29. 请认真阅读下列材料,并按要求作答。

大雨和小雨

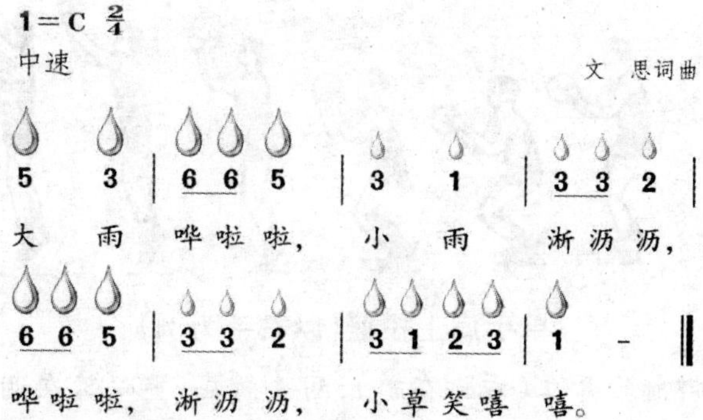

请根据上述材料完成下列任务:

(1)简要分析歌曲的特点。(10分)

(2)若指导小学低年级学生学唱本歌曲,试拟定教学目标。(10分)

(3)依据拟定的教学目标,设计学唱环节的教学活动并说明理由。(20分)

30. 请认真阅读下列材料，并按要求作答。

单手肩上投篮(以右手为例)

动作方法：两脚前后开立(右脚在前)，两膝微屈，重心落在两脚上。右手手腕后屈持球于右肩前上方，手心空出，左手扶球左侧。投篮时，两脚蹬地，同时右臂向前上方充分伸展，最后用手腕前屈和手指力量将球投出。

请根据上述材料完成下列任务：

(1)简要说明“单手肩上投篮”的教学重点、难点。(10分)

(2)如果指导水平三的小学生练习，试拟定教学目标。(10分)

(3)依据拟定的教学目标，设计技术教学环节的步骤并说明理由。(20分)

31. 请认真阅读下列材料，并按要求作答。

10 色彩的色相

船（油画） 现代 米夏（法国）

画家米夏描绘出白色耀眼的阳光洒向湖面的瞬间，他运用大红、湖蓝、橙色、中黄等不同色相表现色彩艳丽的小船，使整个画面充满着光色斑斓的效果。

我们生活在一个色彩缤纷、多姿多彩的世界里，艺术家利用丰富的色彩为我们描绘出美丽斑斓的画面，给我们带来丰富的联想和视觉的美感。

思考与讨论：

1. 说一说，丰富的色相给你带来什么样的感觉？

2. 想一想，为什么儿童用品、民间工艺品、运动服装等都喜欢用丰富而鲜艳的色彩？

3. 你喜欢什么色相？它与你的性格爱好有哪些密切的联系？谈谈你的看法与感受。

24

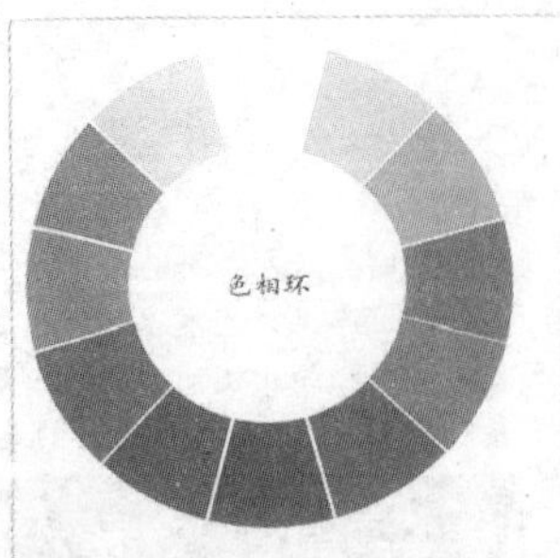

小知识：

色相指色彩的相貌，是区别色彩种类的名称。

色相练习

小体验：

请以小组为单位，每人涂一两个色相，共同组合成一个色相条。

汽车站

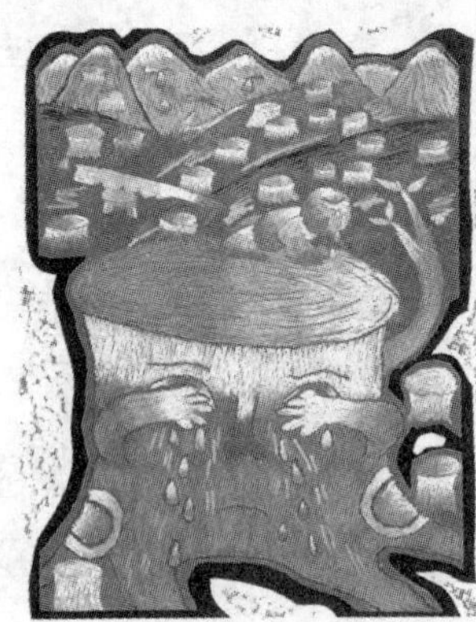

大树的哭泣

艺术实践：

用色相不同的色彩，画一幅自由命题的作品。注意画面色彩要鲜明、强烈、饱满，富有视觉冲击力。

斗鸡

学生作品

评一评：

我知道了色彩的色相。□

看谁的作品色相搭配得好，并有视觉冲击力？

25

请根据上述材料完成下列任务：

(1)什么是色相？什么是色相环？基础色相有几种？(10分)

(2)试拟定本课的教学目标。(10分)

(3)依据拟定的教学目标，设计与“四季的颜色”相关的新授环节教学活动并说明理由。(20分)

机密★启封前　　　　　　　　　　　　　　姓名__________　准考证号__________

国家教师资格考试预测试卷(十四)

教育教学知识与能力(小学)

注意事项:

1. 考试时间为120分钟,满分为150分。

2. 请按规定在答题卡上填涂、作答,在试卷上作答无效,不予评分。

一、单项选择题(本大题共20小题,每小题2分,共40分)

在每小题列出的四个备选项中只有一个是符合题目要求的,请用2B铅笔把答题卡上对应题目的答案字母按要求涂黑。错选、多选或未选均无分。

1. “教育在于使青年社会化——在我们每一个人之中,造成一个社会的我,这便是教育的目的。”这句话体现的教育目的观是(　　)

A. 个人本位论　　B. 社会本位论

C. 科学本位论　　D. 文化本位论

2. 主张以人类的生活作为教育内容,提出“生活即教育”的教育家是(　　)

A. 杜威　　B. 赫尔巴特　　C. 蔡元培　　D. 陶行知

3. 对于那些“认识到拿人家东西不对,也为此而感到羞愧,但还是抵挡不住一些好东西的诱惑,从而出现了偷盗行为”的孩子,应加强其(　　)的培养。

A.道德认知　　B.道德信念　　C.道德情感　　D.道德意志

4. 要想了解家长对小学生参加劳动所持的态度,最适宜的研究方法是(　　)

A. 实验法　　B. 观察法　　C. 文献法　　D. 调查法

5.《中国少年先锋队章程》规定,少先队队员的入队年龄是(　　)

A. 6~12周岁　　B. 6~14周岁　　C. 7~12周岁　　D. 7~14周岁

6. 学生在小学数学课程中通过测量或拼图学习三角形的内角和为180度,在中学数学课程中通过证明学习三角形的内角和为180度。这种课程内容的组织形式是(　　)

A. 直线式　　B. 螺旋式　　C. 纵向式　　D. 横向式

7. 如果学生被蜈蚣咬伤,教师应第一时间向伤口涂抹(　　)

A.肥皂水　　B.蒸馏水　　C.食用醋　　D.稀盐酸

8. 如果一个家长想用玩游戏来强化孩子认真完成作业的行为,最合理的安排应

该是让孩子(　　)

A. 玩完游戏后做作业　　B. 自己规定游戏时间

C. 边玩游戏边做作业　　D. 完成作业后玩游戏

9. 小明学习英语语法后，加深了对以前学过的中文语法的理解。这种现象属于(　　)

A. 负迁移　　B. 垂直迁移　　C. 顺向迁移　　D. 逆向迁移

10. 通常学校的学风、校风、班风、师生关系、同学关系等，会对学生起到潜移默化的影响和作用，促进或干扰教学目标的实现，这主要体现了(　　)的影响。

A. 显性课程　　B. 隐性课程　　C. 分科课程　　D. 校本课程

11. 某学生总是一遍遍地数课本或其他图书上的人物数目或自己走过的台阶。这个学生的心理问题可能是(　　)

A. 学习困难综合征　　B. 焦虑症

C. 厌学症　　D. 强迫症

12. 教师讲课时，一位小学生一会儿听教师讲，一会儿翻书看，一会儿在本子上写着什么。这位小学生这时的注意状态是(　　)

A. 稳定的　　B. 起伏的　　C. 转移的　　D. 分散的

13. 最近刘老师倾向于消极地评价自己，并伴有工作能力体验和成就体验的下降，认为工作不但不能发挥自身才能，而且是枯燥无味的繁琐事物。刘老师的这些表现属于职业倦怠中的(　　)

A. 情绪衰竭　　B. 去人格化

C. 低个人成就感　　D. 才智枯竭

14. 小丽曾经骑自行车摔伤过一次，非常严重，导致现在一听到自行车铃声她就会回忆起当时内心的害怕。这种记忆属于(　　)

A. 情绪记忆　　B. 逻辑记忆　　C. 形象记忆　　D. 动作记忆

15. 王老师在教学过程中，能不断对其教学活动进行积极主动地计划、监视、检查、评价、反馈、控制和调节，并成功地实现教学目标。这反映了王老师有较强的(　　)

A. 教学认知能力　　B. 教学效能感

C. 教学监控能力　　D. 教学操作能力

16. 参观、游览活动属于课外活动组织形式中的(　　)

A. 群众性活动　　B. 小组活动　　C. 个别活动　　D. 集体活动

17. 皮亚杰认为，(　　)是儿童从他律道德向自律道德转化的分水岭。

A. 10 岁　　B. 9 岁　　C. 12 岁　　D. 18 岁

18. 周老师通过改进自己的课堂教学模式，调动学生的积极性，加强学生的互动性，鼓励学生讲解、展示，使学生学得开心、认真，同时也收获了良好的教学效果。这种教学取得成功的内因在于发挥了(　　)

A. 教师的主导作用　　B. 学校的管理作用

C. 教材的媒体作用　　D. 学生的主体作用

19. 老师让学生回家通过视频先学习，回学校再和同学老师一起讨论，这是(　　)

A. 翻转课堂　　B. 开放课堂　　C. 慕课　　D. 微课

20. 期末考试后，拿到考试成绩的小王将其本学期的考试成绩与上学期进行对比，发现经过一个学期的努力，他的学习成绩有了很大的提高。小王运用的评价方法是(　　)

A. 相对性评价　　B. 绝对性评价

C. 个体内差异评价　　D. 群体内差异评价

二、简答题(本大题共 3 小题，每小题 10 分，共 30 分)

21. 简述个体自我意识发展的历程。

22. 简述《小学教师专业标准(试行)》的基本理念。

23. 教学过程有哪些基本规律?

三、材料分析题(本大题共2小题,每小题20分,共40分)阅读材料,并回答问题。

24. 材料:

李老师讲完《坐井观天》的故事后,要求学生以"青蛙跳出井底之后"为题讨论并续写故事。有的同学说:"青蛙跳出井底之后,看见了蓝蓝的天、青青的草,它心想:真美啊,真该早点跳出来!"还有的同学说:"外面的世界真精彩,它再也不想回到井底了!"……一位同学出人意料地说:"青蛙跳出井底之后没多久,又跳回了井底!"同学们哄堂大笑……老师嘲讽他说:"我看你就是井底之蛙!"这位同学顿时满脸通红,大声争辩说:"老师,是因为青蛙跳到井外之后立刻闻到了一股刺鼻的农药味,看见几只死青蛙飘在被污染的河水里,听到有人喊:'快来抓青蛙!'所以,青蛙又跳回到井里了。"

问题:

(1)评析材料中李老师的教学行为。(8分)

(2)如果你是这位老师,你将会如何改进教学?(12分)

25. 材料:

小李老师对三年级学生的能力水平非常不满意,总觉得他们笨,问什么都不会。在一次学校组织的公开课活动中,小李老师因担心学生表现不好影响观摩老师们对自己教学能力的评价,所以在教学过程中基本以自我展示为主,只偶尔对学生进行提问。当个别学生回答迟疑时,小李老师马上替学生说出答案,并问学生是不是这样。于是整堂公开课上,学生回答最多的就是一个字"是"。

问题:

(1)结合材料,从学生角度评析小李老师的做法。(10分)

(2)谈谈教师对小学生的教育要注意哪些方面?(10分)

四、教学设计题(本大题共有6小题,任选1小题作答,多答只按第1小题计分,共40分。考生可按照所学专业方向,选择作答。26为中文与社会,27为数学与科学,28为英语,29为音乐,30为体育,31为美术)请用2B铅笔在答题卡上将所选题目的题号涂黑,未涂或多涂均无分。

26. 请认真阅读下列材料,并按要求作答。

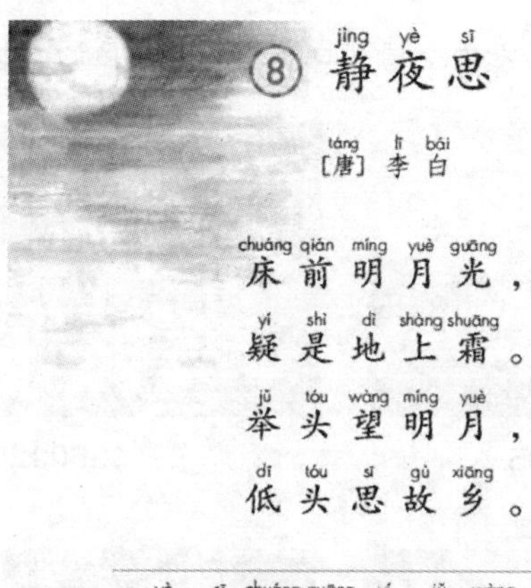

jìng yè sī
⑧ 静夜思

táng lǐ bái
[唐] 李白

chuáng qián míng yuè guāng
床前明月光,

yí shì dì shàng shuāng
疑是地上霜。

jǔ tóu wàng míng yuè
举头望明月,

dī tóu sī gù xiāng
低头思故乡。

文

yè sī chuáng guāng yí jǔ wàng dī gù
夜 思 床 光 疑 举 望 低 故

思	思			
前	前			
低	低			
乡	乡			

床	床			
光	光			
故	故			

请根据上述材料完成下列任务:

(1)根据你的理解,简要赏析这首诗。(10分)

(2)若指导一年级学生学习,试拟定这首诗的教学目标。(10分)

(3)依据拟定的教学目标为这首诗设计一则符合教学要求的教学导入。(20分)

27. 请认真阅读下列材料，并按要求作答。

大数的认识

下面是 2020 年第七次全国人口普查部分地区的数据。

北京：21893095 人

广东：126012510 人

山东：101527453 人

河南：99365519 人

江苏：84748016 人

四川：83674866 人

亿以内数的认识

1 在日常生活和生产中，我们经常用到比万大的数。

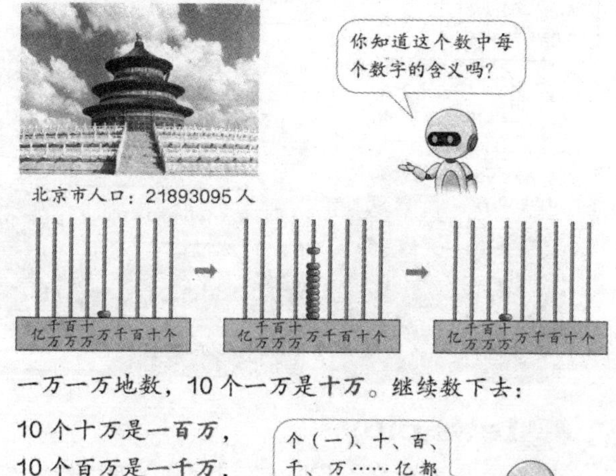

一万一万地数，10 个一万是十万。继续数下去：

10 个十万是一百万，

10 个百万是一千万，

10 个千万是一亿。

个（一）、十、百、千、万……亿都是计数单位。

想一想：每相邻两个计数单位之间有什么关系？

在用数字表示数的时候，这些计数单位要按照一定的顺序排列起来，它们所占的位置叫作数位。

亿级		万级				个级				← 数级*
……	亿位	千万位	百万位	十万位	万位	千位	百位	十位	个位	← 数位
		2	1	8	9	3	0	9	5	

表示 8 个十万（指十万位上的 8）

说说其他数位上的数各表示多少。

* 按照我国的计数习惯，从右边起，每四个数位是一级。

请根据上述材料完成下列任务：

(1)简述如何培养小学生的数感。(10分)

(2)如指导四年级学生学习这一内容，试拟定教学目标。(10分)

(3)依据拟定的教学目标，设计课堂教学的主要环节并简要说明设计理由。(20分)

28. 请认真阅读下列材料，并按要求作答。

请根据上述材料完成下列任务：

(1)指出上述材料的教学重点和难点。(10分)

(2)如指导小学生学习材料，试拟定教学目标。(10分)

(3)依据拟定的教学目标，设计导入环节和操练环节的教学活动并说明理由。(20分)

29. 请认真阅读下列材料，并按要求作答。

小红帽

1=C $\frac{2}{4}$　　　　　　　　　　巴　西　儿　歌
中速稍快　　　　　　　　　　　　赵金平、陈小文译词
　　　　　　　　　　　　　　　　张　　　宁配歌

12 34 | 5 31 | 1̇ 64 | 55 3 |
我 独自 走 在 郊 外的 小路 上，

12 34 | 53 21 | 2 3 | 2 5 |
我把 糕点 带给 外婆 尝 一 尝。

12 34 | 5 31 | 1̇ 64 | 5 3 |
她家 住在 又 远又 僻 静的 地 方，

12 34 | 53 21 | 2 3 | 1 1 |
我要 当心 附近 是否 有 大 灰 狼。

1̇ 64 | 55 1 | 1̇ 64 | 5 3 |
当 太阳 下山 冈， 我 要赶 回 家，

12 34 | 53 21 | 2 3 | 1 1 ‖
同 妈妈 一起 进入 甜 蜜 梦 乡。

请根据上述材料完成下列任务：

(1)简要分析歌曲的特点。(10分)

(2)若指导小学低年级学生学唱本歌曲，试拟定教学目标。(10分)

(3)依据拟定的教学目标，设计导入环节并说明理由。(20分)

30. 请认真阅读下列材料，并按要求作答。

单手投掷轻物

动作方法(以右手为例)：右手持轻物于右肩上，同时左脚向前一步，投掷时，要向右转体引臂，然后利用迅速蹬地转体的力量将轻物投出。

请根据上述材料完成下列任务：

(1)简要说明“单手投掷轻物”的教学重点、难点。(10分)

(2)如果指导水平一的学生练习“单手投掷轻物”，试拟定教学目标。(10分)

(3)依据拟定的教学目标，设计不少于三种“单手投掷轻物”的练习方法并说明理由。(20分)

31. 请认真阅读下列材料，并按要求作答。

21 闹花灯

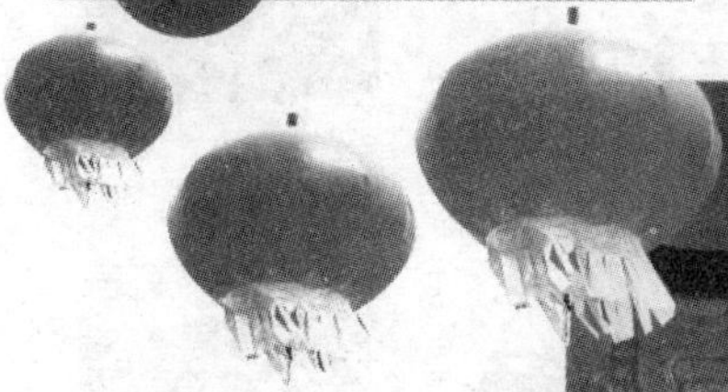

正月里，正月正，正月十五闹花灯。一盏盏五彩缤纷、造型各异的灯笼，照亮了节日的夜空。

小知识：

农历正月十五是中国传统的元宵佳节，又称上元节、灯节。元宵之夜，大街小巷张灯结彩，人们要点起彩灯，以示庆贺。

艺术实践：

用我们手中的画笔，画出表现灯节的热闹场景。

小组合作，设计制作小花灯，配上漂亮的图案，在灯节中展示自己的作品。

中国龙

喜迎新春

闹花灯

大家猜灯谜

学生作品

灯笼制作方法：

1 折

2 剪

3 粘

4 卷

5 装饰

评一评：

我知道了正月十五灯节的由来。□

看谁的作品表现得好？

请根据上述材料完成下列任务：

(1)什么是形体结构?(10分)

(2)若指导小学低年级学生学习,试拟定教学目标。(10分)

(3)依据拟定的教学目标,设计教学过程。(20分)

机密★启封前　　　　　　　　　　姓名＿＿＿＿＿　准考证号＿＿＿＿＿

国家教师资格考试预测试卷(十五)

教育教学知识与能力(小学)

注意事项:

1. 考试时间为120分钟,满分为150分。

2. 请按规定在答题卡上填涂、作答,在试卷上作答无效,不予评分。

一、单项选择题(本大题共20小题,每小题2分,共40分)

每小题列出的四个备选项中只有一个是符合题目要求的,请用2B铅笔把答题卡上对应题目的答案字母按要求涂黑。错选、多选或未选均无分。

1. 撰写于我国战国末期,被认为是世界上最早专门论述教育问题的专著是(　　)

A.《学记》　B.《论语》　C.《大学》　D.《中庸》

2. 在影响人的身心发展的诸因素中,起主导作用的是(　　)

A. 遗传　B. 教育　C. 环境　D. 主观能动性

3. 教师不仅要教书而且要育人,不仅要传授文化知识、发展学生智力,还要培养学生的品德,促进学生身心健康的发展。这反映了教师劳动具有(　　)

A. 示范性　B. 创造性　C. 主体性　D. 复杂性

4. 杨老师在教学中对所讲的例题尽可能给出多种解法,同时鼓励学生“一题多解”。杨老师的教学方式主要能促进学生哪种思维的发展(　　)

A. 动作思维　B. 直觉思维　C. 聚合思维　D. 发散思维

5. 美国学者泰勒在1949年出版的《课程与教学的基本原理》中提出了课程开发的“四段论”,即课程开发的“泰勒原理”。这一模式被称为(　　)

A. 实践模式　B. 过程模式　C. 环境模式　D. 目标模式

6. 有同学在班上丢了30元压岁钱,如何解决这个问题呢？王老师通过讲“负荆请罪”的故事,教育拿了钱的同学像廉颇将军一样知错能改,不久犯错误的同学把钱悄悄归还了失主。王老师采用的德育方法是(　　)

A. 榜样示范法　B. 品德评价法

C. 实际锻炼法　D. 品德修养指导法

7. 下列哪项不属于现场急救时常用的止血方法(　　)

A. 指压止血法　B. 加压包扎止血法

C. 止血带止血法　　D. 结扎止血法

8. 韩老师常常说芳芳勤奋努力，彤彤细致严谨，彬彬诚实可信。韩老师描述的这些心理特征属于(　　)

A. 能力　　B. 性格　　C. 气质　　D. 情绪

9. 多元智力理论表明，(　　)高者善于处理人际关系。

A. 逻辑—数学智力　　B. 言语智力

C. 音乐智力　　D. 人际智力

10. 小明学习非常努力，但成绩总是不理想，他觉得自己非常失败，长期陷入了一种被动、退缩、无动力的状态。这种心理反应属于(　　)

A. 学习焦虑　　B. 习得性无助

C. 自我估价降低　　D. 正常现象

11. 在引导学生复习回顾“三角形”的概念、性质、研究方法等内容后，再指导学生学习“等腰三角形”。这一做法符合著名教育心理学家奥苏伯尔学习理论中的(　　)策略。

A. 项目学习　　B. 元认知

C. 表现性学习　　D. 先行组织者

12. 语文教师在教学时引导学生按照偏旁部首进行归类识字。这属于学习策略中的(　　)

A. 复述策略　　B. 精加工策略

C. 组织策略　　D. 资源管理策略

13. 在教育史上首次提出“教育遵循自然”的观点的教育家是(　　)

A. 苏格拉底　　B. 孔子

C. 亚里士多德　　D. 柏拉图

14. 张老师在教学中充分利用学生已有经验，增加学生学习新知识时所必需的感性认识，以保证教学的顺利开展。张老师遵循了教学过程的哪一基本规律(　　)

A. 间接性规律　　B. 发展性规律　　C. 双边性规律　　D. 教育性规律

15. 科学课上，老师让学生分小组观察自己养的蚕宝宝，以此了解昆虫的生活习性，并在全班交流学习成果。该老师运用的教学方法是(　　)

A. 演示法和谈话法　　B. 演示法和讨论法

C. 讲授法和谈话法　　D. 谈话法和参观法

16. 在布卢姆的教育目标分类理论中，认知领域的最高级目标是(　　)

A. 运用　　B. 分析　　C. 综合　　D. 评价

17. 王老师告诉陈浩妈妈,陈浩期中语文测试成绩在班上属于中等水平。这种评价属于(　　)

A. 绝对性评价　　B. 相对性评价

C. 内部评价　　D. 个体内差异评价

18. 刚刚走上工作岗位的赵老师为了迅速提高自己的授课技能,尝试以少数学生为对象,做小型的课堂教学,并且把授课过程录制下来,便于自己课下分析、总结,逐步提升自己的教学能力。这属于教师专业发展方法中的(　　)

A. 微格教学　　B. 教学反思　　C. 观摩教学　　D. 说课

19. 在危机决策过程中,由于要在压力大和时间紧的形势下做出重大决定,部分决策者为避免承担个人责任而不愿意或不敢提出不同意见,往往采取随大流的做法。这种现象称为(　　)

A. 从众效应　　B. 雁阵效应

C. 鲇鱼效应　　D. 蝴蝶效应

20. 教师利用小学生爱听故事、爱听趣闻轶事的心理,通过讲述与教学内容有关的具有科学性、哲理性的故事、寓言、传说等,激发学生的兴趣,启迪学生的思维,创设情境引出新课,使学生自觉地进行新知识的学习。这种导入方法称为(　　)

A. 直接导入　　B. 直观导入　　C. 故事导入　　D. 实验导入

二、简答题(本大题共3小题,每小题10分,共30分)

21. 简述问题解决的一般过程。

22. 简述小学班主任工作的内容。

23. 简述社会政治经济制度对教育发展的制约作用。

三、材料分析题(本大题共2小题,每小题20分,共40分)阅读材料,并回答问题。

24. 材料:

田雨从一所师范大学毕业后,被某小学录用为语文教师,上岗后,她精神饱满、信心十足,相信只要积极学习优秀教师的经验就能够成为一名好教师。在教学中,田雨虚心向老教师请教,向同事学习,还经常观看精品课程视频。然而,期中教学检查后,她的教学效果并不理想,学生与同事们对她的评价都很一般。这令田雨十分不解,甚是苦恼:自己是师范大学毕业的,对工作非常敬业,并努力将优秀教师的经验运用到自己的教学中,可为什么就没有取得理想的教学效果呢?她陷入了深深的迷惘中……

问题:

(1)结合材料分析田雨没能取得良好的教学效果的主要原因。(10分)

(2)向田雨提出改进教学的建议。(10分)

25. 材料：

在学习了圆柱的体积计算方法后，王老师出示了这样一个问题：如何测量一个啤酒瓶的容积？看谁的计算方法多。结果只有寥寥几个学生举手回答，而且仅仅使用了一种方法。王老师认真地进行了反思，认为上述问题可能是学生没有亲身体验造成的，学生仅仅把这个问题当成一道习题来解答。怎样才能激起学生的学习情感而有所创造呢？王老师让学生带来啤酒瓶，准备好水，先让学生独立研究，再进行小组合作。学生们兴趣盎然，除了几种常规的方法外，还创造性地探索出几种方法：

同学甲：把啤酒瓶装满水后，再把水倒进量水杯就可以测量出来了。

同学乙：先在啤酒瓶中装半瓶水，测量啤酒瓶的底面直径与水的高度后，计算出水的体积，然后把瓶口堵上，将啤酒瓶倒过来，计算啤酒瓶中空气的体积，空气的体积加上水的体积就是这个啤酒瓶的容积。

问题：

(1)上述材料中教师采用了哪些教学方法？(8分)

(2)请结合材料谈谈教师在学生学习方式转变中起的作用及如何发挥这种作用。(12分)

四、教学设计题(本大题共有6小题,任选1小题作答,多答只按第1小题计分,共40分。考生可按照所学专业方向,选择作答。26为中文与社会,27为数学与科学,28为英语,29为音乐,30为体育,31为美术)请用2B铅笔在答题卡上将所选题目的题号涂黑,未涂或多涂均无分。

26. 请认真阅读下列材料,并按要求作答。

⑯ 金色的草地

我们住在乡下,窗前是一大片草地。草地上长满了蒲公英。当蒲公英盛开的时候,这片草地就变成金色的了。

我和弟弟常常在草地上玩耍。有一次,弟弟跑在我前面,我装着一本正经的样子,喊:“谢廖沙!”他回过头来,我就使劲一吹,把蒲公英的绒毛吹到他的脸上。弟弟也假装打哈欠,把蒲公英的绒毛朝我脸上吹。就这样,这些并不引人注目的蒲公英,给我们带来了不少快乐。

有一天,我起得很早去钓鱼,发现草地并不是金色的,而是绿色的。中午回家的时候,我看见草地是金色的。傍晚的时候,草地又变绿了。这是为什么呢?我来到草地上,仔细观察,发现蒲公英的花瓣是合拢的。原来,蒲公英的花就像我们的手掌,可以张开、合上。花朵张开时,花瓣是金色的,草地也是金色的;花朵合拢时,金色的花瓣被包住了,草地就变成绿色的了。

多么可爱的草地!多么有趣的蒲公英!从那时起,蒲公英成了我们最喜爱的一种花。

pú	yīng	shuǎ	qiàn	diào	lǒng
蒲	英	耍	欠	钓	拢

蒲	英	盛	耍	喊	欠	钓
而	察	拢	掌	趣	喜	

请根据上述材料完成下列任务:

(1)请从语言文字表达的角度分析上述文本。(10分)

(2)如指导三年级学生学习文本,试拟定教学目标。(10分)

(3)依据拟定的教学目标,设计教学思路与方法。(20分)

27. 请认真阅读下列材料，并按要求作答。

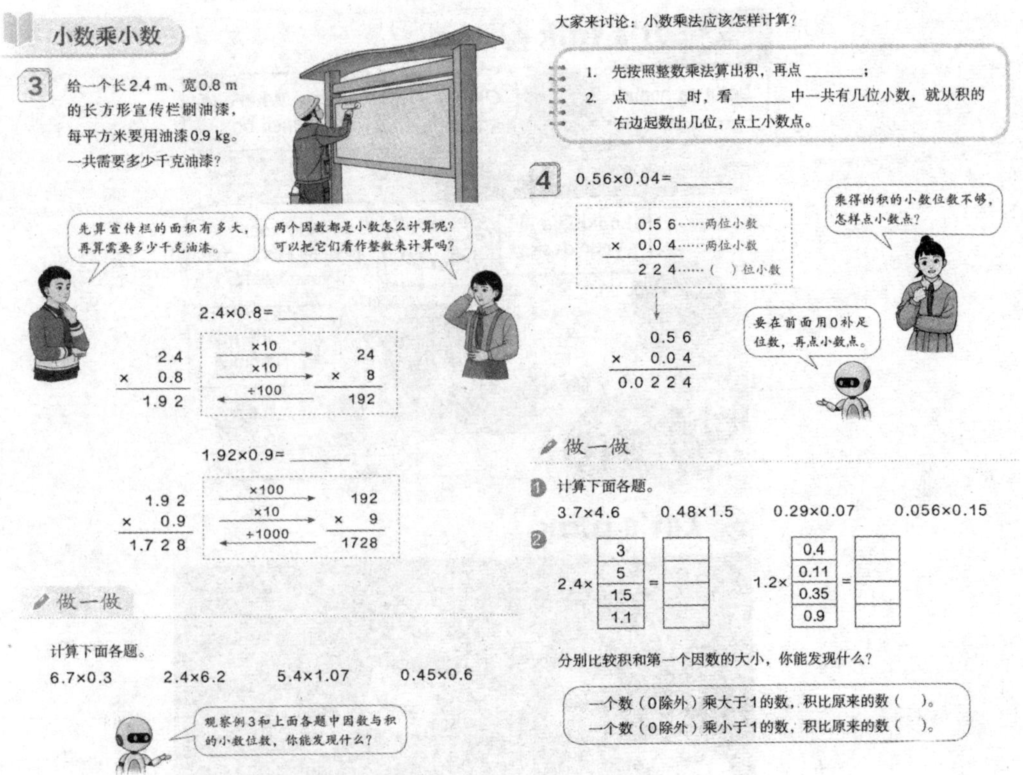

小数乘小数

3 给一个长2.4 m、宽0.8 m的长方形宣传栏刷油漆，每平方米要用油漆0.9 kg。一共需要多少千克油漆？

先算宣传栏的面积有多大，再算需要多少千克油漆。

两个因数都是小数怎么计算呢？可以把它们看作整数来计算吗？

2.4×0.8= ______

```
   2.4     ×10        24
×  0.8  ──────→   ×   8
   ×10
  1.9 2  ←──────    192
           ÷100
```

1.92×0.9= ______

```
  1.9 2    ×100       192
×   0.9  ──────→  ×    9
           ×10
  1.7 2 8 ←──────    1728
           ÷1000
```

做一做

计算下面各题。

6.7×0.3　　2.4×6.2　　5.4×1.07　　0.45×0.6

观察例3和上面各题中因数与积的小数位数，你能发现什么？

大家来讨论：小数乘法应该怎样计算？

1. 先按照整数乘法算出积，再点 ______；
2. 点 ______ 时，看 ______ 中一共有几位小数，就从积的右边起数出几位，点上小数点。

4 0.56×0.04= ______

```
   0.5 6 ……两位小数
×  0.0 4 ……两位小数
   2 2 4 ……（　）位小数
      ↓
   0.5 6
×  0.0 4
 0.0 2 2 4
```

乘得的积的小数位数不够，怎样点小数点？

要在前面用0补足位数，再点小数点。

做一做

1 计算下面各题。

3.7×4.6　　0.48×1.5　　0.29×0.07　　0.056×0.15

2

2.4×	=
3	
5	
1.5	
1.1	

1.2×	=
0.4	
0.11	
0.35	
0.9	

分别比较积和第一个因数的大小，你能发现什么？

一个数（0除外）乘大于1的数，积比原来的数（　）。
一个数（0除外）乘小于1的数，积比原来的数（　）。

请根据上述材料完成下列任务：

(1)简述小数乘法的法则。(10分)

(2)若指导小学高年段学生学习本课内容，试拟定教学目标与教学重点。(10分)

(3)依据拟定的教学目标和教学重点，设计本节课实例3的教学环节。(20分)

28. 请认真阅读下列材料,并按要求作答。

请根据上述材料完成下列任务:

(1)请列举几种创设情境的方法(至少四种)。(15分)

(2)若指导小学生学习本课,试拟定教学目标。(15分)

(3)依据拟定的教学目标,设计导入和新授环节的教学活动并说明理由。(10分)

29. 请认真阅读下列材料，并按要求作答。

童心是小鸟

1=♭E $\frac{3}{4}$
喜悦地

韩景连词
平安俊曲

(6 6. 2 | 4 5 6 0 | i 5. 1 | 3 4 5 0 | 4 3 2 1 7 6 | 5 5. 2 |

4 3 1 - | 1 - -) | 3 1 5 1 3 | 6 5 0 | i 6. 4 | 6 5 5 - |
我把小树苗 栽 到 春 天 的 故事里，

3 1 5 7 2 | 4 3 0 | 6 5. 2 | 4 3 3 - | 3 1 5 1 3 | 6 5 0 5 |
我把小蜻蜓 送 回 夏 天 的 目光里， 我把小鸽子 放 飞 在

i 6. 4 | 4 5 6 - | 5 i 5 5 3 | 4 2 0 | 7 5. 7 | 2 1 1 - |
秋 天 的 歌声里， 我把小雪人 堆 在 冬 天 的 童话里。

3 5 5 5 6 3 | 5 - - | 2 4 4 4 3 1 | 2 - - ‖: 6 6. 2 | 4 5 6 0 |
啦啦啦啦啦啦 啦！ 啦啦啦啦啦啦 啦！ 童 心 是 小 鸟，

i 5. 1 | 3 4 5 0 | 4 3 2 1 7 6 | 5 5. 2 |[I.] 4 3 3 - :‖
羽 毛 很 美 丽， 飞来飞 去在 四 季 的 怀抱里。

[II.] 4 3 1 - | 1 - - | 3 - - | 5. 3 6 5 | 5 - - | 5 - - | 5 0 0 ‖
怀抱里。 啦 啦 啦啦啦 啦！

请根据上述材料完成下列任务：

(1)简要分析歌曲的特点。(10分)

(2)若指导小学中年段学生学唱本歌曲，试拟定教学目标。(10分)

(3)依据拟定的教学目标，结合歌曲的学习，设计“第一乐段”节奏教学环节并说明理由。(20分)

30. 请认真阅读下列材料，并按要求作答。

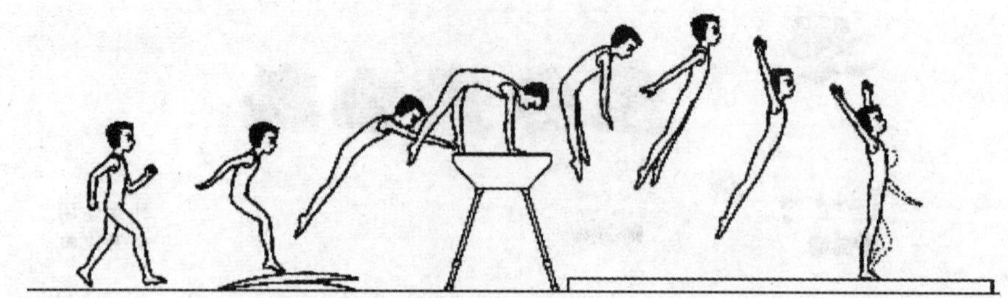

山羊分腿腾越

动作方法：助跑，双脚踏跳，双手支撑器械，提臀，两腿伸直向侧分开，迅速推离器械，使身体向前上方越过器械，两腿向前制动挺身，两臂斜上举；并腿用前脚掌落地，屈膝成半蹲。

请根据上述材料完成下列任务：

(1)简要说明“山羊分腿腾越”的教学重点、难点。(10分)

(2)如果指导水平三的小学生练习，试拟定教学目标。(10分)

(3)依据拟定的教学目标，设计技术教学环节的步骤并说明理由。(20分)

31. 请认真阅读下列材料，并按要求作答。

13 活字印刷

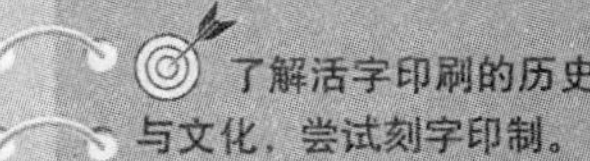

了解活字印刷的历史与文化，尝试刻字印制。

活字印刷是中国的四大发明之一，距今已有近千年的历史，是古代印刷史上一次伟大的技术进步，对人类文明起到了巨大的推动作用，有着“文明之母”的美誉。

印刷后装订成册的古书

宋代活字印刷术的发明者毕昇

你能通过查资料等方式，了解有关活字印刷的知识，并和同学一起分享吗？

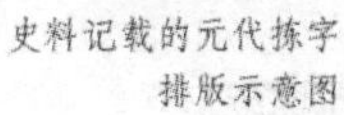

史料记载的元代拣字排版示意图

走进博物馆，体验活字印刷制作的乐趣。

30

小知识

毕昇发明活字的方法：用胶泥做成规格一致的毛坯，并刻上反体单字，用火烧硬，使其成为单个的胶泥活字模。

胶泥活字版印刷不仅能够节约大量的人力物力，而且可提高印刷速度和质量。即使是现代的凸版铅印，也仍然沿用这样的基本原理和方法。

请根据上述材料完成下列任务：

(1)简要介绍活字印刷术的发展过程。(4分)

(2)如指导高年段小学生学习，试拟定教学目标。(9分)

(3)依据拟定的教学目标，设计新授环节的教学活动并简要说明理由。(27分)

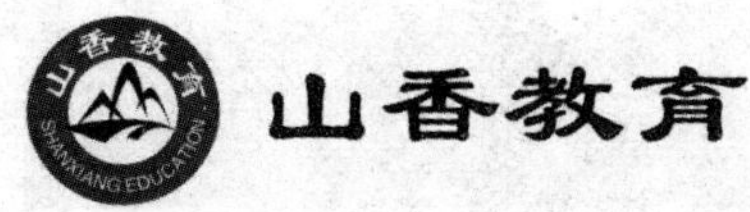

国家教师资格考试

历年真题详解及预测试卷

教育教学知识与能力·小学(真题答案本Ⅰ)

目　录

2023年下半年中小学教师资格考试真题试卷(一)

一、单项选择题

1. B 【解析】本题考查《学记》的地位。《学记》成文大约在战国末期,不仅是中国也是世界上最早的一部专门论述教育、教学问题的论著。它全面地论述了教育的目的及作用,教育与政治的关系,教师的地位、作用和师生关系,教育和教学制度、原则和方法;对教育规律的认识达到了较高的水平,揭示和表述了许多重要的教育原理,如"教学相长""及时而教""道而弗牵,强而弗抑,开而弗达""长善救失"等。本题选B。

A项,《论语》主要记载了孔子及其弟子的言行,集中体现了孔子的政治主张、伦理思想和教育原则等。

C项,《理想国》是柏拉图的代表作。柏拉图在书中提出了以培养哲学王为目的、以灵魂转向说为核心的教育思想,并制订了一整套实施这种教育的课程体系。柏拉图的《理想国》、卢梭的《爱弥儿》、杜威的《民主主义与教育》被称为西方教育思想史上的三个里程碑。

D项,《雄辩术原理》又称《论演说家的教育》,它是西方最早的教育著作,也被誉为古代西方的第一部教学法论著,是昆体良的代表作。

2. A 【解析】本题考查教育功能的分类。教育功能是教育活动和系统对个体发展和社会发展所产生的各种影响和作用。依据教育作用对象的不同,教育的功能可分为个体功能与社会功能,本题选A。

依据教育作用方向的不同,教育的功能可分为正向功能(积极功能)与负向功能(消极功能),B、D项排除。依据教育作用呈现的形式的不同,教育的功能可分为显性功能与隐性功能,C项排除。

3. B 【解析】本题考查洛克的教育思想。洛克反对天赋观念,提出了"白板说"。他认为人的心灵原来就像一块白板,没有一切特性,没有任何观念,天赋的智力人人平等。他明确指出:"我们日常所见的人中,他们之所以或好或坏,或有用或无用,十分之九都是他们的教育所决定的。人之所以千差万别,便是由于教育之故。"《教育漫话》是洛克的代表作,本题选B。

A项,卢梭在其代表作《爱弥儿》中宣扬了自然主义教育的思想,认为"出自造物主之手的东西都是好的,而一到了人的手里,就全变坏了"。

C项,夸美纽斯于1632年出版的《大教学论》被认为是近代第一本教育学著作,是教育学开始形成一门独立学科的标志。

D项,赫尔巴特的代表作《普通教育学》的出版标志着规范教育学的诞生,该书也被认为是第一本现代教育学著作。

4. A 【解析】本题考查班级组织建构的首要原则。班级组织建构的原则包括三条:(1)有利于教育的原则;(2)目标一致的原则;(3)有利于身心发展的原则。C、D项为干扰项,排除。

A项,有利于教育的原则是班级组织建立的一条首要的原则。当其他的原则与其发生冲突的时候,其他原则都必须无条件地服从这一原则。在学校教育领域中,班级是开展教育活动的一种基本的组织形式。也就是说,学校的一切活动,基本上都是通过班级这一组织形式得以贯彻与执行的。因此,班级活动开展得好坏,将会对学校的教育教学的质量形成重要的影响。班级组织的建立,必须有利于教育、教学活动的开展,任何影响教育、教学活动开展的举措,都不能作为班级组织建构原则的基础。本题选A。

B项,组建班级的过程中,被组建的人群在基本目标上应该是一致的。否则,如果被组织的人群的基本目标不一致,就很难建构起一个正规化的班级组织。即使建立起来了,这个组织也很不稳定、缺乏凝聚力。B项排除。

5. A 【解析】本题考查调查问卷的类型。问卷法是指以书面提出问题的方式搜集资料的一种研究方法。根据问卷中的问题是封闭性问题还是开放性问题,可以把问卷分为以下三类:(1)结构性问卷,也称封闭性问卷,是由封闭性问题组成的问卷。所谓封闭性问题是指提供了限定答案的问题,即通常所说的选择题。在结构性问卷中,填答者只能在限定的答案范围内选择答案,不能自由作答。(2)非结构性问卷,也称开放性问卷,是指由开放性问题组成的问卷。所谓开放性问题是指只提出问题,而不提供限定答案的问题,调查对象可以自由作答。(3)半结构性问卷,也称综合性问卷,是由部分封闭性题目和部分开放性题目组合而成的问卷。半结构性问卷对结构性问卷和非结构性问卷的优缺点进行了综合平衡。综上,全由封闭性问题组成的问卷是结构性问卷,本题选A。

6. C 【解析】本题考查个体身心发展的一般规律。个体身心发展的一般规律有顺序性、阶段性、不平衡性、互补性、个别差异性和整体性。个体身心发展的不平衡性主要表现在两个方面:(1)同一方面的发展速度,在不同年龄阶段是不平衡的;(2)发展的不同方面,发展速度也不同。题干中,儿童的身高与体重都有明显的生长加速期,表明儿童身体发展并不是匀速不变的,体现了身心发展的不平衡性,本题选C。

A项,个体身心发展的顺序性是指个体的身心发展是一个由低级到高级、由简单到复杂、由量变到质变的连续不断的发展过程。

B项，个体身心发展的阶段性是指个体在不同的年龄阶段表现出不同的总体特征及主要矛盾，面临着不同的发展任务。

D项，个体身心发展的个别差异性是指个体之间的身心发展以及个体身心发展的不同方面之间，存在着发展程度和速度的不同。

7. D 【解析】本题考查缺铁性贫血的相关知识。当机体对铁的需求与供给失衡，导致体内贮存铁耗尽，继之红细胞内铁缺乏，最终引起缺铁性贫血。缺铁性贫血的主要临床表现为皮肤苍白、头晕、目眩、乏力，可通过食用含铁丰富的食物来预防，如动物肝脏、瘦肉、蛋黄、豆类及豆制品等。故本题选D。

A项，面包通常以小麦粉为主要原料，属于谷类食物，谷类食物会抑制铁的吸收，排除。

B项，一般而言，水果中富含维生素C。维生素C可以提高铁在人体内的吸收率，但并不能直接补铁，需要搭配富含铁的食物一起食用，排除。

C项，牛奶是一种贫铁食物，长期喝奶的人应适时食用富含铁的食物以避免缺铁性贫血，排除。

8. D 【解析】本题考查科尔伯格的道德发展阶段理论。道德发展处于遵守法规取向阶段（维护权威或秩序的道德定向阶段）的儿童的道德价值是以服从权威为导向，包括服从社会规范，遵守公共秩序，尊重法律的权威，以法制观念判断是非，知法守法。题干强调儿童以“严守社会秩序”为取向，表明儿童的道德发展处于遵守法规取向阶段。本题选D。

A项，道德发展处于惩罚服从取向阶段的儿童服从权威或规则只是为了避免惩罚，认为受赞扬的行为就是好的，受惩罚的行为就是坏的，他们还没有真正的道德概念。

B项，道德发展处于相对功利取向阶段的儿童的道德价值来自对自己要求的满足，他们不再把规则看成是绝对的、固定不变的，评定行为的好坏主要看是否符合自己的利益。

C项，道德发展处于寻求认可取向阶段的儿童的价值是以人际关系的和谐为导向，顺从传统的要求，符合大众的意见，谋求大家的称赞。在进行道德评价时，总是考虑到社会对一个“好孩子”的期望和要求，并总是按照这种要求去展开思维。

方法技巧：科尔伯格采用“道德两难故事法”，把道德判断分为前习俗水平、习俗水平和后习俗水平三种水平，每一水平包含两个阶段，这六个阶段依照由低到高的层次发展。为方便考生记忆，故将这部分知识做成表格。

道德发展水平	道德发展阶段	特点
前习俗水平	惩罚服从取向阶段	避免惩罚
	相对功利取向阶段	评定行为的好坏主要看是否符合自己的利益
习俗水平	寻求认可取向阶段	以人际关系的和谐为导向，做“好孩子”
	遵守法规取向阶段	以服从权威为导向，服从法规和社会规范
后习俗水平	社会契约取向阶段	不盲从规则、准则，灵活考虑
	普遍伦理取向阶段	有自己的原则，道义高于一切

9. C 【解析】本题考查心理辅导技术。认知改变技术是指根据人的认知过程影响其情绪和行为的理论假设，通过改变学生的不良认知，从而调整其情绪和行为的一种心理辅导技术。题干中，徐老师表扬小龙做过班干部、许多事情都做得很棒，旨在帮助小龙改变对自身能力的错误评价，消除小龙的消极认识，这是运用了认知改变技术，故本题选C。

A项，积极暗示技术是指教师通过有针对性的、积极的语言作用，对学生的心理活动施加影响，从而调节其认知、情绪、意志、信心等以消除或减轻其问题症状。题干中，徐老师发现学生小龙自我认知消极，对其进行了言语指导，但指导的重心是在改变认知上。与题干不符，排除。

B项，行为矫正技术是指通过适当的强化手段，增进学生积极行为的发生，减少并逐渐克服不良行为的一种技术。行为矫正技术旨在帮助学生塑造良好行为和改变偏差行为。题干并未体现徐老师改变了小龙的行为，排除。

D项，情绪调控技术是指有效地调节和控制自己或他人的情绪，使之对个人的行为产生积极影响的过程。个别辅导中的情绪调控技术包含以下内容：(1)帮助学生认识、接纳和面对自己的情绪；(2)引导学生宣泄和恰当地表达情绪；(3)增加积极情绪体验；(4)帮助学生学会控制、疏导情绪。题干中，徐老师的目的是改变小龙的消极认识，并未体现其调节学生情绪，排除。

10. C 【解析】本题考查学习策略。认知策略是学习者加工信息的方法和技术，它包括复述策略、精加工策略和组织策略。其中，复述策略是指在工作记忆中为了保持信息，运用内部语言在大脑中重现学习材料或刺激，以便将注意力维持在学习材料上的方法。复述的方法包括运用有意识记和无意识记、排除相互干扰、运用多种感官协同记忆、整体识记与部分识记相结合、复习形式多样化、画线等。题干中，小学生用到了眼睛、耳朵、嘴巴和手等感官来协助自己记忆所学知识，这属于认知策略中的复述策略，故本题选C。

A项，计划策略是指根据认知活动的特定目标，在认知活动开始之前计划完成任务所涉及的各种活动、预计结果、选择策略，设想解决问题的方法，并预估其有效性的策略等。计划策略包括设置学习目标、浏览阅读材料、设置思考题以及分析如何完成学习任务等。

B项，元认知策略是指学生对自己整个学习过程的有效监视及控制的策略，它包括计划策略、监控策略和调节策略。

D项，资源管理策略是辅助学生管理可用环境和资源的策略，有助于学生适应环境并调节环境以适应自己的需要，对学生的动机有重要作用。资源管理策略包括时间管理策略、环境管理策略、努力管理策略和学业求助策略。

11. A 【解析】本题考查知识学习的类型。上位学习又称总括学习，是在学生掌握一个比认知结构中原有概念的概括和包容程度更高的概念或命题时产生的。上位学习遵循从具体到一般的归纳概括过程。题干中，小学生通过分析“澡”“燥”“躁”三字的结构，归纳出了形声字的特点，这是从具体到一般的归纳概括过程，属于上位学习。故本题选A。

B项，下位学习又称类属学习，是一种把新的观念归属于认知结构中原有观念的某一部分，并使之相互联系的过程。

C项，并列结合学习又称组合学习，是在新命题与认知结构中原有的命题既非下位关系又非上位关系，而是一种并列的关系时产生的。

D项，派生类属学习属于下位学习的一种，派生类属学习是指新观念是认知结构中原有观念的特例或例证，新知识只是旧知识的派生物。

12. B 【解析】本题考查注意的品质。注意的转移是根据新的任务主动地把注意从一个对象转移到另一个对象或由一种活动转移到另一种活动的现象。题干中，小明能够主动地从“老鹰捉小鸡”的游戏状态进入到数学课的学习状态，这属于注意转移，故本题选B。

A项，注意的分配是指人在进行两种或多种活动时能把注意指向不同对象的现象，表现为“一心二用”。题干中，小明的注意刚开始在游戏上，后来在学习上，并未同时注意两种活动，与题干不符，排除。

C项，注意的广度也称注意的范围，是指在同一时间内，人们能够清楚地知觉出的对象的数目。与题干不符，排除。

D项，短时间内注意周期性地不随意跳跃现象称为注意的起伏（或注意的动摇）。题干中，小明是有意地将注意转向数学学习，注意并未发生不随意跳跃，排除。

13. C 【解析】本题考查课程类型。按课程设计、开发、管理主体（层次）或制定者不同来划分，课程可分为国家课程、地方课程和校本课程。

A项，国家课程是指由国家教育行政部门负责编制、实施和评价的课程，其主导价值在于通过课程体现国家的教育意志，确保所有国民的共同基本素质。

B项，地方课程是指由地方教育行政部门根据国家课程标准及各地发展需要而开发的课程，其主导价值在于通过课程满足地方社会发展的现实需要。

C项，校本课程是指由学生所在学校的教师编制、实施和评价的课程，其主导价值在于通过课程展示学校的办学宗旨和特色，同时要满足每一位受教育者的特殊需要和兴趣。题干中，具有当地特色的民族舞、民间戏剧等系列课程的开发主体是小学，属于校本课程，故A、B项排除，本题选C。

D项，从课程内容的固有属性来划分，课程可分为学科课程与活动课程。其中，活动课程又称经验课程，是指围绕学生的需要和兴趣、以活动为组织方式的课程形态，即以学生的主体性活动的经验为中心组织的课程。D项排除。

14. D 【解析】本题考查小学“体育与健康”课程的相关知识。依据《义务教育体育与健康课程标准（2022年版）》可知，体育与健康课程要坚持“健康第一”教育理念，以中国学生发展核心素养为引领，重视育体与育心、体育与健康教育相融合，充分体现健身育人本质特征，引导学生形成健康与安全的意识及良好的生活方式，促进学生身心健康、体魄强健、全面发展。因此，小学“体育与健康”课程首先要关注的是学生健康，而非体育知识、技能的学习，本题选D。

15. A 【解析】本题考查《义务教育课程方案（2022年版）》的相关知识。2022年颁布的《义务教育课程方案》优化了课程设置，将劳动、信息科技从综合实践活动课程中独立出来。科学、综合实践活动起始年级提前至一年级。因此，本题选A。

16. A 【解析】本题考查语文学科的特点。美国教育家科勒涅斯有一句名言：“语文学习的外延等于生活的外延。”它揭示出语文教学不能只在课堂上进行，而应该走向广阔的社会生活，利用一切有利的环境来训练学生的语文能力。

A项，语文学科具有综合性特点。综合性学习是新课程改革中提出的一种新的相对独立的教学形态。语文综合性学习，是依据语文学科的自身功能、现代社会对人的素养需要和学生的实际而设置的。语文综合性学习是一种基于生活实践而非学科的学习领域，它以学习者的直接生活经验为基础，密切联系学生的语文生活和社会生活，体现了语文知识的综合运用和语文能力的综合训练。A项符合题意，本题选A。

B项，思想性是语文学科的显著特点。语文是工具，但却并非从事物质生产的工具，而是一种表情达意的工具；语文本身虽无阶级性，但是一经人们使用，它就被赋予了思想情感。“语言是思想的直接现实”，语言是思想的物质外壳，是思想和思维活动的物化。语文学科的思想性着眼于对学生进行思想教育和美感熏陶。

C项，语文课程的工具性是以语言的工具性为基础和前提的，是指语文本身是表情达意、思维交际的工具，同时，语文可以传承文化，传达社会价值观，从而维系社会的正常运作。语文课程的工具性还表现为语文是学习其他课程的工具。

D项，语文课程的“人文性”在很大程度上是就其文学、文化教育的课程内容而言的。它着眼于语文课程对于学生思想熏陶感染的文化功能和课程所具有的人文学科特点。

17. D 【**解析**】本题考查教学评价的类型。根据评价采用的标准，教学评价可分为绝对评价、相对评价和个体内差异评价。

绝对评价又称目标参照评价，是一种在评价对象群体之外，预定一个客观的或理想的标准，并运用这个固定的标准去评价每个对象的评价类型。它主要依据教学目标和教材编制试题来测量学生的学业成绩，判断学生是否达到了教学目标的要求，而不以评定学生之间的差异为目的。本题选D。

相对评价又称常模参照评价，是一种依据评价对象的集合来确定评价标准，然后利用这个标准来评定每个评价对象在集合中的相对位置的评价类型。它主要依据学生个人的学习成绩在该班学生成绩序列或常模中所处的位置来评价和决定他的成绩的优劣，而不考虑是否达到教学目标的要求。A、B项排除。

个体内差异评价是对被评价者的过去和现在进行比较，或将评价对象的不同方面进行比较。C项排除。

18. D 【**解析**】本题考查课外活动与课堂教学活动的共同特点。课外活动是指学校在课堂教学任务之外有目的、有计划、有组织地对学生进行的多种多样的教育实践活动。课堂教学活动也是有目的、有计划的教育实践活动，故本题选D。

19. B 【**解析**】本题考查教学原则。因材施教原则是指教师在教学中，要从课程计划、学科课程标准的统一要求出发，面向全体学生，同时要根据学生的个别差异，有的放矢地进行有差别的教学，使每个学生都能扬长避短，获得最佳的发展。题干中，孔子根据冉求（即“冉有”）和仲由（即“子路”）的特点给予不同的指导，说明孔子注重学生的个别差异，有针对性地进行教育，体现了因材施教的教学原则，本题选B。

A项，循序渐进原则又称为系统性原则，是指教师要严格按照学科知识的内在逻辑和学生的认知发展规律进行教学,使学生掌握系统的科学文化知识,能力得到充分的发展。

C项,教学相长强调教与学相辅相成。在教育过程中,教师的教促进学生的学,学生的学促进教师的教,教与学是相互促进的。

D项,启发性原则(启发诱导原则)是指在教学活动中,教师要调动学生的主动性和积极性,引导他们通过独立思考、积极探索,生动活泼地学习,自觉地掌握科学知识,提高分析问题和解决问题的能力。

20. B 【解析】本题考查教学方法。讲授法是教师运用口头语言系统连贯地向学生传授知识、技能,发展学生智力的教学方法。讲授法可以充分发挥教师的主导作用,使学生在短时间内获得大量系统的科学知识,并且能结合知识传授进行思想品德教育。本题选B。

A项,讨论法是全班或小组成员在教师的指导下,围绕某一中心问题发表自己的看法和见解,从而进行相互学习的一种方法。通过对所学内容的讨论,学生之间可以集思广益,互相启发,加深理解,提高认识;同时还可以激发学生的学习热情,培养学生对问题的钻研精神并训练学生的语言表达能力。

C项,演示法是指教师通过展示实物、直观教具,进行示范性的实验或采取现代化视听手段等,指导学生获得知识或巩固知识的方法。演示法加强了教学的直观性,不仅是帮助学生感知、理解基本知识的手段,也是学生获得知识、信息的重要来源。

D项,练习法是学生在教师指导下运用知识去反复完成一定的操作,或解决某类作业与习题,以加深理解和形成技能技巧的方法。练习法可以有效地发展学生的各种技能、技巧,对培养学生的意志品质也有重要作用。

二、简答题(参考答案)

21. 简述教学评价的功能。

(1)导向功能;(2)诊断功能;(3)激励功能;(4)调节功能;(5)教学功能;(6)发展功能;(7)管理功能。

(共10分。每个具体功能2分,答案准确且答出五个以上得满分)

22. 简述德育的基本内容。

(1)爱国主义教育;(2)理想教育;(3)集体主义教育;(4)劳动教育;(5)人道主义与社会公德教育;(6)科学世界观和人生观教育;(7)民主与法制观念的教育;(8)自觉纪律教育。

(共10分。答案完整、准确得满分;答出爱国主义教育、理想教育、集体主义教育、劳动教育、社会公德教育、人生观教育、法制教育、纪律教育等关键词,酌情给6~8分;答出其他点,答案准确亦可酌情给分)

23. 根据桑代克的理论,简述学习的实质与学习律。

(1)桑代克认为,学习的实质在于形成刺激与反应之间的联结,联结公式是S-R。学习的过程就是形成刺激与反应之间联结的过程,而联结是通过尝试错误的过程建立的。

(2)桑代克在实验的基础上,提出了促进联结形成的三条原则,也就是著名的桑代克学习定律,即准备律、练习律、效果律。

①准备律是指联结的加强或削弱取决于学习者的心理准备和心理调节状态。

②练习律是指刺激与反应之间的联结会由于重复或练习而加强,不重复或练习,联结的力量就会减弱。

③效果律是指刺激和反应之间的联结可因导致满意的结果而加强,也可因导致烦恼的结果而减弱。

(共10分。学习的实质4分,表述需完整、准确,包含"形成刺激与反应之间的联结""联结公式S-R"两个要点;学习律6分,"准备律""练习律""效果律"三个要点各2分)

三、材料分析题(参考答案)

24. (1)丁老师针对新班级卫生差、纪律乱的情况,采取正确、恰当的教育措施,改掉了学生的坏习惯,促进了学生发展,使班级面貌焕然一新,其教育行为值得大家赞扬、学习。

①新课程倡导的学生观强调学生是处于发展过程中的人,具有巨大的发展潜能。材料中,面对班级学生卫生习惯不好、纪律差的情形,丁老师并未放弃学生,而是认识到学生是发展中的人,采取正确、恰当的教育措施教育学生,取得了良好的教育效果。

②新课程倡导的学生观强调学生是具有独立意义的人,是学习的主体。材料中,丁老师通过以身作则打扫卫生、开主题班会等形式引导、教育学生,学生主动参与讨论、打扫卫生认真负责,这说明丁老师尊重了学生的主体性,促进了学生的发展。

③新课程倡导的教师观强调教师在教学上要帮助、引导学生,在师生关系上要尊重、赞赏学生。材料中,丁老师面对班级中的纪律和卫生问题因势利导,采取合理措施引导学生成长,并且赞赏学生,相信学生会做得比自己更好,最终期末时班级被评为"文明班级"。

④丁老师践行了榜样示范法。榜样示范法是用榜样人物的优秀品德来影响学生的思想、情感和行为的德育方法。材料中,丁老师以身作则,主动打扫教室卫生一周,为学生树立了良好榜样。

⑤丁老师的行为体现了民主管理的班级管理模式。班级民主管理的实质是在班

级管理的全过程中，调动学生自我教育的力量，使人人都积极主动地参与班级事务。材料中，丁老师组织召开“课堂纪律、班级卫生与我们的关系”的主题班会，学生积极参与讨论，师生共同制定了值日表，学生轮流值日，工作认真负责，为班级赢得了卫生流动红旗和“文明班级”的荣誉称号。

⑥丁老师的行为符合德育过程的规律。德育过程是一个促进学生思想内部矛盾斗争的发展过程，是教育与自我教育相结合的过程。教师要高度重视培养学生的自我教育能力，发挥学生在德育过程中的主观能动性。材料中，针对班级卫生问题、纪律问题，丁老师以身作则打扫卫生，使学生感到不好意思，引发了学生的思想斗争；在主题班会中引导学生讨论，制定了值日表，提升了学生的自我管理能力和自我教育能力。

综上所述，丁老师在班级管理中，有针对性地采取合理措施教育学生，促进学生发展，建立优秀班集体，其行为是正确的。

（共10分。对丁老师的行为评价正确得2分；从学生观、教师观、德育、班级管理等角度答出至少四点，每点2分，理论阐述1分，结合材料具体分析1分）

（2）小学教师管理班级应遵循以下原则：

①方向性原则。教师在班级管理工作中必须坚持正确的方向，用正确的思想引导学生。

②教管结合原则。教师应把班级的教育工作和对班级的管理工作辩证统一起来。

③全员激励原则。教师应激励全班每个学生，充分发挥他们的智力、体力等各方面的潜能，实现个体目标和班级总目标。

④全面管理原则。学生管理必须面向全体，从整体着眼。教师在班级管理过程中要始终坚持使学生全面发展，并且要把所有学生作为管理对象，一视同仁，兼顾全局。

⑤自主参与原则。教师要注重班级成员参与管理，发挥学生主体作用。班级的各种组织机构的干部成员都应该由学生民主选举产生，并授予他们进行管理的权力，不能随便干预。当学生遇到困难时，教师要帮助解决，但不要代替。

⑥平行管理原则。教师既要通过对集体的管理去间接影响个人，又要通过对个人的直接管理去影响集体，从而把对集体和个人的管理结合起来，以收到更好的管理效果。

（共10分。答案完整、准确得满分；答出“方向性原则”“教管结合原则”“全员激励原则”“全面管理原则”“自主参与原则”“平行管理原则”等关键点并简要阐述，可酌情给6～8分。从其他角度作答，言之有理可酌情给分）

25.(1)探究教学通常包含创设情境、启发思考、自主学习与自主探究、协作交流、总结提高五个实施步骤。

①创设情境。创设情境不仅是教师导入教学主题的需要,也是激发学生的学习动机和自主探究动机的需要。教师应设计与当前学习主题密切相关的教学活动,创设能激发学生学习动机和探究动机的情境。学生一旦进入教师创设的情境,就可在情境的感染与作用下形成学习的心理准备,并产生探究的兴趣。材料中,教师精心设计在瓶子中吹气球的游戏活动,创设与本节课学习主题"空气"密切相关的情境,激发了学生的学习兴趣和热情。

②启发思考。在学生被创设的情境激发起学习兴趣并形成学习的心理准备之后,教师应及时提出富有启发性而且能涵盖当前教学知识点的若干问题,让学生带着这些问题去学习和掌握有关的知识和技能。材料中,同学们积极尝试在瓶子中吹气球,却吹不起来,教师鼓励学生讨论寻找原因,在学生讨论无果的情况下,教师又以易于学生理解的方式提出问题,启发学生思考。

③自主学习与自主探究。在实施这一步骤的过程中,学生利用教师提供的认知工具和学习资源,或是利用在教师指导下从网上或其他途径获取的工具和资源,围绕教师提出的与某个知识点有关的问题进行自主探究。在学生进行自主学习与自主探究的过程中,教师应密切关注学生的学习与探究过程,并要适时地为学生提供如何有效地获取和利用认知工具、学习资源以及有关学习方法策略等方面的指导。材料中,教师为学生提供学习材料,鼓励学生尝试在瓶子中吹气球;在学生遇到问题时,及时给予指导,让学生明白其中道理,鼓励学生自主探究寻找解决办法。

④协作交流。为了进一步深化学生对当前所学知识意义的建构,教师应在自主探究的基础上,组织学生以讨论的形式开展小组内或班级内的协作与交流。材料中,当学生努力半天还是无法在瓶子中吹起气球时,教师引导学生进行讨论,寻找问题原因,体现了协作交流。

⑤总结提高。总结提高是实施探究性教学模式的最后一个步骤,其目的是通过师生的共同总结,来补充和完善全班学生经过自主探究和协作交流之后,对当前所学知识的认识与理解方面仍然存在的不足,以便更全面、更深刻地达到与当前所学知识点有关的教学目标的要求。材料中,教师通过师生问答的方式,一步步引导学生明白瓶中的气球无法吹起来是空气压力所致,促进了学生对知识的深入理解。

(共10分。答案完整准确得满分;答出"创设情境""启发思考""自主学习与自主探究""协作交流""总结提高"五个关键点,每点2分,其中理论阐述1分,结合材料具体分析1分)

(2)在小学教学中实施探究教学的意义主要体现在以下几方面：

①有利于教育思想和教育观念的转变。改变传统的、陈旧的教育观，树立科学的教育观、人才观、质量观、评价观，提高教师的科学研究素质，形成新观念。

②有利于落实素质教育，促进学生创新能力和实践能力的发展。

③有利于提高学生的学习兴趣，激发学生的探究灵感，充分发挥学生的“探究者”主体地位。

④有利于改善师生关系。课堂教学由原来的教师讲、学生听，改变为共同讨论、探究，保证了学生愉快、活泼地学习，有效地带动课堂教学改革。

⑤有利于发挥学生的创造性思维，培养学生的自学能力，并通过自主探究和合作探究，引导学生学会学习和掌握科学方法，提高科学素养，为终身学习和工作奠定基础。

(共10分。答出至少五点，答案符合探究教学的意义、阐述合理得满分)

四、教学设计题(参考答案)

26.(1)①教师要激发学生的学习兴趣，要把审美的因素有机地渗透到教学过程中，用生动有趣的形式或语言传授知识，充分激发学生的兴趣，调动学生学习的积极性。

②引导学生深入理解课文内容，感受、理解、欣赏、评价语言文字及作品，在学习中获得审美经验。学生可以通过对课文内容的理解与欣赏，初步掌握感受美、发现美和运用语言文字表现美、创造美的能力。最后，让学生把自己对课文的感受和认识以口头或书面的形式表达出来，学生表达的过程就是一个体验的过程。

③让学生在生活中寻找和发现“桥”，并欣赏桥之美。学生的审美创造离不开自然和社会生活，教师把学生带到生活中去，引导学生观察生活中所见到的桥，感受生活中的桥之美，使学生的审美能力逐步提高，涵养高雅情趣，具备健康的审美意识和正确的审美观念。

(共8分。从激发学生兴趣方面回答可得2分，从在对课文的理解中感受美、发现美的角度回答可得3分，从在生活中引导学生发现美的角度回答可得3分)

(2)①认识“县、拱”等11个生字，读准多音字“爪”，会写“赵、省”等13个字，会写“赵州桥、石匠”等15个词语。

②能正确、流利、有感情地朗读课文，理解课文内容。

③理解课文总分总的结构及赵州桥的结构特点和建筑特色。

④能用给定的词语向别人介绍赵州桥，感受我国古代劳动人民的智慧。

（共10分。从会认、会写生字词方面设计得3分，有对课文的朗读得1分，有对课文结构的理解得1分，有对赵州桥特点的分析理解得2分，有对语言表达能力的培养得1分，有对自身文化自信的培养得2分）

(3)教学活动

环节一：自读第二自然段

①学生自由朗读第二自然段，思考该段讲了什么内容。

②找一找：文中的哪些内容，让你感受到赵州桥是雄伟、坚固的？

③就赵州桥的一个特点，结合课文内容说说自己的体会。

【设计理由】有利于帮助学生理解课文内容，帮助教师掌握学生的学习情况，以便更好地进行课堂生成。

环节二：分析、理解第二自然段

①课文是怎样写出赵州桥的雄伟的？

A. PPT出示：它的长度大约有我们的6个教室那么长，比我们的教室还要宽；它全部用石头砌成，构造非同一般，十分气派。

B. 老师这样说，你们能理解赵州桥的雄伟了吗？

②如果老师将第二句话改成这样，你觉得怎么样？

PPT出示：桥很长很宽，中间行车马，两旁走人。

学生以小组为单位讨论，教师相机点拨、指导。

明确：两句话意思一样，但第一句运用数字具体说明桥的长和宽，更能体现赵州桥的雄伟。

③课文又是怎样写出赵州桥的坚固的？

A. 教师指名学生回答，其他学生相机补充。

B. 最后一句话中的"这种设计"指什么？

C. 看图说说：出示赵州桥图片，引导学生用自己的语言说一说赵州桥的形状。

【设计理由】充分遵循了学生主体、教师主导的原则，有利于学生自主学习能力的提升，同时也帮助学生深入理解赵州桥的雄伟和坚固，帮助学生找到了段落的重点。

环节三：理解词语"创举"

①"创举"一词是什么意思？文中的"创举"指什么？

②这样的"创举"有何意义？

出示赵州桥图片，引导学生运用提示的词语说一说。（没有……只有……各有……）

【设计理由】这一板块的教学，通过抓住小节中的关键词句，围绕关键词句的理解，归纳了赵州桥的特点。

环节四：读读课文，做做实验

①引导学生动手做一做：用纸片、橡皮等文具模拟平面桥和拱形桥的承重能力。

②得出结论：拱形桥比平面桥的承重能力大得多。

③PPT出示：赵州桥建成700多年之后，欧洲才出现类似结构的石拱桥。赵州桥历经多次水灾和地震，任凭风吹雨打，经过一千多年，仍然屹立在原处。

【设计理由】单凭书面讲解，学生可能并不能理解赵州桥的坚固，因此设计一个小实验既调动了学生学习的积极性，又能让学生在比较中明白赵州桥设计的先进之处。

环节五：课堂小结

①抓文中的关键词句概括主要内容。

②收集世界上桥的图片，选一幅模仿课文中的文字配上介绍，向同学们作讲解。

【设计理由】引导学生"抓文中的关键词句概括主要内容"有利于帮助学生巩固课堂所学，学生模仿课文中的文字来介绍自己收集的桥，体现了学以致用。

（共22分。有自读课文，理解课文内容的相关内容得2分；引导学生理解赵州桥的雄伟和坚固可得4分；有对文中重要词语的理解得3分；活动能调动学生学习的积极性，帮助学生理解课文内容，得3分；有对教学内容的小结并进行适当拓展得2分；能根据活动写出相应的设计理由得5分；活动体现学生主体、教师主导得3分）

27. (1)"图形的认识与测量"包括立体图形和平面图形的认识，线段长度的测量，以及图形的周长、面积和体积的计算。

教学要求：①图形的认识主要是对图形的抽象。学生经历从实际物体抽象出几何图形的过程，认识图形的特征，感悟点、线、面、体的关系；积累观察和思考的经验，逐步形成空间观念。图形的认识与图形的测量有密切关系。②图形的测量重点是确定图形的大小。学生经历统一度量单位的过程，感受统一度量单位的意义，基于度量单位理解图形长度、角度、周长、面积、体积。在推导一些常见图形周长、面积、体积计算方法的过程中，感悟数学度量方法，逐步形成量感和推理意识。

（共8分。答出"立体图形和平面图形的认识，线段长度的测量，以及图形的周长、面积和体积的计算"的内容可得4分；答出"图形的认识主要是对图形的抽象""图形的测量重点是确定图形的大小"等教学要求，逻辑清晰，内容完整、准确，可得4分）

(2)教学目标

①认识三角形的边、角及顶点，掌握三角形的特征。

②通过实际观察和动手操作，探究三角形两条边长度的和大于第三边，能判断给定长度的三条线段是否能围成三角形，形成初步的几何直观。

③感受数学与生活的紧密联系,激发进一步学习数学的兴趣,发展应用意识。

(共10分。符合课程标准的要求得2分,符合第一学段学生学情得2分,教学目标表述具体、合理得6分;若教学目标设计“大”而“空”、不贴合实际酌情扣2~3分)

(3)新授环节教学活动

①复习旧知

师:大家看老师手上拿的是什么?(出示三角板)它是我们生活中常见的哪个图形呢?

生:三角形。

师:大家观察老师手上的三角板,说一说三角形有几条边?几个角?几个顶点?

生:三条边,三个角,三个顶点。

师:大家还记得什么样的图形叫作三角形吗?

生:三条线段首尾相接围成的图形叫作三角形。

师:大家都非常棒!

【设计理由】引导学生回顾三角形的定义,让学生进一步认识三角形的本质,为下面探究三角形的三边关系做铺垫。

②动手操作,发现问题

师:刚刚我们复习了三角形的定义,那么是不是老师任意给三条线段都能围成三角形呢?

(学生回答多样,有说能围成的,也有说不能围成的)

师:既然大家持有不同的看法,那么我们自己来操作一下,看是不是任意的三条线段都能围成三角形。

(出示教具——数学小棒)

师:老师这里有三根数学小棒,分别长2厘米、3厘米、7厘米,有哪位同学愿意上来围一围?看这三根小棒能不能围成三角形,围的时候要注意首尾相接。

(挑选学生上台操作)

师:为什么刚刚这位同学用这三根小棒围不成三角形呢?三角形的三条边之间究竟有什么关系呢?

【设计理由】通过动手操作与探究,让学生发现并非任意三条线段都能围成三角形,激发学生进一步探究的欲望。

③自主探究,解决问题

师:通过刚刚的动手操作,我们发现并非任意的三条线段都能围成三角形,那么能围成三角形的三条线段的长度之间究竟有什么关系呢?我们一起探究一下吧!

师:现在请同桌两人一组,合作探究。老师给每组准备了四根小棒,长度分别是:4厘米、5厘米、6厘米和10厘米。请同学们从这四根小棒中任意选三根小棒,尝试是否能围成三角形。

师:小组成员动手操作,一个人操作一个人做记录,围三角形时要注意首尾相连。

(学生动手操作,教师巡视,并及时给予指导)

师:同学们,通过刚刚的操作,大家有什么发现?

(指定一个小组的同学代表汇报)

预设:发现了4厘米、5厘米、6厘米的小棒可以组成三角形,但4厘米、5厘米、10厘米的小棒不能组成三角形,因为4+5=9,9>6,但9<10。我们发现了其中两根小棒的长度之和大于第三根小棒时,可以围成三角形。

师:但是4+10>5,为什么4厘米、5厘米、6厘米的小棒就可以组成三角形,但4厘米、5厘米、10厘米的小棒就不能组成三角形呢?

预设:因为4+5>6,4+6>5,6+5>4,任意两根小棒的长度之和大于第三根小棒时,可以围成三角形。但是4+5=9<10,所以4厘米、5厘米、10厘米的小棒不能组成三角形。

(教师举例其他组合,验证"三角形中任意两根小棒的长度之和大于第三根小棒")

师:如果三根小棒的长度分别是3厘米、5厘米、8厘米,能围成三角形吗?为什么?

预设:不能围成,因为3+5=8,不满足"三角形中任意两根小棒的长度之和大于第三根小棒"。

师生共同总结:三角形两条边长度的和大于第三边。

【设计理由】学生通过猜想、操作、观察分析、推理等活动,对三角形的三边关系逐步展开了研究,从具体到抽象,扩展认知,体验收获,从而探究出三角形三边的长度关系。

(共22分。①教学活动可以从复习导入,也可以从创设情境导入,导入合理且能引起学生探究的兴趣可得5分,写出对应的设计理由可得1分;②通过实践操作,让学生自主发现并非任意三条线段就能围成三角形,形成初步的几何直观,可得6分,写出对应的设计理由可得1分;③引导学生通过观察与动手,自主探究三角形三边长度的关系,可得8分,写出对应的设计理由可得1分)

28.(1)英语语法知识的内涵

根据《义务教育英语课程标准(2022年版)》,英语语法知识包括词法知识和句法知识。

词法关注词的形态变化，如名词的数、格，动词的时、态（体）等；句法关注句子结构，如句子的种类、成分、语序等。词法和句法之间的关系非常紧密。

在语言使用中，语法知识是“形式—意义—使用”的统一体，与语音、词汇、语篇和语用知识紧密相连，直接影响语言理解与表达的准确性和得体性。

（共9分。答出英语语法知识包括词法知识和句法知识两方面，得3分；答出词法的内涵、句法的内涵以及词法与句法的关系，得3分；答出语法知识在语言使用中的意义，得3分）

（2）Teaching objectives

①Students are able to master the sentence pattern：There is/are...in/on/in front of...

②Students are capable of using the“there be” sentence pattern in reading and writing. And students can use it to describe something in some place.

③ Students ' cooperative learning ability can be strengthened by cooperating with classmates to analyze the grammatical structure.

④Students will get more interested in English study.

（共9分。教学目标应具体对应本课内容，符合2022年版课程标准提出的四条核心素养内涵，得8分；整体目标设置合理、符合学生学情，得1分。若目标设置与教学内容及学生学情不符，则酌情扣1~2分）

（3）Teaching procedure

Step 1 Lead-in

The teacher plays a video and asks students：“What can you see?”

Students will give their answers like：“A little girl got lost in the forest. ”

The teacher gives positive comments and asks：“What did she see in the forest?”Then lead into the new class.

（Justification：In this way，the teacher can create an English environment to encourage students to open their mouths，and thus students' learning interest will be totally aroused. ）

Step 2 Presentation

①By listening to the material，students will find out the special sentence：There is a house in the forest.

②The teacher provides more sentences：

There is some soup on the table.

There are three beds in the room.

There are three bears in front of her.

③ Ask students to find out the common rules among these sentences and then the teacher explains the "there be" sentence pattern.

(Justification: Through this part, the new knowledge is effectively introduced. The basic teaching principles are firmly followed and students are considered the real center of learning.)

Step 3 Practice

Show pictures, and let students make sentences with the "there be" sentence pattern. Students show their answers one by one, and the teacher will give some positive comments.

(Justification: Tasks are meaningful ways to help students practice the key and difficult language points. Meanwhile, students can improve their expression and communication abilities.)

Step 4 Production

Divide students into groups of four, and let them talk about what they can see in the classroom and share results when they finish. After the presentation, select some students to give evaluations according to the checklist.

(Justification: This step can help build students' confidence and practical skills.)

Step 5 Summary

Students summarize what they have learned in this class and the teacher makes supplements.

(Justification: Through the summary, students can review the main content of this class.)

Step 6 Homework

Students draw pictures of their bedrooms and share with the whole class next time.

(Justification: The homework will help consolidate what students have learned in this class.)

(共22分。①教学活动应包括"导入环节""新授环节""练习环节""产出环节""课后总结""作业布置"6个环节,每个环节设计合理各2分,每个环节的设计理由解释明晰各1分。②"导入环节"设计应轻松有趣,该环节主要目的是引起学生学习兴趣、引入新知;"新授环节"设计应带领学生基于材料,充分学习理解"There be"句型的用法;"练习环节"设计应引导学生利用所学句型造句、举一反三;"产出环节"设计应配合适当的练习任务,巩固本节内容;"课后总结"及"作业布置"环节设计应结合主题,内容具体、可操作性强,同时兼具一定趣味性,如"课后总结"要求学生复述本节所学内容,"作业布置"要求学生画出卧室的样子等。6个环节设计不能体现上述重要得分点,或

不具体、可操作性低的,每个环节酌情扣1~2分。③教学活动设计部分整体表达完整、合理、通顺得4分)

29.(1)《龙咚锵》是一首运用汉族民间音调创作的儿童歌曲。该歌曲为F五声宫调式,是由起承转合四乐句构成的一段体结构。歌曲主要运用了节奏重复,旋律级进、重复,前两乐句歌声与锣鼓声交替,转句开始将锣鼓的节奏与歌唱的音调结合在一起,强调了热烈的气氛,抒发了小朋友敲锣打鼓庆新年的欢乐心情。

(共8分。答出"F五声宫调式""起承转合一段体"两点,每点得2分;具体阐述"欢快的情绪情感"得4分)

(2)①审美感知、文化理解:通过学习歌曲,能够感受欢快活泼的音乐情绪与喜迎新年的热烈气氛,从而唤起对传统文化的热爱。

②艺术表现:能用欢快、热烈的情绪演唱歌曲《龙咚锵》。

③创意实践:认识民族乐器鼓、锣和镲,并能够为歌曲进行伴奏。

(共10分。教学目标围绕课程标准要求的核心素养得3分;"紧扣唱歌课课型"得2分;"符合第一学段学生的认知规律"得2分;"目标设置明确且合理"得3分。若设置"大"而"空",要酌情扣1~2分)

(3)①播放歌曲《新年好》,学生聆听。

师:同学们,在上课之前,大家先来听一首歌曲,你们谁知道这首歌曲的名字?

生:《新年好》。

师:一听到这首歌曲,同学们一定会联想到过年的画面。你们都知道哪些春节的习俗呢?

生:放鞭炮、穿新衣服、贴对联……

师总结:在不同地区过年有不同的习俗。除了穿新衣、放鞭炮、贴对联等庆祝新年的方式,北方人们会吃饺子预示来年丰衣足食,南方人们会吃汤圆预示来年团团圆圆。还有的地方会贴窗花、踩高跷、扭秧歌、舞龙舞狮……用各种方式欢度春节。

②律动游戏。

师:(出示扭秧歌图片)同学们,看,他们在做什么呢?

生:跳舞。

师:对,这是东北很流行的民间舞蹈——秧歌,我们也一起来试试吧!(教师教授简单的十字步,并播放背景音乐《龙咚锵》,学生随乐进行律动)

师:听着这么热闹的歌曲,让我们一起看一看今天要学唱的歌曲《龙咚锵》。

【设计理由】通过歌曲导入、律动游戏的方式,层层递进、循循善诱,激起学生学习兴趣的同时,也为后续学习歌曲的形式、情绪情感、基本音型、律动方式、音乐特点等方方面面进行了铺垫。此外，结合生活体验，运用与学生们生活中息息相关的节日元素完成了对课堂主题的引入和音乐视野的开阔。

（共22分。导入新颖且自然得4分，若没有体现新颖可酌情扣2～3分；导入环节设计完整且合理得14分；符合第一学段学生的认知规律得2分；行文流畅得2分）

30.（1）“乒乓球——正手推挡球”的动作要点：手臂弯曲略内旋，球拍置于体侧前。来球跳至上升期，前臂手腕迎前击，用力推击球中部，手臂继续随球移。

（共8分。从手臂姿势、球拍位置、迎球、击球等四个方面，完整、准确答出“乒乓球——正手推挡球”的动作要点，每点2分）

（2）教学目标

①了解和掌握“乒乓球——正手推挡球”的基本技术动作，并能说出所学动作的简单术语。

②经过学习和练习，发展反应灵敏、协调和速度素质，增强上下肢力量。

③培养主动克服困难、积极进取、勇敢顽强的意志品质。

（共10分。教学目标“围绕课程标准要求的核心素养”得3分；“符合小学中年级学情”得3分；“目标设置合理”得3分；“逻辑清楚、行文流畅”得1分。若设置的教学目标“大”而“空”，要酌情扣2～3分）

（3）【开始部分】

课堂常规：

体育委员整队，检查人数、服装，向教师报告；师生问好；教师宣布本节课教学任务，强调严禁携带尖锐、硬物进行练习；安排见习生。

【设计理由】课堂常规的安排可以使学生快速进入课堂状态。

【准备部分】

①捕鱼游戏

在场地上画出一定范围当作“鱼塘”，并选出2～4名同学为“捕鱼人”，其余同学做“鱼”。教师发令后，“捕鱼人”手拉手做成“渔网”，被“渔网”围住的“鱼”就变成“捕鱼人”，“捕鱼人”再去捕捉其他的“鱼”，直到把“鱼”捕完或者到规定的时间为止。

教学组织：教师讲解游戏规则与注意事项，请同学合作示范。

②徒手操

组织教学：四列横队，一、三列与二、四列错落排列。教师带操，师生互动喊口令，边喊边做。

【设计理由】通过游戏热身提高学生运动兴趣，吸引学生注意力；通过徒手操进行拉伸，充分做好身体各个部位的准备活动。

【基本部分】

①问题导入

教师:同学们,我国的国球是什么呀？对,是乒乓球。看来大家对此有一定的了解,那我们今天就来学习乒乓球的一项基本技术——正手推挡球。

②示范与讲解

教师进行动作示范,引导学生仔细观察示范动作。

教师进行动作要点的讲解。

组织教学:四列横队,分列两边,面对面站立。

③课堂练习

A. 徒手模仿练习,体会动作连贯性。

组织教学:集体练习,教师巡回指导,发现错误及时纠正。

要求:动作协调并有连贯性。

B. 两人一组,一人抛球,一人进行推挡球练习,体会来球跳至上升期时迎球、推挡球的动作要领。

组织教学:两人一组分组练习,教师巡回指导,发现错误及时纠正。

要求:认真、积极配合。

C. 两人一组直线推挡练习。

D. 两人一组斜线推挡练习。

组织教学:分组练习,教师巡回指导,发现错误及时纠正。

④展示与评价

A. 两人一组运用课上所学技术进行推挡球比赛,一次性推挡最多的为胜组。

B. 选出动作较好的学生进行展示,教师点评。

组织教学:两人一组,教师给出点评。

⑤游戏——“挡球接力”

方法:将学生分甲、乙两组,双方各派一名代表通过“石头剪刀布”决出胜者,胜者所在组先发球。先发球组的第一位队员将球发至对方球台,对方第一位队员将球推挡回去。游戏过程中,未能推挡回去的队员视作失败,该组下一位队员接上。最先被淘汰掉全部队员的组视为败组。

教学组织:学生分为两组进行,注意小组之间的配合。

要求:遵守竞赛规则,团结协作,集体观念强。

【设计理由】通过提问的形式导入,能够将学生的注意力集中到课堂上,同时宣布本节课内容。通过讲解示范让学生对正手推挡球技术动作有一个初步理解,形成动作表象;设置4个练习让学生从易到难循序渐进地掌握技术动作;最后设置比赛和游戏,让学生在比赛和游戏中巩固技术动作,发展体能。

【结束部分】

①放松操:徒手拉伸

要求:教师语言引导并带领学生做放松练习。

②课堂小结

教师和学生进行交流,从学生的反馈中进一步掌握本课的教学情况,总结本课学习情况,指出在学习中普遍存在的问题,提问学生几个关键问题。

③回收器材,师生再见

教学组织:回收器材,四列横队,自然站立。

【设计理由】课后放松操让学生缓解身心疲劳;通过课堂小结让学生回顾本节课所学内容;最后安排见习生回收器材,让学生养成良好的习惯。

(共22分。开始部分答出基本的课堂常规得2分;合理设计准备部分的活动得2分;教学过程的基本部分12分,有“导入”“讲解示范”“课堂练习”等完整且连贯的教学环节,可酌情给9~12分;结束部分答出“做放松操”“课堂小结”“器材回收”得2分;设计理由阐述合理、贴合教学设计得4分)

31.(1)独创性:独创性有两个主要的表现形式,一是从无到有进行创造,二是在他人已有的作品上进行创作。独创性要求学生在制作美术档案袋的过程中加入自己独到的想法,体现学生的独立创新思维。

美观性:美观性就是感受、领悟客观事物或现象本身所呈现的美。美观性要求学生在制作美术档案袋的过程中加入自己所学的美术知识(例如布局比例、色彩搭配、图案设计等),最终使美术档案袋美观、合理、新颖。

(共8分。能够结合美术档案袋,分别阐述对“独创性”“美观性”的理解,阐述完整、合理得6分;答出“体现学生的独立创新思维”“最终使美术档案袋美观、合理、新颖”2个关键点,且阐述完整、合理得2分)

(2)教学目标

①审美感知:了解美术档案袋的功能,认识美术档案袋的基本构成要素。

②艺术表现、创意实践:通过学习美术档案袋的制作样式,进一步学习档案袋的制作方法。

学会运用色彩、图案、文字等进行档案袋创意设计,能够制作出合理、美观、新颖的美术档案袋。

③文化理解:通过制作美术档案袋,理解档案袋的意义,感受美术作品中蕴含的文化内涵。

〔共10分。结合《义务教育艺术课程标准(2022年版)》的课程目标及对第二学段学生的具体要求,答出"了解美术档案袋的功能""进一步学习档案袋的制作方法""能够通过制作美术档案袋,感受美术作品中蕴含的文化内涵"3个关键点,且阐述完整、合理得10分,少答一点酌情扣3~4分〕

(3)新课讲授

①导入新课

教师展示档案袋的实物,引导学生观察、触摸并猜测物品的作用。

学生思考:档案袋对于我们有什么意义?

学生赏析并回答。

教师总结,引出课题:同学们一起来试一试制作美术档案袋。

【设计理由】通过观察实物,学生对档案袋有更直观的感受,激发制作美术档案袋的兴趣。

②探究新知

A. 档案袋内的资料

教师引导学生仔细观察档案袋内有哪些资料。(美术作品、照片、证书等)

教师引导学生观察美术档案袋上有哪些基本构成要素。(袋口、装饰、主标题、主题图案、评价栏目、个人信息)

B. 档案袋的样式分类

教师展示不同样式的档案袋实物,引导学生观察并提出问题:档案袋有哪些样式?

学生思考并回答。

教师总结:档案袋的主要样式有插入式、信封式、提袋式和折页式等。在设计档案袋时可以根据我们的目的选择合适的样式。

C. 档案袋主题和图案设计

教师通过多媒体展示各种档案袋页面设计,引导学生观察、讨论,并提出问题:这些档案袋的页面文字和图案设计有什么特点? 文字和图案之间有什么关系?

学生进行小组讨论后回答,教师总结:在进行档案袋页面设计时,利用变形组合的方式使文字更加醒目,而图案则和文字内容互相对应,并且色彩鲜艳、美观。

【设计理由】设计贯穿"观察思考、感受体验"的过程,既注重知识的科学性,也强调对学生的启发引导,将抽象知识具体化。

③实践练习

教师通过多媒体展示美术档案袋的制作步骤。

学生实践:设计制作一个美术档案袋,并把自己的资料放入袋中,注意档案袋设计得合理、美观、新颖。

教师巡视指导:从档案袋的样式、主题和图案的设计等方面进行指导,并提醒学生颜料不要粘到身上或衣服上。

【设计理由】教师展示制作步骤,学生动手实践,知与行结合,有助于学生掌握美术技能。

〔共22分。结合《义务教育艺术课程标准(2022年版)》的课程目标及对第二学段学生的具体要求完成教学设计:①教学活动以“学习美术档案袋的制作方法”为内容,合理设计教学环节(导入新课、探究新知、实践练习),教学设计完整得10分,内容不完整、设计不合理可酌情扣3~4分;②教学方法得当得4分;③教学手段合理得3分;④符合学生认知得1分;⑤答出设计理由且阐述清晰、贴合材料得4分〕

2023年上半年中小学教师资格考试真题试卷(二)

一、单项选择题

1. C 【解析】本题考查教育与政治的关系。“建国君民,教学为先”出自《礼记·学记》,意思是:建立国家,治理民众,都把教育放在首位。题干语句揭示了教育的重要性和教育与政治的关系,本题选C。ABD三项题干未体现,排除。

2. D 【解析】本题考查教师劳动的特点。教师劳动的示范性指教师的言行举止,如人品、才能、治学态度等都会成为学生学习的对象。“其身正,不令而行;其身不正,虽令不从”出自《论语·子路》,意思是:统治者的行为正派,即使不发布命令,老百姓也会去执行;统治者的行为不正派,即使发布命令,老百姓也不会服从。这句话引申到教育领域,强调教师要以身作则,严格要求自己,做学生的榜样。故题干语句表明教师劳动具有示范性特点,本题选D。

教师劳动的主体性指教师自身可以成为活生生的教育因素和具有影响力的榜样。A项排除。

教师劳动的创造性主要表现在因材施教、不断更新教学方法、具备教育机智等方面。B项排除。

教师劳动的间接性指教师的劳动不直接创造物质财富,而是以学生为中介实现教师劳动的价值。C项排除。

3. A 【解析】本题考查班集体形成的条件和发展的动力。班集体的奋斗目标是指全班同学共同具有的期望和追求，是班级各项活动所要达到的预期目的的总概括。确立班集体奋斗目标，就是要让班级全体学生明确班集体的发展前景，知道共同的努力方向，并为目标实现统一行动。班集体的奋斗目标是班集体形成的条件和发展的动力，与学生一起制定班级目标是班主任创建班集体的首要工作。本题答案选A项。

4. D 【解析】本题考查昆体良的著作。《雄辩术原理》又称《论演说家的教育》，是昆体良的代表作，它是西方最早的教育著作，也被誉为古代西方的第一部教学法论著。故本题答案选D项。

A项，《教育论》是由英国教育家斯宾塞发表的四篇教育论文《智育》《德育》《体育》和《什么知识最有价值》汇集而成。B项，《理想国》是柏拉图的著作。C项，《教育漫话》是洛克的著作。

5. C 【解析】本题考查品德的心理结构。品德的心理结构包括道德认知、道德情感、道德意志和道德行为。道德认知（道德认识）是指对于道德行为规范及其意义的认识。A项未体现，排除。

道德情感是人的道德需要是否得到实现而引起的一种内心体验，也就是人在心理上所产生的对某种道德义务的爱憎、喜恶等情感体验。题干未提及兵兵的情感表现，B项不符，排除。

道德意志是个体自觉地调节道德行为，克服困难，以实现预定道德目标的心理过程。题干中兵兵想改掉上课爱说闲话的坏毛病，但又控制不住自己，这表明兵兵意志不坚定，故对兵兵的教育应着重培养道德意志。本题选C。

道德行为是指个体在一定的道德意识支配下表现出来的对他人和社会的有道德意义的活动。题干中兵兵主要是控制不住自己爱说闲话的毛病，缺乏道德意志，D项不符，排除。

6. C 【解析】本题考查教育观察的类型。依据是否对观察活动进行严格的控制（观察内容是否有统一设计的、有一定结构的观察项目和要求），可将观察分为结构式观察和非结构式观察。结构式观察指在观察前有详细的观察计划、明确的观察指标体系，观察时严格按计划进行。非结构式观察既没有详细的观察计划，也没有明确的观察指标体系。故题干中“对观察内容与步骤不作限定”的教育观察属于非结构式观察，A项排除，本题选C。

依据观察者是否直接参与被观察者所从事的活动（观察者是否直接介入活动），可将观察分为参与性观察和非参与性观察。参与性观察指观察者直接参与被观察者所从事的活动，非参与性观察指观察者不直接参与被观察者所从事的活动。B、D项不符合题意，排除。

7. C 【解析】本题考查麻疹病毒的传播途径。麻疹是一种常见的儿童急性呼吸道传染病,麻疹病毒是麻疹的病原体。麻疹的主要传播途径是带麻疹病毒的飞沫通过喷嚏、咳嗽、说话等直接传入呼吸道,被污染的物品也会造成间接传播。

易错提示:按照传播途径的不同,传染病可分为呼吸道传染病、消化道传染病、血液传染病和体表传染病。

类型	典例
呼吸道传染病	麻疹、流行性感冒、流行性腮腺炎、风疹、百日咳等
消化道传染病	细菌性痢疾、甲型肝炎、伤寒、蛔虫病、蛲虫病等
血液传染病	艾滋病、乙型肝炎、丙型肝炎、疟疾、黑热病、丝虫病等
体表传染病	狂犬病、炭疽、破伤风、血吸虫病、沙眼、疥疮、癣等

8. C 【解析】本题考查科尔伯格的道德发展阶段理论。A项,处于惩罚服从取向阶段的儿童服从权威或规则只是为了避免惩罚,认为受赞扬的行为就是好的,受惩罚的行为就是坏的。与题意不符,排除。

B项,处于相对功利取向阶段的儿童的道德价值来自对自己要求的满足,他们不再把规则看成是绝对的、固定不变的,评定行为的好坏主要看是否符合自己的利益。与题意不符,排除。

C项,寻求认可取向阶段也称好孩子的道德定向阶段,这一阶段儿童的价值是以人际关系的和谐为导向,顺从传统的要求,符合大众的意见,谋求大家的称赞。在进行道德评价时,总是考虑到社会对一个"好孩子"的期望和要求,并总是按照这种要求去展开思维。题干中的儿童以"好孩子"为取向,处于寻求认可取向阶段。答案为C。

D项,遵守法规取向阶段也称维护权威或秩序的道德定向阶段,这一阶段儿童的道德价值是以服从权威为导向,包括服从社会规范,遵守公共秩序,尊重法律的权威,以法制观念判断是非、知法守法。与题意不符,排除。

9. D 【解析】本题考查心理辅导技术。个别辅导过程中常用的心理辅导技术有行为矫正技术、认知改变技术、情绪调控技术和积极暗示技术。

A项,暗示是指用含蓄或间接的方法,使某种信息在人的心理、生理、行为方面产生影响,从而按照一定的方式行动或接受某种信念与意见。教师通过有针对性的、积极的语言作用,对学生的心理活动施加影响,从而调节其认知、情绪、意志、信心等以消除或减轻其问题症状,称之积极暗示技术。A项不符,排除。

B项,行为矫正是指通过适当的强化手段,增进学生积极行为的发生,减少并逐渐克服不良行为的一种技术。行为矫正技术旨在帮助学生塑造良好行为和改变偏差行为。B项不符,排除。

C项，认知改变技术是指根据人的认知过程影响其情绪和行为的理论假设，通过改变学生的不良认知，从而调整其情绪和行为的一种心理辅导技术。C项不符，排除。

D项，情绪调控是指有效地调节和控制自己或他人的情绪，使之对个人的行为产生积极影响的过程。个别辅导中的情绪调控技术包含以下内容：(1)帮助学生认识、接纳和面对自己的情绪；(2)引导学生宣泄和恰当地表达情绪；(3)增加积极情绪体验；(4)帮助学生学会控制、疏导情绪。题干中老师告诉学生不高兴时可以跑步、打球、散步、听音乐、大声喊叫等，这属于情绪调控技术中的“引导学生宣泄和恰当地表达情绪”，故答案为D。

10. A 【**解析**】本题考查学习策略的种类。A项，元认知策略是指学生对自己整个学习过程的有效监视及控制的策略，包括计划策略、监控策略和调节策略。其中，调节策略是指在学习过程中根据对认知活动监视的结果，找出认知偏差，及时调整策略或修正目标；在学习活动结束时，评价认知结果，采取相应的补救措施，修正错误，总结经验教训等。题干中学生在考试过程中依据实际情况调整自己的答题速度或解题思路，这属于调节策略的运用，故答案为A。

B项，认知策略是学习者加工信息的方法和技术，包括复述策略、精加工策略和组织策略。

C项，精加工策略是指把新信息与头脑中的旧信息联系起来从而增加新信息意义的深层加工策略。常用的精加工策略有记忆术、做笔记、提问、生成性学习、运用背景知识联系客观实际等。

D项，资源管理策略是辅助学生管理可用环境和资源的策略，包括时间管理策略、环境管理策略、努力管理策略和学业求助策略。

11. B 【**解析**】本题考查知识学习的类型。奥苏伯尔根据新知识与原有认知结构的关系，将知识学习分为下位学习、上位学习和并列结合学习。

A项，上位学习又称总括学习，是在学生掌握一个比认知结构中原有概念的概括和包容程度更高的概念或命题时产生的。后学习的“脊椎动物”“无脊椎动物”两个概念的概括程度低于原先掌握的“动物”概念，题干所述学习不属于上位学习。

B项，下位学习又称类属学习，是一种把新的观念归属于认知结构中原有观念的某一部分，并使之相互联系的过程。原有观念在包容和概括程度上高于新学习的知识。原先掌握的“动物”概念的概括程度高于后学习的“脊椎动物”“无脊椎动物”两个概念，题干所述学习属于下位学习，故本题选B。

C项，奥苏伯尔从学生学习的方式上，将学习分为接受学习与发现学习。发现学习是指人类个体经验的获得是源于学习活动中主体对经验的直接发现或创造，并非由他人的传授而得。排除C项。

D项，并列结合学习又称组合学习，是在新命题与认知结构中原有的命题既非下位关系又非上位关系，而是一种并列的关系时产生的。“动物”和“脊椎动物”“无脊椎动物”这三个概念具有明显的上下层级关系，题干所述学习不属于并列结合学习。

12. A 【解析】本题考查注意的品质。注意的品质包括注意的稳定性、注意的广度、注意的分配和注意的转移。

A项，注意不稳定表现为注意的分散，也叫分心。注意的分散是指注意离开了当前应当完成的任务而被无关的事物所吸引。它使我们不能清晰地认识事物，所以我们必须和它做斗争。题干中，萍萍在数学课堂上却想着春游的事情，注意力没有集中在当前的课堂学习上，这种心理现象属于注意的分散，故答案为A。

B项，注意的动摇也称注意的起伏，是指短时间内注意周期性地不随意跳跃现象。它是由人的感受性不能长时间地保持固定的状态，而是间歇性地加强和减弱造成的。

C项，注意的分配是指人在进行两种或多种活动时能把注意指向不同对象的现象，表现为“一心二用”。

D项，注意的转移是根据新的任务，主动地把注意从一个对象转移到另一个对象或由一种活动转移到另一种活动的现象。萍萍被春游的事情分散了注意力，并没有将注意转移到课堂学习上来，题干不涉及注意转移，D项排除。

13. D 【解析】本题考查课程类型。活动课程又称经验课程，是指围绕学生的需要和兴趣、以活动为组织方式的课程形态，即以学生的主体性活动的经验为中心组织的课程。这类课程注重学生的直接经验，A、C项排除。

综合课程是指打破传统的分科课程的知识领域，组合两门或两门以上学科领域而构成的一门学科。综合课程强调知识的丰富性和联系性，B项排除。

分科课程是一种单学科的课程组织模式，它强调不同学科门类之间的相对独立性，强调一门学科的逻辑体系的完整性。从课程开发来说，分科课程坚持以学科知识及其发展为基点，强调本学科知识的优先性；从课程组织来说，分科课程坚持以学科知识的逻辑体系为线索，强调本学科自成一体。故本题答案选D项。

14. B 【解析】本题考查《学记》中蕴含教学原则的语句。《学记》提出：“大学之法，禁于未发之谓豫，当其可之谓时，不陵节而施之谓孙，相观而善之谓摩。此四者，教之所由兴也。”意思是大学施教的方法：在学生的错误没有发生时就加以防止，叫作预防；在适当的时机进行教育，叫作及时；不超越受教育者的才能和年龄特征而进行教育，叫作合乎顺序；互相学习，取长补短，叫作观摩。这四点，是教学成功的经验。故A、C项排除。

《学记》提出："幼者听而弗问，学不躐等也。"意思是：年长的学生请教教师，年少的学生要注意听，而不要插问，因为学习应循序渐进，不能越级。故"学不躐等"体现了循序渐进教学原则，本题选B。

《学记》提出："独学而无友，则孤陋而寡闻。"意思是：一个人独自学习，而缺乏学友之间的交流切磋，就会导致知识狭隘，见识短浅，见闻不广，孤陋寡闻。这句话强调了互相交流、学习的重要性，与题意不符，D项排除。

15. B 【**解析**】本题考查《义务教育课程方案（2022年版）》的具体内容。《义务教育课程方案（2022年版）》提出，为落实培养目标，义务教育课程应遵循以下基本原则：(1)坚持全面发展，育人为本；(2)面向全体学生，因材施教；(3)聚焦核心素养，面向未来；(4)加强课程综合，注重关联；(5)变革育人方式，突出实践。其中，"变革育人方式，突出实践"原则强调，要加强课程与生产劳动、社会实践的结合，充分发挥实践的独特育人功能。突出学科思想方法和探究方式的学习，加强知行合一、学思结合，倡导"做中学""用中学""创中学"。优化综合实践活动实施方式与路径，推进工程与技术实践。积极探索新技术背景下学习环境与方式的变革。本题答案选B项。

16. A 【**解析**】本题考查班级授课制的优点。班级授课制是把学生按年龄和文化程度分成固定人数的班级，教师根据课程计划和规定的时间表进行教学的一种组织形式。这种教学组织形式能使一定数量的学生同时在较短时间内系统地掌握知识和技能，有利于经济有效地、大面积地、高效率地传授知识、培养人才。故本题答案选A项。

道尔顿制是由美国教育家柏克赫斯特创建的一种新的教学组织形式。运用这种方法时，教师不再讲授，只为学生指定自学参考书、布置作业，由学生自学和独立完成作业后，向教师汇报学习情况和接受考查。排除B项。

特朗普制是由美国教育家劳伊德·特朗普在20世纪50年代创立的一种教学组织形式。它把大班上课、小组讨论、个人自学结合在一起，以灵活的时间单位代替固定统一的上课时间。C项排除。

文纳特卡制是美国教育家华虚朋创立的教学组织形式，其指导思想和道尔顿制大致相同，做法则完全不一样。它把课程分成两部分：一部分按学科进行，由学生个人自学读、写、算和学习历史、地理方面的知识与技能；另一部分是通过音乐、艺术、运动、集会，以及开办商店、组织自治会来培养学生的"社会意识"。前者通过个别教学进行，后者通过团体活动进行。D项排除。

17. D 【**解析**】本题考查教学评价的类型。过程性评价是在教育、教学活动的计划实施的过程中，为了解动态过程的效果，及时反馈信息，及时调节，使计划、方案不断完善,以便顺利达到预期的目的而进行的评价。A项排除。

终结性评价也称为总结性评价,是在一个大的学习阶段、一个学期或一门课程结束时对学生学习结果的评价。总结性评价常在学期中或学期末进行。题干中的期中考试、期末考试属于终结性评价,但杨老师并未以单次考试结果评价学生,而是对比学生过去与现在的表现来评价学生,故题干所述不符合终结性评价的含义,B项排除。

相对性评价又称为常模参照评价,它主要依据学生个人的学习成绩在该班学生成绩序列或常模中所处的位置来评价和决定他的成绩的优劣,而不考虑是否达到教学目标的要求。C项排除。

个体内差异评价是对被评价者的过去和现在进行比较,或将评价对象的不同方面进行比较。题干中的杨老师因芸芸的期末考试成绩相较于期中考试成绩有所进步而表扬了她,这体现的是个体内差异评价。本题选D。

18. A 【**解析**】本题考查课外活动的特点。课外活动具有选择性和自愿性、伸缩性和广泛性、灵活性和多样性、独立性和自主性、参与性和实践性。其中,从活动的性质上看,课外活动具有选择性和自愿性,这是与课堂教学的根本区别。学生可以根据自己的兴趣、爱好、特长和能力,自由选择、自愿参加课外活动,学校和教师对学生的活动选择可以提出要求和指导,但不宜做强制规定。故本题选A项。

与其他教学形式相比较,课堂教学有较强的组织性、计划性,教学进度上具有同步性。B、C、D项与题意不符,排除。

19. B 【**解析**】本题考查课程观。不同学者对课程的理解不同,因而产生了不同的课程观。“课程即对话”是一种后现代的课程观。该观点认为课程不是预先设定,是动态生成的,是教师与学生围绕一定的“文本”所开展的对话活动。因此,该课程观允许学生与教师在会谈和对话之中创造出比现有的封闭性课程结构所可能提供的更为丰富、更为个性化的内容。课程不再是教师或学生的独角戏,而是师生共同合作生成的。“课程即对话”的课程观关注学习者的主体作用,A项排除。

“课程即知识”特别强调课程计划(教学计划)、课程标准(教学大纲)、教科书等所谓看得见、摸得着的客观存在物。这种观点的一般特点在于:(1)课程体系是以科学逻辑组织的;(2)课程是社会选择和社会意志的体现;(3)课程是既定的、先验的、静态的;(4)课程是外在于学习者的,并且基本上是凌驾于学习者之上的——学习者服从课程,在课程面前是接受者的角色。B项强调的是知识的作用,没有体现学习者的主体作用,本题选B。

“课程即经验”认为只有被学生真正经历、理解和接受了的东西才是课程。这种观点的一般特点在于:(1)课程往往是从学习者的角度出发和设计的;(2)课程是与学习者的个人经验相联系、相结合的;(3)强调学习者作为学习主体的角色。C项排除。

"课程即活动"认为课程是受教育者各种自主活动的总和。这种观点的特点有:(1)强调学习者是课程的主体,以及作为主体的能动性;(2)强调以学习者的兴趣、需要、能力、经验为中介实施课程;(3)强调活动的完整性,突出课程的综合性和整体性,反对过于详细的分科;(4)强调活动是人的心理发生发展的基础,重视学习活动的水平、结构、方式,特别是学习者与课程各因素的关系。D项排除。

20. B 【解析】本题考查结课方式。教师所讲一堂课的最后一个问题的最后一句话落地,下课的铃声正好响起,这便是自然式结课。A项排除。

总结式结课即用准确简练的语言,提纲挈领地把整堂课的主要内容加以总结概括归纳,给学生以系统、完整的印象,促使学生加深对所学知识的理解和记忆,培养其综合概括能力。题干中李老师把数字形状与生活中的常见事物联系起来,将10以内的数字总结成一首生动、通俗易懂的数字儿歌,学生通过诵读儿歌来巩固所学知识,这属于总结式结课。本题选B。

游戏式结课是根据学生的年龄与心理特点,把小结与游戏结合起来,以游戏作小结,寓教于乐。C项排除。

教师在教学结课时使用设立悬念的方法,使学生在"欲知后事如何"时却戛然而止,从而给学生留下一个有待探索的未知数,激起学生学习新知识的强烈欲望,使"且听下回分解"成为学生的学习期待。这就是悬念式结课。D项排除。

二、简答题(参考答案)

21. 简述美育的主要任务。

(1)帮助学生树立正确的审美观点,提高审美能力。

(2)培养学生健康的审美情趣,激发他们对美的热爱和追求。

(3)发展学生表现美和创造美的能力。

(共10分。完整、准确答出美育的三个主要任务得满分;答出"树立正确的审美观点""培养健康的审美情趣""发展表现美和创造美的能力"等要点酌情给6~9分)

22. 简述少先队活动的基本形式。

(1)队会。(2)礼仪活动。(3)阵地活动。(4)参观、访问、旅行及各种社会实践。(5)夏(冬)令营活动。

(共10分。每点2分,完整、准确答出五种活动形式得满分;答出"队会""礼仪活动""阵地活动""实践活动""夏(冬)令营活动"等关键词酌情给6~9分)

23. 根据班杜拉的理论,影响自我效能感形成的主要因素有哪些?

(1)个人自身行为的成败经验。这一效能信息源对自我效能感的影响最大。(2)替代经验。(3)言语暗示。(4)情绪唤醒。

(共10分。答案完整、准确得满分;答出“成败经验”“替代经验”“言语”“情绪”等关键词酌情给6~8分)

三、材料分析题(参考答案)

24.(1)通过家访前后小亮的变化可知,班主任艾老师的教育行为是正确的,促进了学生的发展,值得广大教师学习。

①班主任的职责和任务包括全面了解学生,深入分析学生思想、心理、学习、生活状况,促进学生全面发展,以及主动与学生家长联系,努力形成教育合力等。材料中,面对“问题学生”小亮,艾老师在多次批评教育无果后,主动进行家访了解小亮的情况,与家长进行沟通,做到了了解学生、家校合作,履行了班主任的职责和任务。

②新课改倡导教师要树立正确的学生观、教学观和教师观。教师在教育教学中要以学生为本,认识到学生是处于发展过程中的人,尊重、赞赏、帮助、引导学生,成为学生学习的促进者。材料中,艾老师在家访中了解到小亮的家庭情况后,打消了“告状”的念头,并且转变教育方式,表扬小亮懂礼貌、会帮父母做家务,做到了尊重、赞赏学生;安排小亮负责监督班级卫生工作,对小亮尽职尽责的表现及时给予表扬,帮助、引导小亮成长;小亮在老师的正确引导下改正了缺点,获得了成长与进步。这些都表明艾老师在教学中做到了以学生为本,用发展的眼光看待学生,采取合理措施积极促进学生成长。

③长善救失原则也称依靠积极因素,克服消极因素原则,是指在德育工作中,教育者要善于依靠、发扬学生自身的积极因素,调动学生自我教育的积极性,克服消极因素,以达到长善救失的目的。材料中,艾老师对小亮懂礼貌、会帮父母做家务、监督卫生工作尽职尽责的优点进行表扬,从而使小亮逐渐改变了迟到、不认真听讲、不按时完成作业的不良习惯,做到了发挥积极因素,克服消极因素。

④因材施教原则是指教育者在德育过程中,应根据学生的年龄特征、个性差异以及品德发展现状,采取不同的方法和措施,加强德育的针对性和实效性。材料中,艾老师针对小亮的缺点及其家庭情况,采取表扬、安排监督卫生工作等措施来引导小亮改正缺点,取得进步,做到了因材施教。

(共8分。点评艾老师行为正确得2分;从班主任的职责和任务、新课程倡导的教育观念、德育原则等角度至少答出三点得6分,每点理论阐述准确1分,每点结合材料分析合理1分)

(2)小学教师应该树立“以人为本”的儿童观。

①学生是发展中的人。具体表现为:A.学生的身心发展是有规律的,教师必须依

据学生的身心发展规律和特点开展教育活动。B. 学生具有巨大的发展潜能。教师必须坚信每个学生都是可以积极成长的,是可以获得成功的,对教育好每一个学生都应充满信心。C. 学生是处于发展过程中的人。学生正在发展与成长,所以学生是一个不成熟的人,是一个在教师指导下不断成长的人,教师要积极、及时给予学生正确的指导。

②学生是独特的人。具体表现为:A. 学生是完整的人。在教育活动中,必须反对那种割裂人的完整性的做法,还学生完整的生活世界,丰富学生的精神生活,给予学生全面展现个性的时间和空间。B. 每个学生都有自身的独特性。独特性也意味着差异性,教师要尊重学生的差异,使每个学生都得到完全、自由的发展,因材施教。C. 学生与成人之间存在着巨大的差异。教师应把学生看成孩子,而不是一个成人。

③学生是具有独立意义的人。具体表现为:A. 每个学生都是独立于教师的头脑之外,不以教师的意志为转移的客观存在。教师不能将自己的意志与知识强加给学生,否则就会挫伤学生学习的主动性和积极性。B. 学生是学习的主体。教师应引导学生而不是代替学生做出选择。C. 学生是责权的主体。学生既是权利主体也是责任主体,教师要保护学生的合法权利,引导学生学会负责,学会承担责任。

(共12分。答出“树立‘以人为本’的儿童观”得3分;答出“学生是发展中的人”“学生是独特的人”“学生是具有独立意义的人”三点且针对每点进行具体阐述,表述准确、完整得9分)

25. (1)张老师的教学行为是正确的,值得学习。

①故事导入是教师通过讲解与所要学习内容有关的故事、趣事,进而引发学生学习动机的一类教学导入形式。材料中,张老师通过讲述“天狗吃月亮”的民间故事引出“月食”这一概念,采取故事导入的方法引入课题,符合小学生的发展特点,吸引了学生的注意力,激发了学生学习的兴趣和积极性。

②直观性原则是指在教学活动中,教师应尽量利用学生的多种感官和已有的经验,通过各种形式的感知,使学生获得生动的表象,从而比较全面、深刻地掌握知识。材料中,张老师采取语言讲述结合多媒体播放的形式使学生直观感受“月食”现象形成的过程和原理,体现了直观性教学原则。

③科学性和思想性(教育性)相统一原则是指教学要以马克思主义为指导,授予学生科学知识,并结合知识教学对学生进行社会主义品德和正确人生观、科学世界观教育。材料中,张老师不仅教授学生科学知识,还引导学生认识到我们的祖国拥有悠久的历史和灿烂的文化,要将祖国建设得更加强大,这表明张老师在教学中将教书和育人有机地结合起来,符合科学性和思想性相统一的原则。

④讲授法是教师运用口头语言系统连贯地向学生传授知识、技能，发展学生智力的教学方法。演示法是指教师通过展示实物、直观教具，进行示范性的实验或采取现代化视听手段等，指导学生获得知识或巩固知识的方法。材料中，张老师娓娓道来“月食”的形成过程和原理，运用了讲授法；采用多媒体课件则运用了演示法。

（共10分。评价张老师的行为正确、合理得1分；从教学导入、教学原则、教学方法等角度答出至少三点得9分，每点理论阐述准确2分，每点结合材料分析合理1分）

（2）①教师要保证教学的科学性。教师传授的知识应当是科学正确的，这是教学的最基本要求。教师要树立终身学习意识，不断更新自身知识，教学严谨，阐述准确，保证知识的正确性。

②教师要结合教学内容的特点进行思想品德教育。教师要用马克思主义的立场、观点和方法，深入研究课程标准和教材，发掘教材的思想性，将思想品德教育与学科教学相结合，有目的地对学生进行情感态度和价值观念的教育。教师要注重寓教育于教学之中，不要脱离教材内容进行空洞和牵强附会的说教。

③教师要通过教学活动的各个环节对学生进行思想品德教育。教师在课堂教学、课外辅导、批改作业、考试、考查和成绩评定等各个环节都要注意融入思想品德教育。

④教师要不断提高自己的业务能力和思想水平。教师应不断提高自身修养，用自己高尚的思想和情感、严谨的治学态度、实事求是的作风来影响学生，注重言传身教。

（共10分。答案完整、准确得满分；答出“保证科学性”“结合教学内容特点进行思想教育”“在各环节中进行思想品德教育”“提高自身业务能力和思想水平”等要点并展开阐述酌情给6～9分）

四、教学设计题（参考答案）

26.（1）小学语文课程所要培养的核心素养包括：文化自信、语言运用、思维能力、审美创造四个方面。通过本文的学习，学生能够理解、掌握本篇课文中的字词，感受到祖国长城的壮观和气势，增强对中国建筑美的感知，同时发现隐藏在祖国各地壮丽山河的美，培养热爱祖国的情感。

（共8分。答出“文化自信”“语言运用”“思维能力”“审美创造”四个方面得4分，少答一点扣1分；结合本文教学合理阐述四个核心素养得4分，少答一点扣1分）

（2）教学目标

①认识“崇、峻、嘉”等8个生字，会写“崇、旋、嘉、砖”等13个生字，正确读写“堡垒、智慧”等词语；正确、流利、有感情地朗读课文，感受长城的雄伟气势。

②了解长城气势雄伟、高大坚固等特点，感受作者对祖国的热爱之情，以及对古代劳动人民智慧的赞叹之情。

③了解长城的结构并学习作者观察和表达的方法。

④激发民族自豪感，产生了解“世界遗产”的兴趣。

（共10分。根据课后生字词，答出会认、会写、会读生字词得2分；从阅读课文方面回答，答出正确、流利、有感情地朗读课文得2分；能够引导学生了解长城的特点，感受作者表达的感情得2分；能够引导学生了解长城的结构，学习作者观察、表达的方法得2分；答出激发学生的情感和兴趣得2分）

（3）第一课时教学活动过程

①开门见山，直观导入

课件展示长城相关的纪录片和图片，引导学生谈谈自己对长城的认识。

过渡：长城是中华民族的象征，是中华儿女的骄傲，它以自身的魅力吸引着成千上万的国内外游客前来游览。今天，我们就来学习《长城》。

补充资料：长城的简介。

【设计理由】第二学段的学生对长城并不陌生，但多数学生的认识只局限于名字。以纪录片和图片的形式导入，能够吸引学生的注意力和激发学生的学习兴趣，并让学生对长城有一个直观的感受。

②初读课文，学习生字新词

学生默读课文，自学生字新词。

教师指名学生朗读课文，帮助学生解决读不准的生字新词。

教师课件出示生字新词，指导学生动笔书写。

【设计理由】《义务教育语文课程标准（2022年版）》要求学生能够“用普通话正确、流利、有感情地朗读课文。初步学会默读”。学生在默读、朗读中，能够掌握生字新词，理解词句的意思。

③再读课文，了解课文大意

A. 学生自读课文，圈画出自己不理解的内容，教师适时指导。

B. 分段朗读，思考：每个段落分别写了哪些内容。

C. 小组交流讨论，厘清文章脉络。

第一自然段：远看长城，简要介绍长城，强调长城的长。

第二自然段：近看长城，具体介绍长城结构，突出长城高大坚固的特点。

第三自然段：由长城展开联想，歌颂古代劳动人民的智慧和创造。

第四自然段：总结全文，赞美长城是世界历史上的“伟大的奇迹”。

D. 师生互动，学生自由表达对长城的印象。

【设计理由】通过圈画的阅读方法，能够引导学生对课文中不理解的地方提出疑问。在小组交流讨论和师生互动中，既能够鼓励学生勇于表达自己的看法，增强学生的自信心，还能够帮助学生进一步理解课文大意。

④作业布置

A. 为长城写一段导游词。

B. 搜集一些关于长城的故事、传说等，下节课互相交流。

【设计理由】《长城》这篇课文作为引领学生开启中国的"世界遗产"之旅的第一扇窗，不但表现了长城的高大坚固和雄伟壮观，还赞美了我国古代劳动人民的勤劳、智慧和力量，抒发了作者的民族自豪感和对祖国的热爱之情。布置相关的作业，能够帮助学生拓宽知识面，进一步了解长城，增强民族自豪感，培养热爱祖国的思想情感。

（共22分。第一课时教学活动过程：通过相关的纪录片、图片等方式导入，引导学生初步认识长城得2分；"初读课文"运用默读、指名读等多种阅读方法得2分，围绕学习生字词展开得2分；"再读课文"运用圈画的阅读方法得2分，发挥教师的引导作用得2分，运用交流讨论、师生互动等方法鼓励学生自由表达得2分，引导学生了解段落大意、厘清文章脉络得2分；布置长城相关的作业，引导学生进一步了解长城得2分。设计理由：从学情方面分析以纪录片、图片方式导入课文对学生的好处得1.5分，结合课标内容阐述初读和再读环节的设计理由得3分，从教材方面分析作业布置的理由得1.5分；若不结合学情、课标、教材，可酌情扣0.5～1.5分）

27. (1)合理利用现代信息技术，提供丰富的学习资源，设计生动的教学活动，促进数学教学方式方法的变革。在实际问题解决中，创设合理的信息化学习环境，提升学生的探究热情，开阔学生的视野，激发学生的想象力，提高学生的信息素养。本节课中，教师可通过多媒体课件展示角的组成、大小及相关图形，激发学生的学习兴趣，发展学生的空间观念，提高学生的信息技术素养。

〔共10分。答出《义务教育数学课程标准(2022年版)》课程理念中"促进信息技术与数学课程融合"的具体内容可得6分；结合材料答出"通过多媒体展示角的组成、大小"等内容可得4分〕

(2)教学目标

①初步认识角，知道角的各部分的名称，能够辨认角，感知角有大有小。

②从实物或平面图形中辨认角，了解角在日常生活中的应用，培养初步的应用意识、几何直观和量感。

③在合作、探究学习中培养协作精神与交流能力，增强学习数学的信心。

④通过分组讨论、实践操作等活动,增强合作交流的意识。

(共10分。从“四基”“四能”“核心素养”“情感态度”四个方面设计教学目标,陈述明确具体可得10分,内容不完整、阐述不具体酌情扣2~4分)

(3)教学过程

①温故导入

师:小朋友们仔细想一想,我们学过了哪些平面图形?

生:长方形、正方形、三角形、圆、平行四边形。

师:说得真好,老师这里还有一种平面图形,你知道它的名字吗?(课件出示图形“五角星”)

生:五角星。

师:为什么它叫五角星呢?

生:因为它有五个角,长得像星星。

师:你们太聪明了! 因为这个星形图上有五个角,所以它的名字叫五角星。角也是我们数学王国里的一个好朋友,今天就让我们一起走进角的世界,来认识一种新的图形——角。

【设计理由】由平面图形到五角星,进而引出“角”,既联系了学生的生活经验和已有知识,创设生动有趣的情境,又为下面学习数学上的角做好准备。

②走进生活,讲授新知

A. 发现生活中的角。

师:小朋友们平时有没有仔细观察过咱们的教室? 实际上教室里有很多的角藏在我们身边,现在大家以组为单位一起来找一找,这间教室里哪里有角? 找到后每个小组派一位代表分享你们小组的发现。

学生分组寻找角,讨论总结后派代表汇报。

教师课件展示教室里的角的图片并评价。

师:小朋友们真厉害,找到了这么多的角,现在就让我们为这些角揭下美丽的外衣,看看它们到底长什么样子。(变换课件,将图片中教室里的角用抽象的线条展示)仔细观察这些角,你们发现了什么?

生1:这些角,都有一些尖尖的点。

师:你真是一个会观察的孩子! 除了都有一个尖尖的点以外,还有人发现了这些角的其他特点吗?

生2:还有两条直直的线。

师:你也很棒! 发现角除了有一个尖尖的点,还有两条直直的线。

【设计理由】把生活引进课堂,由生活中的角抽象为数学上的角,让学生感受到数学与生活的密切联系,激发学生的学习乐趣。

B. 认识角各部分的名称。

师:请看屏幕,刚刚我们通过集体的力量认识了角。发现角有一个尖尖的点,这个尖尖的点就叫作角的顶点。顶点旁边这两条直直的线叫作角的两条边。小朋友们仔细看这个角,这个点叫什么?

生:顶点。

师:真棒!那两条线呢?

生:边。

师:太棒了!那老师考一考你们,能不能指出这些角的顶点和边?

教师课件出示不同的角的图形,请学生上台指出。

C. 指出平面图形上的角。

师:你们太了不起了,这么快就认识了我们的好朋友——角。那咱们一起来看一看,黑板上的这几个平面图形,哪几个平面图形上有角?

生:长方形、正方形、三角形。

师:大家同意吗?(学生齐答同意)看来圆形上没有角,咱们先把它请下来好吗?(好)

师:既然大家都认为长方形、正方形和三角形上有角,那大家能指出这三个图形上的角在哪里吗?(能)

师:这三个图形老师都把它们放在了你们桌子上的小信封里,选择你们最喜欢的一个图形,指一指它的角吧!开始行动!

师:谁愿意拿着图形到前面指给大家看?

请三位学生依次上台指出三个图形中的角。

【设计理由】从识角到辨角,让学生巩固角的组成。

D. 试一试。

师:既然我们已经认识了角,还能指出角,那我们来一起做个游戏。信封里还有2根硬纸条和小图钉,现在把2根硬纸条钉在一起,出现了一个什么图形?

生(动手操作后回答):出现了一个角。

师:很不错,那现在活动角的两边,可以把角变大变小吗?

生(活动硬纸条后回答):可以,两根硬纸条张开的角度越大,形成的角越大。

师:将信封里剩下的2根硬纸条分别延长到角的两边,现在角的大小有变化吗?

生:没有变化,角的大小和边的长短无关。

师:大家观察与总结的能力真强!

【设计理由】利用学具资源,在师生互动的过程中,学生手脑并用,认识到角的大小与两条边张开的角度大小有关,与边的长短无关,突破了教学重难点。

③巩固训练,拓展提高

A. 看一看。下面的图形中哪些是角?哪些不是角?

B. 比一比。钟面上时针和分针形成的三个角中,哪个最大?哪个最小?

【设计理由】本环节既培养了学生应用知识的能力,又将所学知识进行延伸拓展,使学生既长知识,又长智慧。

④归纳总结,共同点评

师:今天,我们认识了角,知道了角各部分的名称,还会找角。如果老师用一个符号评价大家,你猜是什么?

师:对,老师就用"√"来评价你们,这上面有角吗?请一个同学上来指一指。

【设计理由】教师总结,鼓励学生,既巩固知识,又能增强学生信心。

⑤课下作业,拓展延伸

运用今天所学知识找一找家中的角,与父母分享。

(共20分。①教学过程设计可以用温故导入、情境导入、激趣导入等方式引出课题,得2分;②新知部分引导学生经历发现角—认识角—辨别角—做大小不同的角—巩固训练的过程,体现学生的主体地位和教师的主导作用可得10分,没有体现可酌情减2~3分;③有对知识的运用,得2分;④有全课小结、作业布置,得2分。⑤导入、新知讲授、总结、布置作业等环节的设计理由阐述合理,得4分)

28. (1)对话教学有四个基本环节,分别是热身/导入、新知呈现、课堂操练及巩固拓展。

①热身/导入。热身/导入有助于充分调动学生的学习兴趣,吸引他们的注意力,让他们在轻松愉快的气氛中从旧知识过渡到新知识,为新知识的教授做好铺垫。

②新知呈现。该阶段主要是让学生接触语言目标,感知语音与语义。

③课堂操练。该阶段主要是让学生在感知、理解句型的基础上,通过一些简单的活动,对对话进行整体的操练。

④巩固拓展。学习英语的目的在于运用和交际,在这个重要的环节,教师应多引导学生在一些真实意义的活动中,创造性地拓展语言能力,通过一定的语言情境,充分地利用所学的知识。

(共4分。对话教学步骤包括热身/导入、新知呈现、课堂操练及巩固拓展部分,答出四个环节得2分,四个环节的解释明晰得2分)

(2)Teaching aims

①Students can master the pronunciations, meanings and spellings of the words "a pair of, lawyer, silver..." and learn the sentence patterns "What is he wearing? He is wearing...".

②Students can use the new words and sentences to talk about someone's clothing in real situation and their speaking ability will be improved.

③Students can be aware of the importance of cooperation and dare to speak English in public.

④Students' interest in learning English can be improved.

〔共9分。教学目标具体对应本课内容,且基于核心素养的四个方面(语言能力、文化意识、思维品质、学习能力)来确定,目标具体、可测,表述准确各2分;教学目标表述的行为主体是"学生",得1分。若教学目标的设计不具体、可操作性低的,酌情扣1~1.5分〕

(3)Practice

Activity 1 Read after the recording

Let students listen to the recording and read after it to correct the pronunciation and intonation.

Let students pay attention to the key vocabularies and sentences.

【设计理由】听录音可以巩固学生的发音,增强识记效果。

Activity 2 Role-play

Students work together to role-play the dialogue. All of the boys act as Mike, all of the girls act as Guoguo. Then exchange. After the activity, teacher will give them positive comments.

【设计理由】通过合作进行角色扮演,不仅能够巩固句型,还能锻炼学生的听说能力。

(共27分。①课堂操练从形式上分为机械操练和意义操练,各占10分。机械操练包括跟读、朗读等,以便学生形成正确的语言习惯,为交际活动打下基础;意义操练多为交际化活动。若为单一性质的操练，则酌情扣5～10分。在该环节，教师的角色是“组织者”或“指挥者”，学生处于主体地位，若不能体现该重要得分点，酌情扣0.5～1.5分。

②活动有设计理由可得4分；活动设计有目的性、全面性和参与性可得1分；教学活动设计部分整体表达完整、合理、通顺得2分）

29.（1）《草原就是我的家》是一首原汁原味的蒙古族短调民歌。歌曲为$\frac{2}{4}$拍，六声羽调式，一段体结构。歌曲的旋律明朗豪放，有着进行曲雄壮有力的特点，节奏较为整齐，使得歌曲简单、易唱，表现了小小年纪的蒙古族儿童对草原、家乡深深的热爱之情。

（共4分。答出歌曲的“音乐风格”“调式”“节拍”“情感”4点得4分，每点1分）

（2）教学目标

①审美感知、文化理解：通过音乐与舞蹈的结合，能够充分感受蒙古族民歌与舞蹈的特点，了解和热爱祖国的音乐文化，培养民族意识和爱国主义情操。

②艺术表现：能用不同的速度演唱《草原就是我的家》，学会蒙古族舞蹈中硬腕、骑马等动作，能够边唱边进行表演。

③创意实践：学会用声势和打击乐器为歌曲伴奏。

（共9分。教学目标“体现课程标准要求”得2分，“紧扣唱歌课课型”得2分，“符合低年段小学生的认知规律”得2分，“设置明确且合理具体”得2分，“贴合作品实际”得1分；若设置“大”而“空”，酌情扣1～2分）

（3）学唱歌词环节的教学活动及设计理由

①教师范唱，并提问：说说这首歌的情绪是怎样的？小牧民是怎样介绍他的家乡的？

②听教师唱后，学生交流歌词内容，感受歌曲情绪。

③按节奏拍手学念歌词，解决难读的字词。

④教师指导学生用自豪的感情朗读歌词，注意用高位置的发声方法朗读，注意语气。

⑤教师范唱一句，学生跟唱一句。

⑥师生接唱：学生唱前两句，教师唱后两句。

注意“飞”“彩”“我”“小”“红”这几个字都是一字唱两个音。

⑦交换接唱,重点学唱后两句难句。

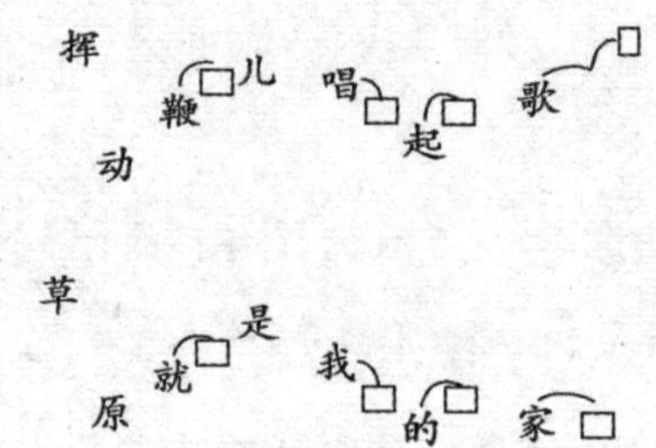

学生根据图谱学唱,注意一字多音的地方要演唱得连贯一些。

⑧教师伴奏,学生齐唱歌曲,教师发现问题并逐个解决。

【设计理由】教学内容由易到难,循序渐进,学生得以充分掌握演唱技巧。通过图谱直观教学,帮助学生有效解决学习难点。

⑨教师启发学生自己编创动作,边做边念歌词。如:

"蓝蓝天空飞彩霞"动作:双手高举两侧,左右动手腕,模仿蒙古族舞蹈的硬腕动作。

"骑上了我的小红马"动作:骑马动作。

"挥动鞭儿唱起歌"动作:右手高举做挥鞭状,然后双手放在嘴边做呼喊动作。

"草原就是我的家"动作:双手从胸前慢慢向两边打开,然后放在胸前。

【设计理由】调动动觉,让学生在玩中学、动中学、乐中学。丰富有趣的唱游活动可以培养学生的节奏感、韵律感和初步的艺术表现能力,对激发学生的音乐学习兴趣、促进学生身心健康成长具有积极作用。

(共27分。①"学唱歌词环节设置新颖且自然"得5分,"学唱歌词环节完整且连贯"得5分,"紧扣教学目标"得4分,"贴合作品"得4分,"行文流畅"得2分,若没有体现新颖可酌情扣1~2分,不完整或逻辑不清晰可酌情扣2~3分。②答出设计理由得7分,其中"贴合新课标"得5分,"逻辑清晰"得2分,若没有贴合新课标且逻辑不清晰可酌情扣2~3分)

30.(1)"武术基本动作——弹踢"的动作要点:挺胸、直腰、绷脚面、收髋,弹击有力,力达脚尖。

(共4分。写出"挺胸、直腰""绷脚面、收髋""弹击有力""力达脚尖"这4个关键点,得4分,1个关键点1分)

(2)小学中年级"武术基本动作——弹踢"的教学目标

①能说出"武术基本动作——弹踢"技术的动作要领,通过学习初步掌握"武术基本动作——弹踢"技术。

②发展身体的柔韧性、灵敏性和协调性,提高动作的准确性和连贯性。

③养成吃苦耐劳、勇敢、自信的良好品质,体验学会技能时的喜悦。

(共9分。分别从"能说出并初步掌握弹踢技术动作要领""发展身体素质""养成良好品质"三个大的方面具体阐述,教学目标完整得9分,1个方面3分;若设置的教学目标"大"而"空",要酌情扣1~2分)

(3)教学环节

【准备部分】

①体育课堂常规

A. 体育委员整队,报告人数;B. 师生问好;C. 教师宣布本节课的内容;D. 教师检查服装,强调课堂安全;E. 教师安排见习生。

②热身活动

A. 绕操场慢跑两圈;B. 体育委员出列,带领大家做徒手操。

【设计理由】课堂常规的安排可以使学生快速进入课堂状态,充分的热身活动可以大大降低课堂中出现运动损伤的可能性。

【基本部分】

①教师完整示范

教师进行完整的"武术基本动作——弹踢"的动作示范。

②教师分步骤讲解

教师分步骤讲解"武术基本动作——弹踢"的动作要领,并指出动作的重难点。

③学生练习,教师巡回指导

A. 原地进行分解练习,先做提膝动作,再做弹踢动作。

B. 原地进行完整动作练习。

C. 在原地练习已经熟练掌握动作的基础上,做行进间弹踢动作练习。

④展示评优

学生分小组完整展示弹踢动作。

学生互选评出优秀学生,教师给予激励性评价。

【设计理由】学习由易到难、循序渐进,符合新课标的教学原则。分小组展示既能检验学生掌握程度,又能巩固动作熟练度。评选优秀学生,增强学生信心,激发学生对武术的兴趣。

【结束部分】

①教师带领学生做放松操;②教师集合学生,进行总结;③宣布下课,师生再见。

【设计理由】放松操可以适当放松学生状态,结束课堂,同时督促学生课下进行练习。

（共27分。教学环节的“准备部分”应包括“课堂常规”和“热身活动”且设计合理，确保能起到热身的效果，可得4分；“基本部分”应包括“教师示范”“教师讲解”“学生练习”“展示评优”等主要环节，且每个环节的设计紧扣教学目标、符合小学中年级学生的认知规律，可得14分；“结束部分”应包括“放松操”“教师总结”和“宣布下课”3个方面且设计合理，可得3分。“准备部分”“基本部分”和“结束部分”的设计理由言之有理得6分）

31. (1)①象形文字是指用简单而形象的客观事物的粗略图形记录语言，并有固定读音和意义的文字，由图画文字演化而来。②象形文字的特征是简洁生动、图文结合，与图画文字相比象征性和抽象性较强。

（共4分。答出象形文字的含义、特征两个关键点，且阐述清晰、完整、准确得4分，少答一点或阐述不完整酌情扣1～2分）

(2)①审美感知：初步了解象形文字的艺术特点，学会根据字意进行联想，并为文字配上相应的背景。

②艺术表现、创意实践：在学习象形文字的过程中，比较象形文字与现代汉字的不同点，并用颜色叠加或油水分离的方法进行文字与底色的创作。

③文化理解：通过对象形文字的学习，感受象形文字所反映的文化内涵，领会象形文字对文化发展所做出的贡献和价值，激发学习汉字的兴趣。

（共9分。目标涵盖“审美感知”“艺术表现”“创意实践”“文化理解”四个核心素养，围绕“了解象形文字的艺术特点，学会根据字意进行联想”“用颜色叠加或油水分离的方法进行创作”“感受象形文字所反映的文化内涵”三点进行具体阐述，阐述完整、合理得9分，少答一点扣3分）

(3)①活动一：教师展示现代汉字与象形文字的图片，并提出问题：什么是象形文字？它与现代的汉字有什么区别？使学生在对比中逐渐了解象形文字是由图画文字演化而来的文字。

【设计理由】通过图片的展示，使学生直观感知与比较象形文字和现代汉字的不同之处。通过提问，引导学生思考象形文字的特点，激发学生继续学习的兴趣。

②活动二：教师组织“看图猜字”的趣味游戏，学生分小组参与。

教师先展示象形文字图片，学生观察图片进行联想、识别，判断图片中的象形文字表示生活中的哪一事物或现象。

教师再展示与象形文字对应的实际事物或现象的图片，组织学生分小组探讨象形文字是如何表达实物或现象的。

小组派代表回答问题，得出象形文字是通过抓住事物的最突出特点来表现的。

【设计理由】通过趣味游戏、图片展示、小组讨论的方式，引导学生去思考、联想，进一步体会象形文字的特点。

③活动三：教师展示考古出土的象形文字图片及各类象形文字画作，提出问题：怎样可以让象形文字更生动呢？

学生观察、思考后回答：可以为象形文字增加相应的背景，以绘画的形式使其更生动。

教师范画，让学生认识到通过不同的材料及色彩表现方法，可以使象形文字更加生动形象。

【设计理由】不同材料和色彩的作品展示可以启发学生思考，教师的示范能让学生更加直观、清晰地理解象形文字绘画的完整创作过程。

④活动四：教师请学生尝试创作一幅带背景的象形文字作品。

学生在绘画的过程中，教师巡视，对有问题的学生及时给予帮助。

【设计理由】学生自己尝试绘画创作，可以培养其理解和实践能力，体验绘画创作的乐趣。

（共27分。①新课讲授环节以“什么是象形文字”“学会根据象形文字图片联想字意”“创作带背景的象形文字作品”为主题进行设计，教学内容完整得16分，内容不完整、设计不合理可酌情扣5~6分；②有课堂提问环节得2分；③有教师示范带背景的象形文字的创作过程得2分；④符合一年级学生认知得2分；⑤教学活动设计理由阐述合理得5分）

2022年下半年中小学教师资格考试真题试卷(三)

一、单项选择题

1. B 【解析】本题考查制约教育发展规模和速度的主要因素。生产力的发展水平制约着教育发展的规模和速度。教育发展需要人力、物力、财力和时间，一个国家能为教育提供怎样的投入水平，不是由社会制度和人们的主观愿望决定的，其本质上是由社会的经济水平决定的。有多少人能够接受教育、接受什么类型的教育以及学科和专业的设置等都是由经济发展的速度和水平决定的。一般而言，教育发展的规模与速度，取决于生产力发展所提供的物质条件和生产力发展对教育事业所提出的要求。故本题答案选B项。

A项，社会政治经济制度对教育发展的影响和制约表现在以下几方面：(1)社会政治经济制度决定教育的领导权；(2)社会政治经济制度决定受教育权；(3)社会政治经济制度决定教育目的；(4)社会政治经济制度决定着教育内容的取舍；(5)社会政治经济制度决定着教育体制;(6)社会政治经济制度制约教育的改革与发展。(7)尽管政治经济制度对教育有着巨大的影响和制约,但教育相对独立于社会政治经济制度。

C项,文化对教育发展的影响和制约表现在以下几方面:(1)文化观念影响教育观念;(2)文化对教育具有价值定向作用;(3)文化发展促进学校课程的发展;(4)文化影响教育目的的确立;(5)文化影响教育内容的选择;(6)文化影响教育教学方法的使用。

D项,人口对教育发展的影响和制约表现在以下几方面:(1)人口数量影响和制约着教育发展;(2)人口质量影响和制约着教育发展;(3)人口结构影响和制约着教育发展。

2. B 【解析】本题考查教育的本质。教育的本质属性是育人,即教育是一种有目的地培养人的社会活动,这是教育区别于其他事物现象的根本特征,也是教育的质的规定性。夸美纽斯认为,只要通过教育,任何人的德行和才能都能得到发展。“假如要形成一个人,就必须由教育去形成。”“只有受过恰当的教育之后,人才能成为一个人。”夸美纽斯的话强调了教育对人的发展的影响,在一定程度上揭示了“教育是有目的地培养人的社会活动”这一本质属性。故本题答案选B项。

3. C 【解析】本题考查蔡元培的“五育并举”教育方针内容。蔡元培于1912年发表了《对于教育方针之意见》一文,批判清末教育宗旨“忠君、尊孔、尚公、尚武、尚实”,认为“忠君与共和政体不合,尊孔与信教自由相违”,主张共和时代须立于人民立场以定标准。他从“养成共和国民健全人格”的目的出发,提出军国民教育、实利主义教育、公民道德教育、世界观教育、美育“五育并举”的教育方针。蔡元培认为,军国民教育虽已不合时代潮流,但中国需外御强邻、内平军阀,非实行不可;实利主义教育是出于发展国家经济和实业的考虑,同时又承担着智育功能;公民道德教育是将法国大革命的自由、平等、亲爱与中国的义、恕、仁相贯通,以克服贫富、强弱、智愚之争;世界观教育意在培养人立足于现象世界又超脱现象世界而贴近实体世界的观念和精神境界;美育介于现象世界与实体世界之间而为联结桥梁,是实现世界观教育的主要途径。故本题答案选C项。

4. A 【解析】本题考查榜样示范法。榜样示范法是用榜样人物的优秀品德来影响学生的思想、情感和行为的德育方法。它符合小学生仰慕先进、易受英雄行为感染、喜好模仿的心理特点,通过示范榜样人物的成长经历和言行,把抽象的道德规范具体化、形象化、人格化,生动、直观、有效,因而对小学生具有强烈的感染力和说服力,不仅影响他们的思想意识,而且感染熏陶他们的情感,激励他们从内心产生巨大的动力,以形成优良品质。故本题答案选A项。

5. C 【解析】本题考查壬戌学制。一战后，留美派主持的全国教育会联合会以美国学制为蓝本，提出了学制改革的方案，于1922年颁布了壬戌学制，即通称的六三三制。壬戌学制受实用主义教育的影响，适应社会进步的需要，发扬平民教育精神，谋求个性的发展，注重生活教育，在学校系统上以儿童身心发展时期为根据，规定小学六年，初中三年，高中三年。

易错提示：旧中国的四个学制的蓝本及地位是易混易错点，考生可通过以下表格进行识记。

学制	蓝本	地位
壬寅学制	日本学制	第一个现代学制，只颁布未施行
癸卯学制	日本学制	第一个正式实施
壬子癸丑学制	主要受日本学制影响	我国教育史上第一个具有资本主义性质的学制
壬戌学制	美国学制	标志中国资产阶级教育制度的确立

6. B 【解析】本题考查教师劳动的特点。教师劳动的创造性主要表现在以下三个方面：(1)因材施教；(2)教学方法上的不断更新；(3)教师需要“教育机智”。“教学有法”是说教学是有规律可循，有原则可据，有方法可用，有形式可取，而不是无章可循、无规可守，更不是可以完全随心所欲的。“教无定法”是说教学方法不是一成不变、僵化死板、程序固定的刻板模式，不仅不同教师采用的教法可以不同，就是同一教师在不同时间对不同对象采用的教法也可能不同；不仅不同学科、不同课程内容采用的教法可以不同，就是同一学科、课程、内容在不同时间、不同对象中采用的教法也可能不同。因此，教师既要根据依据选择得当方法，更要根据实际和情境灵活地、创造性地运用。题干语句强调了教师要不断更新、灵活选择和运用各类教学方法，这体现了教师劳动的创造性特点。故本题答案选B项。

A项，教师劳动的繁重性是由教师所担任多方面的教育任务决定的。教师既教书又育人，使学生在德、智、体、美、劳诸方面得到全面发展。既要关心学生学习的进步，又要关心他们政治思想进步和身体健康；既要在课内系统全面地传授科学文化知识，又要在课余组织学生开展各种丰富多彩的活动，指导学生过好团队生活，发展他们的兴趣和爱好；既要全面指导学生在校内的生活和学习，又要关心他们在校外的交往和活动，对学生进行家访和交谈。

C项，教师劳动的示范性指教师的言行举止，如人品、才能、治学态度等都会成为学生学习的对象。

D项，教师劳动的长期性指人才培养的周期比较长，教育的影响具有迟效性，如“十年树木，百年树人”。

7. D 【解析】本题考查雷雨天气安全知识。雷雨天气发生时，容易遭受雷击，致人受伤甚至死亡。遇到雷雨天气时，如在室外，应立即进入建筑物内并关闭门窗，以免遭受雷击。在室外且无建筑物遮蔽时，不要在空旷的地方停留，尽量寻找低凹地藏身，或者立即下蹲、双脚并拢、双臂抱膝、头部下俯，尽量降低身体的高度。如果手中有导电的物体，要迅速地抛到远处，千万不能拿着这些物品在室外奔跑，否则会成为雷击的目标。遇到雷电时，一定不能在高耸的物体下站立。故ABC三项做法错误，本题答案选D项。

8. A 【解析】本题考查遗忘规律。艾宾浩斯的遗忘曲线表明：遗忘在学习之后立即开始，最初遗忘速度很快，随着时间的推移，遗忘的速度逐渐缓慢下来，过了相当长的时间后，几乎不再发生遗忘。由此看出，遗忘是有规律的，即遗忘的进程是不均衡的，其趋势是先快后慢、先多后少，呈负加速，且到一定的程度就几乎不再遗忘了。故本题答案选A项。

B、C两项为干扰项，排除。耶克斯—多德森定律表明，动机水平与行为效果呈倒U型曲线，D项为无关项，排除。

9. A 【解析】本题考查气质的类型。

气质类型	特征	典型表现
胆汁质	精力旺盛、粗枝大叶、表里如一、刚强、易感情用事	情绪易激动，反应迅速，行动敏捷，暴躁而有力；在语言、表情、姿态上都有一种强烈而迅速的情感表现；在克服困难上有不可遏制和坚韧不拔的劲头，但不善于考虑是否能做到；性急，易爆发而不能自制
多血质	反应迅速、有朝气、活泼好动、动作敏捷、情绪不稳定	敏捷好动，善于交际，在新的环境里不感到拘束；在工作、学习上富有精力而效率高，表现出机敏的工作能力，善于适应环境变化；在集体中精神愉快，朝气蓬勃，愿意从事符合实际的事业；能迅速地把握新事物，在有充分自制能力和纪律性的情况下，会表现出巨大的积极性；情感易变，如果事业不顺利，热情可能消失，其消失速度与投身事业时一样迅速；从事多样化的工作往往成绩卓越
黏液质	稳重，但灵活性不足；踏实，但有些死板；沉着冷静，但缺乏生气	态度持重，交际适度，不作空谈；情感上不易激动，不易发脾气，也不易流露情感；能自制，也不常常显露自己的才能；能长时间坚持不懈，有条不紊地从事自己的工作
抑郁质	敏锐、稳重、体验深刻、外表温柔、怯懦、孤独、行动缓慢	感受能力较强；易动感情；情绪体验方式较少，但是体验持久而有力；能观察到别人不易觉察到的细节，对外部环境变化敏感；内心体验深刻；行为表现非常迟缓、怯弱、怀疑、孤僻、优柔寡断；容易恐惧

小明敏捷活泼，善于适应环境变化，说明其气质类型属于多血质。故本题答案选A项。

10. D 【解析】本题考查加里培林的心智技能形成阶段理论。

阶段	含义或特点
活动的定向阶段	活动的准备阶段。所谓定向，是使学生了解、熟悉活动对象，使他们知道做什么和怎样做，从而使学生在头脑中构成关于心智活动和活动结果的表象，以便对活动本身及其结果进行定向
物质活动或物质化活动阶段	物质活动是指运用实物进行心智活动，物质化活动是指运用实物的模型、图片、言语、示意图等进行活动
出声的外部言语活动阶段	这个阶段的特点是活动离开了它的物质或物质化的客体，以出声的外部言语形式来完成实在的活动
无声的外部言语活动阶段	这个阶段是从出声言语向内部转化开始，到以内部不出声的言语自由叙述为止。它是以词的声音表象、动觉表象为支柱而进行智力活动的阶段
内部言语活动阶段	心智技能形成的最后阶段。本阶段的主要特点是智力活动压缩、自动化，很少发生错误

题干中，小学生需要利用小石子、小木棒、手指等实物来完成计算活动，表明其智力活动处于物质活动或物质化活动阶段。故本题答案选D项。

11. B 【解析】本题考查奥苏伯尔关于学习动机的分类。根据学校情境中的学业成就动机的不同，奥苏伯尔等人把动机分为认知内驱力、自我提高内驱力和附属内驱力三个方面。其中，认知内驱力是指学生渴望认知、理解和掌握知识，以及陈述和解决问题的需要。这种内驱力大多是从好奇倾向中派生出来的。题干中，小红对数学问题充满好奇心和探究兴趣，这种学习动机属于认知内驱力。故本题答案选B项。

A项，成就动机理论的主要代表人物是阿特金森。阿特金森认为，成就动机由两种有相反倾向的部分组成，一种称之为力求成功，即人们追求成功和由成功带来积极情感的倾向性；另一种称之为避免失败，即人们避免失败和由失败带来的消极情感的倾向性。题干中，小红的学习动机是因好奇心和探究兴趣而产生，这与成就动机的概念不符，故排除A项。

C项，自我提高内驱力是指个体因自己的学业成就而获得相应的地位和威望的需要。

D项，附属内驱力是指个体为了获得长者们（如家长、教师等）的赞许或认可，而表现出来的把工作、学习做好的需要。

12. C 【解析】本题考查小学生思维的发展。小学生的思维在从具体形象思维为主逐渐向抽象逻辑思维为主的过渡中会出现“飞跃”或“质变”。一般认为，这个关键年龄出现在小学四年级（约10～11岁）。如果教育条件适当，这个关键年龄可以提前到三年级。故本题答案选C项。

依据我国心理学教授朱智贤、林崇德的理论学说，儿童与青少年的思维发展在年龄特征上表现为如下几个阶段和特点：

年龄阶段	思维发展的特点
从出生到3岁	主要是直观动作思维
幼儿期或学前期	主要是具体形象思维
学龄初期或小学期	主要是形象抽象思维，即处于从具体形象思维向抽象逻辑思维的过渡阶段
少年期	主要是以经验型为主的抽象逻辑思维，对事物的抽象离不开具体的经验
青年初期	主要是以理论型为主的抽象逻辑思维

故A项与题干年龄阶段不符，排除；B项思维发展阶段的顺序错误，排除；D项思维发展阶段的顺序错误，直观动作思维的下一阶段是具体形象思维，排除。

13. A 【解析】本题考查课程类型的分类依据。从课程内容的组织方式来划分，课程可分为分科课程与综合课程。故本题答案选A项。B项，从课程计划对课程实施的要求来划分，课程可分为必修课程与选修课程。C项，从课程内容的固有属性来划分，课程可分为学科课程与活动课程。D项，按课程设计、开发、管理主体（层次）或制定者不同来划分，课程可分为国家课程、地方课程和校本课程。

14. C 【解析】本题考查教学目标的陈述。A项，知识与技能目标可参考选择的行为动词有背诵、默写、复述、辨认、比较、解释、归纳、概括、运用、计算等。C项，过程与方法目标常用的行为动词有经历、尝试、感受、体验、参加、参与、觉察、倾听、探究等。D项，情感态度与价值观目标可用的行为动词有认可、欣赏、喜欢、克服、养成、形成、具有、树立、体会等。B项是干扰项，本题答案选C项。

15. D 【解析】本题考查小学生适用的评价方式。新课改提出要建立与素质教育理念相一致的评价与考试制度。改变课程评价过分强调甄别与选拔的功能，发挥评价促进学生发展、教师提高和改进教学实践的功能。“等级+评语”评价是用“等级+评语”的形式来检查、评定学生课程学习的学业成绩和教学效果。等级，重点是对学生智力和情感品质的价值判断，即把学生在练、测、考中智力情感水平品质的优、良、中、差记为A、B、C、D四等。评语，是对学生个体间在练、测、考中的智力情感水平品质的表现差异、个体智力、个体心理特点和情感水平所作间接的文字表述。同时使用等级与评语两种手段，能够满足学习心理活动、课程教学要求和不同心理特点学生的全面要求，符合素质教育的理念。本题选D项。

16. A 【解析】本题考查课程计划的概念。课程计划是根据一定的教育目的和培养目标,由教育行政部门制定的有关学校教育和教学工作的指导性文件。课程计划体现了国家对学校教育和教学工作的统一要求,是学校组织教育和教学工作的重要依据。它具体规定了教学科目的设置(课程设置)、学科顺序(课程开设顺序)、课时分配(教学时数)、学年编制和学周安排。故本题答案选A项。

B项,课程标准是国家根据课程计划以纲要的形式编定的有关某门学科内容及其实施、评价的指导性文件。它规定了学科的教学目标、任务,知识的范围、深度和结构,教学进度以及有关教学方法的基本要求,是编写教科书和教师进行教学的直接依据,也是衡量各科教学质量的重要标准。

C项,培养方案是学校各个专业人才培养的总体规划与安排,是学校培养人才,组织、实施、管理、评估教学活动的主要依据与纲领性文件。

D项,教学大纲是课程标准的旧称。我国从2001年开始推行第八次基础教育课程改革,以课程标准取代原来使用的"教学大纲"概念。

17. B 【解析】本题考查课程实施的取向。辛德、波林和扎姆沃特归纳出课程实施的三个基本取向:忠实取向、相互适应取向和创生取向。其中,创生取向又称为课程缔造取向,创生取向者认为,课程实施本质上是在具体教育情境中缔造新的教育经验的过程,教师的角色是课程开发者。"用教材教"和"教教材"是两种不同的教材观。"教教材"是指把教材当圣经,恪守教材,不敢越雷池半步。而"用教材教"体现了以课程标准为依据,把教材作为重要教学资源而不是唯一资源的教学思路,属于课程实施的创生取向。故本题答案选B项。

A项,课程实施的忠实取向者认为,课程实施过程就是忠实地执行、落实课程方案的过程。实施的课程越接近课程计划,实现程度越高,就越忠实,课程实施也就越成功。

C项,姜勇提出"实践取向"的课程实施,认为"课程实施的实践取向是指课程实施应从教育现场出发,根据教育现场中发生的实际情况,作为课程实施者的教师应与课程设计者展开对话、沟通与交流,在此基础上达成共识,并在课堂教学实践中不断修改与完善课程实施的一种过程"。

D项,课程实施的相互适应取向者认为,课程实施过程是课程计划与班级或学校实际情境在课程目标、内容、方法、组织模式诸方面相互调整、改变与适应的过程,强调课程实施不是单向的传递、接受,而是双向的互动与改变。

18. D 【解析】本题考查《学记》中语句的含义。《学记》指出:"善教者,使人继其志。其言也,约而达,微而臧,罕譬而喻,可谓继志矣。"意思是说:优秀的教师会使学生由衷地跟着他指引的路子去努力学习。教师的讲解能引人入胜，就在于语言简练而透彻，说理微妙而精善，举例不多而诱导得法。这样就会使学生跟着他指引的路子去努力学习，坚定志趣，收到教学的预期效果。这句话强调了教学语言要简约明达，言简意赅。故本题答案选D项。A项语句体现了循序渐进原则，B项语句体现了启发性原则，C项语句强调预防的重要性。

19. C 【解析】本题考查实习作业法。实习作业法是指教师根据学科课程标准要求，指导学生运用所学知识在课上或课外进行实际操作，将知识运用于实践的教学方法。这种方法在自然学科的教学中占有重要的地位，如数学课的测量练习、生物课的植物栽培和动物饲养等。题干中，王老师要求学生利用所学的长方形面积计算公式去实际测量自己房间的面积，这是运用了实习作业法。故本题答案选C项。

A项，实践研究法又称经验总结法，是指在不受控制的自然状态下，根据日常教学中所获得的事实和现象，通过分析概括，上升到理论高度的一种研究方法，也是一线教师用来归纳总结自己的体会和感受的一种研究方法。实践研究的形式主要有备课、观摩课、评课、制作音像教材和电子教材等。

B项，实验教学法是指教师引导学生使用一定的仪器和设备，进行独立操作，以引起某些事物和现象产生变化，从而使学生获得直接经验，培养学生技能和技巧的教学方法。实验教学法常用于物理、化学、生物等自然学科的教学。

D项，实物演示法是指教师根据教学内容的需要，在课堂或特定的场合通过展示相关实物和直观的教具，或者进行一些示范性的操作和演示，使学习者通过观察和体验获得感性认识的教学方法。

20. C 【解析】本题考查教学评价的类型。个体内差异评价是对被评价者的过去和现在进行比较，或将评价对象的不同方面进行比较。题干中的老师能从学习成绩、劳动积极性等不同方面去评价学生，这属于个体内差异评价。故本题答案选C项。

A项，相对性评价又称为常模参照评价，它主要依据学生个人的学习成绩在该班学生成绩序列或常模中所处的位置来评价和决定他的成绩的优劣，而不考虑是否达到教学目标的要求。

B项，绝对性评价又称为目标参照评价、标准参照评价，它主要依据教学目标和教材编制试题来测量学生的学业成绩，判断学生是否达到了教学目标的要求，而不以评定学生之间的差异为目的。

D项，总结性评价也称为终结性评价，是在一个大的学习阶段、一个学期或一门课程结束时对学生学习结果的评价。

二、简答题(参考答案)

21. 简述学习动机强度与学习效果的关系。

学习动机的强度影响学习效果,学习效果又反作用于学习动机。

(1)学习动机对学习效果的影响可分为两个方面:一方面是总体上整个动机水平对整个学习活动的影响;另一方面是在具体的学习活动中学习动机对学习效果的影响。

①总体而言,在一般情况下,学习动机与学习效果的关系是一致的。学习动机越强,有机体对学习活动的积极性就越高,学习效果就越佳,表现为学习动机可以促进学习,提高成绩。

②对一项具体的学习活动而言,学习动机与学习效果的关系并不是那么简单。只有当学习动机的强度处于最佳水平时,才能产生最好的学习效果。"耶克斯—多德森定律"表明:动机不足或过分强烈都会影响学习效果。

(2)学习效果反作用于学习动机。良好的学习效果可以激发或增强学生的学习动机。

(共10分。答案完整得满分。总述学习动机与学习效果相互影响的关系2分;答出学习动机对学习效果的影响要从总体、具体学习活动两方面看待2分,从总体情况具体阐述学习动机与学习效果的关系是一致的2分,从一项具体学习活动角度阐述学习动机与学习效果关系遵循耶克斯—多德森定律2分;答出良好的学习效果能激发或增强学习动机2分)

22. 简述小学德育中实施奖惩的要求。

(1)公平、正确、合情合理;(2)发扬民主,获得群众支持;(3)注重宣传与教育;(4)奖励为主,抑中带扬。

(共10分。答案完整、正确得满分;答出"公平合理""发扬民主""注重宣传与教育""奖励为主"等关键词,可酌情给6~8分)

23. 简述文献检索在教育研究中的作用。

(1)能全面正确地掌握所要研究的问题的情况,帮助研究人员选定课题和确定研究方向;(2)为研究提供科学的论证依据和研究方法;(3)避免重复劳动,提高科学研究的效益;(4)为解释、验证研究结果提供参考资料。

(共10分。答案完整、准确得满分;答出"选定课题和确定研究方向""提供论证依据和研究方法""提高研究效益""提供参考资料"等关键词,可酌情给6~8分)

三、材料分析题(参考答案)

24. (1)依据现代学生观和我国《教育法》相关规定,材料中学生通过座谈会向学校反映任课教师的教学问题的行为是合法、合理的；学生在了解自身行为对任课教师造成伤害后向老师真诚致歉的行为是值得赞扬的，体现了新型师生关系特点。

①现代学生观认为，学生是具有独立意义的人。材料中，学生对王老师动不动发脾气、为小事大发雷霆的行为有意见，体现了学生是具有独立意义的人，有自己的感受和看法，不是老师意志的附庸。

②现代学生观认为，学生是学习的主体和责权的主体。学生有权依法表达对教师教学的意见。材料中，学生通过学校组织的座谈会这一合理途径向学校反映王老师的教学问题，针对教学质量提出建议，体现了学生对学习的责任心，合理反映自身意见。

③我国《教育法》规定，受教育者依法享有"参加教育教学计划安排的各种活动"的权利，包括课堂教学、讲座、课堂讨论、考试、座谈会等活动。材料中，学生参加学校组织的座谈会并针对教师教学提出意见，是在依法行使受教育者的权利。

④学生的行为体现了新型师生关系特点中的尊师爱生和心理相容。材料中，学生的反馈使得王老师感到生气、委屈，学生在了解自身行为对王老师造成了伤害后，通过纸条向王老师解释原因并真诚地表示歉意，王老师也认识到了自身做法的不妥之处，这体现了学生对老师的爱与尊重以及师生之间的心理相容，也促进了师生关系的和谐发展。

（共10分。点评材料中学生行为合理，1分；从现代学生观、受教育者的权利、师生关系等角度具体分析阐述，答出至少三点，每点3分，其中理论阐述1分，结合材料分析2分）

（2）①成为学生喜欢的老师，要求老师树立正确的学生观，主动观察和了解学生，多对学生的学习情况进行反思以及自我反思。材料中的王老师应当多了解学生，对自身教学进行反思，改善课堂氛围。

②成为学生喜欢的老师，要求老师热爱、尊重学生，对学生充满爱心，忌讳粗暴对待学生。材料中的王老师应当控制好情绪，以合适的方式教育学生，不要动辄大发雷霆、"痛骂"学生，要学会尊重学生。

③成为学生喜欢的老师，要求老师提高自我修养，健全人格。材料中的王老师应当端正态度，努力提高师德修养、知识能力素养，培养健全人格，采取恰当、合理的教学方式，正确对待学生。

（共10分。从"树立正确学生观""热爱、尊重学生""提高修养"等角度答出至少三条，表述清晰、内容饱满、结合材料得满分。从其他角度作答，言之有理、结合材料亦可）

25.(1)材料中李老师的做法是正确的。

①学生是具有独立意义的人,是学习的主体。材料中,李老师面对几位考满分的学生上课心不在焉的情况,及时调整教学策略,让这些学生也参与进课堂教学中,使讲评课上得生动、活泼,调动了学生的积极性,尊重了学生的主体地位。

②教学是课程创生与开发的过程。教师和学生是课程的有机构成部分,是课程的创造者和主体,他们共同参与课程开发的过程。材料中,李老师面对课堂中出现的问题,没有按原来的教学方案执行,而是及时调整教学策略,让全班学生都参与到讨论中,既巩固了旧知又拓展了新思路,这一做法说明李老师遵循了新课改倡导的教学是课程创生与开发的过程。

③启发性原则是指在教学活动中,教师要调动学生的主动性和积极性,引导他们通过独立思考、积极探索,生动活泼地学习,自觉地掌握科学知识,提高分析问题和解决问题的能力。材料中,李老师请做对题的学生讲解做题思路和方法,让其他同学提问并进行讨论,启发了学生思维,产生了许多新的解题思路和方法。

④教育机智是指教师能根据学生新的特别是意外的情况,迅速而正确地做出判断,随机应变地采取及时、恰当而有效的教育措施解决问题的能力。材料中,李老师能依据课堂实际教学情况,及时调整教学策略,活跃了课堂气氛,取得了良好的教学效果,这表明李老师具有较高的教育机智。

(共10分。点评李老师行为正确、合理,1分;从新课程倡导的教育观念、教学原则、教师劳动特点等角度答出至少三点,每点3分,理论阐述1分,结合材料分析2分)

(2)教学过程的预设是指课前进行有目的、有计划的设想与安排。这要求教师深入理解和钻研教材,以学科课程标准为依据,把握教材编写意图和教学内容的教育价值,并在此基础上实现对教材的再创造。教学过程的生成是指在师生和生生之间的合作、对话、碰撞中,现时生成的超出教师预设方案的新问题、新情况。这要求教师能够及时把握,因势利导,适时调整预案,使教学活动收到更好的效果。教学过程中的预设与生成是共存、互补的关系,预设是生成的起点,在实践中生成以预设为基础。材料中,当李老师发现考满分的学生的问题后,及时调整了教学策略,因势利导,组织大家提问和讨论,最终促进了学生的发展,这体现了教学过程中的生成性。

(共10分。完整、准确答出"预设"与"生成"的含义,各3分;阐述"预设"与"生成"二者是共存、互补的关系,2分;结合材料阐述李老师的教学体现了生成性,2分)

四、教学设计题(参考答案)

26.(1)《场景歌》是把一组数量词归类识字的课文,课文把数量词分类集中在四幅不同的场景图中,第一小节展示的是一幅海滩风景图,需要学生识记五个生字;第二小节展示的是一幅乡村风光图,需要学生识记两个生字;第三小节展示的是一幅公园美景图,需要学生识记三个生字;第四小节描绘的是少先队员的活动场景,需要学生识记六个生字。学习本篇课文的主要目的是让学生欣赏美丽景色、感受美好生活,同时认识事物,认识表示事物的汉字,初步感知不同事物的数量词的表达方式并在生活中运用。课文以简单词组组成的儿歌形式呈现,读起来朗朗上口,符合二年级学生的年龄特征。学生通过对本文的学习,能够培养主动、独立识字的能力,通过形声字、以往经验等多种识字方法识记生字。

(共10分。指出课文类型得1分,从国家通用语言文字学习的角度对课文内容进行说明得2分,指出学习课文的主要目的得3分,准确指出课文的呈现形式并答出符合学生年龄特征得2分,说明学生学习课文的意义得2分)

(2)教学目标

①认识"帆、艘"等10个生字,会写"处、园"等10个生字;正确、流利地朗读、背诵课文。

②初步了解数量词的用法,培养想象和表达的能力。

③留心观察周围事物,并尝试用数量词表达熟悉的事物。

④欣赏歌曲,培养音乐审美能力。

(共10分。从会认、会写生字和朗读、背诵课文两方面回答,每方面得2分;提出关于数量词的学习要求得2分;提出观察事物并运用数量词进行语言表达得2分;答出培养音乐审美能力得2分)

(3)《场景歌》教学思路与方法

①视频导入

播放四个场景(海滩、乡村、公园、少先队活动)组合的微视频,引出课文——有人用文字记录下了视频里的场景。

②初读课文,整体感知

初读课文,读准字音。(学生自由读)

整体把握文本。课文呈现了海滩、乡村、公园、少先队活动四个场景,把四个不同的场景编在一起就成了一首有趣的《场景歌》。

师范读,引导学生注意"一"字的读音,指导学生读好"一"的变调。

生练读。(齐读、开火车读)

③再读课文,深入分析

A. 学习第一小节

出示海滩视频,让学生说说视频场景里有什么。(海鸥、帆船、军舰、港湾)

学生合作读词语，引导学生从“港、湾”两字都有三点水来理解港湾和水有关。

引导学生识记“帆、艘、军、舰”。

指导朗读，多媒体配音。

B. 学习第二小节

a. 视频回顾，出示乡村图片。乡村场景里有哪些美景？（鱼塘、稻田、垂柳、花园）分别出示图片，读第二节，并借助方形鱼塘图片，引导学生理解“一方鱼塘”。

b. 识记“稻”“园”。

引导学生从偏旁猜测“稻”的意思。动画展示农民们是怎么用抛秧苗的方式种稻子的。结合动画加深识记“稻”字，并引导学生理解为什么是“一块”稻田。

引导学生交流识记“园”，理解“一片花园”。

c. 朗读。指名读，引导学生读出乡村风景的美妙。

C. 学习第三小节

出示第三节，学生读，猜场景。引导学生找出公园场景中的事物——小溪、石桥、翠竹、飞鸟。师生合作读。

结合字源识记“翠”字，理解“一丛翠竹”，指导读。

齐读第三小节，并用自己的话介绍公园美景。

D. 学习第四小节

重现少先队活动画面，引导学生用自己的话说说这个场景里发生了什么事情。

了解“红领巾”的象征意义，领会引号的作用。

指导识记“队”，理解“一队”“红领巾”。

识记“铜”“号”，自由交流识记方法。

“铜”，形声字方法识记。“号”，结合以往学习经验识记。

E. 齐读全文。

④学习数量词

研读文本，发现课文共同点——每小节都有数量词“一只、一条、一艘……”。

结合课文内容讲解数量词。

引导学生找出文中的量词，圈画出来。

拓展不同的量词，延伸其他场景含有量词的短语。

⑤指导写字

视频里的每个场景都很美，现在需要你们帮忙制作海报，吸引更多的人来观看。字幕上少了几个字，请你们学写这几个字帮助完成海报。出示要求会写的字，进行结构分类。

A. 左右结构：桥、群、队、旗、铜、领。

哪些笔画有了变化：如桥字，木字旁捺变点。

宽窄比例：左窄右宽“桥、队、旗、铜、领”，左右宽窄相当“群”（横画较多，注意横的长短不同，以及间距相同）。

易错字“旗”：不能漏了右侧就像小帽子的一撇一横。

B. 全包围结构：园。

“园”大口框要写得大些，“元”字第一横较短。

上下结构“号”：上小下大，上紧下松，口字略小。

独体字“巾”：学生对照田字格，自行观察书写。

半包围结构“处”。学生对照田字格自行仿写。

⑥背诵课文，小结作业

出示单幅图，设置填空，引导学生背诵。

整个视频回放，通过不同场景图片，引导学生背诵。

回家之后给爸爸妈妈写一写今天学过的字。

（共20分。导入部分共2分，能激发学生的学习兴趣得1分，与课文密切相关得1分；“初读课文”部分共2分，多种方式朗读得1分，把握课文内容得1分；“再读课文”部分共6分，有对每个小节内容的讲解教学得2分，有对生字的教学得2分，有发挥教师的引导、点拨作用得1分，让学生朗读课文得1分；单独提出数量词的教学得4分，其中对课文中数量词的教学得2分，引导学生联系生活拓展其他数量词得2分；有对学生的写字指导得4分，其中能根据不同生字的特点，提出不同的识字与写字的方法得2分，能明确指出不同生字的特点得1分，为学生创设一个有趣的教学情境得1分，如果教学内容枯燥，只是单纯的知识灌输，则酌情扣2～4分；教学设计中有引导学生背诵课文的相关内容得1分，有让学生回家练习学过的生字的相关内容得1分）

27.（1）数学思想

转化与化归——将待解决的小数乘整数，通过某种转化过程（单位换算），归结到一类已经能解决或者比较容易解决的问题（加法、整数乘整数）中去，借此来获得原问题的解决的一种思想方法。

运算规律：一个因数扩大几倍，另一个因数不变，那么它们的积也扩大几倍，要想保证最后结果不变，相应的积要缩小为原来的几分之一。

（共8分。从“将小数乘整数转化为较为容易解决的问题”的角度出发，答出“体现转化、化归的数学思想”，可得4分；答出小数乘整数的运算规律，内容正确、语言清楚明确，可得4分）

(2)①掌握小数乘整数的计算方法，能正确地进行笔算，并能对其中的算理做出合理的解释。

②探索计算方法的过程中，进一步体会数学知识之间的内在联系，提高数感和运算能力，渗透转化思想。

③体会小数乘法在实际生活中的应用，体会到生活中处处有数学，数学在实际生活中有着广泛的应用。

（共12分。答出“掌握小数乘整数的计算方法”“体会数学知识之间的内在联系”得4分，“提高数感和运算能力”“渗透转化思想”得4分，“感受小数乘法在生活中的广泛应用”得4分）

(3)①活动一 探究9.5×3的计算方法

学生根据教材中的情境可以很容易列出算式：9.5×3。

教师抛出问题：这样的式子有什么样的特点？我们该如何来进行计算呢？

让学生先自主探究，再合作交流，发现：9.5×3是一个小数乘一个整数，并引导学生通过以前的知识来解决。预设学生会有以下几种不同方案：

方案一：把乘法转化为加法进行计算。

方案二：把元和角拆分来进行计算，先算9元乘3再加上5角乘3。

方案三：通过单位换算，把元化为角来进行计算，计算95角乘3，再把角化为元。

方案四：……

教师将几种不同的算法列举在黑板上，并让学生分别对上述几种计算方法进行评价，引导学生列竖式计算。

【设计理由】小组合作学习既体现了团队精神，也能使学生在集体探究的过程中碰撞出创新的火花，培养学生的创新能力。

②活动二 探究小数乘整数的笔算方法

在集体评价的基础上，教师紧接着提问：如果小数不代表钱，我们又该如何来计算呢？

组织学生自由讨论，并和学生一起归纳出：可以通过积不变定理，把小数乘法转化为整数乘法来进行计算：先把9.5扩大10倍转化为整数来进行整数乘法的计算，再由积不变定理，要想保持积不变，要把相应的积缩小为原来的$\frac{1}{10}$。

【设计理由】教师作为一名点拨者，在重点处进行启发引导，学生则通过独立思考与讨论，自主获取小数乘整数的笔算方法，理解算理。

③活动三 归纳小数乘整数的特点

教师接着提问，启发学生思考：请仔细观察，积的小数点和因数的小数点有什么关系？

学生进行小组讨论，各小组代表发言汇报讨论结果。

教师与学生一起总结并归纳小数乘整数的特点。

【设计理由】学生是学习的主人，教师是学习的组织者、合作者、引导者。在本环节中，组织学生进行自主探究，让学生在探究活动中，实现自主体验，获得自主发展。

（共20分。①引导学生经历"探究某个小数乘整数算式的计算方法——总结小数乘整数的常规笔算方法——归纳小数乘整数的算理特点"，达到掌握并突破教学重难点——小数乘整数的计算方法，并注重转化与化归思想的渗透，可得17分。若未体现教师引导、师生合作交流、学生独立思考，可酌情扣2~4分。②三个重要教学活动的设计理由阐述合理、贴合材料可各得1分）

28.（1）英语故事的教学作用

①激发学习兴趣，活跃课堂气氛。小学生有强烈的认识世界和探索世界的欲望。故事可以快速吸引学生的注意力，激发学生学习兴趣。如在学习颜色时，教师可以使用黑猫警长的故事，帮助学生认识黑色、白色等等。

②提高学生的语言表达能力。故事教学为英语课堂创设了形象生动的语言环境，吸引学生积极参与教学活动，使学生做到在玩中学、学中玩，提高了学生的语言表达能力。同时，表演故事需要学生手脚并用，符合小学生的心理特征。

③有利于学生成为学习主体。用英语表演学生比较熟悉的童话故事，有利于学生自己揣摩故事内容，把学习英语变成一种表演活动。学习的过程成为学生自主探索的过程，使学生成为学习的主体。

（共4分。写出英语故事在教学中的作用，例如"激发学生兴趣""提高学生的语言表达能力""有利于学生成为学习主体"等，一个要点可得1分，语言表述通顺、合理，得1分）

（2）教学目标

①Students can master the pronunciation, meaning and spelling of the words: hungry, grape, ripe...

②Students can be able to summarize the main content of the passage.

③Students can understand the stories they like by skimming and scanning.

④Students can express their opinions by using the target language correctly and fluently.

⑤Students can try their best to do things in their real life.

⑥ Students can be more interested and confident in communicating with others in English.

（共9分。教学目标具体对应本课内容，与2022版新课标提出的核心素养内涵相一致，至少写出四点目标，各2分，若与教学内容及学生学情不符则酌情扣1~2分；整体表达合理通顺，无拼写及语法错误，可得1分）

(3)导入和故事理解环节

Step 1 Warm-up and lead-in

Play the song *The fox* for the warm-up.

Show a video about fox and grapes. And then ask students what they can see from the video. Students describe the video. The fox tried all kinds of ways to get the grapes, but in the end he failed, so as to introduce the new lesson.

【设计理由】使用歌曲热身可以活跃课堂气氛，提高学生的学习兴趣。选取和本课相关的素材方便引出本课的主题。通过问答，锻炼学生的听说能力。

Step 2 Pre-reading

①The teacher will use some pictures to present the new words.

Picture one: There are some grapes. They are my favorite fruit.

The other words will be presented in different ways.

All the new words will be put at the end of the sentences to draw students' attention.

②According to the video and the new words, students do a free talk and guess what they will learn today.

【设计理由】教师使用图片呈现词汇，增加单词教学的趣味性，同时加深学生对新词汇的印象。教师让学生根据标题和新单词预测文章内容，可以培养学生的阅读技能，同时积累背景知识。

Step 3 While-reading

There are two tasks for students.

①Skimming: Students read the article as quickly as they can and try to get the general idea by answering the following question.

What is this text about?

② Scanning: Students read the article more carefully, and then discuss with their partners to answer the following questions.

Q1: How is the fox?

Q2: Did he get the grapes in the end?

Then the teacher will invite some students to answer the two questions. For the question one, the answer is that "The fox is very hungry and wants to find something to eat." For the question two, the answer is that "No, he cannot reach them, so he has to go away."

【设计理由】略读和寻读能加强学生对阅读技巧的应用,同时加深学生对文章主要内容的理解,提高学生对主要结构的用法的掌握。

(共27分。①题干所要求的教学活动应包括"热身与导入环节""读前环节""读中环节"三个环节。"热身与导入环节"设计应轻松有趣,该环节的主要目的是提高学生学习兴趣、引入新知,得4分;"读前环节"设计应带领学生学习本课所涉及的新词汇,为理解故事内容打好基础,得6分;"读中环节"设计应注意培养学生对阅读技巧的掌握,加深学生对故事内容的理解,读中活动至少设计两个,得8分。三个环节的设计理由解释清晰合理各得2分,三个环节设计不能体现上述重要得分点的,每环节酌情扣1~2分。②教学活动设计部分整体表达完整、合理、通顺得3分)

29. (1)《踏雪寻梅》是一首由刘雪庵作词、黄自作曲的我国近现代歌曲。歌曲为D大调,$\frac{2}{4}$拍。《踏雪寻梅》描写了青少年学生骑着毛驴,踏着冬雪去欣赏梅花绽放的情景。歌曲旋律流畅,歌词纯朴,表达了人们欢快乐观的情绪和热爱大自然、热爱生活的态度。

(共4分。答出歌曲的"调式""节拍""内容""情感"4点得4分,每点1分)

(2)①审美感知、文化理解:通过学唱歌曲,感受和体验歌曲所表达的情感,形成热爱生活、热爱大自然的积极乐观的态度。

②艺术表现:能够用轻快活泼的声音自信地演唱歌曲。

③创意实践:能够为歌曲编创简单的舞蹈动作,并能够和他人合作表演。

(共9分。"体现课程标准要求"得2分,"紧扣唱歌课课型"得2分,"符合中年段小学生的认知规律"得2分,"设置明确且合理确定程度"得2分,"贴合作品实际"得1分;若设置"大"而"空",要酌情扣1~2分)

(3)引出课题:教师展示各种梅花的图片,提问:这些花都是在一年中的什么时候开放?(冬季)

请欣赏一首声乐作品《踏雪寻梅》,并思考:这首歌曲的演唱形式是什么?歌曲呈现出一幅怎样的画面?

导入课题:我们这节课就一起走进冬天,一起去聆听画中的旋律。

出示课题:《踏雪寻梅》及本课导图。

【设计理由】2022版新课标强调艺术综合，培养学生的核心素养。在课程导入环节结合美术、文学等手段，进行情境创设，使学生发挥想象力，主动进行音乐创造和实践。

（共27分。①“导入环节设置新颖且自然”得5分，“导入环节完整且连贯”得5分，“紧扣教学目标”得4分，“贴合作品”得4分，“行文流畅”得2分，若没有体现新颖可酌情扣1～2分，不完整或逻辑不清晰可酌情扣2～3分。②答出设计理由得7分，其中“贴合新课标”得5分，“逻辑合理”得2分，若没有贴合新课标且逻辑不清晰可酌情扣2～3分）

30.（1）“脚内侧接地滚球”的动作要点：支撑脚脚尖正对来球，接球腿提膝外展，脚内侧接球后迅速后撤。

（共4分。写出“脚尖正对来球”“提膝外展”“脚内侧接球”“迅速后撤”这4个关键点，得4分，1个关键点1分）

（2）教学目标

①能够说出“脚内侧接地滚球”的动作名称及术语，90%的学生能够初步掌握“脚内侧接地滚球”的基本动作。

②通过积极的学练，发展下肢力量、速度、灵敏和协调素质，提高身体机能水平。

③养成对足球活动的兴趣，养成勇敢顽强、机智果断、遵守规则、互敬友爱、集体荣誉感等优秀品质。

（共9分。分别从“能够初步掌握脚内侧接地滚球的基本动作”“发展身体素质”“养成优秀品质”三个方面表述，得9分，1个方面3分；若设置的教学目标“大”而“空”，要酌情扣1～2分）

（3）教学环节

【准备部分】

①体育课堂常规

A. 体育委员整队，报告人数；B. 师生问好；C. 教师宣布本节课的内容；D. 教师检查服装，强调课堂安全；E. 教师安排见习生。

②热身活动

A. 徒手拉伸操；B. 游戏——“跑向安全岛”。

【设计理由】徒手拉伸操和游戏——“跑向安全岛”可以使学生快速进入运动状态，充分的热身活动可以降低课堂中出现运动损伤的可能性。

【基本部分】

①教学内容导入

导入方法：利用挂图图示法教学，导入本课内容——“脚内侧接地滚球”。

②教师讲解示范

教法:教师讲解并示范"脚内侧接地滚球"的动作要点。

学法:学生跟着教师模仿练习。

③教师组织学生练习

教法:教师组织学生分组练习,巡回指导(用语言激励学生,纠正易犯错误)。

学法:分组练习,学生以小组为单位进行"脚内侧接地滚球"的练习。

④组织学生展示

学生展示后,教师针对出现的问题,安排专门练习。

⑤课堂小游戏——"运球、传球接力"

游戏方法:甲方队员运用脚内侧运球至对方小圈内停球,在圈内将球传给乙方队员排头,自己排到乙方排尾。乙方队员按上述方法进行。最先完成的队获胜。

【设计理由】学生注意力容易分散,这节课通过游戏法,可以增强学生的兴趣,调动学生的积极性,培养集体荣誉感。

【结束部分】

①放松操。②教师总结课堂教学情况。③师生再见,收还器材。

【设计理由】放松操可以适当放松学生状态,结束课堂,同时督促学生课下进行练习。

(共27分。①"准备部分"应包括"课堂常规"和"热身活动"且设计合理,确保能起到热身的效果,可得3分。②"基本部分"应包括"教学内容导入""教师讲解示范""学生练习""课堂小游戏"等主要环节,且每个环节的设计紧扣教学目标、符合小学中年级学生的认知规律,可得18分。③"结束部分"应包括"放松操""教师总结"和"收还器材"3个方面且设计合理,可得3分。④"准备部分""基本部分"和"结束部分"的设计理由言之有理、贴合材料即可,每个部分的设计理由1分,共3分)

31. (1)①雕塑,指以各种可用来塑造(如黏土)或雕刻的(如木、石、金属等)材料,用雕、琢、刻、塑等手段制作出具有实在形体的各种艺术形象。其产生和发展与人类的生产活动紧密相关,同时又受到各个时代宗教、哲学等社会意识形态的直接影响。

②按形象的展示方式划分,雕塑可分为圆雕、浮雕和透雕;按材质划分,雕塑可分为泥塑、木雕、石雕、铜雕等;按功能划分,雕塑可分为纪念性雕塑、装饰性雕塑、标志性雕塑、商业性雕塑、陈列雕塑和欣赏性雕塑等;按放置位置和环境划分,雕塑可分为城市雕塑、园林雕塑、室内雕塑、室外雕塑、架上雕塑、案头雕塑等。

(共4分。答出"雕塑的含义""雕塑的形式"2个关键点,且阐述完整、合理得4分,少答一点扣2分)

(2)教学目标

①审美感知:了解泥板塑人物的造型特点和技法。

②艺术表现、创意实践:通过思考、观察、实际操作等方式掌握泥板塑人物的制作步骤和方法。

③文化理解:感受中国传统民间艺术的魅力,体会泥工制作的乐趣。

(共9分。答出"了解泥板塑人物的造型特点和技法""掌握泥板塑人物的制作步骤和方法""体会泥工制作的乐趣"3个关键点,且阐述完整、合理得9分,少答一点扣3分)

(3)教学活动

①新课讲授

教师展示泥板塑人物作品与生活中的写实人物雕像作品的图片,并提出问题:泥板塑人物作品与写实人物雕塑作品有什么区别呢?

学生共同思考探究后得出结论:泥板塑人物造型比较趋于扁平,没有生活中的写实人物雕像的立体感强。

教师进一步提出问题:请同学们思考,泥板塑人物应该怎样刻画呢?

学生回答后,教师展示泥板人物塑造的步骤图片,并实际操作展示泥板塑人物的制作过程,使学生清楚地明白整个制作流程。

【设计理由】不同类型作品的比较可以引导学生思考归纳泥板人物的艺术特点,并且通过教师示范展示,学生能更直观、清晰地知道整个制作过程。

②实践操作

教师展示自己制作的作品后,请学生根据课堂所学习的泥板塑人物的造型特点以及制作步骤,尝试制作一个泥板塑人物作品。

学生在制作的过程中,教师巡视,对有问题的学生及时给予帮助。

【设计理由】学生自己尝试制作,可以培养其理解和实践能力,体会泥板创作的乐趣。

(共27分。①新课讲授环节以"欣赏泥板塑人物作品""思考探究泥板塑人物的艺术特点""学习泥板塑人物的制作流程"为主题进行讲解、教学内容完整得16分,没有体现可酌情减5~6分;②有课堂提问环节得3分;③有教师操作展示泥板塑人物的制作过程环节得3分;④符合四年级学生认知得3分;⑤设计理由阐述合理、贴合材料得2分)

2022年上半年中小学教师资格考试真题试卷(四)

一、单项选择题

1. A 【解析】本题考查陶行知的教育思想。陶行知教育思想的核心为生活教育理论,其主要观点包括:(1)"生活即教育",这是陶行知生活教育理论的核心;(2)社会即学校;(3)教学做合一。

B项,晏阳初被称为"国际平民教育之父",他主张乡村平民教育,提出了"四大教育"(文艺、生计、卫生和公民教育)"三大方式"(学校式、家庭式和社会式)。

C项,梁漱溟对近代中国教育史的贡献在于他的乡村教育理论与实践,他认为乡村教育与乡村建设在实际上是合二为一的。

D项,蔡元培提出了"五育并举"的教育方针,改革北京大学的教育实践,倡导教育独立的思想。因此,本题的正确答案为A。

2. C 【解析】本题考查教育的起源。比较有代表性的教育起源学说有神话起源说、生物起源说、心理起源说和劳动起源说。A项,神话起源论认为教育是由人格化的神(上帝或天)所创造的;B项,心理起源论认为教育起源于儿童对成人的无意识模仿;C项,生物起源论认为教育是一种生物现象,教育起源于动物界中各类动物的生存本能活动;D项,劳动起源论认为教育起源于人类特有的生产劳动。因此,本题的正确答案为C。

方法技巧:考生在做题时注意通过题干中的关键词判断对应学说,如"本能""动物界"对应的是生物起源说;"神""宗教"对应的是神话起源说;"无意识模仿""儿童模仿成人"对应的是心理起源说;"劳动""马克思"对应的是劳动起源说。

3. B 【解析】本题考查《小学教师专业标准(试行)》的内容。2012年教育部印发的《小学教师专业标准(试行)》规定,小学教师的专业知识包括小学生发展知识、学科知识、教育教学知识以及通识性知识。因此,本题的正确答案为B。

4. C 【解析】本题考查学校体育的相关知识。毛泽东曾经指出:"欲图体育之有效,非动其主观,促其对于体育之自觉不可"。这句话可以理解为:要想使体育锻炼有效果,非要调动其主动性,促进他们对体育的自觉性不可。体育锻炼是一个克服自身惰性、战胜各种困难的自我锻炼、自我完善的过程,也是自我养成良好习惯的过程,学生只有自觉积极地进行体育锻炼,才能获取应有的锻炼效果。题干强调学校体育应注重培养学生自我锻炼的能力和习惯,使学生自觉、主动地进行体育锻炼。因此,本题的正确答案为C。

5. D 【解析】本题考查少先队队礼。中国少年先锋队队礼的具体动作是:右手五指并紧,高举头上,表示人民的利益高于一切。人民的利益高于一切就是指人民的利益是最高的利益,其他一切都要服从于这个最高利益。

6. C 【解析】本题考查平行影响原则。马卡连柯以共产主义思想为指导,重点总结了集体教育、劳动教育和纪律教育的实践经验,提出了“平行影响”原则。马卡连柯指出,教师要影响个别学生,首先要去影响这个学生所在的集体,然后通过集体和教师一道去影响这个学生,便会产生良好的教育效果。因此,本题的正确答案为C。

A项,知行统一原则又称理论联系实际原则,是指教育者在进行德育时,既要重视对学生进行系统的思想道德的理论教育,又要重视组织学生参加实践锻炼,把提高认识和行为养成结合起来,使学生做到言行一致。

B项,因材施教原则是指,教育者在德育过程中,应根据学生的年龄特征、个性差异以及品德发展现状,采取不同的方法和措施,加强德育的针对性和实效性。

D项,教育影响的一致性与连贯性原则是指,在德育工作中,教育者应主动协调多方面教育力量,统一认识和步调,有计划、有系统、前后连贯地教育学生,发挥教育的整体功能,培养学生正确的思想品德。

7. A 【解析】本题考查异物进入眼睛后不宜采取的措施。当灰尘、飞虫等异物进入眼睛时,不能用手揉眼睛,搓揉眼睛可能会使异物擦伤眼球或嵌入眼部组织内,导致视网膜擦伤、眼部感染等严重后果。正确的处理方式是:用手指轻轻向前提起上眼皮,使眼皮和眼球之间空间大一点,随着泪水的冲洗,异物可自行排出;如无泪水,可用清水或生理盐水冲洗;再不能排出,可翻转眼皮,找到异物,用干净的棉签、纱布轻轻擦掉异物。若异物在角膜上,需要去医院请医生取出。异物取出后,可使用氯霉素眼药水滴眼或晚上用红霉素眼膏涂眼,以防感染。

8. D 【解析】本题考查知识学习的类型。根据知识本身的存在形式和复杂程度,知识学习可分为符号学习、概念学习和命题学习。其中,概念学习是指掌握概念的一般意义,其实质是掌握一类事物的共同的本质属性和关键特征。命题学习是指学习由若干概念组成的命题的复合意义,实质是学习若干概念之间的关系。题干公式描述的是长方形面积与长、宽等概念之间的关系,故题干中小学生的学习是命题学习。

根据学习情境由简单到复杂、学习水平由低到高的顺序,加涅把学习分为信号学习、刺激—反应学习、连锁学习、言语联结学习、辨别学习、概念学习、规则或原理学习、解决问题学习(高级规则的学习)八类。其中,信号学习是指学习对某种信号做出某种反应,其过程为:刺激—强化—反应,如巴甫洛夫的经典性条件反射;连锁学习是学习联合两个或两个以上的刺激—反应动作,以形成一系列刺激—反应动作联结,如儿童学习打篮球,学会了一系列的接球躲闪动作。

9. B 【解析】本题考查个体身心发展的规律。个体身心发展的不平衡性主要表现在两个方面:(1)同一方面的发展速度,在不同年龄阶段是不平衡的;(2)发展的不同方面,发展速度也不同。根据身心发展的不平衡性,个体的某种身心潜能在某一年龄段有一个最好的发展时期,即关键期,教育教学工作要抓住关键期,以求在最短的时间内取得最佳的效果。

方法技巧:考生可结合以下内容识记个体身心发展的每条规律对应的教育要求。

(1)顺序性——循序渐进,不能"揠苗助长""陵节而施"。

(2)阶段性——针对不同年龄阶段的学生,不能搞"一刀切"。

(3)不平衡性——把握关键期,适时而教。

(4)互补性——长善救失,扬长避短。

(5)个别差异性——因材施教。

(6)整体性——着眼于学生的整体性,促进学生的一般发展,注意做到认知因素与非认知因素、意识与潜意识、科学与艺术的统一。

10. C 【解析】本题考查小学生思维发展的基本特点。小学生思维发展的基本特点是从具体形象思维为主逐步向抽象逻辑思维为主过渡,主要表现在以下几个方面:(1)小学生的抽象逻辑思维逐步发展,但仍带有较大的具体性。(2)小学生的抽象逻辑思维开始发展,但仍带有很大的不自觉性。(3)在从具体形象性向抽象逻辑性的过渡中,存在着不平衡性。(4)在从具体形象思维为主逐渐向抽象逻辑思维为主的过渡中出现"飞跃"或"质变"。一般认为,这个关键年龄出现在小学四年级(约10~11岁)。如果教育条件适当,这个关键年龄可以提前到三年级。综上所述,A、B、D三项不符合题意,本题选C。

11. C 【解析】本题考查心理防御方式。A项,升华强调把社会所不能接受的性欲或攻击性冲动所伴有的力比多能量转向更高级的、社会所能接受的目标或渠道,进行各种创造性的活动。

B项,转移是将指向某一对象的情绪、意图或幻想转移到另一个对象或替代的象征物上,以减轻精神负担取得心理安宁。

C项,补偿是指个人所追求的目标、理想受到挫折,或由于本身的某种缺陷而达不到既定目标时,用另一个目标来代替或通过另一种活动来弥补,从而减轻心理上的不适感。补偿可以消除个人的不适感或自卑感,降低挫折引起的消极心态,甚至抵消挫折感。

D项,退行是指一个人遇到困难的时候放弃已学到的比较成熟的应对技巧和方式,而使用原先比较幼稚的方式去应付困难和满足自己的欲望。

小文通过向同学炫耀自己所拥有的高档物品来获得满足感,从而弥补学习成绩不好带来的心理上的缺憾,这种心理防御方式属于补偿。

12. A 【解析】本题考查注意的品质。注意的范围,也称注意的广度,是指在同一时间内,人们能够清楚地知觉出的对象的数目。“一目十行”指看书可以同时看到十行,强调注意范围广;“一心二用”体现的是注意的分配;“目不转睛”体现了注意的稳定性;“心猿意马”体现了注意的分散。故本题选A。

13. A 【解析】本题考查选择和组织教学内容的首要保证。选择和组织教学内容,首先是要保证教学内容的科学性和思想性的统一。一是所教的知识,包括概念、原理、公式等要正确无误,举例、引言、数据也要正确可靠;二是对教材内容的加工处理恰当,突出重点、难点,抓住关键,注意新旧知识的内在联系,注意理论和实际的联系,易于学生理解;三是在教授知识的过程中,能结合教学内容有针对性地对学生进行思想品德教育。

14. C 【解析】本题考查《小学教育专业师范生教师职业能力标准(试行)》的相关内容。2021年教育部办公厅印发的《小学教育专业师范生教师职业能力标准(试行)》中提出,小学教育专业师范生要具备师德践行能力、教学实践能力、综合育人能力和自主发展能力。其中,“教学实践能力”中的“学会教学设计”一项要求师范生掌握的技能是:具备钢笔字、毛笔字、粉笔字、简笔画、普通话与相关学科实验操作等教学基本功,通过微格训练学习,系统掌握导入、讲解、提问、演示、板书、结束等课堂教学基本技能操作要领与应用策略。能依据单元内容进行整体设计,科学合理地依据教学目标及内容设计作业,并实施教学。

方法技巧:考生若不了解题干所说文件内容,可结合生活经验推理出本题答案。根据我国法规政策,教师应当具备普通话或双语(普通话、少数民族语言)教学能力而非地方话,由此可排除D项。教师上课通常需要进行板书,因而要掌握粉笔字书写能力,排除B项。在A、C两项之间,考生可通过日常教学中教师多用红色钢笔、水笔批改作业这一情况,联想到教师应当掌握钢笔字书写能力,由此推出本题选C。

15. B 【解析】本题考查课程目标。一般来说,完整的课程目标体系包括三类:(1)结果性目标,即明确告诉人们学生的学习结果是什么,主要应用于“知识”领域;(2)体验性目标,即描述学生自己的心理感受、情绪体验应达成的目标,主要应用于各种“过程”领域;(3)表现性目标,即明确安排学生各种各样的个性化的发展机会和发展程度,主要适用于各种“制作”领域。题干中,教师制定的让学生“感受山水之美,体会作者对祖国的热爱之情”这一目标涉及学生的心理感受和情绪体验,故属于体验性目标。

16. D 【解析】本题考查教学过程的基本规律。掌握知识与提高思想觉悟相统一的规律认为,学生掌握科学文化知识和提高思想品德修养是相辅相成的,具体体现在以下三个方面:(1)知识是思想品德形成的基础;(2)思想品德修养的提高为学生积极地学习知识提供动力;(3)在教学过程中要注意把二者有机结合起来,既不能脱离知识进行思想品德教育,又不能只强调传授知识,忽视思想品德教育。题干强调教师要跳出数学看数学,上有文化味道的数学课,表明除了教授数学知识,还要在教学中渗透思想教育,培养学生对数学学科思想体系、文化内涵、美学价值的认识,启迪学生智慧,促进学生思想的提高。故选D。

17. B 【解析】本题考查教学方法。实验法是指教师引导学生使用一定的仪器和设备,进行独立操作,以引起某些事物和现象产生变化,从而使学生获得直接经验,培养学生技能和技巧的教学方法。实验法常用于物理、化学、生物等自然学科的教学。题干中,学生亲自饲养蚕宝宝并观察蚕的生长变化过程,李老师则进行指导,这种教学方法是实验法。

A项,讨论法是全班或小组成员在教师的指导下,围绕某一中心问题发表自己的看法和见解,从而进行相互学习的一种方法。

C项,练习法是学生在教师指导下运用知识去反复完成一定的操作,或解决某类作业与习题,以加深理解和形成技能技巧的方法。

D项,演示法是指教师通过展示实物、直观教具、进行示范性的实验或采取现代化视听手段等,指导学生获得知识或巩固知识的方法。

18. D 【解析】本题考查课程类型。隐性课程也叫潜在课程、隐蔽课程,指学生在学校情景中无意识地获得的经验、价值观、理想等意识形态内容和文化影响。教室里的图画、标语及黑板报作为校园文化环境的一部分,潜移默化地影响着学生,故其属于隐性课程。

A项,学科课程是指以文化知识(科学、道德、艺术)为基础,按照一定的价值标准,从不同的知识领域或学术领域选择一定的内容,根据知识的逻辑体系,将所选出的知识组织为学科的课程类型。我国古代的“六艺”和古希腊的“七艺”都是学科课程。

B项,活动课程又称经验课程,是指围绕学生的需要和兴趣、以活动为组织方式的课程形态,即以学生的主体性活动的经验为中心组织的课程。

C项,显性课程也叫公开课程,指的是为实现一定的教育目标而正式列入学校教学计划的各门学科以及有目的、有组织的课外活动。显性课程的主要特征是计划性。

19. B 【解析】本题考查古德莱德的课程层次理论。在古德莱德的课程层次理论中,正式的课程是由教育行政部门规定的课程计划、课程标准和教材,也就是列入学校课程表中的课程。B项正确。

A项，理想的课程是由一些研究机构、学术团体和课程专家提出的应该开设的课程。

C项，运作的课程是指在课堂上实际实施的课程。

D项，经验的课程是学生在课堂学习中实实在在体验到的东西，即课程经验。

20. B 【解析】本题考查教学评价的类型。质性评价是指在自然情境中，通过评价者与评价对象的互动来收集相关信息，对评价对象的状况作出描述与分析，从而进行价值判断。档案袋评价(成长记录袋)是质性评价的典范之一。它是指学生在教师指导下，搜集可以反映学生的努力情况、进步情况、学习成就等一系列学习作品的汇集，其基本成分是学生作品，同时也包括学生对完成作品过程的描述或记录，还包括教师、同伴、家长对学生作品的评价等。

A项，量化评价是指对评价对象进行定量分析后，制定出量化标准，然后按照一定的量化标准进行价值判断的一种评价方法。

C项，绝对评价又称为目标参照评价，它主要依据教学目标和教材编制试题来测量学生的学业成绩，判断学生是否达到了教学目标的要求，而不以评定学生之间的差异为目的。

D项，相对评价又称为常模参照评价，它主要依据学生个人的学习成绩在该班学生成绩序列或常模中所处的位置来评价和决定他的成绩的优劣，而不考虑是否达到教学目标的要求。

二、简答题(参考答案)

21. 简述加里培林关于智力技能形成阶段的理论。

(1)活动的定向阶段；(2)物质活动或物质化活动阶段；(3)出声的外部言语活动阶段；(4)无声的外部言语活动阶段；(5)内部言语活动阶段。

(共10分。五个阶段每点2分，答案完整得满分；答出“活动定向”“物质化活动”“外部言语”“内部言语”等关键词可酌情给4~6分)

22. 简述学校美育的实施途径。

(1)通过课堂教学和课外文化艺术活动进行美育；(2)通过大自然进行美育；(3)在日常生活中进行美育。

(共10分。答案完整得满分；答出“课堂教学”“大自然”“日常生活”等关键词酌情给6~9分)

23. 简述教育实验设计的基本要素。

任何实验设计都离不开以下六个基本要素：(1)实验者；(2)实验对象；(3)实验因

素(自变量)的个数与水平数;(4)无关因素(无关变量)的控制方法;(5)因变量的测定方法;(6)对实验结果的统计处理方法。

〔共10分。答案完整得满分,答出“实验者”“实验对象”“变量(自变量、因变量、无关变量)”“实验结果处理”等关键词可酌情给6~8分〕

三、材料分析题(参考答案)

24.(1)沈老师的做法既维护了小叶的自尊,同时也使小叶认识到了自身的错误,起到了教育作用,巧妙地解决了此次事件,值得肯定。

①德育过程是具有多种开端的对学生知、情、意、行的培养与提高过程。学生的思想品德由知、情、意、行四个心理因素构成。德育具有多种开端,教育者可根据学生品德发展的具体情况,或从导之以行开始,或从动之以情开始,或从锤炼品德意志开始,最后达到使学生品德在知、情、意、行等方面的和谐发展的目的。材料中,沈老师自己买了一本新字典当众交给了小玉,引发了小叶的羞愧心理,从道德情感入手对小叶进行了教育,遵循了这一规律。

②德育过程是一个促进学生思想内部矛盾斗争的发展过程,是教育与自我教育相结合的过程。学生思想品德的任何变化,都必须依赖学生个体的心理活动。教育者在重视对学生进行思想品德教育的同时,也要高度重视培养学生的自我教育能力,发挥学生在德育过程中的主观能动性。材料中,沈老师在检查学生字典时发现小叶满面通红,没有当众批评斥责小叶,之后通过当众交还小玉的字典间接教育小叶,引起小叶的思想斗争,促使其提高自我认识,进行自我教育,遵循了这一规律。

③因材施教原则(从学生实际出发)。因材施教原则是指,教育者在德育过程中,应根据学生的年龄特征、个性差异以及品德发展现状,采取不同的方法和措施,加强德育的针对性和实效性。材料中,沈老师从小叶的家庭情况以及个人思想认识情况入手,巧妙、合理地对小叶进行教育,体现了因材施教原则。

④沈老师采用了情感陶冶法。陶冶教育法,有时也称情感陶冶法,是教师利用环境和自身的教育因素,对学生进行潜移默化的熏陶和感染,使其在耳濡目染中受到感化的德育方法。材料中的沈老师当众交还小玉的字典,解释字典不见的原因,启发小叶深刻认识自己的错误,用真诚的爱去感化学生,这一行为体现了情感陶冶法的内涵。

⑤沈老师通过班主任工作这一德育途径充分发挥了学校教育在学生品德发展中的主导作用。此次事件发生在学校,沈老师利用班主任这一身份的权责和影响力,采取合理措施巧妙解决了此次事件,对小叶进行了思想教育,有助于培养学生良好品德,减少不良品德行为。

（共10分。评析沈老师的行为，评价恰当得1分；从“德育过程”“德育原则”“德育方法”等角度答出至少三条，每条3分，理论阐述1分，结合材料分析2分）

（2）小学教师在处理类似事件时，应遵循以下原则：

①教育性原则。教师在处理事件时要以让学生受教育、促进每个学生的成长为目的。

②有效性原则。教师处理事件时一定要考虑所用方法和措施的效果。

③可接受性原则。教师对事件的处理要能使当事人心悦诚服地接受处理意见或结果，要让学生从内心深处接受，认识到自己的错误，进而积极改正。

④冷处理原则。对于有些事件，教师不应急于表态、下结论，而应冷静地观察，待把问题的来龙去脉弄清楚后再去处理。

⑤因材施教原则。教师处理类似事件时，应注意到学生的个别差异，选择不同的内容和方法进行教育，努力做到“一把钥匙开一把锁”。

（共10分。答案完整、内容饱满得满分；答出“教育性原则”“有效性原则”“可接受性原则”“冷处理原则”“因材施教原则”等关键词并适当展开阐述酌情给5~9分）

25.（1）该校的行为符合新课程改革倡导的教学理念，值得肯定和学习。

①新课改倡导评价的根本目的在于促进发展。教育者要关注学生在课程发展中的需要，突出评价的激励与调控功能，激发学生的内在发展动力，促进其不断进步，实现自身价值。材料中，该小学对学生的各科学习情况实施表现性评价，使得学生整个学期的学习状态与以往大不相同，有助于学生的发展。

②材料中小学实施的表现性评价体现了最新的教育观念和课程评价发展的趋势。新课改在评价观念上提倡关注人的发展，强调评价的民主性和人性化的发展，重视被评价者的主体性与评价对个体发展的建构作用。材料中的小学实施表现性评价方式，采用游戏化、项目化、综合式评价方法，通过“基于绘本场景的评价”调动学生学习的积极性与主动性，促进了学生的全面发展，遵循了激励性与发展性评价理念的要求。

③新课改倡导评价内容综合化，重视知识以外的综合素质的发展，尤其是创新、探究、合作与实践等能力的发展。材料中，教师设计的一系列任务，有助于开发、培养学生的表现能力、创新能力、合作与实践能力。

④新课改倡导评价方式多样化，将量化评价方法与质性评价方法相结合，适应综合评价的需要，丰富评价与考试的方法。材料中的小学在低年级实施基于绘本场景的表现性评价，改革了传统的纸笔测试的学业评价方式，丰富了评价的内容与方法。

⑤新课改倡导评价主体多元化，增强评价主体间的互动，强调被评价者成为评价

主体中的一员，建立学生、教师、家长、管理者、社区和专家等共同参与、交互作用的评价制度，以多渠道的反馈信息促进被评价者的发展。材料中，由教师、家长志愿者、中高年级学生志愿者组成评价小组，根据低年级每一位学生的表现评定等级，体现了评价主体多元化。

⑥材料中小学实施的表现性评价遵循了小学生身心发展的特点。小学低年级学生好奇心强，身心发展尚不成熟，该小学实施的评价方式不仅与小学生当前的身心发展水平相匹配，还有助于促进小学低年级学生各方面能力的提高与发展。

（共10分。对学校实施的表现性评价判断正确得1分；从"评价目的""评价观念""评价内容""评价方式""评价主体""个体身心发展特点"等角度答出至少四点，可酌情给7~9分）

（2）在该校实施的表现性评价中，教学评价起到了如下功能：

①导向功能。发挥教学评价的导向功能就是通过建立某种评价指标和标准，实现教学目标的要求。材料中，该小学在实施表现性评价后，小学低年级学生的学习状态良好，各方面能力得到有效提高，教学活动向着预定的方向发展，有助于达成学校的培养目标，促进学生各方面的发展。

②激励功能。评价对教学过程有监督和控制作用，对学生和教师则是一种促进和鼓舞。材料中，学校的教学评价使得学生越来越活跃，对于课程和期末评价也有着极大的热情，充分调动了学生的积极性。

③教学功能。从某种意义上说，评价本身也是一种教学活动。它能够使学生的知识、技能获得长进，甚至产生质的飞跃。材料中，在小学一年级实施的表现性评价，使学生掌握了拼音、朗读等相关知识和技能，开发与培养了学生的音乐表演能力、肢体表现能力与造型能力，这体现了评价的教学功能。

④发展功能。发展性评价的核心是关注学生的发展、促进学生的发展。材料中的小学关注到了学生主体性的发展，改革了评价方式，采取适合学生当前发展水平的评价措施，真正做到了促进学生的发展。

（共10分。答出"导向功能""激励功能""教学功能""发展功能"，且均结合材料分析，言之有理、逻辑清晰，可酌情给8~10分）

四、教学设计题（参考答案）

26.（1）《蜘蛛开店》这篇课文是一篇童话故事。本篇课文通过丰富的想象、夸张、象征等写作手法塑造了蜘蛛害怕困难、没有坚持精神的性格特点。同时，借助趣味性的语言以及反复的写作手法，展示了蜘蛛开了三次店，最后都以失败而告终的结局。文章采用总分的结构方式，先介绍蜘蛛开店的原因，然后介绍它三次开店的过程。前两次，蜘蛛虽然害怕麻烦却完成了编织，但是第三次的时候，它直接溜走了。本文阐明了做任何事都不会一帆风顺，遇到困难要迎难而上，而不是像蜘蛛那样一味地退缩，只要坚持，总有一天会成功的道理。

（共8分。①答出文体特点及写作手法，得2分；②结合课文内容分析写作手法的表达效果，得2分；③结合课文内容梳理文章结构和大意，得2分；④答出文章的主旨或揭示的道理，得2分）

(2)教学目标

①会认“店、蹲、寂、寞”等15个生字，会写“店、决、定”等9个生字；正确、流利、有感情地朗读课文。

②通过朗读，了解课文的主要内容。

③体会生活中的事情并非都是一帆风顺的道理，培养迎难而上的精神。

（共10分。根据课标，答出会认、会写生字得2分；答出朗读课文的要求得2分；指出朗读意在了解课文内容得2分；引导学生体会文章蕴含的道理得2分；培养学生迎难而上的精神得2分）

(3)教学片段

【初读课文，整体感知】

①读课文，找一找，蜘蛛都开了哪些店？

②蜘蛛最先开了什么店？

【再读课文，深入探究】

①蜘蛛开口罩店时，来了哪个顾客？（指名回答）

②课件出示两句话：

A. 卖什么呢？就卖口罩吧，因为口罩织起来很简单。

B. 顾客来了，是一只河马。河马嘴巴那么大，口罩好难织啊，蜘蛛用了一整天的工夫，终于织完了。

（女生读A句，男生读B句）

③小组讨论：为什么先前说“口罩织起来很简单”，后来却说“口罩好难织啊”？这不是前后矛盾吗？

④体会蜘蛛给大嘴巴河马织口罩时的难处和心情。

A. 课件出示：顾客来了，()是一只河马。

（在括号里加一个词语，更好地表达蜘蛛此时此刻的心情，可以填写“竟然、没想到”等，表达蜘蛛意外、吃惊的心情）

B. 讨论：蜘蛛为什么会这样意外呢？

C. 齐读第四自然段。

⑤小组交流：蜘蛛用一整天的工夫织完河马的口罩，太辛苦了，卖出了好价钱吗？

A. 课件出示：口罩编织店，每位顾客只需付一元钱。

B. 学生交流讨论，谈谈看到这个招牌时的想法。

【思考想象，讲述故事】

①以四人为一小组，根据示意图给组内成员讲述“卖口罩”部分的故事。

②想象一下，如果你是蜘蛛，经历了这些，你会想什么？接下来会怎么做？生活变成了什么样呢？

③指名讲述蜘蛛接下来的故事。

【品读课文，领会情感】

读了这个“开口罩店”的故事，你有什么感受？引导学生自由谈感受。

【设计理由】首先，通过阅读课文，可以增强学生对课文内容的整体感知，训练学生提取课文主要信息的能力。其次，通过层层深入的分析和环环相扣的提问，可以提高学生分析课文、理解课文内容的能力。再次，通过讲述故事，可以启发学生的想象思维，训练学生的口语交际能力。最后，通过品读环节，可以让学生深刻领悟文中所蕴含的道理。

（共22分。教学活动设计内容完整，涉及“初读、再读、讲述、品读”四个方面得4分；逻辑清晰，层层深入，让学生逐步了解课文内容得3分；教学活动符合文体特点，引导学生从故事中想象、感悟得3分；教学手段合理，运用图片、小组交流讨论等方法得3分；符合学生认知，教学内容易于让二年级学生接受得3分；设计理由方面，围绕提高学生能力和学习效果方面，表述合理、贴合材料答出三点即可得6分，少答一点扣2分）

27. (1)符号意识主要是指能够感悟符号的数学功能。知道符号表达的现实意义；能够初步运用符号表示数量、关系和一般规律；知道用符号表达的运算规律和推理结论具有一般性；初步体会符号的使用是数学表达和数学思考的重要形式。符号意识是形成抽象能力和推理能力的经验基础。

发展小学生的符号意识可从以下方面着手：

①创设具体情境，理解符号意识。要尽可能在实际问题情境中帮助学生理解符号以及表达式、关系式的意义，在解决实际问题中发展学生的符号意识。应增加实际背景、探索过程、几何解释等，以帮助学生更好地理解。

②数形结合，树立符号意识。符号意识的培养要以坚实的经验为基础，在教学中

应促进学生在交流、分享的过程中积累经验，学习符号化的多种途径，允许个性化地表示符号。逐步体会用数、形将实际问题“符号化”的优越性，感受符号在理解和解决问题过程中的价值。

③灵活运用，强化符号意识。应当把学生原有的知识经验作为新知识的生长点，生长新的知识经验。数学符号意识的形成同样遵循这样的规律。

④鼓励创新，提升符号意识。用符号表示具体情境中的数量关系，首先要引进基本字母。小学生开始接触用字母表示数，是学习数学符号的重要一步。从研究一个具体特定的数到用字母表示一般的数，逐步提升学生对符号的认识。要根据学生的认知特点，帮助学生理顺数学概念、规律等符号化的一般关系，从体验到理解运用，再从理解运用到按需要创新，步步为营，螺旋上升，逐步建立符号意识，实现学生思维上的飞跃。

（共8分。①完整答出符号意识的概念得4分，回答不全面则酌情给1~3分；②答出“创设情境”“数形结合”“灵活运用”“鼓励创新”等教学措施得4分，少答一点扣1分）

（2）教学目标

①知道数可以用字母或符号表示，理解用字母表示数的意义，学会用字母表示数和运算定律。

②通过观察、讨论、问答、合作交流等方式，体会用字母表示数的意义及优越性，培养抽象概括能力，提高分析和解决问题的能力，发展数形结合的思维。

③通过对用字母表示数的探究过程，感受到数学与生活的密切联系，提高数学学习兴趣；在合作与交流中，培养团结协作精神。

（共10分。根据课程目标，结合课文教学重点，设置切合的教学目标，目标符合学生认知水平、表述合理可得10分）

（3）教学过程

①歌曲导入，揭示课题

A. 汇报交流

师：今天，老师给大家带来了一首歌曲，会唱的同学可以一起唱。（电脑播放：英文字母歌）

师：有很多同学唱得不错呢。那么请同学们给大家分享下生活中你见过的字母缩写。

生1：C大调。

生2：高铁上的座位表……

师:那么,为什么我们要用字母来表示这些名称或标志呢,也就是用字母表示它们有什么好处呢?

生:好写,看得更明白。

师:说得非常好,用字母表示它们简明概括,可以方便人们交流。

B. 揭示课题

师:(出示扑克牌)除了刚才我们所展示的字母缩写之外,我手里的扑克牌也有字母,这几张牌中哪个最大? 为什么?(生答)

师:那么这里K代表多少呢?

生3:13。

师:J呢?

生4:11。

师:通过这些扑克牌我们发现字母不但可以简洁地表示一些特定的名称或标志,还可以用来表示数。今天,我们就一起来研究用字母表示数。(板书:用字母表示数)

【设计理由】创设学生感兴趣的话题,让学生了解字母在生活中不仅可以表示词语的简写,还可以表示数。这不但吸引了学生的注意力,还激发了学生的学习兴趣,从而为进一步理解在数学中也同样可以用字母表示数,而且应用非常广泛作了铺垫。

②探究新知,解决问题

A. 教学用字母表示数

a. 课件出示例1。

引导学生用字母表示小红的年龄。

师问:爸爸的年龄如何用字母表示?(指名学生回答)

b. 学生自己看书解答例1、例2。

教师提问后请学生思考回答:这两个小题中,要求的未知数表示的方法都有一个什么共同的特点?

生:都是用一些符号或字母表示的。(其他学生表示赞同)

【设计理由】通过观察与思考,使学生认识到可以用符号、字母表示数,扩大学生对数的认知。

B. 教学用字母表示运算定律

a. 学习用字母表示运算定律的意义和方法。

教学例3:

师:我们学过哪些运算定律?

生:加法交换律、加法结合律、乘法交换律、乘法结合律、乘法分配律。

师：同学们回答得很好。思考一下，如果用字母a和b分别表示两个数，你能不能用字母表示乘法交换律呢？

生：$a×b=b×a$。（生回答，师板书）

师：用字母表示数的时候，你有什么感觉？（学生分享自己的感受）

师：如果用a，b和c分别表示三个数，你们能不能用字母把这些运算定律都表示出来呢？大家说，我来写。（根据学生说的情况教师逐一板书）

师：同学们在表示时，一定要清楚表示的是哪一个运算定律。然后和同桌交流下，用字母和文字记录这些运算定律，哪种方法快？

生（异口同声）：用字母更快！

师：看来大家都觉得用字母表示运算定律不但简明易记，而且便于应用。其实像这些含有字母的式子还有更简便的写法呢！我们接着来看。

b. 教学含有字母的式子的书写

师：在含有字母的式子里，字母和字母之间的乘号可以用小圆点代替，也可以省略不写。比如$a×b=b×a$，简写成$a·b=b·a$或$ab=ba$。

学生自己完成其余有简便写法的运算定律。（学生完成后汇报交流）

小组讨论：其他运算符号可以省略吗？数字与数字之间的乘号可以省略吗？为什么？（小组间互相交流讨论）

师强调：只有字母与字母、数字与字母之间的乘号才可以省略不写。

师：看来字母还真方便了我们的学习和生活，继续来看一看字母还有哪些用处。

C. 教学用字母表示计量单位

师：大家回忆下我们之前学习过的长度单位有哪些？面积单位有哪些？质量单位呢？

（生回答，师一一板书）

师：老师刚才写的这些计量单位都是文字，那么用字母表示怎么来写呢？

（师板书，学生跟着读出计量单位名称）

【设计理由】以学生熟悉的运算律和计量单位为背景，通过用文字及字母两种不同的形式表示，让学生进一步感受用字母表示数的便捷，初步领略代数语言的简洁性。在此基础上，发展学生的符号意识。

（共22分。①导入新颖合理可得4分，写出对应的设计理由可得2分。②探究新知部分引导学生运用字母表示数可得4分，引导学生用字母表示运算定律可得4分，引导学生用字母表示计量单位可得4分，体现学生的主体地位和教师的主导作用可得2分；写出对应的设计理由可得2分）

28.(1)四种常见的英语学习活动类型及其例子

①故事活动

例如，学生在学习“Where are you going?”时，可以通过熟悉的卡通人物喜羊羊一天的活动来学习。学生一起饶有兴趣地问“Where are you going，Xi Yangyang?”画面中的喜羊羊回答：“I'm going to the park/supermarket...”。故事中插入喜羊羊在路途上遇到危险的情节，让学生完成任务，以解救喜羊羊。学生走进故事中，成为故事中的角色，体会人物的悲欢离合，通过故事来学习语音、单词、语句、语法和话题。

②游戏活动

如通过识字游戏、Bingo游戏、生活游戏、地理游戏、历史游戏等来学习语音、单词、语句、语法和话题。学生可以在情境中获得有趣的学习体验。活动有利于培养学生的合作精神与竞争意识，使抽象的教学内容形象化。

③生活活动

例如，在学习“Helping Mum”的课题时，学生可以在贴近生活的场景中学习。比如屏幕上呈现出了一个又脏又乱的房间，学生在完成任务的同时进行语言的操练和交流，可以获取真实的生活体验。

④表演活动

如通过角色扮演活动来学习语音、单词、语句、语法。学生通过表演加深对语言知识的理解，发挥自己的想象，轻松、愉快地学习英语。

（共8分。①答出任意4种活动类型，一种1分；②每种类型配合举例，一例1分）

(2)教学目标

①Students can master the new words and phrases：holiday，during，read books，learn writing，write a storybook.

② Students can summarize the main content of these conversations and use the sentence pattern“what did you do during the holidays？”to ask others' holiday activities.

③Students can use the past tense to describe what happened in the past.

④Students' speaking ability can be improved.

⑤ Students can get more interested in English learning and build up confidence of speaking English in public.

（共10分。教学目标对应材料内容，与2022版新课标提出的核心素养内涵相一致，至少写出四点目标，各2分，共8分。若与教学内容及学生学情不符，则酌情扣1~2分。整体表达合理通顺，无拼写及语法错误，得2分）

(3)拓展运用环节

Do a survey

Students need to work in groups to do a survey about what their classmates learned in their holidays by asking "What did you learn in your holidays?" and using past tense to answer the question.

They should finish the form below.

Student	Learning activities in holidays

When time's up, some students will be invited to share their results. The teacher should encourage them to speak boldly and give some positive evaluations.

【设计理由】让学生做小记者,调查同班同学假期里的学习情况,可以在语境中训练学生的综合语言运用能力,让学生感受到"学以致用"的乐趣;课堂分享可以帮助学生敢于开口表达,提高学生的口语表达能力,提升课堂学习的参与度和趣味性。

(共22分。①教学活动设计内容完整,得4分,逻辑清晰,得3分,教学活动符合课文主题,得3分,教学活动合理,得3分,符合学生认知,得3分;②设计理由方面,围绕提高学生能力和学习效果方面,表述合理、贴合材料,答出两点即可得6分,少答一点扣3分)

29. (1)《时间像小马车》是一首洋溢着清新气息的优秀儿童歌曲。歌曲为F大调,$\frac{2}{4}$拍。歌曲曲调欢快活泼,音乐形象鲜明,由四个乐句组成,分别采用了上行模进、级进上行、下行模进、级进下行的旋律创作手法。歌曲的第一乐句与第三乐句、第二乐句与第四乐句,以倒影式的模仿手法,使全曲选材更为精炼,栩栩如生地塑造了"小马车"向前奔驰的音乐形象。

(共8分。①答出"调式、节拍"得1分;②答出"曲调整体特点"得1分;③答出"模进手法"得2分;④答出"曲式结构"得2分;⑤答出"表现意义"得2分)

(2)教学目标

①通过趣味性的节奏游戏,感受四分音符与八分音符的时值,体会歌曲轻快活泼的曲调和鲜明的音乐形象。

②学会用轻快、明亮、富有弹性的声音演唱歌曲。

③感悟歌曲内涵，体会时间的流逝，知晓要珍惜当下、不负时光。

（共10分。①符合课程标准的要求，得2分；②符合低年级小学生学情，得2分；③教学目标表述合理，得6分）

(3)四分音符、八分音符教学环节

①教师讲解示范，带领学生跺脚来模仿马蹄声，学习四分音符、八分音符的节奏。

【四分音符】

教师在黑板上板书出来四分音符“×”，接着带领学生一起通过跺脚来表达四分音符。

教师示范，双脚一起跺一下代表一拍，一拍表示四分音符。教师打节奏带领学生进行练习。

教师指出课本谱例中的第一个音符就是四分音符，让学生找找看课本谱例中其他的四分音符。学生举手回答。

【八分音符】

教师在黑板上板书× ×，随即带领学生一起跺脚来学习八分音符。

教师示范，单脚跺一下代表半拍，半拍表示八分音符；双脚分别跺脚一次，代表两个八分音符，加起来就等于一个四分音符，即两个半拍加起来等于一拍。

教师指出课本谱例中的3，像这样音符下面加一条横线的就是八分音符，引导学生找找课本谱例中其他的八分音符。教师指名学生回答。

教学结束后，教师找部分学生上台用跺脚来演示四分音符和八分音符。

②教师拍击歌曲《时间像小马车》的节奏，当拍击到四分音符、八分音符处时，学生分别跺脚。注意“×”和“× ×”的节奏要准确，以及节奏的律动感。

③按节奏读歌词。教师出示《时间像小马车》的歌词，教师先拍击节奏，然后带领学生将歌词按节奏读出来。

④歌曲的节奏主要为“× -”“×”“× ×”三种，教师采用柯尔文手势指导学生唱准歌曲中的一些典型节奏和旋律，如“1 1 1 0”“2 2 2 0”“3 3 3 0”“4 4 4 0”，注意休止符在演唱时要有明显的停顿，前面的音在唱的时候不要拖拍子。

学生唱准之后，教师组织学生接龙唱以上节奏。

【设计理由】教师通过跺脚的方式教学四分音符、八分音符节奏，增强学生的感受力，并引导学生做生动有趣的节奏游戏，不仅学习了柯尔文手势，而且能更好地掌握四分音符和八分音符。

（共22分。①答出“四分音符、八分音符”教学过程，且教学内容完整、过程设置合理，每点7分，共14分；②设计理由表述合理、贴合材料，得4分；③符合教学目标得2分；④符合低年级学生认知规律，得2分）

30. (1)“助跑投掷垒球”的教学重点、难点

①教学重点:持球后引,交叉上步、蹬地、转体、肩上屈肘,挥臂等动作连贯。

②教学难点:助跑与最后用力做到连贯协调。

(共8分。①完整、准确写出“持球后引”“交叉上步、蹬地、转体、肩上屈肘”“挥臂”“动作连贯”的教学重点,得4分;②完整、准确写出“助跑与用力连贯协调”的教学难点,得4分)

(2)教学目标

①能够说出助跑投掷垒球的动作名称和术语,知道其基本健身价值,能够体验到参与投掷运动的乐趣。

②基本掌握助跑投掷垒球的动作方法,能全身协调用力完成投掷动作,发展力量、灵敏素质及身体的协调性。

③能够在投掷练习中表现出自信、果断、互助等优良品质,具有安全意识,并养成安全锻炼的意识和习惯。

(共10分。答出切合学生身心发展水平的教学目标,各目标阐述合理、语言连贯,酌情给8~10分)

(3)技术教学环节

①讲解示范

教师讲解并完整示范助跑投掷垒球动作,组织学生边听、边看、边模仿,体会助跑投掷垒球的动作要领。

②组织学生练习

A. 原地模仿练习。学生散开,原地无球模仿投掷垒球动作,教师提示动作要领并纠正错误动作。

B. 组织学生原地徒手分解练习+徒手完整练习投掷垒球技术动作。

C. 组织学生原地持球分解练习+持球完整练习投掷垒球技术动作。

D. 组织学生练习原地投掷垒球技术动作。

E. 组织学生进行上1~3步持球投掷垒球技术动作。

F. 组织学生助跑5~7步进行投掷垒球练习。

③小游戏

【游戏名称】投掷垒球比赛。

【游戏方法】全班按练习小组,纵队站立,投掷同学站在投掷线后,其余同学站在预备线后,小组长担任裁判(站在落地区域的一侧),发令后,投掷者将垒球掷向远处

的落点区域(标有合格区域、良好区域和优秀区域)。裁判员报告成绩等级,三次投掷后小组登记每人最好的一次成绩,优秀等级多的小组为胜。优秀等级相同时,看良好等级,以此类推。

【游戏规则】A. 听教师口令统一投掷、统一捡球,犯规成绩无效。

B. 垒球压线按较低等级评定,未越过合格线不计成绩。

【备注】A. 教师先讲解示范游戏的方法,学生试练后再进行游戏。

B. 游戏结束后教师对个人表现与小组成绩结合进行评价。

【设计理由】

①本课学习的主体是水平三的学生,这个阶段的学生思维敏捷、模仿能力强。

②本课以"健康第一"为指导思想,以促进学生身心发展及兴趣爱好为出发点。

③助跑投掷垒球动作技术较复杂,学生不容易掌握,因此,采用先分解再完整、先徒手再持球、先原地再上步等教学步骤进行教学,之后通过游戏环节帮助学生进一步熟练掌握投掷垒球的技术动作。

(共22分。①教学活动设计内容完整,得4分,逻辑清晰,得3分,教学活动符合拟定的教学目标,得3分,教学手段合理,得3分,符合学生认知,得3分;②设计理由表述合理、贴合材料,得6分,少答一点扣2分)

31. (1)①中国古建筑由屋顶、屋身、台基三个部分组成,采取以木架构结构为主的结构方式。木质构架大体可分为抬梁式、穿斗式、井干式,以抬梁式采用最为普遍。②群体组合与布局重视中轴对称、方正严整。中国古代建筑以众多的单体建筑组合而成为一组建筑群体,大到宫殿,小到宅院,莫不如此。它的布局形式有严格的方向性,常为南北向,只有少数建筑群因受地形地势限制采取变通形式,也有由于宗教信仰或风水思想的影响而变异方向的。

(共8分。①答出"木构架结构"关键点得2分,具体解释合理得2分;②答出"单体建筑组合而成为一组建筑群体""南北向布局"等两个关键点且合理叙述得4分,每点2分)

(2)教学目标

①了解古建筑的风格特点及保护古建筑的意义。

②通过欣赏与分析,了解中国古建筑的造型艺术特点,正确认识中国古建筑的价值。

③树立保护身边古建筑的意识,唤起对古建筑的独特情感,增强对传承民族文化的强烈责任感和使命感。

(共10分。拟定三点教学目标且目标表述合理得10分,少答一点扣3分)

(3)教学过程

①了解古建筑

教师出示中国古代建筑图片:贵州地坪风雨桥、北京四合院、北京故宫、苏州拙政园等,引导学生观察图片中的古建筑,提问学生所掌握的关于这些古建筑的知识。

学生思考并举手回答,说出这些古建筑的名称、地理位置、建造年代等相关知识。

教师小结:中国古代建筑的类型很多,有宫殿、坛庙、民居、园林建筑……这些建筑装点着我们祖国的河山,它们像一部部石刻的史书,同时它也是一种可供人观赏的艺术,给人以美的享受。

【设计理由】通过图片这一直观形式,调动学生学习兴趣,使学生对古建筑有初步了解。

②欣赏古建筑

教师播放故宫、四合院、苏州拙政园等古建筑的视频,提示学生仔细观察。

学生分小组交流,从建造年代、构材、造型、结构、建筑工艺、功能等方面对古建筑进行赏析。交流、讨论结束后,小组派代表回答。

教师汇总、梳理学生回答,阐释视频中古建筑的历史价值与艺术价值,如“北京故宫是世界上现存最雄伟、最古老的宫殿建筑……”

【设计理由】学生在观看与赏析时,需要细致观察古建筑的方方面面,这能加深学生对古建筑风格特点的印象,增强学生的审美意识与能力,深刻感受古建筑的艺术美,增强民族自豪感。

③古建筑的保护

教师出示各地游客不文明对待古建筑的图片,指明学生回答游客的不文明行为会造成何种后果。

教师出示一些毁损严重、濒临消失的古建筑图片,引导学生思考导致古建筑被破坏、毁损甚至消失的原因还有哪些。学生分组讨论并回答。

教师提问:古建筑消失了你的心情如何?对我们的生活有什么影响?如何保护古建筑?学生举手回答问题。

教师小结:古建筑是人类文明的重要组成部分,是珍贵的文化遗产,具有极高的历史价值和艺术价值。古建筑一旦被损毁就很难复原,我们要重视对古建筑的保护,因为它们是古代劳动人民智慧和技术的结晶,是人类古代文明幸存的见证。珍惜、保护好古建筑,是我们每一个人的责任。

【设计理由】通过部分人对待古建筑的不文明行为及部分古建筑毁损的现状,引发学生思考,知道保护古建筑的意义及方法,让学生树立起保护古建筑的意识。

④拓展延伸

教师带领学生开展一次“保护古建筑”的宣传活动。

【设计理由】开展“保护古建筑”的主题宣传活动，理论联系生活，化学习为实践，丰富学生的生活体验。

（共22分。①教学活动以“古建筑的审美感知与保护”为内容进行设计，教学内容完整得6分，内容不完整、设计不合理可酌情扣1～3分；②教学方法得当得5分；③教学手段合理得3分；④符合学生认知得2分；⑤答出设计意图且阐述清晰完整、贴合材料得6分）

2021年下半年中小学教师资格考试真题试卷（五）

一、单项选择题

1. D 【解析】本题考查教师劳动的特点。教师劳动的长期性指人才培养的周期比较长，教育的影响具有迟效性。题干中的古语出自《管子》，意思是：若是为一年谋算，没有比种植庄稼更合适的；若是为十年谋划，没有比栽种树木更合适的；而若是要为一生制定规划，就没有比培养人才更合适的。后人把这句古语提炼成“十年树木，百年树人”，表示培养人才是长远之计，这体现了教师劳动的长期性。

A项，教师的劳动应是全面性的。首先，要使学生在德、智、体、美、劳诸方面全面发展；其次，要坚持面向全体学生；最后，要全面发展学生的个性特长。

B项，教师劳动的创造性主要表现为：(1)因材施教；(2)教学方法上的不断更新；(3)教师需要“教育机智”。

C项，教师劳动的示范性指教师的言行举止，如人品、才能、治学态度等都会成为学生学习的对象。

2. C 【解析】本题考查陶行知的“生活教育理论”的主要观点。生活教育理论是陶行知教育思想的核心，它包括了教育的目的、内容和方法。(1)生活即教育，这是生活教育理论的核心。它主张以人类的生活作为教育内容，在生活实践中接受教育。(2)社会即学校，这是生活教育理论的范围论。“社会即学校”提出要“把学校里的一切延伸到大自然界中去”。(3)教学做合一，这是生活教育理论的教育方法论。

方法技巧：陶行知的“生活教育理论”的观点是易混点，考生可结合陶行知所处的社会背景进行理解。陶行知出生于清朝末年，当时社会动荡不安，人民生活艰苦，贫困百姓上不起学，教育程度低下。在此背景下，陶行知提出“生活即教育，一日生活皆课程”，认为生活有着重要的教育意义、社会就是学习的场所，故其思想观点是“生活即教育”“社会即学校”“教学做合一”。

3. B 【解析】本题考查癸卯学制。癸卯学制以日本学制为蓝本,由张之洞、荣庆、张百熙三人修订。癸卯学制以"中学为体,西学为用"的教育思想为指导,以读经尊孔为教育宗旨,是我国实施的第一个近代学制,是实行新学制的开端。

易错提示:考生可通过以下表格识记旧中国四个学制的内容。

学制	仿照国家	特点
壬寅学制	日本	首颁布,未施行
癸卯学制	日本	首实施;以"中学为体,西学为用"为指导思想,教育目的是"忠君、尊孔、尚公、尚武、尚实";首次纳入师范教育并实施
壬子癸丑学制	日本	资本主义性质;男女同校;废除读经,充实自然科学知识
壬戌学制	美国	小学三年、初中三年、高中三年;首次根据儿童身心发展规律划分教育阶段;沿用时间最长、影响最大

4. D 【解析】本题考查少先队队旗。五角星加火炬的红旗是少先队的队旗。五角星代表中国共产党的领导,火炬象征光明,红旗象征革命胜利。

5. D 【解析】本题考查教育实验的类型。教育实验的类型可分为以下几种:(1)根据实验目的的不同,可将实验分为探索性实验、鉴别性实验和验证性实验。(2)根据实验揭示变量之间质和量的关系的不同,可将实验分为定性实验和定量实验。(3)根据实验情境的不同,可将实验分为实验室实验和现场实验。(4)根据不同的实验设计、系统操纵自变量的程度和内外效度的高低,可将实验分为前实验、准实验和真实验。本题选D。

6. B 【解析】本题考查班集体形成的主要标志。在集体中占优势的并被多数人赞同的言论和意见就是集体舆论。正确的班级舆论是班集体形成和发展的力量,是中小学生进行自我教育的重要手段。一个班级有了正确的集体舆论,正气和勃勃的生气就会占上风,歪风邪气就会销声匿迹。它对班级学生的言行有极大的约束力和无形的导向力,能有力地促进学生思想道德健康发展,对培养良好的班风起着举足轻重的作用,是优秀班集体形成的主要标志之一。

7. D 【解析】本题考查中暑的首要处理措施。学生中暑后,教师应立即将学生带到阴凉通风的地方,令其平卧,然后用浸入冷水的毛巾敷到学生的头部,并用凉毛巾给学生擦身或给其扇风,以便帮助其快速降温。本题选D。

对于因中暑而陷入昏迷状态的学生,教师则要将学生及时送入医院救治。教师应首先采取措施帮助出现头晕、恶心等中暑现象的琳琳快速降温,缓解其中暑症状,故首要措施并非送琳琳去医院,A项排除。

不能将中暑者头部垫高,抬高头部不利于人体血液循环,易造成大脑缺血、缺氧。

B项做法错误,排除。

对中暑者一定要尽快采取降温措施,以防止症状加重。C项做法错误,排除。

8. A 【解析】本题考查知觉的基本特性。知觉的选择性是指当面对众多的客体时,知觉系统会自动地将刺激分为对象和背景,并把知觉对象优先地从背景中区分出来。被清晰反映的刺激物叫知觉的对象,被模糊反映的刺激物叫知觉的背景。题干中教师的做法会使形近字中用红色突出显示的部件成为学生优先知觉的对象,有助于学生更好地认识、辨别形近字,这一做法符合知觉的选择性。

B项,知觉的理解性是指人以知识经验为基础对感知的事物加工处理,并用语词加以概括赋予说明的加工过程。

C项,知觉的恒常性是指客观事物本身不变,但知觉条件在一定范围内发生变化时,人的知觉映像仍相对不变。

D项,知觉的整体性是指人根据自己的知识经验把直接作用于感官的客观事物的多种属性整合为统一整体的过程。

9. B 【解析】本题考查定势的概念。定势又称心向,是指重复先前的操作所引起的一种心理准备状态。定势会影响人们以习惯的方式解决问题。定势对解决问题有积极和消极之分。在解决相似或相同的问题时,定势有助于人对问题的适应,从而能提高反应与解题速度。对于变化的情境或问题,定势起消极作用,会降低解决问题的速度。题干所述符合定势的内涵,故B项正确。

情绪与动机会影响问题解决。一般来说,肯定、积极的情绪状态有利于问题的解决;否定、消极的情绪状态则会阻碍问题的解决。人们对活动的态度、社会责任感、认识兴趣等,都可以成为发现问题的动机,影响到问题解决的效果。动机的强度不同,影响的大小也不一样。A、C项不符合题意,排除。

D项,当一个人长期致力于某一问题解决而又百思不得其解的时候,如果他暂时停下对这个问题的思考而去做别的事情,几小时、几天或几周之后,他可能会忽然想到解决的办法,这就是酝酿效应。酝酿效应实际上是产生了顿悟,使人们打破了以往不恰当的思路,从一个新的角度思考问题,从而使问题得以解决。

10. B 【解析】本题考查皮亚杰的认知发展阶段理论。皮亚杰将人的认知发展分为感知运动阶段、前运算阶段、具体运算阶段和形式运算阶段。认知发展水平处于具体运算阶段的儿童的思维具有以下特征:(1)去自我中心性;(2)可逆性;(3)守恒;(4)分类;(5)序列化。A项,“自我中心性”是前运算阶段儿童思维的典型特征。B项,“客体永久性”在感知运动阶段已经形成,不属于具体运算阶段的典型特征。D项为干扰项。本题选B。

11. A 【解析】本题考查认知风格。冲动型认知风格的学生在解决认知任务时，总是急于给出问题的答案，而不习惯对解决问题的各种可能性进行全面思考，有时问题还未弄清楚就开始解答。题干中，有的学生未弄清题意便急于回答，这类学生的认知风格属于冲动型。

B项，沉思型认知风格的学生在解决认知任务时，总是谨慎、全面地检查各种假设，在确认没有问题的情况下才会给出答案。这种类型的学生解答认知问题的速度虽然慢，但错误率很低，在解决高层次问题时占优势。

C项，场独立型认知风格的学生对客观事物的判断常以自己的内部线索（经验、价值观）为依据，不易受到周围环境因素的影响和干扰，倾向于对事物的独立判断；行为常是非社会定向的，社会敏感性差，不善于社交，关心抽象的概念和理论，喜欢独处。

D项，场依存型认知风格的学生对客观事物的判断常以外部线索为依据，其态度和自我认知易受周围环境或背景（尤其是权威人士）的影响，往往不易独立地对事物做出判断，而是人云亦云，从他人处获得标准；行为常以社会为定向，社会敏感性强，爱好社交活动。

12. C 【解析】本题考查学习策略。组织策略是为了整合所学新知识之间，新旧知识之间的内在联系，形成良好的知识结构的策略。组织策略主要有两种：一种是归类策略，用于概念、语词、规则等知识的归类整理；一种是纲要策略，主要用于对学习材料结构的把握。题干中的列提纲、画思维导图就属于组织策略的运用。

A项，计划策略是指根据认知活动的特定目标，在认知活动开始之前计划完成任务所涉及的各种活动、预计结果、选择策略，设想解决问题的方法，并预估其有效性的策略等。计划策略包括设置学习目标、浏览阅读材料、设置思考题以及分析如何完成学习任务等。

B项，元认知策略是指学生对自己整个学习过程的有效监视及控制的策略。元认知策略大致可分为计划策略、监控策略、调节策略三种。

D项，资源管理策略是辅助学生管理可用环境和资源的策略，有助于学生适应环境并调节环境以适应自己的需要，对学生的动机有重要的作用。资源管理策略包括时间管理策略、环境管理策略、努力管理策略和学业求助策略。

13. A 【解析】本题考查课程的类型。按课程设计、开发、管理主体（层次）或制定者不同来划分，课程可分为国家课程、地方课程和校本课程。其中，校本课程是指由学生所在学校的教师编制、实施和评价的课程，其主导价值在于通过课程展示学校的办学宗旨和特色，同时要满足每一位受教育者的特殊需要和兴趣。题干中的小学开设的经典诵读、民族乐器、地方戏曲等课程均属于校本课程。

B项，学科课程是指以文化知识（科学、道德、艺术）为基础，按照一定的价值标准，从不同的知识领域或学术领域选择一定的内容，根据知识的逻辑体系，将所选出的知识组织为学科的课程类型。

C项，国家课程是指由国家教育行政部门负责编制、实施和评价的课程，其主导价值在于通过课程体现国家的教育意志，确保所有国民的共同基本素质。

D项，地方课程是指由地方教育行政部门根据国家课程标准及各地发展需要而开发的课程，其主导价值在于通过课程满足地方社会发展的现实需要。

14. A 【**解析**】本题考查三维课程目标。"知识与技能"目标强调基础知识和基本技能的获得，相当于传统的"双基教学"。题干中的"读、写、说、背"是学生应当掌握的技能，属于知识与技能目标。

15. C 【**解析**】本题考查国家倡导的中小学教学组织形式。《国家中长期教育改革和发展规划纲要（2010—2020年）》提出，要提高义务教育质量。建立国家义务教育质量基本标准和监测制度。严格执行义务教育国家课程标准、教师资格标准。深化课程与教学方法改革，推行小班教学。故"小班教学"是国家倡导的中小学教学组织形式。

A项，小组教学是在班级授课制背景下产生的一种教学方式，即在承认课堂教学为基本教学组织形式的前提下，教师以学生学习小组为重要的教学组织手段，通过指导小组成员展开合作，形成"组内成员合作，组间成员竞争"的学习模式。

B项，开放课堂又称开放教学，其特点是教师不再分科系统地按照教材传授知识，而是为学生创造学习环境，由学生根据自己的兴趣在教室或其他场所自由活动或学习。

D项，个别教学是教师针对不同学生的情况进行个别辅导的教学组织形式。

16. A 【**解析**】本题考查课程类型。学科课程是指以文化知识（科学、道德、艺术）为基础，按照一定的价值标准，从不同的知识领域或学术领域选择一定的内容，根据知识的逻辑体系，将所选出的知识组织为学科的课程类型。学科课程将科学知识加以系统组织，使教材按一定的逻辑顺序排列，有利于学生掌握系统知识。

B项，综合课程打破了学科界限，减少了课程的门类，有利于培养学生对事物的整体认识能力，减轻学生的负担，但难以向学生提供系统完整的专业理论知识，不利于高级专业化人才的培养。

C项，活动课程以学习者的经验为中心来组织，容易导致学科知识的支离破碎，学生难以掌握完整系统的学科知识体系。

D项，隐性课程是学生在学校情景中无意识获得的经验、价值观、理想等意识形态内容和文化影响，其实施表现出非计划性、非预期性、随机性等特点。

17. B 【解析】本题考查课程实施的取向。创生取向又称为课程缔造取向，创生取向者认为，课程实施本质上是在具体教育情境中缔造新的教育经验的过程，教师的角色是课程开发者。

方法技巧：关于三种课程实施取向的内涵，考生可抓住关键词进行辨析。

忠实取向：忠实执行计划。相互适应取向：教学实施中调整、改变与适应。创生取向：新的、创造性。

18. A 【解析】本题考查《学记》中的教学原则。A项，“学不躐等”指教学要遵循学生心理发展特点，循序渐进。B项，“道而弗牵，强而弗抑，开而弗达”指要注重启发式教学，体现了启发诱导原则。C项，“禁于未发”指要在不良倾向尚未发作时就采取预防措施，体现了预防性原则。D项，“罕譬而喻”指少用比喻而能使人明白、了解，形容话说得非常清楚明白。本题选A。

19. C 【解析】本题考查教学方法。演示法是指教师通过展示实物、直观教具，进行示范性的实验或采取现代化视听手段等，指导学生获得知识或巩固知识的方法。演示法强调教师做、学生看。题干中，张老师自己动手做实验让学生观察水的状态变化，这种教学方法是演示法。

A项，实验法是指教师引导学生使用一定的仪器和设备，进行独立操作，以引起某些事物和现象产生变化，从而使学生获得直接经验，培养学生技能和技巧的教学方法。实验法常用于物理、化学、生物等自然学科的教学。

B项，以引导探究为主的教学方法是指教师组织和引导学生通过独立的探究和研究活动而获得知识的方法，如发现法。发现法又称探索法、研究法，是指学生在教师指导下，对所提出的课题和所提供的材料进行分析、综合、抽象和概括，自行发现并掌握相应的原理和结论的一种教学方法。

D项，练习法是学生在教师指导下运用知识去反复完成一定的操作，或解决某类作业与习题，以加深理解和形成技能技巧的方法。

20. B 【解析】本题考查教学评价的类型。相对评价又称常模参照评价，是一种依据评价对象的集合来确定评价标准，然后利用这个标准来评定每个评价对象在集合中的相对位置的评价类型。它主要依据学生个人的学习成绩在该班学生成绩序列或常模中所处的位置来评价和决定他的成绩的优劣，而不考虑是否达到教学目标的要求。题干中强调小红的成绩与全班平均成绩相比属于“中下”，这种评价方式属于常模参照评价。

易错提示：绝对评价与相对评价是易混点，考生注意区分。

绝对评价（标准参照评价）——判断依据是教学目标，达到标准或目标即合格。如考试满分100分，60分合格，学生成绩60分达到即合格。

相对评价（常模参照评价）——判断依据是所处常模位置，与群体进行比较。如考试满分100分，全班平均分为90分，考80分的学生即使合格也处于班级“中下”位置。

二、简答题（参考答案）

21. 简述儿童心理发展“关键期”的教育意义。

所谓关键期，就是指人的某种身心潜能在某一年龄段有一个最好的发展时期。在这一时期内，对个体某一方面进行训练可以获得最佳成效，并能充分发挥个体在这一方面的潜力。错过了关键期，训练的效果就会降低，甚至永远无法补偿。根据这一现象，教育教学工作要抓住人的发展的关键期，不失时机地采取有效措施促进学生成长，以求在最短的时间内取得最佳的效果。所以，抓住关键期并进行及时、适当的教育，能使教学事半功倍。

（共10分。完整答出“关键期”的概念得5分，答出“抓住关键期并及时施教，事半功倍”这一教育启示得5分）

22. 简述学校德育陶冶法及其要求。

陶冶教育法也称情感陶冶法，是教师利用环境和自身的教育因素，对学生进行潜移默化的熏陶和感染，使其在耳濡目染中受到感化的德育方法。运用陶冶教育法的要求：(1)创设良好的环境；(2)与启发、说服相结合；(3)引导学生参与情境的创设

（共10分。完整答出“德育陶冶法”的含义得4分；答出“创设良好环境”“启发、说服相结合”“引导学生参与情境创设”三点得6分）

23. 简述小学教师进行教学研究的基本要求。

中小学教师进行教育科学研究的基本要求，是指中小学教师在进行教育科学研究时必须做到的，或必须遵循的原则，主要有以下几点：(1)方向性和科学性相统一的原则；(2)理论与实践相结合的原则；(3)客观性与全面性相结合的原则；(4)继承与创造相结合的原则。

（共10分。答案完整、准确得满分；答出“科学性”“理论与实践结合”“客观性”“创造性”等关键词可酌情给6～8分）

三、材料分析题（参考答案）

24. (1)①材料中小学生的行为体现了个体身心发展具有阶段性。低年级小学生好奇、敏感，对事物有强烈的兴趣，想象力丰富。材料中的小学生正处于六、七岁，对

世界充满着好奇心和求知欲,思维活跃,因而头脑中充满了各式各样的问题。

②材料中小学生的行为体现了学生是独特的人,每个学生都有自身的独特性。材料中,不同学生会产生不同的问题,说明每个学生对世界的认识和经验是不同的,具有差异性和独特性。

③材料中小学生的行为体现了学生具有向师性。学生入学后会自然地亲近、信赖、尊敬甚至崇拜教师,把教师作为获取知识的智囊,解决问题的顾问,行为举止的楷模。材料中,学生会向刘老师提出各种各样的问题,以求获得刘老师的解答,这说明学生具有向师性特点。

(共10分。答出"阶段性""学生的独特性""向师性"三点并结合材料具体阐述,言之有理可酌情给8~10分)

(2)①教师应提升自己的知识素养。教师除了要具备精深的学科专业知识外,还应具备必备的教育科学知识、广博的科学文化知识以及丰富的实践知识。教师仅仅解答学生知识方面的问题是不够的,还要能够理解学生的身心发展特点,以恰当、合理的方式对待和处理教育教学问题。

②教师应树立正确的学生观。教师要尊重学生的差异,把学生看成孩子而非成人,学会站在学生的立场上思考问题、解答问题。

③教师应保护和培养学生的问题意识。小学生的思维自由而独特,内心总是充满着种种疑问,因而会提出各种在成人看来"稀奇古怪"的问题,教师应当珍视学生的独特性,在教学中注意培养和保护学生的问题意识,采取正确、合理的态度对待学生"稀奇古怪"的提问。

④教师应坚持激励性评价和发展性评价相结合的原则。面对学生"稀奇古怪"的提问,教师既要对学生的行为做出及时、积极的反馈,以调动学生学习的积极性,促进教学工作的顺利完成。在给予反馈的同时也要关注学生之间的差异性和发展的不同需要,坚持发展性评价理念,注重促进学生的发展。

(共10分。至少提出三条应对措施,措施恰当、贴合材料、言之有理、卷面整洁,可酌情给8~10分)

25.(1)材料中刘老师的教学行为是正确的,促进了学生的发展,值得学习。

①新课程倡导的教学观强调教学是课程创生与开发的过程,是师生交往、积极互动、共同发展的过程,教学应该重过程甚于重结论。材料中,刘老师面对学生突然提出的问题,灵活调整教学,向学生提出几个问题并组织大家讨论,最终使学生深刻理解了白求恩的国际主义精神。

②新课程倡导的教师观强调教师应该是学生学习的促进者。在对待教学关系

上，教师应当帮助、引导学生。材料中，刘老师引导学生讨论，使得学生理解了白求恩所具备的高尚精神，取得了良好教学效果，这体现了教师在学生学习过程中的促进、引导作用。

③刘老师的做法体现了启发性原则。材料中，面对一个学生的突然发问，刘老师没有直接给出自己的意见和答案，而是组织全班同学进行讨论，最终使学生自身获得领悟，这体现了启发性原则的运用。

④新课程倡导的学生观强调学生是具有独立意义的人，学生是学习的主体。材料中，刘老师在教学过程中充分尊重学生，在学生产生疑惑的时候，引导学生通过讨论自己解决疑惑，体现了学生的主体地位。

（共10分。有点评教师行为的语句且评价合理，得1分；从“教学观”“教师观”“学生观”等角度答出至少三条，言之有理、分条罗列、逻辑清晰可酌情给6～9分）

（2）①新课程倡导教师应该是学生学习的促进者。材料中，刘老师引导学生通过讨论理解了知识，促进了学生的发展，这体现了教师是学生学习的促进者。

②新课程要求教师应该是课程的建设者和开发者。材料中，刘老师面对学生的问题，因势利导加以开发利用，将问题转化为学生共同学习的资源，体现了教师是课程的建设者和开发者。

③教师具有传道者的角色。教师负有传递社会传统道德、价值观念的使命。材料中，刘老师引导学生领会白求恩所具有的国际主义精神，不仅使学生理解了知识，也对学生进行了思想品德上的教育。

④教师具有授业、解惑者的角色。教师是要将自己获得的知识经验、技能进行精心加工整理，然后以特定的方式传授给年青一代，并帮助他们解除学习中的困惑。材料中，面对学生的问题，刘老师引导学生进行讨论，使得学生明白了问题的答案。

（共10分。答出“促进者”“课程的建设者和开发者”“传道者”“授业、解惑者”等至少三个角色，并且贴合材料、言之有理、逻辑清晰，可酌情给8～10分）

四、教学设计题（参考答案）

26.（1）这篇文章是一则寓言，寓言的文体特点主要有：①结构简单，语言精练。②鲜明的讽刺性和教育性。③通过拟人、夸张、象征等多种艺术手法表现寓意。这则寓言的语言明白晓畅，篇幅不长。赋予鹿以人的性格特点，如“噘起了嘴”“皱起了眉头”，使鹿的形象更加生动。以鹿在狮口脱险后说的“两只美丽的角差点儿让我送了命，可四条难看的腿却让我狮口逃生”结尾，表明了文章的深层寓意。这篇文章是通过寓言的形式，阐述了事物各有自己的价值，不能因为它的外表而忽略事物本身存在的优缺点的道理。

（共8分。答出寓言及寓言的文体特点得4分，文体特点每少答一点扣1分；结合课文具体内容分析文本语言特色和深层寓意得2分；准确阐述文章揭示的道理得2分）

(2)教学难点：理解鹿对自己的角和腿的态度前后变化的原因，并明白课文揭示的道理。

突破教学难点的思路：①学生自读课文，结合文中注音和工具书解决生字词。

②为课文分节，并和同桌讨论每节的主要内容。

③结合讨论结果，总结文章主要内容。

④思考鹿对自己的角和腿的态度为什么会发生变化，并带着问题重读课文。

⑤小组讨论，并在课堂上交流组内讨论结果。

⑥教师总结：一开始，鹿很欣赏自己美丽的角，不喜欢四条细细的腿。但当遇到危险时，鹿靠着这四条细而有力的腿狮口脱险，而美丽的角险些害他丧命。所以鹿的态度才会发生改变。这说明事物各有自己的价值，不能因为它的外表而忽略它本身存在的优缺点的道理。

（共12分。根据课标对应的学段要求，且符合文体特点设计教学难点得3分；突破教学难点的思路逻辑清晰、循序渐进得1分，内容围绕教学难点展开且完整得2分，符合三年级学生的认知得2分，教师总结明确点明鹿的态度变化的原因和课文揭示的道理得4分）

(3)教学片段

①学习第1～3自然段

A. 自由朗读课文，想一想文章讲述了一个怎样的故事。(引导学生齐读课文第1～3自然段)

B. 小组讨论：这三个自然段中描写的鹿的心情是怎样的？有什么变化？

教师引导：a. 你是从哪里看出来的？

b. 能不能带着这样的心情有感情地朗读一遍？

c. 想想鹿看着水中自己的影子时会有什么动作，加上动作，有感情地读一读第3自然段鹿说的话。

C. 引导学生带着感情齐读前三段。

②学习第4自然段

A. 指名朗读第4自然段。提问：同学们有没有注意到这位同学读这段话时的表情变化？大家能不能找到文中对应的句子？

B. 引导学生感受鹿当下的感情。

教师引导:a. 鹿此时是不满的,但是不满的原因是什么呢?

b. 大家有没有感受到鹿在看到自己的四条腿后的感情变化?

③学习第5~6自然段

A. 引导学生自由读第5~6自然段,看看鹿接下来经历了什么。

B. 让学生用自己的话说一说鹿狮口逃生的经历。

C. 引导学生说一说鹿死里逃生的原因。

教师引导:a. 前边鹿还在嫌弃自己四条腿太细,接下来这四条腿的表现怎么样?

b. 逃脱的过程顺利吗?又发生了什么事?如果你是鹿,此时你的心情会怎样?

D. 死里逃生后,鹿的心情又发生了怎样的变化呢?大家齐读最后一段。

④学习第7自然段

A. 第7段有一个关键词,表现了鹿的心情,请同学们找一找。

B. 思考鹿叹气的原因是什么。

C. 有感情地读一读鹿说的话。

⑤总结

A. 小组讨论,梳理思路,将鹿的心情变化简要地概括出来。

B. 说一说你从中学到了什么道理。

(共20分。教学活动围绕"品味语言,感受心情变化"的要求展开得4分,如果没有围绕该要求展开,则本题不得分;采用朗读、讨论等多种教学方法,引导学生学习前三段,体会鹿的感情,发挥教师的引导作用得4分;引导学生从文本语言出发学习第4自然段,运用提问的教学方法,让学生思考鹿的感情变化得3分;引导学生学习第5~6自然段时,培养学生的语言表达能力,并让学生结合文章内容谈自己的心情得3分;从寻找关键词出发,引导学生学习最后一段得2分;从鹿的心情变化出发,总结文章内容得2分;教学片段符合学生认知,逻辑清晰得2分)

27. (1)小学数学中"圆"的基础知识包括圆的初步认识,圆的周长,圆的面积。

(共8分。完整答出"圆的初步认识""圆的周长""圆的面积"三点可得8分,少答一点扣3分,均未答出或答错不得分)

(2)教学目标

①进一步巩固轴对称图形与对称轴的概念,掌握作图形对称轴与轴对称图形的方法。

②通过实际操作,培养动手操作能力。

③通过观察、思考和动手操作领略几何图形蕴藏的美妙与对称世界的神奇,激发数学审美情趣。

（共12分。根据课程标准，设置切合学情的教学目标，目标设置合理、内容恰当可得12分）

（3）教学重点：能准确判断轴对称图形并找出对称轴。

教学难点：确定对称轴的位置以及作轴对称图形。

【教学过程】

①创设问题情境，导入课题。

师：请大家拿出一张正方形的纸，折一折，看一看，正方形有什么特点？

生：通过对折，可以完全重合。

师：我们学习过，像这样对折后两边能够完全重合的图形，称为轴对称图形，折痕所在的直线就是这个图形的对称轴。

师：那为什么有的同学对折后得到的是长方形，有的同学得到的是三角形呢？这些不同位置的折痕，是否都是正方形的对称轴呢？

【设计理由】创设问题情境引入课题，激发学生探索新知的欲望。

②自主探究，讲授课题。

A. 学生通过直观感知、操作确认等实践活动，加强对对称轴的认知和感受。

师：轴对称图形的对称轴是否只有一条？

学生合作交流得出结论：轴对称图形的对称轴不一定只有一条，比如正方形可以找到4条对称轴。

师：观察课本上的两个圆，你能画出多少条对称轴呢？

学生动手画图得出：圆的对称轴有无数条。

师：请同学们用学具中的各种图形，动手操作，回答问题：在已经学习过的平面图形中有哪些是轴对称图形呢？哪些图形的对称轴只有一条？哪些不止一条？

生：轴对称图形有等腰三角形、等腰梯形、长方形、正方形和圆。只有一条对称轴的图形有等腰三角形、等腰梯形；长方形有两条对称轴；正方形有四条对称轴；圆有无数条对称轴。

【设计理由】通过直观感知、操作确认等活动培养学生合作学习的意识与动手操作能力。

B. 深入探究，确定对称轴的位置。

师：刚才大家通过动手折一折的方法，找到了图形的对称轴，如果这个图形我们不能折叠，如何找到它的对称轴呢？

生：轴对称图形对折后两边完全重合，我们可以试着找到两边距离相等的直线。

师：想法非常棒，不过直接找到两边距离相等的直线是不是有一点困难呢？如果我们找到两点之间距离相等的点,是不是就很容易做到?

师:(出示课件)比如我们要找到长方形的一条对称轴,只需要找到上面两个点连线的中点,和下面两个点连线的中点,作过这两个中点的直线,就得到了这个长方形其中一条对称轴。

师:(让学生拿出方格纸)为了帮助大家更好地掌握这个方法,请试着在方格纸上,通过数格的方法,画出正方形和长方形的一条对称轴,方格纸中每个小正方形的边长是相等的。

让学生总结在方格纸上画出图形对称轴的方法。(以小组为单位,用已作好的对称轴说明)

教师结合学生回答总结方法。

【设计理由】教师为主导,学生为主体,增强学习氛围,提高学习效率。

③拓展提升,引发思考。

师:(出示图片)我们已经学习了如何找出图形的对称轴,请大家看一看这张图上的问题,图中已经给出了对称轴,让我们根据对称轴画出已知图形的轴对称图形,这要怎么做呢?

生:可以通过找点来完成。

师:是的,刚才我们通过点确定了对称轴,同样的我们也可以通过点来确定轴对称图形,这个点怎么找呢?请大家小组讨论交流,然后选择一个代表来回答。

生1:可以用尺子量一量,找到到对称轴距离相等的点。

生2:可以直接数格,将正方形四个顶点关于对称轴对称的点都找到,连起来就得到了要作的图形。

师:大家的回答都非常棒,通过数格的方法,能够很快地找到每个顶点的对应点,如果没有方格纸,我们也可以用尺子来完成这个过程。

师:(课件演示第一个图找对应点的方法)请大家根据刚才课件演示的方法,来完成第二个图形。

学生展示自己画出的图形,教师进行纠正。

【设计理由】延伸知识,发散学生思维。

④课堂小结与思考。

这节课我们更加深入地学习了轴对称图形,知道一个轴对称图形可能并不只有一条对称轴,通过动手操作掌握了确定对称轴位置的方法,并且通过合作交流、自主探究学会了如何根据对称轴画出已知图形的轴对称图形。

思考:如果左边的图形是圆,该如何根据对称轴画出它的轴对称图形?

（提示：找出圆心对应点和半径，需要用到圆规作图）

【设计理由】总结全课知识要点并布置新任务，帮助学生巩固新知。

⑤作业布置。

对不同层次的学生分层次布置作业。

（共20分。①答出符合课程标准对应学段要求及课程特点的教学重点、难点，各得2分；②教学过程设计可以从复习导入，也可以从创设情境导入，均可得2分，写出对应的设计理由可得1分；③自主探究部分引导学生通过直观观察与动手探究加深对轴对称图形与对称轴的认识可得6分，体现学生的主体地位和教师的主导作用可得2分，写出对应的设计理由可得1分；④拓展提升部分通过让学生寻找对称轴，发散学生的思维可得2分，写出对应的设计理由可得1分；⑤有课堂小结、作业布置可得1分）

28.（1）①语音教学的重要性

小学阶段学好语音符合儿童的生理特点：因为发音器官和肌肉尚未定型，所以儿童的模仿能力强，接受新事物的速度快，易于学到地道的发音。

小学阶段学好语音符合儿童的年龄特点：对语言学习者来说，音韵学习的关键时期在幼年。

小学阶段学好语音符合儿童的心理特点：儿童大脑机能的可塑性较大，听觉灵敏，辨音能力强。

小学阶段学好语音符合语言学习的规律：语言知识是语言运用能力的重要组成部分，是发展语言技能的重要基础。语音作为语言知识的一部分，更是基础中的基础。

小学阶段学好语音符合儿童的记忆规律：儿童擅长机械记忆。提高机械记忆能力的主要途径为念和背。念有利于儿童形成良好的语音、语调和语流，而背有利于儿童形成良好的语音习惯。

②词汇教学的重要性

词汇是语言的三要素（语音、词汇、语法）之一，是组成句子的基本单位，是语言的基本材料，离开词汇就无法表达思想，就不能有效地进行听、说、读、写，就不能运用英语进行交际。词汇不仅是学习和提高英语最直接、最有用的方法，更是学习和提高英语的基础。

相较于复杂的语法，词汇更能激发学生学习英语的兴趣，进而提高学生的英语学习能力。

（共4分。①答出语音教学的重要性，一点得1分，任答两点得2分；②答出词汇教学的重要性，一点得1分，任答两点得2分）

(2)教学目标

①Students can learn the pronunciation rules of letter combinations a-e and learn to speak, read and write words containing these letter combinations.

②Students can improve their listening, speaking, reading and writing skills through colorful activities and games in class.

③Students can develop their love for English.

(共9分。答出符合课程标准对应学段要求及课文特点的教学目标,逻辑清晰、言之有理,可得9分)

(3)呈现 Presentation

The teacher shows some pictures (a girl named Kate, gate, cake, lake) and asks students "What is this" to lead to the words "Kate, gate, cake, lake". Then the teacher reminds students to figure out the similarity among these words and underlines the same letter combinations " a-e ". Students find out the pronunciation rules and the teacher teaches the pronunciation of these words.

(Justification: Pictures can attract students' attention and students' involvement in the learning process can make the learning effect better.)

操练 Practice

Activity 1: Look and match

There are pictures and words related to the lesson on the blackboard and the teacher asks students to look at the pictures and match them with the right words.

Activity 2: What's missing

The teacher asks students to close their eyes and covers one word out of sequence. Then students open eyes and say which word is missing.

(Justification: These activities create an interesting atmosphere for students, which can help them better master the spellings, pronunciations and meanings of these words.)

(共27分。①呈现方式设计内容完整,得4分,逻辑清晰,得3分,设计意图表述合理,得4分;②至少设计两个操练活动,设置合理,得6分,教学手段合理且符合学生认知,得6分,设计意图表述合理、贴合材料,得4分)

29.(1)《共产儿童团歌》是一首革命历史歌曲,曾被作为故事片《红孩子》的插曲。歌曲为四段歌词的分节歌,$\frac{4}{4}$拍,五声宫调式。旋律以小跳、级进为主,多采用重复的手法构成,其典型的节奏"× $\underline{\times\cdot\ \underline{\times}}$× ×"顿挫有致,几乎贯穿整首歌曲,给人一种威武的进行曲感受,恰当地表达了共产儿童团员“打倒敌人,保卫祖国”的坚定信念。

歌词共四段,层次清晰,意义层层推进。第一段发出召唤,强调“将来的主人”的社会责任感;第二段展望前景,提出“时刻准备着”的具体要求;第三段表明任务,鼓舞勇气;第四段再次发出号召,坚定必胜的信念。而每段结束句的“嘀嘀嗒嘀嗒嘀嘀嗒嘀嗒”好像不断吹响的号角和不停擂动的战鼓,激励着中国的少年儿童履行自身的职责。

(共4分。分别答出歌曲的“节拍”“风格”“节奏特点”“情绪情感”得4分,每点1分)

(2)教学目标

①通过演唱《共产儿童团歌》,感受革命的热情、进取精神和青春活力,培养牢记责任、追求理想、坚定信仰的责任感、使命感。

②通过聆听、模仿、编创等方式学唱歌曲,激发想象力,培养音乐感知、表现和创作的能力。

③能用坚定、有力的声音演唱《共产儿童团歌》,并能按“强、弱、次强、弱”的节拍规律边唱边击拍。

(共9分。教学目标阐述合理,符合课程标准且符合低年级小学生学情,可得9分)

(3)学唱歌曲环节的教学设计

①出示歌谱,教师弹唱《共产儿童团歌》。

师:歌曲带给你们怎样的感受?

学生聆听、自由回答。

②出示影片《红孩子》剧照,讲述故事情节。

师:1934年,红军北上抗日后,游击队长的儿子苏保带领小伙伴组成一支红色少年游击队,他们发挥聪明才智,勇敢地与国民党匪军作斗争,打流动哨,夺到第一支枪,随后用贴标语、打匪徒的方式,取得了不小的战绩。在一次战斗中,他们还打死了匪兵的头儿,机智地救出了游击队长。听,远处又传来了他们坚定、有力的歌声。

【设计理由】通过讲故事的形式来让学生了解歌曲的创作背景,认识儿童团,为歌曲学唱奠定基础。

③出示歌谱,复听歌曲。

师:歌曲是几拍子的?

生:四拍子。

④认识四拍子的强弱规律。

师:是的,同学们,$\frac{4}{4}$拍是按强、弱、次强、弱的规律排列的节拍,我们一起来击拍。

教师示范,引导学生按强(拍掌)、弱(拍腿)、次强(拍半掌)、弱(拍腿)的规律来拍击四拍子节拍。

⑤分组练习,请学生自己设计击拍方式,教师点评并鼓励。

师:你们还能设计出更好的击拍方式吗?

学生设计并展示。

⑥播放歌曲,边听边拍节拍。

⑦出示歌谱,教师引导学生有节奏地朗读歌词。

⑧出示歌曲旋律,用"la"模唱。

⑨教师伴奏,学生分句学唱。

⑩学生找出较难唱的乐句,教师逐句教唱。

⑪教师伴奏,学生齐唱歌词,提示学生用正确的姿势有感情地演唱。

【设计理由】拍节拍—读歌词—唱旋律—唱歌词,这种循序渐进的教学模式符合学生的认知规律。

⑫教师示范分别用连贯和跳跃的声音来演唱歌曲。

⑬教师伴奏,学生起立,边踏步边演唱全曲。

师:同学们真聪明!坚定、有力的情感,有弹性的声音更能表现出儿童团员坚强、勇敢、充满朝气、积极向上的形象。请同学们起立,让我们一起用有弹性的声音,坚定有力地演唱全曲!

【设计理由】让学生在歌唱与踏步中深刻体验四拍子的节拍感。

(共27分。①紧扣"学唱歌曲"得5分;②教学内容完整、过程设置合理得12分;③设计理由表述合理、贴合材料得5分;④符合教学目标得3分;⑤符合低年级学生认知规律得2分)

30. (1)"50米快速跑"的动作要点:预备动作前脚异侧臂在前,起跑两脚用力蹬地,反应快;起跑后,上体保持适当前倾,并随跑速的逐渐加快而逐渐抬起;途中跑后蹬充分,积极前摆,动作协调、舒展。

(共4分。答出"预备动作""上体保持适当前倾""后蹬充分""积极前摆""动作协调"等关键点可酌情给3~4分)

(2)教学目标

①能够明确"50米快速跑"的技术动作要领,掌握"50米快速跑"的基本技术和正确的身体姿势。

②通过学练,发展速度、力量和灵敏等身体素质,提高身体协调性、灵活性,促进心肺功能提高。

③能积极主动参与课堂各个环节的活动，感受活动乐趣，遵守规则，主动与同伴进行交流与合作，不断增强自信心，表现出勇敢、顽强、不怕苦和累、坚持完成任务的良好品质。

（共9分。答出切合中年段学生练习“50米快速跑”第1课时的教学目标，表述合理得9分）

（3）教学环节

①准备部分

A. 体育课堂常规。

a. 体育委员整队，报告人数；b. 师生问好；c. 教师宣布本节课的内容；d. 教师检查服装，强调课堂安全；e. 教师安排见习生。

B. 热身活动。

a. 绕操场慢跑2圈；b. 徒手拉伸操。

【设计理由】课堂常规的安排可以使学生快速进入课堂状态。慢跑和徒手拉伸操可以使学生快速进入运动状态，充分的热身活动可以大大降低课堂中出现运动损伤的可能性。

②基本部分

A. 讲解“50米快速跑”的技术动作。

教师亲自示范、讲解“50米快速跑”的技术动作。

【设计理由】教师亲自示范及讲解，帮助学生了解快速跑的动作姿势及要领，建立正确的动作表象。

B. 复习站立式起跑。

学生排成四列横队，站在起跑线后成预备跑姿势，听鸣哨后跑出50米。

C. 原地摆臂练习。

组织学生成体操队形散开，跟随口令进行原地摆臂练习。练习过程中教师要强调前后摆臂的动作要领，及时纠正错误。

【设计理由】巩固练习，明确正确的动作姿势，使之与后续新学技术动作协调连贯。

D. 30米后蹬跑练习。

将学生分为四组，每组一个跑道，教师在起点处每隔5秒发一次起跑口令。练习过程中，教师要指导学生体会前脚掌蹬地的感觉。

E. 50米快速跑练习。

将学生分为四组，每组一个跑道，一组跑动结束后下一组再开始。听到“跑”的口令后要迅速起动，两臂积极做前后摆动；身体逐步抬起，大腿抬高，逐渐加快频率，脚部蹬拔地有力。

【设计理由】让学生体会跑动时前脚掌蹬地和身体协调配合的感觉；发展学生快速跑能力。

F. 比赛——胸前贴纸的接力比赛。

组织教学：将学生分为四个小组，每组一个跑道，学生需要将白纸置于胸前，当听到"跑"的口令后迅速起动，尽量快速地跑动从而使纸不掉落，跑到25米后绕过标志桶原路返回，将白纸交给下一名同学。跑的过程中白纸如果掉落需要该名同学回到掉落处捡起。各小组按照完成接力的用时长短依次排名。

【设计理由】通过练习让学生体会跑动时身体的姿势和摆臂姿势；通过比赛培养学生的竞争意识，增强自信心。

③结束部分

A. 放松操。B. 教师总结课堂教学情况。C. 师生再见，收还器材。

【设计理由】放松操可以适当放松学生状态，结束课堂，同时督促学生课下进行练习。

（共27分。①教学活动设计内容完整，得5分，逻辑清晰，得4分，教学活动符合拟定的教学目标，得5分，教学手段合理，得4分，符合学生认知，得3分；②对准备部分、基本部分、结束部分分别给出合理的设计意图且贴合材料，1处2分）

31.（1）剪纸、年画、泥塑、皮影、蜡染、木雕、面塑。（任答四种）

（共4分。列举四种中国民间美术得4分，少答或答错一点扣1分）

（2）教学目标

①通过欣赏民间艺术品中的虎头装饰，了解虎头装饰的相关文化，学习民间艺术品的装饰手法，能够利用常见的物品设计制作虎头装饰。

②利用彩纸进行虎头五官的装饰设计与制作，培养创新意识，提高动手实践能力。

③通过对民间虎头装饰的研究，激发对民间美术的兴趣，培养热爱民间传统文化的情感。

（共9分。答出"了解虎头装饰的相关文化""利用彩纸进行虎头五官的装饰设计与制作""培养热爱民间传统文化的情感"3个关键点，且阐述完整、合理得9分，少答一点扣3分）

（3）新授环节

①欣赏民间虎头装饰，了解虎头装饰的意义

教师展示各类民间虎头装饰：虎头帽、虎头鞋、虎头面具、虎头枕……

师:请同学们观察课件中的图片,总结一下这些图片有什么共同点。

学生观察并回答。

教师总结:图片里的物品都与老虎的头的样子很相似,这些以虎头为形象做出的物品就是虎头装饰品。

师:那么,同学们是否知道为什么要做这么多虎头装饰品呢?

学生自由回答,教师在回答过程中注意引导。

教师总结:虎是兽中之王,在我国,虎头装饰品是最具特色的民间艺术品之一。它是驱除邪恶、保佑平安的吉祥物。民间创作的老虎形象千姿百态,充满了丰富的想象力,表达了人们对美好生活的向往。

【设计理由】利用大量图片信息开阔学生视野,培养学生的观察分析能力,引导学生思索、了解民间工艺品与人们生活的关系,使学生理解虎头装饰的内涵与寓意。

②小组合作探究,了解虎头装饰品的装饰手法

教师课件展示布老虎、卡通虎、陕西挂虎、生肖虎等装饰品。

师:虎头装饰的作品这么多,它们都采用了什么样的艺术表现手法呢?

学生回答:手工、布艺、绘画、剪纸……

师:(出示真实的老虎图片)同学们仔细地观察,民间艺术中的虎头装饰和现实中的虎头有什么相同的地方与不同的地方?

小组讨论,各小组派代表总结发言。

A. 相同点:外形一致,都有耳朵、鼻子、嘴巴等。

B. 不同点:

a. 形象上,虎头装饰品的五官更加夸张、形状有所改变。

b. 色彩上,虎头装饰品红色、黄色居多,色彩艳丽,对比强烈。

c. 虎头装饰品添加了许多纹样,纹样寓意美好,喜庆、吉祥。

教师总结:民间艺术品中的虎头装饰和自然界中的虎头有异同,它重点夸张变形了虎头的色彩和形象,并加入了吉祥纹样。

【设计理由】以小组为单位让学生从外形、色彩、纹样等方面对虎头装饰进行探究学习,不仅使学生掌握了装饰虎头的基本表现手法,为学生设计和创作虎头装饰做了铺垫,还有利于培养学生合作学习的能力。

③教师演示制作步骤,学生动手创作

师:这节课我们也用夸张、变形等方法来做个漂亮的虎头装饰吧。

A. 教师详细讲解制作步骤并进行演示。

a. 剪虎头外形。

b. 剪外形细部。眼睛、鼻子、嘴巴等。

c. 贴虎脸。将老虎的五官粘贴在虎脸上。

d. 修整虎头。

B. 学生动手设计并创作，教师巡视并进行指导。

【设计理由】教师讲解并进行演示，使学生了解虎头装饰的制作步骤与注意事项；学生亲自设计与创作虎头装饰，能培养学生的创新意识，提高实践操作能力。

④展示评赏

学生展示自己的虎头装饰品，全班学生欣赏。

学生互评，选出优秀作品，教师进行点评并颁发优秀作品小奖状。

【设计理由】作品展示与评选能让学生欣赏到各式各样的虎头装饰，开阔视野，感受虎头装饰的美感，提升审美能力。教师的点评与奖励能进一步提高学生的创作热情，增进学生对民间美术的兴趣。

（共27分。①新课讲授环节以“欣赏民间虎头装饰”“了解虎头装饰品的装饰手法”“学生亲自设计与创作虎头装饰”为主题进行设计，教学内容完整得8分，内容不完整、设计不合理可酌情扣2～3分；②教学方法得当5分；③教学手段合理3分；④符合学生认知2分；⑤设计意图阐述清晰完整、贴合材料得9分）

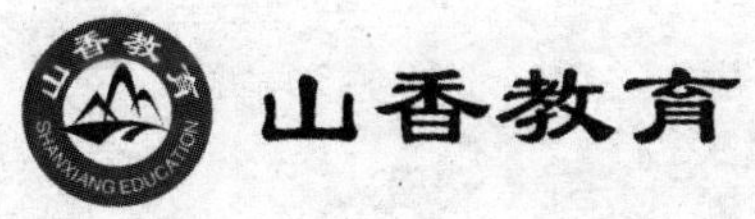

国家教师资格考试

历年真题详解及预测试卷

教育教学知识与能力·小学(真题答案本Ⅱ)

目　录

2021年上半年中小学教师资格考试真题试卷(六)

一、单项选择题

1. A 【解析】本题考查教育目的的价值取向。个人本位论注重教育对个人的价值,主张教育的目的是要发展人的个性,增进人的价值,促使个人自我实现。题干中,裴斯泰洛齐强调发展人天赋的内在力量,体现的是个人本位论的观点。

B项,社会本位论从社会发展需要出发,注重教育的社会价值,主张教育的目的是培养合格公民和社会成员。

C项,文化本位论认为教育目的应围绕文化这一范畴来进行,用"文化"来统筹教育、社会、人三者之间的关系,其最终目的在于:唤醒人们的意识,使其具有自动追求理想价值的意志,并使文化有所创造,形成与发展新的文化。

D项,生活本位论的代表人物是斯宾塞。该学说认为教育要为完满的生活做准备,注重的是使受教育者怎样生活。

方法技巧:做此类试题时重点抓住关键词,个人本位论追求的是个人的发展,所以这类试题的题干中常带有"本性""潜能""个人需要""自由""个人价值"等关键词;社会本位论追求的是社会的发展,所以题干描述中常带有"社会需要""适应社会""社会化""公民""社会价值"等关键词。考生做题时可根据关键词来进行判断。

2. B 【解析】本题考查教育的功能。教育的经济功能之一为:教育能再生产劳动力,提高劳动力的质量和素质,改变劳动力的形态,使劳动力得到全面发展,从而改善人的生存发展状况。"治贫先治愚"强调越贫穷的地方越要发展教育,是因为教育具有经济功能。

A项,教育的政治功能表现在以下几方面:(1)教育培养出政治经济制度所需要的人才;(2)教育通过传播思想、形成舆论作用于一定的政治经济制度;(3)教育促进民主化进程,但对政治经济制度不起决定作用。

C项,教育的生态功能就是教育对保护自然环境、促进可持续发展和建设生态文明所起的积极作用。具体表现在:(1)通过环境教育增强人们保护自然环境的意识、责任和养成绿色的生活习惯;(2)通过发展创造科学技术,提高人们解决环境问题的能力,有效地解决生态问题;(3)形成可持续发展的理念和生态文明的理念。

D项,教育的人口功能表现在以下几方面:(1)教育是调控人口数量的重要手段;(2)教育是提高人口素质的重要途径;(3)教育可使人口结构趋于合理;(4)教育有利于人口流动和迁移。

3. D 【解析】本题考查格塞尔的观点。格塞尔通过双生子爬梯实验强调成熟机制对人的发展的决定作用,认为人的发展顺序受基因决定,教育要想通过外部训练抢在成熟的时间表前面形成某种能力是低效的,甚至是徒劳的。

4. B 【解析】本题考查意志品质的培养。意志是指人自觉地确定目的,有意识地根据目的、动机调节支配行动,努力克服困难,实现目标的心理过程。题干中的学生作业稍微难一点就望而却步,经常叫苦叫累等行为体现其意志薄弱。因此,班主任在班级中需要加强学生意志品质的培养。

5. B 【解析】本题考查21世纪教育的四大支柱。1996年,国际21世纪教育委员会向联合国教科文组织提交了《教育——财富蕴藏其中》的报告,其中最核心的思想是教育应使受教育者学会学习,即教育要使学习者“学会认知”“学会做事”“学会共同生活(学会合作)”和“学会生存”。这一思想很快被全球各国所认可,并被称为教育的四大支柱。

6. C 【解析】本题考查班主任的影响力。班主任在班级管理中的影响力主要表现在两个方面:职权影响力和个性(人格)影响力。

7. B 【解析】本题考查眼保健操的基本内容。常用的预防近视的保健方法有眼保健操和眼部肌肉锻炼操。眼保健操的基本内容包括:挤按睛明穴、揉按四白穴、揉按太阳穴和闭目轮刮眼眶、揉按风池穴、闭目干洗脸。故本题选B。

8. C 【解析】本题考查注意的品质。注意的分配是指人在进行两种或多种活动时能把注意指向不同对象的现象,表现为“一心二用”。题干中,教师在讲课板书的同时留意学生的反应,这一行为体现的是注意的分配,故C项正确。

A项,注意的广度也称注意的范围,是指在同一时间内,人们能够清楚地知觉出的对象的数目。

B项,注意的转移是根据新的任务,主动地把注意从一个对象转移到另一个对象或由一种活动转移到另一种活动的现象。

D项,注意的稳定性是指注意保持在某一对象或某一活动上的时间长短特性。持续时间愈长,注意就愈稳定。

9. A 【解析】本题考查巴甫洛夫的经典条件作用理论。泛化是指机体对与条件刺激相似的刺激做出条件反应。题干中,小军因为喜欢王老师,所以对王老师的课和她组织的活动都喜欢,这表明小军对与王老师相关的情境产生了泛化。因此题干所述现象属于泛化,故A项正确。

B项,强化是采用适当的强化物而使机体的反应频率、强度和速度增加的过程。

C项,分化是指只对条件刺激做出条件反应,而对其他相似刺激不做反应。即辨别相似但不同的刺激并做出不同的反应。

D项，消退指如果条件刺激重复出现多次而没有无条件刺激相伴随，则条件反应会变得越来越弱，并最终消失。

10. C 【解析】本题考查从众的概念。从众是指人们对于某种行为要求的必要性缺乏认识与体验，跟随他人行动的现象。服从是指迫于权威命令、社会舆论、群体气氛等的压力，放弃自己的观点而采取与大多数人一致的现象。题干中，因为看到其他人都在起哄，所以平时文静的学生也往往会跟随其他人一起起哄，这种行为是从众行为。

易错提示：考生容易混淆从众和服从的概念。考生可以这样记忆，“众”代表的是群体；“服”一般是对权威、舆论等的服从。

11. A 【解析】本题考查成败归因理论。美国心理学家韦纳把活动成败的原因归结为六个因素：能力、努力程度、工作难度、运气、身心状况、外界环境。又把上述六项因素按各自的性质，分别归入三个维度：内部归因和外部归因、稳定性归因和不稳定性归因、可控制归因和不可控制归因。其中，能力是内部、稳定、不可控归因。题干中小勇将成绩不好归因于自己不够聪明，即归因于自己的能力，这属于内部、稳定的归因。

12. A 【解析】本题考查学校心理健康教育的对象。小学教育属于基础教育，是以提高全体国民的素质为宗旨的教育，它是着眼于社会长远发展的要求和儿童发展的全程观，以面向全体儿童，全面提高其基本素质为根本目的。因此，小学的心理健康教育必须面向全体小学儿童，以全体小学儿童为服务对象，全面普及有关心理健康的基本知识，以减少心理与行为问题发生的几率，增进小学儿童心理健康的整体水平。

13. B 【解析】本题考查《课程》一书的作者。美国学者博比特在1918年出版《课程》一书，标志着课程作为专门研究领域的诞生。

A项，杜威的代表作有《民主主义与教育》《我的教育信条》等。

C项，美国课程理论专家查特斯和博比特同为20世纪初期的科学化课程开发运动的代表人物，出版有《课程编制》《教学方法》《理念的教学》等书。查特斯首倡了“教育工程”的概念，对教育技术领域影响深远。

D项，拉尔夫·泰勒，美国课程论专家，被誉为“课程评价之父”，代表作有《课程与教学的基本原理》。

14. C 【解析】本题考查课程内容的组织形式。逻辑顺序是指根据学科本身的体系和知识的内在联系来组织课程内容，心理顺序是指按照学生心理发展的特点来组织课程内容。目前人们一致认为，课程内容的组织要综合考虑逻辑顺序和心理顺序。

15. C 【解析】本题考查教学评价的类型。题干中所描述的评价方法是档案袋评价，档案袋展示的是学生某一时间段、某一领域技能的发展，因而它是一种过程性评价。

A项，绝对性评价又称为目标参照评价，是一种在评价对象群体之外，预定一个客观的或理想的标准，并运用这个固定的标准去评价每个对象的评价类型。

B项，相对性评价又称为常模参照评价，是一种依据评价对象的集合来确定评价标准，然后利用这个标准来评定每个评价对象在集合中的相对位置的评价类型。

D项，总结性评价也称为终结性评价，是在一个大的学习阶段、一个学期或一门课程结束时对学生学习结果的评价。

16. B 【解析】本题考查直观手段的种类。直观手段一般分为三大类：实物直观、模像直观和言语直观。其中，模像直观指观察与教材相关的模型与图像（如图片、电影等），形成感知表象的直观方式。题干中赵老师让学生观看北方漫天大雪的视频，体现了其对模像直观手段的运用。

方法技巧：实物直观、模像直观、言语直观的区别考生可结合下表进行记忆。

直观类型	呈现形式	教学形式
实物直观	实际物体	实验、现场参观、实地考察、观察标本等
模像直观	实际物体的模拟性形象	观看模型、图片、图形、图表、视频
言语直观	语言	口头讲解、描述

17. C 【解析】本题考查教学原则。“不陵节而施”指教育要根据学习者的年龄、学习基础、智力等因素循序渐进，不要超过人的接受能力而进行（教育）。

A项，“温故而知新”体现了巩固性教学原则。

B项，孔子提出的“不愤不启，不悱不发”体现了启发性教学原则。

D项，孔子提倡博学，主张“多闻”和“多见”。孔子曾说：“君子博学于文，约之以礼，亦可以弗畔矣夫。”这句话的意思是：君子要以广博的知识充实自己，以礼约束自己的行动，这样就不会离经叛道了。

18. A 【解析】本题考查课程的类型。国家课程校本化是在坚持国家课程改革纲要基本精神的前提下，学校根据自身性质、特点和条件，将国家层面上规划和设计的面向全国所有学生的书面的计划的学习经验转变为适合本校学生学习需求的实践的学习经验的创造性实践。题干中某小学结合当地特色在语文课程中融入民谣，体现了国家课程校本化。

19. B 【解析】本题考查课程标准。课程标准是国家根据课程计划以纲要的形式编订的有关某门学科内容及其实施、评价的指导性文件。它规定了学科的教学目标、任务，知识的范围、深度和结构，教学进度以及有关教学方法的基本要求，是编写教科书和教师进行教学的直接依据，也是衡量各科教学质量的重要标准。

20. D 【解析】本题考查讲授法的局限。讲授法的优点是可以充分发挥教师的主导作用，使学生在短时间内获得大量系统的科学知识，并且能结合知识传授进行思想品德教育。讲授法的缺点是不易发挥学生的主动性和积极性，不利于因材施教，容易造成"填鸭式""满堂灌"的教学效果。

二、简答题(参考答案)

21. 简述小学劳动教育的基本目标。

(1)通过劳动教育使小学生树立正确的劳动观，培养遵守劳动纪律，爱护劳动工具和珍惜劳动成果的优良品质；(2)培养小学生热爱劳动的思想情感，养成良好的劳动习惯，形成以劳动为荣的思想。

(共10分。每点5分，完整准确答出得满分；答出"树立正确的劳动观""珍惜劳动成果""培养热爱劳动的思想""养成良好的劳动习惯"等关键词，可酌情给6～8分)

22. 老师如何培养学生的自我效能感。

(1)让学生更多地体验到成功；(2)为学生提供适当的榜样；(3)恰当地运用外部强化；(4)使学生学会自我强化。

(共10分。答案完整、准确得满分；答出"体验成功""提供榜样""外部强化""自我强化"等关键词，可酌情给6～8分；答出其他点，言之有理亦可酌情给分)

23. 简述教育叙事研究的一般步骤。

(1)观察并提出问题；(2)事件的记录与描述；(3)反思与分析；(4)总结与提升；(5)交流与评价。

(共10分。答案完整、准确得满分；答出"提出问题""记录""分析""总结""交流"等关键点可酌情给6～8分)

三、材料分析题(参考答案)

24. (1)《中小学教育惩戒规则(试行)》首次对教育惩戒的概念进行了定义，规定教育惩戒是学校、教师基于教育目的，对违规违纪学生进行管理、训导或者以规定方式予以矫治，促使学生引以为戒、认识和改正错误的教育行为。明确教育惩戒不是惩罚，而是教育的一种方式，强调了教育惩戒的育人属性，是学校、教师行使教育权、管理权、评价权的具体方式。材料中，部分老师不敢使用教育惩戒，害怕引起师生冲突、家校矛盾，这种行为非但不会制止学生的不良行为，反而会助长歪风邪气。《中小学教育惩戒规则(试行)》的实施，让老师重拾"戒尺"，有利于建立良好的学校风气。同时，《中小学教育惩戒规则(试行)》的施行细化了教育惩戒的边界，让教师的惩戒有规可依，更好地把握尺度和温度。

〔共10分。答出《中小学教育惩戒规则(试行)》颁布的意义和作用，个人见解言之有理并贴合材料可酌情给8～10分〕

(2)注意事项：符合教育规律，注重育人效果；遵循法治原则，做到客观公正；选择适当措施，与学生过错程度相适应。

(共10分。答出“注重育人”“客观公正”“惩戒恰当”等至少三条，贴合材料、言之有理，可酌情给8～10分)

25.(1)两位老师的理答都体现出了对学生主体地位的认同，但相较而言，王老师的理答更合理。陈老师只对学生出人意料的回答进行了肯定评价，没有追问原因，没有进一步启发学生，使学生展开思考，错失了一次对学生进行思想教育的良机。而王老师对学生回答进行的追问，不仅能够启发学生对人物进行深入思考，也能对学生进行是非教育，真正做到了传授知识与思想品德教育的统一，也符合新课程改革的启发式教育理念。

(共8分。点明两位老师都尊重了学生主体，但王老师的理答更合理，得2分；结合材料具体分析陈老师的理答的不足之处以及王老师的理答的优秀之处，各3分)

(2)教学评价具有导向功能、诊断功能、激励功能、调节功能、教学功能、发展功能等多种功能，结合材料来看，主要体现了以下功能：

①诊断功能。评价是对教学结果及其成因的分析过程，借此可以了解情况，从而判断它的成效和缺陷、矛盾和问题。材料中，针对学生回答喜欢白骨精，理由是白骨精为了吃到唐僧肉不怕困难，坚持不懈，王老师意识到学生对教学内容的误解，及时对教学方向进行调整，体现了教学评价的诊断功能。

②调节功能。教学评价可以提供有关教学活动的反馈信息，从而调节教与学的活动，使教学活动能始终有效地进行。材料中，王老师反问学生独特的想法，逐步引导学生向教学目标转向，体现了教学评价的调节功能。

③教学功能。从某种意义上说，评价本身也是一种教学活动。它能够使学生的知识、技能获得长进，甚至产生质的飞跃。材料中王老师对于学生的回答与指导，能够使学生的知识获得长进，扭转错误认识，体现了教学评价的教学功能。

④发展功能。学生的发展是一个过程，促进学生的发展同样是一个过程，发展性评价的核心是关注学生的发展、促进学生的发展。王老师促进了学生的发展，体现了教学评价的发展功能。

(共12分。答出“诊断功能”“调节功能”“教学功能”“发展功能”四点，并且结合材料展开具体阐述，言之有理、逻辑清晰，可酌情给10～12分)

四、教学设计题(参考答案)

26.(1)①激发学生的诗歌阅读兴趣。小学生还处于好奇心旺盛时期,对学习没有明确的目的性,兴趣是其学习的主要驱动力。所以,教师应该优化教学内容,调整教学方法,激发学生学习兴趣,让学生在愉悦的氛围中学习诗歌。②创设诗歌教学情境。由于诗歌语言简练,且内蕴丰富,具有一定的语言美,想要理解诗歌,需要具备一定的欣赏能力,这就需要教师在诗歌教学中,创设出合适的教学情境,让学生能够在特定的情境中加深对诗歌思想感情的理解。③充分利用多媒体教学设施。因为诗歌语言简练,内蕴丰富,不容易理解。所以教师可以充分利用多媒体,通过视频、图片等形式,多角度地进行教学,这样能够激发学生的想象,帮助学生多角度理解诗歌情感。

(共9分。从"激发学生的诗歌阅读兴趣""创设诗歌教学情境""充分利用多媒体教学设施"三方面回答得3分;结合学情、课标、文体特点分析得6分,每点2分)

(2)教学重点:①结合注释和搜集的阅读资料,理解字词的意思,尤其是"逶迤、磅礴、等闲、泥丸、暖、寒"的意思。②正确、流利、有感情地朗读、背诵诗歌。

教学难点:借助语言情感铺设、视频资料和反复朗读感悟红军的英勇和乐观。

(共9分。教学重点从字词意思、诗歌的朗读背诵两方面展开回答得3分;教学难点从诗歌情感方面回答得2分,借助多媒体等帮助学生理解难点得1分;教学重点和教学难点符合课标要求、学生认知、文体特点得3分)

(3)对"金沙水拍云崖暖,大渡桥横铁索寒"的理解:此句承接首联的"万水",选取了"巧渡金沙江"和"飞夺泸定桥"两个画面,以点带面地勾画出红军长征的宏大卷轴。湍流不息的金沙江拍打着两岸高耸入云的山峦,仿佛山山水水都在庆贺红军的胜利。大渡河上的铁索桥只剩铁索没有木板,让人望而生寒。"暖"字写出了红军成功渡过金沙江的喜悦,"寒"字写出了飞夺泸定桥的艰难和惨烈。"暖"和"寒"形成对比,既写出了巧渡金沙江后的喜悦,又写出飞夺泸定桥一战的惊险和悲壮,表现了红军战士不畏艰难、悍不畏死的革命精神。

【教学设计】

①朗读诗歌,领悟诗句内容

学生自读,读准字音。

指名读,教师从旁校准字音和朗读节奏。

学生默读,在反复默读中体会诗句描写的画面。

②研读诗句,深入体会情感

首联写到"万水千山只等闲",颔联描写了红军战士对"千山"的征服,我们来看看颈联是从哪方面写长征的。

A.“云崖”是什么意思?(学生可借助课文注解,组内探究。)

明确:云崖:高耸入云的山崖。

B.面对高耸入云的山崖,为什么用“暖”字来形容?

明确:面对敌人的森严戒备以及天堑一样的山崖,红军战士运用自己的聪明才智成功渡过金沙江,全军欢欣鼓舞。

C.结合“暖”字,说一说这一句表达了作者怎样的思想感情。

明确:胜利渡江的喜悦。

D.生齐读此句,体会作者情感。

E.“暖”的反义词是“寒”,这个“寒”字在这里又是什么意思呢?

教师用多媒体播放“飞夺泸定桥”视频,学生自由发言谈感受。

明确:“寒”字写出了湍急江流上铁索的森寒,没有木板的桥令人毛骨悚然。红军顶着敌人的炮火攀爬在光滑的铁索上,惊心动魄,艰苦卓绝。

F.女生读上句,男生读下句,全班齐读。

明确:在反复朗读中,深入领会作者情感,体会长征过程的艰辛以及红军的乐观精神。

③巩固拓展,交流感悟

学生拿出课前准备的资料,与同学自由交流对颈联的感受和理解。

④归纳总结,提升认知

教师总结:“暖”和“寒”形成对比,“暖”字写出红军“巧渡金沙江”后的喜悦,“寒”字写出了“飞夺泸定桥”的艰难和惨烈。两相对比,再次照应了首联“红军不怕远征难,万水千山只等闲”的磅礴大气。

(共22分。诗句理解:答出诗歌表达手法,描述诗歌画面得3分;从炼字角度分析诗歌表达效果及思想感情得4分。教学设计:运用自读、默读等多种阅读方法,教师进行引导得3分;分析具体字词的意思,引导学生体会情感得3分;引导学生在反复朗读中体会长征的艰难和感悟红军的精神得3分;拓展学生知识面,引导学生交流互动得2分;教师依据重点字词进行总结得3分;符合学生认知得1分;如果没有根据题目要求的诗句进行教学设计,则该题不得分)

27.(1)有效的教学活动是学生学与教师教的统一,学生是学习的主体,教师是学习的组织者、引导者与合作者。

学生的学习应是一个主动的过程,认真听讲、独立思考、动手实践、自主探索、合作交流等是学习数学的重要方式。教学活动应注重启发式,激发学生学习兴趣,引发学生积极思考,鼓励学生质疑问难,引导学生在真实情境中发现问题和提出问题,利用观察、猜测、实验、计算、推理、验证、数据分析、直观想象等方法分析问题和解决问题;促进学生理解和掌握数学的基础知识和基本技能,体会和运用数学的思想与方法,获得数学的基本活动经验;培养学生良好的学习习惯,形成积极的情感、态度和价值观,逐步形成核心素养。

(共10分。答出"教学活动应注重启发式""培养学生的良好习惯"等内容,表述合理、字迹工整可酌情给8~10分)

(2)教学目标

①通过动手操作和观察比较,知道三角形任意两边的和大于第三边。

②能根据三角形三边的关系解释生活中的现象,提高运用数学知识解决实际问题的能力;提高观察、思考、抽象概括的能力以及动手操作的能力。

③积极参与探究活动,获得成功的体验,激发学习数学的兴趣。

(共10分。教学目标设置合理,符合课程标准对应学段要求,符合学生学情和认知水平,得10分)

(3)新授环节

①教学例3。

出示课本例3的图。

小明和我们一样每天都按时上学,请看小明到学校的线路图,小明上学共有几条路线?

有一天小明起晚了,你们猜猜他肯定会走哪条路去学校?为什么?

师:大家都认为走中间这条路最近,这是什么原因呢?

请大家看,联结小明家、商店、学校三地,近似一个什么图形?联结小明家、邮局、学校三地,同样也近似一个什么图形?

那么走中间这条路,走过的路程是三角形的一条边,走旁边的路,走过的路程实质上是三角形的另外两条边的和,根据刚才大家的判断,三角形的两条边的和要比第三边大,那么,是不是所有三角形的三条边都有这样的关系呢?

归纳:两点间所有连线中线段最短,这条线段的长度叫作两点间的距离。

【设计理由】通过联系生活情境,激发学生参与学习的兴趣与积极性,促进自主思考;通过对"两点之间的连线中线段最短"的归纳,为接下来探究"三角形任意两边之和大于第三边"做铺垫。

②教学例4。

实验1:用三根小棒摆一个三角形。

在每个小组的桌上都有5根小棒,请大家随意拿三根来摆三角形,看看有什么发现?

学生动手操作，发现随意拿三根小棒不一定都能摆成三角形。接着引导学生观察和比较摆不成三角形的三根小棒，寻找原因，深入思考。

实验2：进一步探究三根小棒在什么情况下摆不成三角形。

A. 每个小组用以下四组小棒来摆三角形，并做好记录。

a. 4厘米、5厘米、6厘米　b. 4厘米、4厘米、6厘米

c. 3厘米、3厘米、6厘米　d. 3厘米、2厘米、6厘米

B. 请不能摆成三角形的同学说出不能摆成三角形的三根小棒的长度。

C. 引导学生观察和比较摆不成三角形的三根小棒，寻找原因，深入思考。

D. 请能摆成三角形的学生汇报用哪些尺寸的小棒摆成了三角形，思考能摆成三角形的三根小棒的长度又有什么规律。

学生汇报。

师生归纳总结：三角形任意两边的和大于第三边。

【设计理由】动手实践是学生认识世界，了解数学知识，经历形成过程的重要手段。课程标准中也强调让学生经历"数学化"的过程。在学生小组合作之后，让他们自主发现摆成三角形和摆不成三角形的小棒的长度分别有怎样的关系，进而总结规律，这样学生的体会深刻而具体。

③巩固练习。

通过实验，我们知道了三角形三条边的一个规律，你能用它来解释小明家到学校哪条路最近的原因吗？

学生独立完成课后练习题。

【设计理由】通过巩固练习，对本节课新学的内容进行巩固，并且对新课开始的问题有了新的思考和认识。

（共20分。①新授环节引导学生结合生活情境发现"两点之间线段最短"这一现象可得6分；②让学生从"两点之间线段最短"拓展到"三角形任意两边的和大于第三边"可得6分；③通过自主探究让学生加深对"三角形任意两边的和大于第三边"的认识可得6分；④写出活动所对应的设计理由可得2分）

28. (1)①巩固性作业。如：抄写单词，背诵、默写课文以及完成课后练习等，以巩固课堂中所学内容为目的。

②思考性作业。不需要笔答，可以分散在课堂问答或课后练习中，课堂教学时，还可以用于进一步启发诱导学生。

③比较性作业。把正确与不正确的几种答案都给学生，由学生选择、判断，在比较中掌握知识，提升能力。

④归纳性作业。如:概括段意,词语、句子归类等,主要在课堂中边学习边总结,注意掌握知识规律。

⑤创造性作业。如:造句、写片段、小作文等几项内容。要加强课上指导,使学生明确范围、内容与要求,课上保证充足的练习与思考时间,少部分留为家庭作业。

⑥口头性作业。如:读、说、讲、述,可以向学生提供一定的口语素材,鼓励学生进行口语输出。

⑦实践性作业。学生亲自动手,从实践中获取真知。

⑧综合性作业。把几种训练内容,比如听、说、读、写综合在一起,培养学生综合运用语言的能力。

⑨同伴协同作业。同伴协同作业可以与以上作业形式相结合,引导学生在相互合作下完成任务,增强合作意识和提高合作能力。

(共10分。写出一种类型得1分,解释基本操作方式并举例得1分,任写5种得10分)

(2)教学目标

①Students can learn some new words: beautiful, round, short, tall...and the sentences: She has..., She is..., She likes....

Students can understand the main contents of these two short passages.

②Students are able to talk about "what are their teachers like" in their daily life using the words and sentence patterns they've learnt.

Students' reading and speaking ability can be strengthened by practicing.

③Students can get more interested in English and build up confidence of speaking English in public.

Students learn to respect their teachers and love their school life.

(共10分。教学目标设置合理得3分,符合课程标准要求得3分,符合学生认知发展水平得3分,行文流畅、无字词错误得1分)

(3)读后说环节

①After reading, students will be divided into groups of four to think about their favorite teachers, recall the physical traits of their teachers and share their ideas with others using the expressions of the material.

【设计理由】阅读文本学习结束后,仿照材料的内容,引导学生进一步掌握如何介绍并描述人物特征,争取达到活学活用的课堂效果。通过小组活动练习对话,在练习听说的同时,培养学生的合作交流能力。

②One student from each group will be invited to introduce his or her favorite teacher in front of the class. Other students will guess "who is his or her favorite teacher?" and add more details about the teacher.

Teacher will give some positive evaluations for students, encourage them to speak boldly and correct their mistakes after they speak if any.

【设计理由】帮助学生敢于开口表达,提高学生的口语表达能力,提升课堂学习的参与度和趣味性,为课后的写作任务奠定基础。同时,渗透本课的情感目标,引导学生尊重和热爱教师。

(共20分。设计一个活动得5分,设计理由表述合理、贴合材料得5分。答出两个活动及其设计理由得20分)

29.(1)《牧羊女》是一首捷克民歌,C大调,$\frac{3}{4}$拍,以欢快明朗的风格、对美好生活热爱的激情、舒展的节奏和流畅的旋律描绘了大自然的美景和牧羊女的愉快心情。作品为四句体的单乐段,第一、二、四乐句很相似,第三乐句以欢快跳跃的节奏与其他乐句形成对比,描绘出羊儿的叫声、歌声、流水声,使全曲更加生动活泼,感人而又简练。

(共10分。①答出"调式、节拍"得2分;②答出"整体情感"得2分;③答出"乐句关系"得2分;④答出"曲式结构"得2分;⑤答出"旋律特点"得2分)

(2)①通过演唱《牧羊女》、了解捷克的风土人情以及放牧文化,感受草原的音乐风格,了解牧童、牧民的生活风情,激发热爱自然、热爱生命、热爱劳动的人文情感。

②通过演唱、欣赏等音乐活动感受草原音乐的风格特征。

③能用柔美、连贯的声音表现歌曲《牧羊女》中的抒情柔美的意境;能正确运用力度记号,按三拍子的特点演唱,表现牧羊女的愉快心情。

(共10分。教学目标设置合理得3分,符合课程标准要求得3分,符合学生认知发展水平得3分,行文流畅、无字词错误得1分)

(3)"唱好歌曲"环节设计

①聆听歌曲。

师设问:让我们一起来听一听,你们能听出这首歌曲是几拍子的吗? 歌曲中除了牧羊女的歌声,还唱了些什么声音?(流水声,羊叫声)

生:三拍子。

师生一起拍一拍三拍子的强弱规律(强弱弱),将每一段的第三句单独有节奏地

读一读。(师范读第一句,生齐读后三句)

②(多媒体出示歌谱)教师跟伴奏范唱,学生跟着教师在心里默唱。

师:这首歌曲有三段,每一段有4句,看看旋律相似的乐句是哪几句呢?

生:一、二、四句。

师:它们不同在第几小节?

生:第四小节。

③学唱第一段。

A. 学唱第一、二、四句,注意并认识歌曲中的圆滑线。

师:你们看到弧线了吗? 在第一句中有几处?(在"草"和"上"两个字的上方)这两个字唱两个音,且要唱得连贯。

生尝试,师指导。

B. 学唱第三句,注意音准与节奏的准确性。

教师带领学生模唱音程,特别注意下行五度音程的音准。

师生一起用手打拍子,教师提示学生注意八分休止符的停顿。

C. 学生跟随教师伴奏完整演唱第一段歌词。(师注意提醒演唱姿势,音高要到位。)

④学唱第二段。

师:在学唱之前呢,我来问问大家,你们有没有发现第二段与第一段有什么不同?

生:第二段的第一句的前三小节都是一字一音,只有第四小节这个"亮"字是对应两个音。

师:同学们说得对,唱的时候要注意不要被第一段影响,"歌声"是一字一音;同样的,"亮"还是一字两音,要唱得连贯。

师范唱,生跟随教师伴奏完整演唱第二段。

⑤试唱第三段。

⑥跟随钢琴伴奏完整演唱一遍。

【设计理由】演唱歌曲是音乐教学的基本内容,也是学生最易于接受和乐于参与的表现形式。重视课程内容中对演唱姿势、节奏和音准等方面的要求。演唱技能的练习,要结合演唱实践活动进行。

⑦歌曲处理。

师:同学们唱得还真不错! 我想一定是被牧羊女的歌声给感染了,牧羊女之所以唱得这么好听,是因为她的歌声有强有弱,有高低起伏。我们一起了解一下在音乐中强弱用什么符号表示。(出示板书f—强;p—弱。)

师:你们能在第三句上方的四个色块中填入对应的力度记号吗?(出示谱例)

生尝试,师根据不同的力度标记来进行范唱,让学生直接感受不同力度对作品表达的影响,直到学生掌握正确的力度为止。

【设计理由】通过具体实践,让学生亲身感受力度变化对歌曲演唱、情感表达的作用,提高学生的音乐感知力。

⑧按照力度标记,完整演唱歌曲。提醒学生注意演唱姿势、音高、力度对比、旋律的起伏。

⑨歌曲拓展,创编活动。

A. 请学生自己设计演唱形式演唱歌曲,教师引导。

师:刚刚我们是全班齐唱,我们来换个别的演唱形式,找几个学生来领唱好不好?

学生自荐上台领唱第一句和第二句,全班齐唱第三、四句。

B. 教师引导学生选择合适的打击乐器为歌曲伴奏。

C. 完整表演,唱、动、奏结合。

师:让我们把牧羊女的歌声、流水声、小羊儿的叫声交织在一起,一起奏出最完美的旋律吧!身体可以跟着音乐轻轻地摆动。

【设计理由】培养学生的创造力,为学生提供开发创造性潜能的空间。

(共20分。①紧扣“唱好歌曲”的要求得5分;②教学内容完整、过程设置合理得7分;③答出设计理由且贴合材料得4分;④符合教学目标得2分;⑤符合中年级学生认知规律得2分)

30.(1)教学重难点

①教学重点:持球后引,呈反弓,蹬地、收腹、挥臂用力顺序,球的出手角度。

②教学难点:动作连贯、协调,快速挥臂、甩腕。

(共10分。①完整、准确写出“持球后引”“反弓”“蹬地、收腹、挥臂用力顺序”“球的出手角度”的教学重点,得5分;②完整、准确写出“动作协调连贯”“快速挥臂、甩腕”的教学难点,得5分)

(2)水平三的教学目标

①能够说出双手从头后向前掷实心球的动作名称和术语,知道其基本健身价值。

②基本掌握双手从头后向前掷实心球的动作方法,能全身协调用力完成投掷动作,发展力量、灵敏素质及身体的协调性。

③能够在投掷练习和游戏中表现出自信、果断、互助等优良品质,具有安全意识,并养成安全锻炼的意识和习惯。

(共10分。①答出切合水平三学生的教学目标,1条3分,3条全答对得9分;②各目标阐述合理、语言连贯,酌情给1分)

(3)易犯错误、纠正方法及理由

易犯错误	纠正方法	理由
只用两手臂掷球，而用不上全身力量	讲清动作方法，让学生多做徒手模仿练习或持轻物的练习，加深体会自下而上的蹬地、收腹、甩臂的用力顺序	学生对动作要领不清楚，只有明白动作方法，多进行模仿练习，学生才能掌握正确的动作要领
球未掷出双脚跳起	①徒手练习。先用力蹬地，然后收腹，上体向前压送，最后挥臂，让学生体会用力顺序和力的传递 ②加强学练提示。如"投掷时身体要放松，为保持身体平衡，后脚蹬地后随身体重心前移，可向前迈一步"	学生对动作要点不清楚，要通过练习和提示使学生掌握正确的用力顺序，提高对动作技术的理解能力
掷出的球太高或太低	在墙上或挡网上设置目标，让学生对目标进行投掷，体会球出手的角度和用力方向。同时提示学生，球未出手前，眼睛要始终盯着投掷目标	利用目标设置，能有效提高学生投掷的准确性，提高投掷的远度

（共20分。①答出3个"易犯错误"得9分，每少答1个扣3分；②答出对应的3个"纠正方法"得6分，每少答1个扣2分；③理由表述合理、贴合材料得3分，每少答1个扣1分；④所有设计符合拟定的教学目标，得2分）

31. (1)①我国先秦时期的青铜器按用途划分，可分为礼器、乐器、兵器、工具及车马器等。

②我国古代青铜的铸造，远在四千年前的夏代就已经开始出现。商代和西周是青铜铸造的鼎盛时期。商代前期青铜器的质量大幅提高，器壁较薄，纹样以线性浅浮雕为主，多采用带状装饰，造型规整大方，纹饰简洁疏朗；商代后期，青铜器的铸造工艺更加精湛，造型丰富，流行兽面纹(或称饕餮纹)、云雷纹、龙纹、人面纹等纹饰，通常在云雷纹、地纹上再加浮雕式的主题纹样，铭文简短，多为几个字的族徽图像。西周青铜器普遍使用高浮雕和凸起的扉棱，流行饕餮纹、夔纹、鸟纹等，其中卷体夔纹特色鲜明，部分器物上开始出现长篇铭文，器物造型凝重结实，纹饰繁缛华丽。

（共10分。答出"按用途划分，可分为礼器、乐器、兵器、工具及车马器等"关键点得4分，分别答出"商代前期""商代后期""西周时期"的"造型""纹样"特点等6个关键点得6分，每点1分）

(2)教学目标

①初步了解青铜器的相关知识，欣赏青铜器的纹饰美。

②通过欣赏与分析，了解青铜器的艺术特点。

③在欣赏青铜器艺术的过程中，感受青铜文化的魅力，增强民族自豪感和自信心。

（共10分。答出“了解青铜器的相关知识”“了解青铜器的艺术特点”“感受青铜文化的魅力”3个关键点，且阐述完整、合理得10分，少答一点酌情扣3～4分）

(3)新课讲授

①学生分组讨论、交流课前收集的关于青铜器的资料，了解青铜器的起源与发展历史。

教师总结：我国古代青铜器的铸造，远在四千年前的夏代就已经开始出现，商代和西周是青铜器铸造的鼎盛时期。接下来我们就一起来欣赏一些青铜器的图片，在欣赏图片的时候，请大家思考，你会从哪些角度来欣赏我们的国宝——青铜器？

【设计理由】学生课下搜集到的知识在课堂上得到展示与肯定，这样可以激发学生课下的学习兴趣。

②欣赏青铜器

A. 从造型角度欣赏。根据不同用途，青铜器有各种不同的造型。

课件展示青铜器《莲鹤方壶》，教师介绍：这是春秋中期青铜制盛酒或盛水器。整个器物造型优美，花纹流畅，制作工艺精湛，挣脱了商周以来青铜器庄严肃穆的风格，加强了姿态的动势和力感。展翅欲飞的立鹤，攀岩登壁的怪兽，使器物具有静中有动，寓动于静的艺术魅力，融清新活泼和凝重神秘为一体，莲鹤方壶的艺术构思，反映了春秋中期新旧思想的交替，被誉为“时代精神之象征”。

课件展示青铜器《铜奔马》，教师介绍：甘肃武威雷台东汉墓出土的“马踏飞燕”（又称马超龙雀、铜奔马）是东汉的大型青铜雕塑。作者独具匠心，铸造一匹矫健奔驰的骏马，三足腾空，一足踩在展翅疾飞的燕背上，使人产生骏马的速度能超过飞燕的联想。其大胆的构思，浪漫的手法，给人以惊心动魄之感，令人叫绝，堪称中国古代青铜雕塑的奇葩。

B. 从纹样角度欣赏。青铜器上常饰有动物纹、几何纹以及人事活动等图案，反映当时人们的社会生活和思想观念。

课件展示青铜器《宴乐攻战纹壶》。教师介绍：这个壶的纹样共三层，第一层表现的是妇女在树上采桑叶；第二层画了人们吃饭、歌舞、打猎的情景；第三层刻画了古人陆战和水战的场景。这些纹样来源于人们的生活，属于纪实的纹样。根据这些纹样，这件青铜器被叫作《宴乐攻战纹壶》。

教师：青铜器上不仅有记录人事活动的写实纹样，还有富有想象的抽象纹饰，通过预习课本，同学们一定认识它们，请这位同学来介绍一下。

学生回答，教师总结：凤鸟纹和龙纹是我国自古以来的吉祥纹样，人们借助这些纹样表达对生活的美好祝愿。兽面纹又称饕餮纹，象征传说中的一种凶兽。它是古人融合了自然界各种猛兽的特征，同时加以自己的想象而形成的，其中兽的面部巨大而夸张,装饰性很强,常作为器物的主要纹饰,与古代人民的文化生活息息相关,充分体现了古代劳动人民的智慧和创造能力。

C.从文字角度欣赏。青铜器上常铸或刻有文字。这些文字通常称为“铜器铭文”,又称“金文”“钟鼎文”等。它是研究汉字发展演变的珍贵资料,也是研究我国古代历史的重要资料。

课件展示青铜器《毛公鼎》,教师介绍:青铜器上常铸或刻有文字。这些文字通常称为“铜器铭文”,又称“金文”或“钟鼎文”。这件作品是毛公鼎,它是西周晚期毛公所铸青铜器。鼎内铭文接近五百字,是现存最长的铭文,记载了毛公忠心为国,向周宣王献策之事。铭文就是铸造的历史,所以我们在欣赏青铜器时一定不能忽略它的铭文。

【设计理由】从造型、纹样和文字三个方面进行赏析,使学生对青铜器有了全面深入的了解,为进一步欣赏青铜器奠定了基础。

③作业评价

每个小组从课本或教师课件中出示的范例图片中任选一例,从造型、纹饰以及铭文等方面进行介绍。教师和其他小组学生对其表现进行评价。(教师在巡视指导的同时,了解各小组的课前准备,观察各小组的讨论情况以及学生参与情况。)

【设计理由】小组成员合作、探究、自主交流赏析,体现了以生为主、以生为本的新课程理念。客观的评价,有效的奖励,满足了学生的情感需求,激发其自信心和积极性。

④课堂总结

教师:同学们,我们今天欣赏的这几件青铜器只是我国古代青铜艺术的冰山一角。中国古代青铜艺术博大精深,难怪一位历史学家这样说:“中国的历史是一部石头的书,青铜的书。”这毫不夸张。几千年来所凝练的浓郁厚重的青铜文化,是一部浓缩的中国百科全书,留给我们的是无穷的物质与精神财富,青铜文化神秘厚重,还有很多连考古学家都无法解开的谜,等着同学们去研究发现,青铜艺术不仅体现了我国祖先的聪明才智和精湛的技艺,而且体现了我国的悠久历史和灿烂文化,让我们一起把我国优秀传统文化继承和发扬下去吧!

【设计理由】在欣赏青铜艺术的过程中,培养学生对生活情感的表达能力,使学生树立保护文物、珍爱国宝的意识,升华主题。

(共20分。①新课讲授环节以“了解青铜器的起源与发展历史”“从造型、纹样和文字三个方面对青铜器进行赏析”“树立保护文物、珍爱国宝的意识”为主题进行设计,教学内容完整得5分,内容不完整、设计不合理可酌情扣1~2分;②教学方法得当5分;③教学手段合理3分;④符合学生认知2分;⑤设计理由阐述清晰完整、贴合材料得5分)

2020年下半年中小学教师资格考试真题试卷(七)

一、单项选择题

1. C 【**解析**】本题考查孔子的教育思想。束脩指一束干肉。古人在孩子入学拜师时,一般都会送“束脩”给老师,作为见面礼。“自行束脩以上”说明求学者是在以礼相求,诚心求教。孔子说这番话的真实含义是:只要是诚心向我求教的人,我没有不教诲他的。这说明孔子在教育对象上不重年龄、亲疏、贵贱等,体现了其有教无类的教育思想。

A项,《论语》中体现孔子的“启发诱导”思想的语句有“不愤不启,不悱不发”。

B项,《论语》中体现孔子的“因材施教”思想的语句有“求也退,故进之;由也兼人,故退之”“中人以上,可以语上也;中人以下,不可以语上也”。

D项,《论语》中体现孔子的“诲人不倦”思想的语句有“若圣与仁,则吾岂敢?抑为之不厌,诲人不倦,则可谓云尔已矣”。这句话的意思是:如果说到“圣”和“仁”,那我怎么敢当?(只不过在向圣人和仁者的学习方面)努力而不满足,(用这些道义)教育人从不感到疲倦,也就可以这样说罢了。

2. C 【**解析**】本题考查个体身心发展的规律。根据个体身心发展的不均衡性这一规律,教育教学工作要抓住关键期,以求在最短的时间内取得最佳的效果。故本题选C。

A项,个体身心发展的顺序性规律,要求教育工作要循序渐进,不能“揠苗助长”“陵节而施”。

B项,个体身心发展的阶段性规律,要求教育工作要针对不同年龄阶段的学生提出不同的具体任务,采用不同的教育内容和方法,不能搞“一刀切”“一锅煮”。

D项,个体身心发展的个别差异性规律,要求教育工作要贯彻因材施教的原则。

3. B 【**解析**】本题考查20世纪以后教育的新特点。1990年在泰国宗迪恩举行的“世界全民教育大会”通过了《世界全民教育宣言》,它提出全民教育的最终目标在于满足全体儿童、青年以及成人的基本学习需要。它指出,“每一个人,无论他是儿童、青年或是成人,都应能获益于旨在满足其基本学习需要的受教育机会”,也就是说不论性别、年龄,教育是所有人的一项基本权利,这充分体现了教育对象的全民化。故本题选B。

4. B 【**解析**】本题考查我国青少年法治教育的核心。《青少年法治教育大纲》指出,开展青少年法治教育,要以宪法教育为核心,以权利义务教育为本位。法治教育要以宪法教育和公民基本权利义务教育为重点,覆盖各教育阶段,形成层次递进、结构合理、螺旋上升的法治教育体系。要将宪法教育贯穿始终，培养和增强青少年的国家观念和公民意识；将权利义务教育贯穿始终，使青少年牢固树立有权利就有义务、有权力就有责任的观念。

5. D 【解析】本题考查习近平总书记的重要讲话。2014年第30个教师节前夕，习近平总书记考察北京师范大学时发表重要讲话，勉励广大师生做有理想信念、有道德情操、有扎实学识、有仁爱之心的“四有”好老师。

6. B 【解析】本题考查问卷设计的基本要求。问卷调查问题设计的基本要求有以下五点：

(1)语义清楚。设计的问题应使被调查者能够正确理解，不会产生歧义，对题意的理解应是唯一的，不能把两个或两个以上的问题合并成一个问题来提问。

(2)语句简洁。问题的语句形式要简单，通俗易懂。

(3)面向对象。问题的语句和措辞要适合被调查者的文化水平和职业特点，特别是被调查者是小学生和幼儿时，要考虑被调查者的理解能力，尽量把复杂问题简化处理。另外，在问题中应避免使用生僻词语以及新名词和概念，以免在问卷实施中引起不必要的误解。

(4)价值中立。在设计问题时，应避免印证权威论断，也不应把个人的认识、观点和价值判断包含在问题之中，以避免对被调查者产生暗示作用，导致特定的、有倾向性的回答。

(5)避免社会认可效应。社会认可效应是指被调查者按照社会规范、社会期望进行反应，而不是反映自己真实的观点、看法和态度。这种现象一般在回答有关思想、政治和道德等方面的问题时出现，因此设计这类问题时，应少用是否式回答，可以用情境式问题或两难问题代替。

题干表述体现了“价值中立”原则，本题选B。

7. C 【解析】本题考查小学生安全教育的相关内容。重力性休克是指学生在疾跑或参加径赛项目后，如果立即停止站立不动，或立即坐下、躺下，容易导致大脑供血不足，引起晕厥。如果出现重力性休克现象，应使患者平卧，头低脚高，松解患者衣领和腰带，做向心性按摩，促使回心血量增加，同时保持呼吸道通畅，必要时可用力掐足三里、内关、人中等穴位，患者一般会较快恢复正常。如果患者没有恢复迹象，应及时送医院救治。小学生疾跑后不能立刻站立不动或坐下，正是避免重力性休克出现的有效措施。

8. A 【解析】本题考查耶克斯—多德森定律。耶克斯—多德森定律表明，动机的最佳水平随着任务性质的不同而不同。在比较容易的任务中，行为效果(工作效率)

随着动机的提高而上升。故学生在完成比较容易的学习任务中，教师应使其学习动机强度处于较高水平，这样学生的学习效率会更高。

方法技巧：关于耶克斯—多德森定律，考生需牢记以下记忆口诀。

曲线为倒U，最佳为中等；任务易上升，任务难下降。

9. B 【解析】本题考查遗忘原因的相关理论。前摄抑制是先学习的材料对识记和回忆后学习的材料的干扰作用；倒摄抑制是后学习的材料对保持和回忆先学习的材料的干扰作用。小学生背诵一篇较长的课文时，中间部分遗忘较多，这是因为中间部分受到前摄抑制和倒摄抑制的影响，因而最容易遗忘。

10. C 【解析】本题考查奥苏伯尔的理论。奥苏伯尔从学习内容与学习者认知结构的关系上，将学习分为有意义学习和机械学习。具体来说，有意义学习是学习者认知结构中原有观念对新观念加以同化的过程，也就是学习者对学习材料加以理解的过程；在机械学习中，学习者并没有理解学习材料的真实含义。故奥苏伯尔划分机械学习和有意义学习的主要依据是学生是否理解学习材料。

易错提示：本题属于易错题，考生需要理解记忆奥苏伯尔划分学习类型的依据，以及奥苏伯尔的学习类型的内涵。

划分依据	学习类型	内涵描述
学习内容与学习者认知结构（是否理解学习材料）	有意义学习	学习材料本身具有逻辑意义，并且学习者理解了学习材料的意义
	机械学习	学习材料无意义，如无意义音节；学习方式机械、死板，如死记硬背而不求甚解
学生学习的方式（是否主动学习）	接受学习	他人传授、告知学习材料的意义
	发现学习	学习者自己主动发现学习材料的意义

11. D 【解析】本题考查罗森塔尔效应的内涵。罗森塔尔效应又叫“皮格马利翁效应”，是指教师的期望或明或暗地传送给学生，会使学生按照教师所期望的方向来塑造自己的行为。因此，题干所述体现了罗森塔尔效应的内涵。

A项，蝴蝶效应是指初始非常微小的变化，会造成未来状态巨大改变的现象。

B项，鲇鱼效应是指在群体中被对手激活的现象。

C项，马太效应是指好的愈好，坏的愈坏，多的愈多，少的愈少的现象。

12. C 【解析】本题考查创造性思维的特征。思维的独创性是指产生不同寻常的反应和不落常规的能力，以及重新定义或按新的方式对所见所闻加以组织的能力；思维的灵活性是指摒弃以往的习惯思维方法而开创不同方向的能力；思维的流畅性是指在限定时间内产生观念数量的多少。题干中强调在规定时间内尽可能多地举出

“杯子”的用途,因此这侧重培养的是学生思维的流畅性。

易错提示:考生易混淆创造性思维的三个特征。在做题时应注意下列关键词,流畅性强调数量多,灵活性强调范围广,独创性强调观念新。

13. D 【解析】本题考查隐性课程。隐性课程也叫潜在课程、隐蔽课程,指学生在学校情景中无意识地获得经验、价值观、理想等意识形态内容和文化影响。校歌、校徽、校标等都可以潜移默化地影响学生,故属于隐性课程。

14. C 【解析】本题考查泰勒的目标模式。泰勒被誉为“课程评价之父”。他在《课程与教学的基本原理》一书中指出,开发任何课程和教学计划都必须回答四个基本问题,即确定教育目标、选择教育经验、组织教育经验、评价教育计划。

A项,卢梭,法国启蒙主义思想家和教育家,被人们誉为第一个“发现儿童”的人。他秉承“性善论”,认为教育的任务应该使儿童“归于自然”,这是其自然主义教育的核心。他在代表作《爱弥儿》中宣扬了自然主义教育的思想,认为“出自造物主之手的东西都是好的,而一到了人的手里,就全变坏了”。

B项,杜威,美国教育家,实用主义教育学和现代教育理论的代表人物,代表作有《民主主义与教育》《我的教育信条》等。杜威的教育思想主要有以下几方面:(1)提出了“儿童中心(学生中心)”“活动中心”“经验中心”的“新三中心论”。(2)认为教育即生活,教育即生长,教育即经验的改组或改造,还从“教育即生活”延伸出“学校即社会”的观点。(3)提出了“教育无目的论”,认为“教育的过程,在它自身以外没有目的,它就是它自己的目的”。(4)在经验论的基础上,提出“从做中学”,要求以活动性、经验性的主动作业取代传统的书本式教材的统治地位。

D项,布鲁纳,美国认知教育心理学家,代表作有《教育过程》。他强调学科结构,提出了结构主义教学理论,倡导发现式学习。

15. D 【解析】本题考查三维课程目标。“情感态度与价值观”目标强调教学过程中激发学生的情感共鸣,引起积极的态度体验,形成正确的价值观。感受万里长城的宏伟和壮观以及油然而生的民族自豪感和爱国之情,是学生情感态度与价值观方面的变化,达成的是情感态度与价值观目标。

16. A 【解析】本题考查教学原则。直观性原则是指在教学活动中,教师应尽量利用学生的多种感官和已有的经验,通过各种形式的感知,使学生获得生动的表象,从而比较全面、深刻地掌握知识。教师展示圆形图片、硬币,让学生看一看、摸一摸,有助于学生获得关于圆的生动表象,进而全面深刻地掌握知识,这遵循了直观性原则。

B项,启发性原则是指在教学活动中,教师要调动学生的主动性和积极性,引导他们通过独立思考、积极探索,生动活泼地学习,自觉地掌握科学知识,提高分析问题和解决问题的能力。

C项,循序渐进原则又称为系统性原则,是指教师要严格按照学科知识的内在逻辑和学生的认知发展规律进行教学,使学生掌握系统的科学文化知识,能力得到充分的发展。

D项,因材施教原则是指教师在教学中,要从课程计划、学科课程标准的统一要求出发,面向全体学生,同时要根据学生的个别差异,有的放矢地进行有差别的教学,使每个学生都能扬长避短,获得最佳的发展。

17. D 【解析】本题考查质性评价的相关内容。质性评价是指在自然情境中,通过评价者与评价对象的互动来收集相关信息,对评价对象的状况作出描述与分析,从而进行价值判断。具体而言,质性评价主要包括档案袋评价、教师评语、成果展示评价等。题干中李老师对小明的评价属于质性评价。

A项,适时评价又称为即时评价,是指在教育活动过程中,评价者对于评价对象的具体表现所作的即时的表扬或批评。

B项,相对评价又称为常模参照评价,它主要依据学生个人的学习成绩在该班学生成绩序列或常模中所处的位置来评价和决定他的成绩的优劣,而不考虑是否达到教学目标的要求。

C项,量化评价是指对评价对象进行定量分析后,制定出量化标准,然后按照一定的量化标准进行价值判断的一种评价方法。

18. D 【解析】本题考查复式教学。复式教学是指把两个或两个以上年级的学生合编在一个班级,采用直接教学和布置、完成作业轮流交替的方式,在同一节课内由一位教师对不同年级学生进行教学的组织形式。它适用于学生少、教师少、校舍和教学设备较差的农村以及偏远地区。题干所述体现了复式教学的内涵,故本题选D。

A项,个别教学是教师针对不同学生的情况进行个别辅导的教学组织形式。

B项,课堂教学在此题中指当前课堂教学的基本形式,即班级授课制。班级授课制是把学生按年龄和文化程度分成固定人数的班级,教师根据课程计划和规定的时间表进行教学的一种组织形式。

C项,混合教学,即传统的教师课堂教学与现在的学生在线学习相结合的方式。这种教学形式把传统教学方式的优势和网络教学的优势结合起来,突破了教学时空的界限。

19. A 【解析】本题考查课堂教学导入的类型。设疑导入是通过设置悬念、提出问题,进而激发学生兴趣,调动学生思维的一类教学导入形式。题干中王老师抛出一个问题进而导入新课，正是对设疑导入的运用。

B项，直接导入指上课伊始，教师开宗明义，直接点题，讲明这节课需要学习的内容和要求，从而引起学生注意，导入新课的一类导入形式。

C项，经验导入是以学生原有的生活经验为出发点，教师通过生动而富有感染力的讲解、谈话或提问引起回忆，从而引导学生发现问题的导入方法。

D项，活动导入是通过组织学生讨论、操作、游戏等活动，进而调动学生学习积极性的一类教学导入形式。

20. B **【解析】**本题考查布置作业的要求。作业布置要难度适宜。作业偏难，学生无从下手，会导致积极性下降；作业偏易，降低了教学的要求，会影响学生对知识的掌握。所以教师布置作业时应让学生“跳一跳，够得着”，控制好作业的难度，才能更好地促进学生的学习。

二、简答题（参考答案）

21. 简述皮亚杰认知发展理论的教育启示。

根据皮亚杰的认知发展理论，在教育教学中应该注意以下几点。

（1）提供活动。这里有两方面的含义：①教师既应为学生创设大量的物理活动，也应为他们提供相应的心理活动机会；②在形式运算阶段前，教师应为学生提供从现实物体和事件中学习的机会。

（2）创设最佳的难度。教师的主要任务是通过提问来引起学生认知的不平衡，并提供有关的学习材料或活动材料，促进学生的认知发展。

（3）关注儿童的思维过程。在教学中，教师必须认识到儿童思考问题的方式与成人不同，并根据儿童当前的认知机能水平提供适宜的学习活动，只有这样，才能真正促进儿童的认知发展。

（4）认识儿童认知发展水平的有限性。教师需要认识各年龄阶段儿童认知发展所达到的水平，遵循儿童认知发展顺序来设计课程。

（5）让儿童多参与社会活动。皮亚杰特别强调社会活动对儿童认知发展的作用，他认为环境教育重于知识教育，因此，在教学中应让儿童多参与社会活动。

（共10分。答案完整、内容饱满得满分；答出“提供活动”“创设最佳难度”“关注儿童的思维过程”“认识儿童认知发展水平的有限性”“让儿童多参与社会活动”等关键词可酌情给6~8分）

22. 简述小学班主任对学优生的教育策略。

（1）培养其自我教育的意识和能力；（2）树立正确的竞争和合作意识；（3）增强抗挫折能力。

（共10分。答案完整、正确得满分；答出“自我教育能力”“竞争和合作意识”“抗挫折能力”等关键词可酌情给6～8分；答出其他点，答案合理亦可酌情给分）

23. 简述教育观察法的基本步骤。

(1)界定研究问题，明确观察目的和意义；(2)编制观察提纲，进入研究情境；(3)实时观察，收集、记录资料；(4)分析资料，得出研究结论。

（共10分。答案完整、正确得满分；答出“界定研究问题”“编制提纲”“观察并收集资料”“分析资料得出结论”等关键点可酌情给6～8分）

三、材料分析题(参考答案)

24. (1)材料中校长的发言体现了以人为本的学生观。

①以人为本的学生观认为学生是发展中的人，要以发展的眼光看待学生。材料中校长把学生比喻成鲜花，认为只要给予学生足够的阳光、空气、水分以及耐心的等待，未开的花苞总会开放，这说明该校长看到了学生身上的发展潜能，意识到学生是发展中的人。

②以人为本的学生观认为学生是独特的人，每个学生都有自身的独特性。材料中校长把学生比喻成具有不同形态的鲜花，这说明该校长看到了学生之间的差异性，认识到了每个学生都有自身的独特性。

③以人为本的学生观认为学生是具有独立意义的人，学生是学习的主体。材料中校长认为要用静待花开的心态帮助学生，促进学生发展，而不是代替学生发展，这充分体现出该校长意识到了学生是学习的主体。

综上所述，我们应该像材料中的校长一样，树立以人为本的学生观。

（共10分。点出校长发言符合“以人为本”的学生观，切入点准确得2分；答出“学生是发展中的人”“学生是独特的人”“学生是具有独立意义的人”三条，并结合材料展开分析，言之有理、逻辑清晰，可酌情给6～8分）

(2)小学教师应该树立素质教育观，具体分析如下：

①素质教育是面向全体学生的教育。素质教育倡导人人有受教育的权利，强调在教育中每个人都得到发展，而不是只注重一部分人，更不是只注重少数人的发展。每一位学生都能得到发展，是学生的基本权利。材料中这位校长既看到了适时盛开的花朵，也看到了未开放的花苞，并且认为要帮助未开的花苞绽放，做到了面向全体学生。

②素质教育是促进学生全面发展的教育。素质教育倡导的是在教育中使每个学生都能得到充分的、全面的发展。实施素质教育必须坚持“五育”并举，促进学生生动活泼地发展。

③素质教育是促进学生个性发展的教育。每一个学生都有其个别性，教育要尊重并充分发展学生的个性。材料中校长认为给予花苞足够的阳光、空气、水分及耐心的等待，花苞总会开放，而且认为迟开的花苞盛开时也许会更鲜艳、更长久，充分体现了教师要因材施教。

④素质教育是以培养学生的创新精神和实践能力为重点的教育。在教学中我们不仅教给学生理论知识，更要把理论与实践相结合，倾听学生不同的声音，培养学生的创新精神。

总之，作为一名小学教师，在教学中应该坚持实施素质教育，以此来促进学生的全面发展和健康成长。

（共10分。结合材料答出任意三条及以上，言之有理、内容饱满、语句通顺、贴合要求，可酌情给8～10分）

25.(1)材料中李老师评价作文的方式符合发展性评价的要求。

①发展性评价注重评价方式的多样化，将量化评价方法与质性评价方法相结合，适应综合评价的需要，丰富评价与考试的方法。材料中李老师在评价学生作业时，不仅给出了定量的分数，而且给出了定性的语言文字评价，实现了评价方式的多样化。

②发展性评价关注评价过程，将形成性评价和总结性评价相结合。材料中李老师重结果更重过程，在看到小勇的作文字数不足且字迹潦草、错别字较多时，并没有直接否定学生，而是指出小勇作文中的问题，促进其更好地成长。

③发展性评价的根本目的在于促进发展。淡化原有的甄别与选拔功能，关注学生、教师、学校和课程发展中的需要，突出评价的激励与调控功能，激发学生、教师、学校和课程的内在发展动力，促进其不断进步，实现自身价值。材料中李老师评价的目的是希望小勇能改正自己作文的问题，而不是将小勇定为“差生”，这充分体现出李老师很重视学生的发展。

（共10分。有点评教师的语句，评价恰当，得2分；从“评价方式多样”“关注评价过程”“评价目的是促进发展”等角度结合材料展开具体阐释，言之有理、贴合材料、逻辑清晰，可酌情给6～8分）

(2)作为教师，应该从以下几个方面通过作业评价促进学生的发展：

①在评价学生作业时，首先要尊重学生人格，尊重学生的劳动成果，尊重学生发展的差异性和不同需求。

②在评价学生作业时，将定性评价与定量评价相结合，不仅给出具体的分数，还要针对学生的具体情况做出针对性的阐述。

③在评价学生作业时，应该注重学生的学习过程，而不是单单看重学生作业的结果。

④在评价学生作业时，要善于发现学生作业中存在的问题，以此来促进学生的发展，而不是通过作业对学生进行区分，将学生分为三六九等。

（共10分。答出任意三条及以上，言之有理、内容饱满、语句通顺、贴合要求，可酌情给8~10分）

四、教学设计题（参考答案）

26.（1）教学目标

①会认“葫、芦、藤、谢”等11个生字，会写“棵、谢、想、盯”等8个生字。正确、流利、有感情地朗读课文，在阅读中积累词语，理解课文主要内容。

②通过朗读，体会反问句、感叹句与陈述句的不同语气。

③明白植物叶子与果实的关系，懂得事物之间是有联系的，不能孤立地看问题，要虚心听取别人的意见，知错就改。

（共10分。拟定的教学目标符合课程标准的要求得2分，答出会认会写生字、朗读的要求和目的得3分，能够引导学生体会不同句式的不同语气得2分，能够引导学生明白叶子和果实的关系、感悟文章蕴含的道理得3分）

（2）教学环节

①谜语导入

课件出示“送信的人走了”（言）和“一颗圣洁的心”（怪）两个字谜，让学生猜字谜。

（学生自由讨论交流，猜字谜）

导语：看来这两个字谜难住了同学们，这两个字谜的谜底分别是“言”和“怪”，是我们今天要学习的《我要的是葫芦》这篇课文里面的生字，让我们一起来学习这篇课文吧。

②朗读课文，学习生字

A. 学生自由读课文，要求读准字音，把课文读通读顺，在不认识的生字旁边做上记号，多读几次。

B. 带拼音认读生字。

C. 反复朗读带生字的句子和段落。

③检查生字认读情况

A. 教师课件出示生字词和句子，引导学生在没有拼音的情况下认读。

a. 藤上挂了几个小葫芦。

b. 你别光盯着葫芦了，叶子上生了蚜虫，快治一治吧！

B. 男女生比赛读。

④巩固生字,正确书写

A. 巩固生字。

a. 同桌之间相互检查识字情况。

b. 游戏巩固:从“我会认”和“我会写”的生字中选择几个,进行认字挑战赛。分小组挑战。

B. 指导书写。

a. 课件出示“棵、谢、想、盯、言、邻、治、怪”。

b. 观察字的结构,说说书写的姿势(头正,肩平,身直,足安)以及每一笔在田字格中的位置。

c. 教师范写,引导学生边观察边书写,注意笔顺。

d. 学生在田字格里描红并仿写,教师相机纠正写字姿势。

C. 运用。

用“想、盯、言、怪”等造句,比一比看哪位同学造得好。

⑤作业布置

A. 选几个今天所学的生字,回家后说给爸爸妈妈。

B. 用今天所学的生字写一段话,下节课分享给全班同学。

(共22分。以谜语或其他形式导入,具有启发性得3分;引导学生认读生字、朗读句段得4分;运用课件和比赛读的方式,检查学生生字认读情况得3分;“巩固生字”中运用同桌互相检查、游戏的方法让学生巩固生字得3分,引导学生观察字的结构,培养学生的观察能力得3分,鼓励学生运用生字造句得2分;围绕所学的生字进行作业布置得2分;符合该学段识字写字要求得2分;如果没有围绕识字写字教学进行教学设计,则该题不得分)

(3)课堂小练笔

我们知道一棵葫芦从发芽到成熟,会遇到虫子叮咬,那还可能会遇到哪些问题呢?遇到这样的问题我们应该如何应对呢?假如第二年,那个人又种了一棵葫芦,会是什么样子的呢?请大家以《我要的是葫芦》为题,发挥你们的想象力,把这个故事继续编写下去,看看哪一位小作家编写得更好、更生动。

(共8分。结合教材和二年级学生的特点设计课堂小练笔得2分,课堂小练笔能够引发学生思考、培养学生解决问题的能力得2分,能够发散学生的思维、锻炼学生的想象力和写作能力得2分,符合学生的认知能力和文体特点得2分)

27. (1)众数是指在统计分布上具有明显集中趋势点的数值,代表数据的一般水平,在小学数学中一般指一组数据中出现次数最多的数值。

特点：在一组数据中，众数可以有1个也可以有多个；但如果所有数据出现的次数都一样，这组数据没有众数；只关注数据中出现次数最多的数值，不易受极端数据的影响；求法简便，无须进行复杂的计算即可获得；能反映一组数据的集中情况，但可靠性较差。

（共10分。①答出众数的概念，得5分；②答出众数的5个特点，每点1分）

（2）教学目标

①初步理解众数在统计学中的意义，学会求一组数据的众数的方法。

②通过自主探究、合作交流的活动，了解众数的特点，体会统计方法的意义，培养获取信息、分析信息的能力，发展推理意识和数据分析观念。

③在选择合适统计量的过程中，体会统计在生活中的广泛应用，感受数学和生活的密切联系，感悟数学的价值，培养应用意识和创新意识。

（共10分。根据课程标准要求，结合文章的教学重点及高年级小学生的身心特点，设置切合的教学目标，得10分）

（3）新授环节

活动一：了解众数

师：在以往的课程之中，我们学习了统计图、统计表、平均数、中位数等统计知识，今天就让我们继续学习统计的有关知识。

接着出示例题，并抛出问题：根据20名候选队员的身高情况，你们认为参赛队员身高是多少比较合适？依据什么作出的判断？小组合作交流并回答。

预设学生会有以下几种不同方案：

方案一：1.475 m，根据平均数。

方案二：1.485 m，根据中位数。

方案三：1.52 m根据观察，身高1.52 m的人数最多。

教师将几种不同方案一一列举在黑板上，并让学生分别对上述几种计算方法进行评价，引导学生得出：选用1.52 m较合适，因为这组数据中，1.52出现的次数最多，这样选出的队员的身高会比较均匀。教师顺势给出众数的概念——一组数据中出现次数最多的数值，我们称之为众数。同时体会众数作为统计数据的意义：能反映一组数据的集中情况。

【设计理由】让学生自己探究合适的方案，在探究的过程中，初步体会众数的特点及引入众数的必要性。同时加入小组合作学习，既体现了团队精神，又能使学生在合作的过程中碰撞出创新的火花，培养学生的创新意识。

活动二：进一步了解众数

师：众数反映出这一组数据的集中情况。我们知道了什么是众数，关于众数，你还想了解哪些知识?

预设学生回答:①众数有什么作用;②怎样求一组数据的众数。

通过“做一做”,带领学生利用统计表、画“正”字统计等方式探究众数的求法;创设情境让学生发现“众数可能不止一个”的特点;再举例让学生体会众数在生活当中的应用,体会学习统计知识的价值。

【设计理由】教学活动是师生积极参与、交往互动、共同发展的过程。有效的教学活动是学生学与教师教的统一,学生是学习的主体,教师是学习的组织者、引导者与合作者。此教学过程是根据这一教学理念进行设计的。在本环节中,组织学生进行自主探究,让学生始终以愉悦的心情,亲身体会众数的作用、特点及求众数的方法,激发学生的参与意识与创新意识,让学生在探究活动中,能够自主体验,获得自主发展。

(共20分。①探究新知部分引导学生总结众数的概念及意义可得8分;②通过自主探究让学生发现并总结出众数的求法及特点,加深对众数的认识可得8分;③写出每个环节对应的设计理由可得4分)

28.(1)小学英语单词教学的有效方法

①直观法。教师根据实际情况,创造条件,采用多种直观教学手段进行教学,采用实物、图片、简笔画、模拟动作表演、手势等方式呈现词汇,避免翻译。

②TPR教学法。把“语言”和“行为”联系在一起,让学生通过身体对语言的反应动作来提高理解力。

③语境法。在语境中呈现词汇。语境指上下文,即词、短语、语句或篇章的前后关系。

④情境法。在情境(如实际生活情境、模拟交际情境、想象情境)中呈现词汇。

⑤语义法。用同义词或反义词、构词法等呈现词汇。例如:学习“care”这个单词,可用构词法引申出care—careful—carefully—careless。

(共10分。写出一种方法得1分,针对该方法进行具体说明得1分,任写5种得10分)

(2)教学目标

①Students can master the new words: Tuesday, Wednesday, Friday, Saturday and the sentence: Today is ...

②Students can describe the day of the week and their daily activities in the new words and the sentence pattern.

③Students' reading and speaking ability can be improved.

④Students can get more interested in English and build up confidence of speaking

English in public.

（共10分。教学目标符合小学生认知规律，逻辑清晰、表述合理得10分）

(3)单词教学环节

Step 1 Lead-in

①Greetings.

②Show the calendar and invite the students to describe the daily activities, and then lead to the new topic.

【设计理由】展示实物能吸引学生注意力，提高学生参与课堂的积极性，导入新课。同时，日历可以帮助学生将理论联系实际生活。

Step 2 Presentation

①Show the calendar and point to the first day; lead them to learn "Monday". Then use this method to present the following words in turn: Tuesday, Wednesday, Thursday, Friday, Saturday, Sunday.

②Play the tape and present the sentence pattern: Today is ...

【设计理由】教师再次使用日历呈现词汇，与导入新课活动环环相扣，同时借助日常活动，贴近学生生活，可以加深学生对新词汇的印象。通过录音呈现句型，帮助学生在句型的学习中再次学习词汇的用法。

Step 3 Consolidation

Students work in pairs to practice dictation. One student reads the words while the other writes them down and makes sentences. After that, ask them to do the exercise.

【设计理由】听写和造句练习能帮助学生加深对词汇的记忆，同伴合作可以增强学生的合作意识。

Step 4 Practice

Divide students into groups of four to discuss the daily activities of one of them, and then let them fill in the form and complete the report. At the end of the activity, one student from each group will be invited to share with the other students.

【设计理由】通过小组活动，练习对话，在练习听说的同时，培养学生的合作交流能力，争取达到活学活用，举一反三的课堂效果。

Step 5 Conclusion and homework

Conclusion: Summarize the new words and sentence pattern students have learnt in this class.

Homework: Ask the students to complete an English calendar.

【设计理由】小结可以帮助学生检测自己是否完成学习目标;课后作业可以帮助学生将知识灵活运用到实践中。

(共20分。①教学活动设计内容完整,得5分,逻辑清楚,得3分,教学活动符合课文主题与教学目标,得3分,教学方法合理,得2分,符合学生认知,得2分。②设计理由方面,围绕提高学生能力和学习效果方面,表述合理且贴合材料即可得5分,少答一点扣1分)

29.(1)《小松树》是一首活泼、欢快的歌谣,$\frac{2}{4}$拍,C大调。歌曲描写的是小松树在阳光雨露的哺育下长出绿枝叶、新枝芽的情景。歌曲中将少年儿童比喻成小松树,在党的阳光哺育下茁壮成长,表现了少年儿童蓬勃向上、坚定勇敢的精神风貌。歌曲旋律明快,富于朝气,结构工整,句式整齐,具有行进节奏,歌词简洁明了、通俗易懂。歌曲的节奏以四分音符和附点音符为主,凸显了小松树快快长大、开心的心情;旋律上多运用二度级进、三度小跳,凸显了欢快、自由的气氛,深受广大少年儿童的喜爱。尤为适合小学阶段演唱。

(共10分。①答出“整体情感”“节奏”“旋律”“结构”“歌词”等特点,得10分,每点2分。答出其他表现要素可酌情给分)

(2)教学目标

①通过学唱歌曲,培养热爱生活、热爱大自然的情感,并树立积极向上的乐观态度。

②通过体验、模仿、合作的教学方法,激发想象力,培养音乐感知、表现和创编的能力。

③能够用富有弹性的声音演唱歌曲,唱准附点音符。

(共10分。答出教学目标,符合课程标准和中年级小学生学情,得10分)

(3)教学环节

①初步体验

A. 带领学生初步聆听歌曲,找出1~2乐句的重难点节奏——附点八分音符和附点四分音符。

B. 讲解附点音符的时值,带领学生拍一拍这种节奏型,并区别两种节奏。

C. 引导学生想象生活中哪些声音跟这样的节奏很像?(如马蹄声等)

【设计理由】根据学生的心理特点,将知识融入生活中,有利于学生更快地掌握。节奏的教学是较为枯燥的,将附点音符比作马蹄声,可以使学生轻松掌握附点八分音符和附点四分音符的时值。

②探索感知

A. 教师带领学生拍打节奏并按照节奏跟读歌词。

B. 教师范唱歌曲,学生跟唱,注意演唱时附点音符的节奏要清晰,情绪要快活。

【设计理由】这样循序渐进地进行难点节奏教学,学生思路更加清晰,接受能力更强,能主动地投入教学过程中来,从而更快更准确地学会这首歌曲。

③拓展创新

A. 让学生分组编排动作或加入打击乐器进行创编活动。

B. 各小组以音乐会的形式上台进行表演。

C. 引导学生对表演进行自评、互评,老师做最后的总结与升华。

【设计理由】加入创编活动,可以提高学生的创造力。以表演的形式巩固新知,活跃课堂气氛,激发了学生的表演欲望,使更多的学生参与到音乐教学活动中。引导学生自评、互评,体现了新课标评价机制的目的。

(共20分。①紧扣“学唱1、2乐句”得5分;②教学内容完整、过程设置合理得7分;③设计理由表述合理、贴合材料得4分;④符合教学目标得2分;⑤符合学生认知得2分)

30. (1)教学重点、难点

教学重点:助跑快而有节奏,起跳有力。

教学难点:助跑与起跳的衔接。

(共10分。①写出“助跑快、有节奏”得3分,“起跳有力”得2分;②写出教学难点“助跑与起跳的衔接”得5分)

(2)教学目标

①通过本节课的学习,了解蹲踞式跳远的概念、动作过程和动作特点;知道助跑、踏跳、腾空、落地四个环节的要点和学练方法。

②掌握多种跳跃性练习的方法,学习并掌握蹲踞式跳远的基本技术,发展弹跳能力和身体的协调性、灵敏性,增强体质。

③积极参加各种跳跃练习,在自主学练和思考中体验获得知识和技能的乐趣,在游戏和比赛中与同伴友好相处,养成坚强勇敢、勇于拼搏的优良品质,以及团结一致、善于配合的集体主义精神。

(共10分。①答出切合水平三学生的教学目标,得6分;②各目标阐述合理、语言连贯,得4分)

(3)导入环节的教学活动

①课堂常规。

A. 体育委员整队、报告人数;B. 教师宣布本节课的教学内容;C. 教师强调安全;D. 教师安排见习生。

②热身活动——环形跑。

③导入。

教师创设“跳过小河”的情境,启发学生思维,充分发挥想象力,引导学生进入学习角色,引出课题。

导入语:同学们,假如你前面有一条小河,该怎么跳过去呢?(可用障碍代替小河)同学们用自己的方法先试一试吧。好,老师看同学们都有自己的方法,那你们想不想用一种既简单又实用的方法来跳过小河呢。老师看同学们的学习热情很高涨,那接下来我们就来学习今天的技术动作——蹲踞式跳远。

【设计理由】水平三的学生活泼好动,学习新知识速度快,模仿能力强,具有一定的探索能力,需要教师积极的引导,因此在导入活动中,通过创设“跳过小河”的情境,引导学生深入其中,然后安排学生用自己的方法尝试跳过小河,可以帮助学生在正式学习新技术前先体会跳跃动作,提高学生的学习兴趣,紧接着引导学生进入本节课的学习,整个过程按照循序渐进的原则,尊重了学生的主体性。

(共20分。①导入环节的教学活动设计内容完整,得4分,逻辑清晰,得3分,教学活动符合拟定的教学目标,得3分,教学手段合理,得3分,符合学生认知,得3分;②设计理由表述合理、贴合材料,得4分)

31.(1)影响

诗与画是中国传统艺术中不可或缺的两种形式,或委婉含蓄,或畅快旷达的诗词在读者心中留下无限遐想,然而诗景的创设只能依靠丰富的想象,这是诗的局限;与诗相比,绘画的直观性更容易被解读,但是在传情达意方面却有较高的难度。

对绘画来说,诗画结合的方式可以弥补绘画的不足,将绘画的意境以文字的方式展现,使读者更容易读懂画面的内涵;对诗词来说,绘画可以将诗文所描述的情景直观地表达出来进而引发读者的共鸣。

总而言之,诗画结合可以最大限度地发挥诗与画的优点,同时弥补二者的不足,体现出中国传统艺术的伟大智慧。

(共10分。答出“诗”与“画”的结合对“画”与“诗”各自的影响两个关键点且阐述合理得10分,少答一点扣5分)

(2)教学目标

①掌握诗配画的表现形式与内容安排,并为自己喜欢或熟悉的古诗配画。

②通过运用灵活多样的手法以及构图、色彩的知识表现诗句,培养造型能力、想象能力和创作能力。

③理解中国画“诗中有画,画中有诗”的特点,培养对传统文学和艺术的热爱,陶

冶审美情操,培养审美意识。

(共10分。答出“掌握诗配画的表现形式与内容安排”“运用灵活多样的手法以及构图、色彩的知识表现诗句”“培养学生对传统文学和艺术的热爱”3个关键点,且阐述完整、合理得10分,少答一点酌情扣3~4分)

(3)新课讲授

①展示作品,启发引导

教师讲授吴昌硕绘画的故事,展示其作品《诗意图》,引导学生思考画面与故事的关系,最后进行总结:吴昌硕把诗中的内涵融入画面,达到了中国画“诗中有画、画中有诗”的境界。

【设计理由】引入故事,调动学生的学习兴趣,引导学生思考诗与画的关系。

②教师朗诵,引发思考

师:接下来,老师朗诵几句诗,你们闭上眼睛仔细聆听。

师:楼下长江百丈清,山头落日半轮明。现在请大家睁开眼睛,说一说你们听到这句诗想到了什么画面?

师:牧童骑黄牛,歌声振林樾。再说说你们又想到了什么?

师:你们想看看刚才的诗句变成画的样子吗?

学生自由回答,教师运用多媒体展示所吟诵的两句诗的配画。

师:看来大家总结得都非常棒。

【设计理由】引导学生领悟诗句在绘画中的表现手法,培养学生的联想思维能力。

③师生讨论,总结方法

师:如何才能将古诗通过绘画的形式展现出来呢?

引导学生答出:要抓住主要的人物或者景物并将其特点表现出来。

师:要想画出诗中的情景,就要求我们在创作时发挥想象,然后在脑海中整体构思,做到“胸有成竹”。

【设计理由】结合作品,引导学生感受展现的画面,丰富认知,进而总结诗画结合的方法。

④示范讲解,引发创作

教师运用多媒体展示《悯农》诗句。

师:今天,我也给大家带来了一首自己喜欢的诗《悯农》,请大家和我一起为它搭配合适的图画吧!

教师示范:

A. 提炼诗的主体。

B. 概括周围环境。

C. 选择合适工具进行创作。

D. 完善画面。

师:老师的作品已经完成了,接下来同学们自由选择自己喜欢的诗句,动起手来,为它搭配出合适的图画吧!

【设计理由】教师的示范讲解使学生更直观地了解绘画创作步骤,学生自己尝试作画,可以培养其实践能力。

(共20分。①新课讲授环节以"引导学生思考诗与画的关系""总结诗画结合的方法""示范讲解使学生更直观地了解绘画创作步骤"为主题进行设计,教学内容完整得5分,内容不完整、设计不合理可酌情扣1~2分;②教学方法得当5分;③教学手段合理3分;④符合学生认知2分;⑤设计理由阐述清晰完整、贴合材料得5分)

2019年下半年中小学教师资格考试真题试卷(八)

一、单项选择题

1. C **【解析】**本题考查社会政治经济制度与教育发展的关系。《学记》中这句话的意思是:玉石不经雕琢,就不能变成好的器物;人不经过学习,就不会明白道理。所以古代仁君圣王,建立国家,统治人民,一定要把教育放在首要地位。这句话强调要把教育放在重要地位,以传播统治阶级的思想道德和政治主张,并把统治阶级的子女培养成社会的未来统治者和管理者。这反映的是教育与政治的关系。

2. A **【解析】**本题考查义务教育的基本特征。义务教育具有强制性、普及性(普遍性)、免费性、公共性、基础性、民主性等特点。其中,强制性、普遍性、公共性是义务教育的基本特征。本题选A。

义务教育又称强迫教育,是指依据法律规定,适龄儿童和青少年都必须接受的,国家、社会、家庭必须予以保证的国民基础教育。其实质是国家依照法律的规定对适龄儿童和青少年实施的一定年限的强迫教育的制度。故义务教育没有选择性,④不选,排除B、D项。

我国实行九年义务教育制度,我国公民并非终身接受义务教育,⑤不选,排除C项。

3. A **【解析】**本题考查德育方法。奖惩评价法即品德评价法,是通过对学生品德进行肯定或否定的评价而予以激励或抑制,促使其品德健康形成和发展的德育方法。包括奖励、惩罚、评比和操行评定等。"贴小红花、插小红旗"是对学生行为的奖励,故A项正确。

B项，榜样示范法是用榜样人物的优秀品德来影响学生的思想、情感和行为的德育方法。

C项，情感陶冶法又称为陶冶教育法，是教师利用环境和自身的教育因素，对学生进行潜移默化的熏陶和感染，使其在耳濡目染中受到感化的德育方法。

D项，实际锻炼法是有目的地组织学生参加各种实践活动，使其在活动中锻炼思想，增长才干，培养优良的思想和行为习惯的德育方法。锻炼的方式主要是学习活动、社会活动、生产劳动和课外文体科技活动。

4. C 【解析】本题考查课外活动的内容。主题活动是就某一特定专题而展开的短期或长期的专门活动。法治教育报告会是以“法治教育”为主题的专门活动，属于主题活动。

A项，学科活动是以学习和研讨某一学科的知识或培养某一方面的能力为主要目的的活动，可以分学科组成不同的小组，如数学活动小组、语文活动小组等；也可以依据某一专题成立小组，如以实验为专题的小组、以会话为专题的外语小组。

B项，社会活动是以培养学生正确的社会意识、丰富学生的社会阅历为目的的活动。如重大节日的政治报告、社会调查、访问座谈、参观游览等，都属于这类活动。

D项，文体活动包括文学艺术活动和体育活动。文学艺术活动主要是培养学生对文艺的爱好和发展学生文艺方面的才能。体育活动的主要目的是锻炼学生的身体，增强他们的体质，训练他们的运动技能，培养他们吃苦耐劳的精神和对体育运动的兴趣，并尽可能满足体育爱好者的需要，及早发现和培养体育专业人才。

5. B 【解析】本题考查“四有好老师”的内容。习近平总书记提出“四有好老师”的标准是：有理想信念、有道德情操、有扎实学识、有仁爱之心。

6. B 【解析】本题考查教育实验法的变量。变量是指在研究过程中，需要进行操纵控制和测量的诸因素，可分为自变量、因变量和干扰变量三种。(1)自变量是指由研究者安排的、人为操纵控制的、作有计划变化的因素，即研究者有计划加以改变的。(2)因变量是随自变量的变化而变化的，又称反应变量。因变量是研究者应该观测和记录的变化因素。(3)干扰变量也叫无关变量，是指除了研究者操纵控制的自变量之外，另外还有一些也能引起研究结果产生变化的量，会使研究者无法对研究结果做出正确判断和解释。题干中学生的学习效果会因教学方式的不同而不同，教学方式是自变量，学生学习效果是因变量，故选择B。

7. B 【解析】本题考查小学生安全教育的相关内容。一旦发生踝关节扭伤，正确的紧急处理方法如下：(1)立即停止行走、运动或劳动，取坐位或卧位，同时可用枕头、被褥或衣物、背包等把足部垫高，以利静脉回流，从而减轻肿胀和疼痛。(2)立即用冰袋或冷毛巾敷脚踝局部,使毛细血管收缩,以减少出血或组织液渗出。(3)冷敷的同时或冷敷后可用绷带、三角巾等布料加压包扎踝关节周围,把伤员送往医院进一步诊断治疗,必要时拨打“120”急救电话。

8. D 【解析】本题考查成败归因理论的相关内容。根据韦纳的成败归因理论,只有努力是唯一可控的因素,因此将成败归因于努力就会激发学生强烈的学习动机,对学生的激励作用也最大。把学习成功归因于能力,可以增强学生的自信心;把失败归因于能力,长此以往,则会导致学生产生习得性无力感。

方法技巧:关于成败归因理论中的六种归因方式,考生可用以下口诀帮助记忆。浑(环境)身(身心)力(努力)气(运气)不稳,内在两力(能力+努力)与身心,只有努力是可控。

9. B 【解析】本题考查自我意识的发展阶段。个体自我意识的发展经历了从生理自我到社会自我、再到心理自我的过程。生理自我是自我意识最原始的形态,儿童在3岁以后进入社会自我阶段,心理自我是在青春期开始发展和形成的。小学高年级大约是10~12岁,还未进入青春期,处于社会自我的发展时期。

方法技巧:考生可结合自身发展识记自我意识发展的顺序。个体在出生之后,首先需要对自己的身体、生理状态有一个明确的认识,因此生理自我在第一位。3岁左右生理自我基本成熟。随着个体的不断发展,新的人际关系建立,社会化程度不断加深,因此社会自我在第二位。个体进入青春期后,生理和心理急剧变化,开始关注自己的内心世界,因此心理自我在第三位。

10. B 【解析】本题考查过度学习的内容。过度学习是指学习达到恰能背诵之后再继续学习。实验证明:过度学习达到50%,即学习的熟练程度达到150%时,学习的效果最好。

11. D 【解析】本题考查命题学习的内涵。根据知识本身的存在形式和复杂程度,知识学习可分为符号学习、概念学习和命题学习。(1)符号学习又称表征学习,是指学习单个符号或一组符号的意义。符号学习的主要内容是词汇学习(如学习汉字、英语单词),也包括非语言符号的学习(如认识图表、瓜果树木等)和事实性知识的学习(如学习历史事件)。(2)概念学习是指掌握概念的一般意义,其实质是掌握一类事物的共同的本质属性和关键特征。(3)命题学习是学习若干概念之间的关系。题干描述的是路程、速度、时间三个概念间的关系,属于命题学习,故本题选D。

B项,辨别学习是指学会识别多种刺激的异同并对之做出不同的反应。

易错提示:考生应注意区分符号学习、概念学习、命题学习的区别,做题时要抓住关键词。

符号学习：也叫表征学习，指学习符号本身的意义，如学习狗、dog的意思。做题时，若题干强调学习某个词汇、语言符号、实物或图像、事实性知识，则选符号学习。

概念学习：强调掌握同类事物的本质属性，如理解“鸟”这一概念的定义。做题时，若题干强调掌握某一类事物的共同特质、理解某一概念的本质属性，则选概念学习。

命题学习：强调学习若干个概念之间的关系。当题干涉及多个概念时，则选择命题学习。

12. B 【解析】本题考查班杜拉的强化分类。班杜拉指出，人的行为受行为的结果因素与先行因素的影响。行为的结果因素就是通常所说的强化。强化分为三种：直接强化、替代强化、自我强化。直接强化是指观察者因表现出观察行为而受到强化。替代强化是指观察者因看到榜样的行为被强化而受到强化。自我强化是指对自己表现出的符合或超出标准的行为进行自我奖励。老师表扬小明后，班上的同学表现出了和小明一样好的行为，这属于替代强化。

13. C 【解析】本题考查课程资源的类型。根据课程资源的性质，课程资源可分为自然课程资源和社会课程资源。自然课程资源强调“天然性”，如自然界中的动植物、微生物、地质、地貌、矿产、气候、自然景色等；社会课程资源强调“人工性”，如图书馆、博物馆、雕塑、政治活动、军事活动、科技活动、宗教礼仪、风俗习惯等。民风民俗、传统节日等都是人为创造的，具有“人工性”，属于社会资源。

B项，校内课程资源是指校内的各种场所和设施，如图书馆、实验室、专用教室、信息中心、实验实习农场和工厂等。

D项，个体资源包括学生个体资源和教师个体资源。

14. B 【解析】本题考查杜威的教育思想。杜威是现代教育学派的代表人物，他提出“从做中学”，要求以活动性、经验性的主动作业取代传统的书本式教材的统治地位。从题干“经验课程”“主动作业”可以判断这是杜威的观点。

15. A 【解析】本题考查三维课程目标。“知识与技能”目标强调基础知识和基本技能的获得。题干所述水的三种状态以及在一定条件下物质状态可以改变，这都属于基础知识，按照三维目标分类，这属于知识与技能目标要求掌握的内容。

16. B 【解析】本题考查课程的类型。综合课程是指打破传统的分科课程的知识领域，组合两门或两门以上学科领域而构成的一门学科。《道德与法治》课程是道德领域与法治领域的融合，属于综合课程。

A项，分科课程是一种单学科的课程组织模式，它强调不同学科门类之间的相对独立性，强调一门学科的逻辑体系的完整性。其主导价值在于使学生获得逻辑严密和条理清晰的文化知识，但是容易带来科目过多、分科过细的问题。

C项，课程可分为核心课程和边缘课程。核心课程是所有学习者都必须学习的课程，边缘课程是根据学生之间的差异、环境条件的差异以及教育目标的差异而设置的有针对性的课程。

D项，隐性课程也叫潜在课程、隐蔽课程，指学生在学校情景中无意识地获得的经验、价值观、理想等意识形态内容和文化影响。

17. C 【解析】本题考查教学方法。演示法是指教师通过展示实物、直观教具，进行示范性实验或采取现代化视听手段等，指导学生获得知识或巩固知识的方法。题干中张老师通过展示大量的图片，加强了教学的直观性，这是对演示法的运用。

18. C 【解析】本题考查情感态度与价值观目标所适用的评价方法。情感态度与价值观目标注重考查学生在不同方面的表现，了解学生情感态度状况及其变化，采用的主要评价方式有课堂观察、活动记录、课后访谈等。C项适合评价“知识与技能”目标的达成度。

19. D 【解析】本题考查教学原则。因材施教原则是指教师在教学中，要从课程计划、学科课程标准的统一要求出发，面向全体学生，同时要根据学生的个别差异，有的放矢地进行有差别的教学，使每个学生都能扬长避短，获得最佳的发展。题干中李老师针对不同水平的学生设置不同的作业，说明他注意到了学生的差异，遵循了因材施教原则。

20. B 【解析】本题考查教学组织形式。现场教学是指教师把学生带到事物发生、发展的现场进行教学活动的形式。题干中教师组织学生到学校附近路口观察交通标志，这种教学组织形式属于现场教学。

二、简答题(参考答案)

21. 简述维果斯基“最近发展区”理论及其教育启示。

(1)维果斯基认为，儿童有两种发展水平：一是儿童的现有水平，即由一定的已经完成的发展系统所形成的儿童心理机能的发展水平；二是可能达到(即将达到)的发展水平。这两种水平的差异，就是最近发展区。所谓最近发展区是指儿童在有指导的情况下，借助成人的帮助所能达到的解决问题的水平与独自解决问题所达到的水平之间的差异，即两个邻近发展阶段间的过渡状态。

(2)根据上述思想，维果斯基提出教学应当走在发展的前面。这包括两层含义：教学在发展中起主导作用；教学创造着最近发展区。

(共10分。答出“最近发展区”的含义，内容完整、准确得5分，答出“教学应走在发展前面”这一教育启示及其两层含义得5分)

22. 简述小学综合实践活动开展的基本步骤。

综合实践活动开展的基本步骤为：

(1)确定活动主题;(2)制订活动方案;(3)实施活动方案;(4)总结交流;(5)活动反思。

(共10分。答案完整、正确得满分;答出“确定活动主题”“制订活动方案”“实施活动”“总结交流”“活动反思”等关键词可酌情给6~9分)

23. 简述实施榜样教育的基本要求。

(1)选好学习的榜样;(2)激发学生对榜样的敬慕之情;(3)狠抓落实,引导学生用榜样来调节行为,提高修养。

(共10分。答案完整、正确得满分;答出“选好榜样”“激发敬慕之情”“狠抓落实”等关键词,可酌情给6~9分)

三、材料分析题(参考答案)

24. (1)原因:①该老师没有做到尊重学生、关爱学生。看到小璇的手脏,就不让她帮忙拿杯子,没有考虑到小璇的心理感受,导致小璇的自尊心受挫,从而与老师疏远。②该老师发现问题后没有和小璇进行及时的沟通,没有深入地了解她的心事,没有进一步地开导教育她,导致小璇与老师关系的疏远。③该老师没有做到民主平等。看到小璇的手脏,就不让她送杯子,没有做到一视同仁,忽略了小璇的意见,没有尊重小璇表达自己想法的权利。④该老师的个人修养不够高,看到手脏就嫌弃学生,不让她帮忙送水杯,没有做到给学生树立榜样。

(共8分。依据材料答出“制止手脏的小璇送水杯,未做到一视同仁、尊重学生”“没有妥善沟通、未解决小璇情绪低落问题”等要点,得8分)

(2)①该老师应当主动了解学生。了解学生的个体意识、兴趣、需要等,辨明学生情绪低落的原因,对症下药。②该老师应该树立正确的学生观。正确的学生观来自教师对学生的观察和了解,来自教师的自我反思。③该老师应当热爱、尊重学生。教师要对学生充满爱心,尊重学生的人格,保护学生的自尊心。④该老师要主动与学生沟通,善于与学生交往。出现不和谐情况后要及时与学生沟通交流,及时进行教育。⑤该老师要提高自我修养,健全人格。教师的素质是影响师生关系的核心因素,教师的师德修养、知识能力、教育态度、个性、心理品质无不对学生发生深刻的影响,因此教师要提升个人修养,正确对待学生。

(共12分。答出“了解学生”“树立正确学生观”“热爱、尊重学生”“主动与学生沟通”“提高自我修养”等关键词,结合材料阐述、内容饱满可得满分)

25. (1)材料中王老师的行为是正确的。

①王老师在使用教学媒体时,遵循了教学目标的要求,通过播放视频、展示课件、

播放声音、在黑板上作画，一步步引导学生感知海底世界，深入了解海洋知识，获得了积极的情感体验。

②王老师在使用教学媒体时，考虑了学科性质和内容的不同，综合运用了多种教学媒体，使学生多角度感知海底世界，满足了教学的需要。

③王老师在使用教学媒体时，考虑了教学对象的特点，通过不同媒体，展现不同层次的教学，遵循了学生的认知发展规律，激发了学生的参与热情。

（共8分。有点评教师的语句，评价恰当，得2分；结合材料具体阐述，言之有理、逻辑清晰，可酌情给4～6分）

(2)选择教学媒体的依据：

①依据教学目标。每个知识点都有具体的教学目标，为达到不同的教学目标常需要使用不同的媒体去传递教学信息。

②依据教学内容。各学科的性质不同，适用的教学媒体会有所区别；同一学科内各章节内容不同，对教学媒体的使用也有不同要求。

③依据教学对象。不同年龄阶段的学生对事物的接受能力不一样，选用教学媒体时必须顾及他们的认知层次，心理、年龄特征。

④依据教学条件。教学中能否选用某种媒体，既要考虑媒体的效果原理，还要看所处的具体条件，其中包括资源状况、经济能力、师生技能、使用环境和管理水平等因素。

（共12分。答出“教学目标”“教学内容”“教学对象”“教学条件”等关键词并展开进行具体解释，言之有理、内容饱满，可得满分）

四、教学设计题(参考答案)

26. (1)①写作特点：本文在描写时注意抓住火烧云五彩缤纷的颜色和变化无穷的形状，表现火烧云美丽奇幻的特点。写霞光，抓住了“红”的特点；写火烧云的颜色及颜色的变化，抓住了“多”“快”的特点；写火烧云的形状及其变化时，也抓住了“多”“快”的特点。作者还运用了排比的修辞手法，并展开丰富的想象，把对事物的静态的和动态的描写结合起来，写得形象生动，给人以深刻的印象和强烈的感染力，表达了作者对大自然的喜爱和赞美之情。

②教学价值：《义务教育语文课程标准(2011年版)》第二学段“阅读”目标指出：“积累课文中的优美词语、精彩句段，以及在课外阅读和生活中获得的语言材料。”《火烧云》是一篇非常优美的写景之作，作者以多个不同构词形式的词语和排比的修辞手法勾画了一幅绚丽多姿的火烧云图景，描写了火烧云的全过程，渲染了红霞飞舞、瞬息万变、令人目不暇接的奇妙景观。该课文可以使三年级的学生感受文章的语言美，

激发学生的想象力，使学生在阅读中积累课文中的优美词语和精彩句段，达成第二学段的课程目标。

〔共10分。写作特点方面，答出描写的景物、景物变化、景物特点得3分，答出作者运用的描写手法及其表现效果得2分，答出作者表达的思想感情得1分；教学价值方面，答出《义务教育语文课程标准(2011年版)》第二学段“阅读”目标得2分，对课文进行分析解读并确定教学重点得2分〕

(2)教学目标

①会认、会写课后要求的生字词；积累描写颜色的词语。

②通过有感情地朗读课文，理解课文内容，在朗读中想象火烧云的奇异景象，体会火烧云的特点，体会作者赞美自然景象的情感；学习在仔细观察的基础上展开想象来描写景物的表达方法。

③感受火烧云的景色美，培养热爱大自然的思想感情。

(共8分。从生字词方面拟定教学目标得2分；引导学生在朗读课文的基础上，理解课文内容得2分，培养学生的观察力、想象力，学习描写景物的方法得2分；从热爱大自然方面拟定教学目标得2分)

(3)教学设计

①学习火烧云颜色变化的部分

A. 自由朗读第三段，说说火烧云有什么变化。(颜色变化)

a. 你从天空中找到了哪些颜色？你有什么感觉？(颜色真多呀)

b. 这么多的颜色，怎样把它印在脑海中呢？试着把这些颜色分分类，说说为什么这样分。(红彤彤、金灿灿；半紫半黄、半灰半百合色；葡萄灰、梨黄、茄子紫)“葡萄灰”“梨黄”“茄子紫”这三种颜色，能不能分别用“像……一样的……色”的句式描述一下？

c. 天空中是不是只有这些颜色？你是从哪句话中看出来的？那么我们试着说说这些说也说不出来、见也没见过的颜色。除了用“葡萄灰”“梨黄”“茄子紫”这种带比喻的形式来说，你还能用其他形式来说说天空中的颜色吗？

d. 天空中这么多的颜色交织在一起，多美呀！能不能用恰当的词语概括出火烧云颜色变化之多呢？

e. 再读读这段话，比一比谁能读出作者对火烧云的赞美之情。(学生齐读，指名读，教师适当引导、点拨)

f. 火烧云颜色除了多这个特点外，还有什么特点？(变化快)你是从哪里看出来的？(四个“一会儿”)你能用这四个“一会儿”再仿写一个句子吗？试着写一写。

B. 过渡：火烧云色彩如此缤纷，那它的形状变化又是怎样的呢？

②学习火烧云形状变化的部分

A. 默读描写形状变化的部分，小组讨论，说一说形状变化有什么特点。（多、快）

B. “一会儿，天空出现一匹马”，这马的样子是怎样的？它是怎样变化的？它又是怎样消失的？（教师引读）

C. 你觉得第四段什么地方写得好？为什么？

（引导学生体会作者丰富的想象力以及表达形象的生动性、描写情景的趣味性）

D. 指导朗读：谁能把这种有趣的情景用朗读的形式表达出来？

E. 读读“大狗”“大狮子”的部分，你觉得哪里描写得很有趣？（重点让学生体会“那条狗十分凶猛……大狗也不见了”的生动情景美和“跟庙门前的石头狮子一模一样……很威武很镇静地蹲着”的形态美）

F. 把自己觉得最有趣的情景有感情地读给同桌听听。

G. 你觉得天空中还会出现怎样的情景？请你学着作者的写法，按照“出现（样子）—变化—消失”的顺序把你的想象写下来，写完后小组之间互相交流。

H. 火烧云形状的变化是这样多，这样快，你能用一个词语来概括吗？

I. 火烧云的形状如此有趣，谁能用朗读带着同学们再去感受一番？（指名读）

（共22分。教学设计从火烧云颜色、形状变化两方面展开，每方面1分。通过朗读，引导学生体会火烧云的颜色变化，并结合文章内容，鼓励学生用其他句式描述火烧云颜色变化得2分；运用多种朗读方式，让学生体会作者的感情，并发挥教师的引导作用得4分；分析火烧云颜色变化快的特点，并引导学生进行仿句练习得2分。运用默读、小组讨论等方法，让学生分析火烧云形状变化的特点得2分；引导学生体会作者的想象力得2分；引导学生体会作者在表达和描写两方面的特点，培养学生的概括能力、表达能力得6分；教学设计符合学生的认知，以学生为主体得2分。教学设计如果没有围绕第3～6自然段展开，且不符合拟定的教学目标则该题不得分）

27.（1）分类是指将事物根据一定的标准或原则划分组类，根据不同的分类标准就会有不同的分类结果，从而产生新的概念。分类的过程就是对事物共性的抽象过程。

对三角形的分类：①按角分为锐角三角形、钝角三角形、直角三角形；②按边分为等腰三角形（等边三角形是等腰三角形的特殊情况）和不等腰三角形。

（共10分。①答出分类的概念，得4分。②答出三角形的两种分类方式，每答出1种得3分）

（2）教学目标

①理解和掌握三角形的内角和是180°；知道三角形两个内角的度数，能求出第三

个内角的度数。

②经过量、拼、折等操作活动，以及讨论、探索、推理的过程，发现三角形三个内角的和等于180°，培养动手操作、观察比较和抽象概括的能力，培养几何直观和推理意识，体会数学的转化思想。

③在参与数学学习活动的过程中，获得成功的体验，感受探索数学规律的乐趣，产生喜欢数学的积极情感，培养积极与他人合作的意识。

（共10分。根据课程目标，结合文章的教学重点及小学四年级学生的身心特点，设置切合的教学目标，得10分）

(3)导入环节

老师提问：通过前几节课的学习，我们已经掌握了三角形的很多知识，那大家还记得三角形按角度来分类，可以分为哪几类吗？

引导学生回答：锐角三角形、直角三角形、钝角三角形。

老师向学生讲述故事：在三角形家族里有这样一对兄弟，他们一直团结友爱，今天却吵了起来，我们去听听看是怎么回事。钝角三角形哥哥理直气壮地对弟弟说："我的内角和要比你的大得多。"锐角三角形弟弟不服气地说："别看你最大的角比我的大，但我的内角和并不比你的小。"同学们来评评理，谁说得对呢？

学生互相讨论分享。

老师进行总结：现在出现了不同的意见，有认为钝角三角形哥哥的内角和大，也有认为锐角三角形弟弟说得对的。那到底谁说得对呢？三角形的内角和究竟是多少呢？那这节课我们就一起来研究"三角形的内角和"。相信通过这节课的探究，同学们一定会作出公平、公正的判断。

（板书：三角形内角和）

【设计理由】通过小故事导入新课，符合学生的认知特点和实际生活经验，能够抓住学生的好奇心，激起学生的学习兴趣，激发学生探索三角形内角和的热情。

（共20分。①教学导入设计内容紧扣教学目标，得3分，逻辑清晰，得3分，符合导入环节的特点，得3分，教学方法得当，得3分，符合学生认知，得3分；②设计理由表述合理且贴合材料即可得5分）

28.(1)教师在帮助学生正确学习和记忆单词时要讲究词汇呈现策略：

①利用词根、前缀、后缀、合成等构词法记忆单词，如care，careful，carefully等，可以教学生通过观察掌握规律。

②利用读音和音节记忆单词。词的读音和拼写形式是词存在的基础，是各个词

相互区别的第一要素。英语中许多词汇在字母组成和读音方面非常相似,因此教师在教授新词汇时要善于联系旧有词汇,注重以旧引新,帮助学生建立新旧知识间的联系,并引导学生根据这种联系记忆单词。

③利用同义词或反义词来解释新词。

④利用图片、简笔画、实物等帮助学生记忆单词,直接用图片教学更简易、更方便,图片形象直观,在图片上画图形等展示到学生面前,更吸引学生的注意。

此外,教师还可借助于其他趣味记单词的方法帮助学生记忆:

①游戏作业法。教师应根据学生的生理和心理特点,开展形式多样、生动活泼的活动和游戏,让他们在乐中学,学中乐。如Bingo游戏,学生将所学的单词随意默写在九个方框中,只要老师所念的单词成一条直线或斜线,则该生站立,并说道"Bingo finished",就是该游戏的第一个胜出者,如此反复直至最后。

②分类复习法。每周所学的内容都要分类小结,可将以a、b、c、d等字母开头的单词列为一类进行小结复习,也可以根据单词的性质分类小结。

(共10分。写出一种方法得1分,针对该方法进行具体说明得1分,任写5种得10分)

(2)教学目标

①Students can master the new words: circle, square, triangle, star, rectangle and the sentence: I have...

②Students can communicate with each other freely by means of the new words and the sentence pattern.

③Students can deepen their understanding of figures, and be able to make all kinds of figures by hand to stimulate their interest in learning English.

(共10分。教学目标符合小学生认知规律,逻辑清晰、表述合理得10分)

(3)导入和新授环节

①Lead-in

Free talk

The teacher greets students and asks, "Hi, boys and girls! Can you draw some shapes?" Then students draw various shapes on paper.

【设计理由】通过话题交流导入新课,激发学生的学习兴趣,活跃课堂气氛,引出即将学习的新内容。

②Presentation

A. The teacher presents the words one by one in the form of cards with various figures:

circle, square, triangle, star, rectangle. Then teacher makes students listen to the tape and imitate the pronunciation of the words.

The teacher chooses some students to show the pronunciation of words, corrects the pronunciation in time, praises and encourages students and cultivates students' habit of speaking with confidence.

B. Play a game. The teacher chooses a word and says, "I have... Can you draw...?" Students draw a picture of the corresponding word on paper.

C. Two students take turns to complete the task of "draw and guess". One presents the figure and the other answers with the sentence pattern "I have...".

【设计理由】用图形作为教学媒介，通过各种游戏激发学生的学习兴趣，提升学生的反应能力，营造出一种轻松愉快的英语学习氛围，提高学生学习的积极性，培养和锻炼学生英语会话的能力，听录音模仿等教学过程纠正了学生的语音语调，很好地完成了单词讲授的任务。

（共20分。①导入活动设计内容完整、逻辑清晰，得3分，教学方法合适且符合学生认知特点，得3分，设计理由表述合理得4分；②新授环节活动设计内容完整、逻辑清晰，得3分，教学方法合适且符合学生认知特点，得3分，设计理由表述合理且贴合材料得4分）

29. (1)《小纸船的梦》是一首富有童趣的儿童抒情歌曲。它以优美婉转的旋律和质朴坦诚的语言，展示了一颗纯真的童心，寄寓了孩子美好的憧憬。

歌曲分为主歌与副歌两个部分，这两个乐段在音乐上有着共同的特点：旋律线条在乐句之中和乐句之间不断有规律地上下流动，有如波浪的缓缓起伏。这一贯穿全曲的进行方式与$\frac{3}{4}$拍相结合，使人感受小纸船随波漂荡的韵律。

主歌部分有四个乐句，各为4小节，构成一个方整性乐段。第一乐句旋律先作上行，后作下行，第二乐句以同样的方式进行，只是在旋律上提高了音区。第三乐句句首和第一乐句相同，后半乐句在节奏上加密，增强了动感。第四乐句出现了分裂的节奏"$\underline{\times\ \times}$ $\underline{\times\ 0}$ $\underline{0\ \times}$"，打破了前面三个乐句的平稳节奏，流露出殷切期待的心情。

歌曲的副歌部分为二声部合唱。因歌词的需要，旋律句幅扩大为8小节。高声部的旋律取材于前乐段的第二乐句，音区的提高和八度大跳进行，使得感情变得比较激动。结束句的两声区从高音区作平行三度下行。和声上因用了变化音而形成了大、小三度的色彩变化，使音乐显得柔和、朦胧，歌声载着孩子的梦想，飘向远方，飞向未来。

（共10分。答出“整体情感”“节奏”“结构”“旋律”“表现意义”等方面的特点，每点2分）

(2)教学目标

①能够从小就在心中树立崇高的理想，激发为实现自己的梦想而刻苦学习的决心。

②通过学唱《小纸船的梦》，练习用甜美、柔和、自然的声音演唱歌曲，营造恬静的意境，得到美的熏陶。

③通过学习歌曲，掌握后半拍起的节奏难点及一字多音的唱法，了解“♭”降记号。

（共10分。①符合教学目标要求，每条得2分；②贴合作品得1分；③紧扣唱歌课课型得2分；符合高年级学生的认知规律得1分。若设置“大”而“空”，要酌情扣1～2分）

(3)教学环节

①第一个划框难点乐句的教学

A. 视唱节奏

师：首先，请同学们以手挥拍，用“da”视唱这一句的节奏。

师：这一句节奏上的难点是前两小节，都有第二拍后半拍休止以及第三拍前半拍休止的特点。我们怎么才能休止得恰到好处，准确地在第三拍的后半拍连上呢？同学们可以联想一下切分节奏的唱法，把“× ×　× 0　0 ×”等同于“× ×　× 0 ×”，只不过这里的切分音是一个四分休止符。请同学们自己练习、体会一下。

师：下面我们一起唱一下这一句的节奏。

学生练习，教师点评。

B. 视唱乐谱

师：下面老师用首调唱名法为大家范唱这一句的乐谱。

师：这一句音高上的难点是四度、六度、七度音程的构唱。同学们可以用二度和三度音程作为“阶梯”来找准音高。下面请同学们随琴构唱音程。

师：唱准了这些音程，这一句就不难唱了，请同学们随琴视唱这一句的乐谱。

师：请同学们自己再练习一下。

学生示范，教师逐一点评。

C. 加入歌词

师：下面加入歌词，老师为大家范唱一下这一句。

师：加入歌词演唱时，要注意休止的地方，声音虽断，但气息仍在保持中，不换气，这是歌曲演唱中的一种"声断气连"的方法。另外要注意"远"字的一字多音要唱得连贯、平滑,"方"字要唱够三拍时值。

师:下面请同学们一起随琴演唱这一句的歌词。

师:请同学们自己再练习、揣摩一下。谁来范唱一下?

师:这两位同学演唱的声音都很自然,节奏、音准把握得也不错!

师:老师建议你们在前两小节唱得更加轻巧、跳跃一点,后两小节唱得舒展且力度较强一点,加入一种期待、憧憬的感情就更好了。

【设计理由】对于难点乐句的教学,教师指导学生用挥拍法击打节奏、首调唱名法视唱乐谱、加入歌词演唱乐句的方法,引导学生依次解决节奏、音准、歌词三个方面的难点,教学内容由易到难,循序渐进,学生得以充分掌握该乐句的演唱。在教学环节当中,教师先范唱,让学生获得整体印象,之后再解析其中的难点,让学生充分理解,并给学生自己练习、揣摩的时间,最后让学生范唱,并由老师来评价,调动学生参与课堂的积极性,既发挥了教师的引导作用,又充分体现学生的主体地位。

②第二个划框难点乐句的教学

A. 视唱节奏

学生挥拍、唱节奏。让学生自学、巩固学过的节奏型。

B. 视唱乐谱

教师范唱,并重点指导学生进行八度音程的构唱。

C. 加入歌词

教师范唱,学生应用"声断气连"的唱法演唱。教师提示学生"梦"字的一字多音要唱得连贯,"想"字要唱够六拍时值。

【设计理由】这一句和上面一句的难点相似,教师教会学生学习方法之后,按照由易到难的步骤指导学生自己尝试和探索,培养学生主动学习的能力。

(共20分。①答出"解决两处难点乐句的教学过程"得16分,其中"教学环节完整且连贯"得8分,不完整或逻辑不清晰可酌情扣2~3分;紧扣"难点乐句"得3分;紧扣"教学目标"得3分;"符合高年级学生的认知规律"得1分;行文流畅得1分。②答出设计理由并阐述合理、贴合材料得4分)

30. (1)教学重、难点

教学重点:夹臂、提肩、压腕,垫球的部位准确。

教学难点:找准击球点,上下肢协调用力。

(共10分。①写出教学重点"夹臂、提肩、压腕""垫球部位准确",得5分;②写出教学难点"找准击球点""上下肢协调用力",得5分)

(2)教学目标

①知道正面下手双手垫球的动作要领,85%的学生能够初步掌握正面下手双手垫球动作。

②通过模仿、分组、交流等方法探索学习;通过练习,学会互助合作和自主探究的学习方法。

③养成善于观察、勤于思考、乐于学习、互助协作的优良品质,体会参与排球运动的乐趣。

(共10分。答出切合水平三的小学生的教学目标,各目标阐述合理、语言连贯,得10分)

(3)教学设计

①动作展示及完整动作示范

教师利用投影,播放中国女排比赛中的精彩垫球动作的视频集锦;教师展示教学挂图;教师进行完整的动作示范。

【设计理由】利用投影播放视频,迅速引起学生的学习欲望和对排球运动的兴趣;展示教学挂图和进行完整的动作示范,目的是使学生初步建立排球正面下手双手垫球的动作表象。

②讲解动作要领

教师利用教学挂图和动作示范,讲解排球正面下手双手垫球的动作要领。

【设计理由】加强学生对动作的理解,进一步建立动作概念。

③徒手模仿练习

教师喊口令,学生集体进行徒手模仿练习,教师指导并纠错。

【设计理由】通过模仿练习,提高学生对动作的理解,建立动作技能的肌肉记忆。

④垫固定球练习

学生分组,一人持球在胸前,一人进行垫固定球的练习;教师指导并纠错。

【设计理由】使学生加深对动作要领的理解,感受动作技能的变化。

⑤学生展示与教师纠错

挑选几组学生进行展示,老师针对学生练习时出现的问题进行讲解、纠正。

【设计理由】教师针对问题讲解,解决学生练习时出现的困惑,突破练习障碍。

⑥垫反弹球练习

学生自由散开,自抛球后进行垫反弹球的练习,教师巡回指导并纠错。

【设计理由】提高垫球难度,进一步体会正确完成动作的重要性。

⑦两人一组,抛传垫球练习

一人进行传球,另外一人进行垫球练习;教师巡回指导并参与练习。

【设计理由】通过互相合作的学习模式，教师参与练习，提高学生的积极性和课堂学习气氛，建立良好的师生关系。

⑧学生展示，教师评价

挑选几组学生进行展示，教师进行评价。

【设计理由】检验本节课的学习效果，找出长处和不足，对学生进行鼓励，提高学习排球的兴趣。

（共20分。①教学活动设计内容完整，得4分，逻辑清晰，得3分，教学活动符合拟定的教学目标，得3分，教学手段合理，得3分，符合学生认知，得3分；②设计理由表述合理、贴合材料，得4分）

31.（1）按照对象存在的空间形式的不同，可将设计分为平面设计、立体设计和空间设计，不同的设计类型具有不同的功能和审美取向。平面设计是在具有二维空间的物体表面上根据一定的目的要求、制定方法或图样所完成的作品，平面设计偏向于识别功能。立体设计是由二维平面形态进入三维立体空间的构成表现，立体设计偏向于使用功能。空间设计是建筑设计的名词，指利用易更换和易变换位置的饰物与家具，对室内进行二度陈设与布置，空间设计更偏向于居住功能。

（共10分。答出“平面设计偏向于识别功能”“立体设计偏向于使用功能”“空间设计更偏向于居住功能”3个关键点，且阐述完整、合理得10分，少答一点酌情扣3～4分）

（2）教学目标

①初步认识身边的设计艺术，了解设计的基本知识，感受设计的审美特征。

②根据设计的基本知识，对周围的设计物品从外形、色彩、材质等方面进行描述、欣赏、评价，表达自己的看法。

③养成善于发现生活中美的习惯，培养热爱生活的丰富情感，形成良好的审美意识。

（共10分。答出“了解设计的基本知识”“根据设计的基本知识，表达自己的看法”“培养热爱生活的丰富情感”3个关键点，且阐述完整、合理得10分，少答一点酌情扣3～4分）

（3）新课讲授

教师向同学们出示一套书本形状的水彩笔，让学生猜测这是什么物品。

师：这本厚厚的卡通故事书实际上是什么呢？

教师打开水彩笔盒，展示其中的笔。

学生回答：原来是装水彩笔的盒子。

师:想一想为什么要这样设计?有什么好处?

学生自由讨论,教师总结:美观、有趣,同时采用折叠的设计,方便携带。

【设计理由】利用学生生活中熟悉的物品引出课题,激发学生思考,引起学习兴趣。

教师继续出示一组水壶,同时在屏幕上展示其他相似功能的水壶,引导学生小组讨论并发言:你更喜欢讲台上的水壶还是屏幕中的?为什么?

【设计理由】用实物和图片直观地引导学生思考,生动形象,丰富认知,使课堂气氛更加活跃。

教师引导学生从外形、色彩、材质和实用功能上进行思考。

师:看来大家都更喜欢讲台上的水壶,那你认为什么是好的设计呢?

学生回答,教师总结:好的设计既要外形美观,色彩搭配适宜,材质使用恰当,又要讲求使用功效,最好再融合一些设计师的小巧思,增加使用过程中的趣味性。

【设计理由】通过与学生讨论,进行总结,既体现了学生参与课堂的主体性,又突出了本课重点,具有针对性。

(共10分。①新授环节的教学活动以"什么是好的设计"为内容进行设计,教学内容完整得3分,内容不完整、设计不合理可酌情扣1~3分;②教学手段合理得3分;③符合学生认知得1分;④答出设计理由且阐述清晰完整、贴合材料得3分)

(4)新课讲授

教师继续向同学们展示书包和背篓,让学生通过观察、触摸、思考等环节,说出两个物品在外形、色彩、材质、用途上有什么相同点和不同点。

学生通过小组讨论后派代表发言:书包的外形更新颖时尚,款式多变,更受同学们的喜爱,背篓外形则比较单一。书包的色彩也更丰富,相对而言,背篓不能装饰过多花样。书包的材质是较为柔软的面料,使用时更安全,且折叠方便,而背篓一般都是由硬质的藤条制成,使用感不佳,且不方便携带。在用途上,两者都是用来装东西的物品,但书包有更多口袋,可以分类装下更多物品。

教师根据学生发言总结:在我们日常的生活中,使用书包比使用背篓更加方便,这是为什么呢?如果你是一位田间劳作的农民,你还会觉得书包比背篓方便吗?

学生思考回答:书包的设计符合学生的生活需求,而背篓材质硬、敞口宽,更适合农民在田间劳作时使用。

教师总结:不同的人群对相同功能的物品设计需求也不同,评述一件物品的设计,要特别注意它的适用人群。

【设计理由】让学生直观感知书包和背篓设计的异同,引导学生深入思考其中的设计意图。同时教师通过假设,让学生换位思考,感知不同的设计方案要针对不同人群的需求。

教师与同学们共同举办“小型拍卖会”,将学生分成小组,每组选出一样具有设计感的生活用品进行“拍卖”,选派代表到讲台上充当“拍卖解说员”,从各方面介绍“拍品”的设计。全班共同讨论有哪些人群可能会拍下这件物品,拍下的原因是什么。

【设计理由】教师通过角色扮演的游戏,让学生参与实践,充分掌握对身边物品的欣赏与评述的方法,提高学生的观察力、思辨力和语言表达能力。

(共10分。①新授环节的教学活动以“身边用品设计的欣赏和评述方法”为内容进行设计,教学内容完整得3分,内容不完整、设计不合理可酌情扣1~3分;②教学手段合理得3分;③符合学生认知得1分;④答出设计理由且阐述清晰完整、贴合材料得3分)

2019年上半年中小学教师资格考试真题试卷(九)

一、单项选择题

1. A 【解析】本题考查个体身心发展的动因。

理论	主要观点	代表人物
内发论(遗传决定论、自然成熟说、预成论)	人的身心发展的力量主要源于人自身的内在需要,身心发展的顺序也是由身心成熟机制决定的	孟子、弗洛伊德、威尔逊、高尔顿、格塞尔、霍尔等
外铄论(环境决定论、塑造说)	环境影响决定个体心理发展的水平和形式,强调教育的价值	荀子、洛克、华生等
多因素相互作用论(共同作用论、内因和外因交互作用论)	人的发展是个体的内在因素(如先天遗传素质、机体成熟的机制)与外部环境(如外在刺激的强度、社会发展的水平、个体文化背景等)在个体活动中相互作用的结果。在主客观条件大致相似的情况下,个体主观能动性对人的发展有着决定性的意义	—

“白板说”主张人的心灵如同白板,教育使心灵丰富多彩。洛克的“白板说”属于典型的外铄论。

方法技巧:内发论和外铄论的代表人物,考生可运用以下口诀来进行识记。

(1)内(内发论)蒙(孟子)四耳(威尔逊、高尔顿、格塞尔、霍尔)佛(弗洛伊德)。(2)外(外铄论)出寻(荀子)落(洛克)花(华生)。

2. C 【解析】本题考查马克思主义关于人的全面发展学说的基本含义。马克思主义关于人的全面发展学说的基本含义是指人的劳动能力的全面发展。

3. C 【解析】本题考查品德的心理结构。道德意志是个体自觉地调节道德行为，克服困难，以实现预定道德目标的心理过程。题干中小龙明知乱扔纸屑是不文明的行为，但又总是管不住自己，属于道德意志薄弱，教师应注重培养其道德意志。

A项，道德认知（道德认识）是指对于道德行为规范及其意义的认识，是个体品德中的核心部分。

B项，道德情感是人的道德需要是否得到实现而引起的一种内心体验，也就是人在心理上所产生的对某种道德义务的爱憎、喜恶等情感体验。

D项，道德信念是坚信道德规范的正确性并伴有情绪色彩与动力性的道德观念。它是推动个人产生道德行动的强大动力，可以使人的道德行动表现出坚定性，因此，道德信念是道德品质形成的关键因素。

4. B 【解析】本题考查《中华人民共和国义务教育法》的颁布时间。《中华人民共和国义务教育法》于1986年4月12日第六届全国人民代表大会第四次会议通过，并于1986年7月1日起施行。

5. D 【解析】本题考查课外活动的组织形式。群众性活动是一种面向多数或全体学生的带有普及性质的活动。安全教育报告会是面向全体学生，旨在普及安全教育的活动，属于群众性活动。

A项，小组活动以自愿组合为主，根据学生的兴趣爱好和学校的具体条件，进行有目的、有计划的经常性活动。

B项，学科活动是以学习和研讨某一学科的知识或培养某一方面的能力为主要目的的活动，可以分学科组成不同的小组，也可以依据某一专题成立小组。

C项，课外阅读活动是指学生在课堂教学范围之外，根据自己的兴趣爱好或某一方面的需要进行的一种自觉的读书活动。

6. D 【解析】本题考查教育调查法。有效问卷是指在调查过程中按照正确的方式执行完成的问卷。回收的问卷中，填写错误、漏填或者填写不规范的问卷，都不属于有效问卷。对于有效问卷可接受的回收率标准，学界目前还没有统一的认识，各位学者在最低回收率的标准上意见不一致。根据裴娣娜主编的《教育研究方法导论》以及白秀杰、杜剑华主编的《教育学》，一般来说，如果回收率仅为30%，所得资料只能用作参考；回收率为50%，所得资料可以作为提出建议的依据；只有当回收率在70%以上，所得资料方可作出研究结论。因此有效问卷的回收率一般不可低于70%。故最佳选项为D项。

7. B 【解析】本题考查小学生卫生保健的内容。儿童缺乏维生素B_2容易出现口角炎、唇炎、舌炎、脂溢性皮炎、眼部炎症等，故B项正确。

方法技巧：考生可借助下表识记缺乏各类常见维生素可能导致的病症，以及该类维生素的食物来源。

维生素种类	缺乏时的症状	补充食物
维生素A	夜盲症、干眼症、皮肤干燥等	动物肝脏、蛋、奶、胡萝卜等
维生素B_1	脚气病、神经炎等	谷物杂粮、豆类、酵母菌、蛋类等
维生素B_2	口角炎、日光性皮炎、角膜炎等	蛋黄、奶制品、牛肉、谷类、动物肝脏、绿叶蔬菜等
维生素C	坏血病、抵抗力下降等	番茄、柑橘、山楂等新鲜蔬果
维生素D	佝偻病、骨质疏松症等	动物肝脏、蛋、奶、等
维生素E	四肢乏力、皮肤干燥、头发分叉、孕育异常等	各类坚果、奶制品、豆类、粗粮、植物油、绿叶蔬菜等

8. A 【**解析**】本题考查感觉现象。一种感觉兼有另一种感觉的心理现象叫联觉，如红色给人以热烈、紫色给人以高贵、黑色给人以沉重的感觉等。看到橙色、蓝色属于视觉，视觉上感知到的颜色又与肤觉上的温暖、清凉感联系起来，这种同时兼有两种感觉的心理现象就属于联觉。

B项，感觉对比是指同一感受器接受不同的刺激，而使感受性发生变化的现象。

C项，感觉适应是指由于刺激对感受器的持续作用而使感受性发生变化的现象。

D项，感觉后效，又称感觉后像，是指在刺激作用停止后感觉印象暂时保留一段时间的感觉现象。

9. D 【**解析**】本题考查对内部学习动机的理解。内部学习动机是指诱因来自学习者本身的内在因素，即学生因对活动本身发生兴趣而产生的动机。学生本人的学习兴趣属于内部学习动机，本题选D。外部学习动机是指诱因来自学习者外部的某种因素，即在学习活动以外由外部的诱因激发出来的学习动机。A、B、C项均属于外部学习动机。

10. A 【**解析**】本题考查知识学习的类型。根据新知识与原有认知结构的关系，可将知识学习分为下位学习、上位学习和并列结合学习。(1)下位学习又称类属学习，是一种把新的观念归属于认知结构中原有观念的某一部分，并使之相互联系的过程。(2)上位学习又称总括学习，是在学生掌握一个比认知结构中原有概念的概括和包容程度更高的概念或命题时产生的。(3)并列结合学习又称组合学习，是在新命题与认知结构中原有的命题既非下位关系又非上位关系，而是一种并列的关系时产生的。整数包括正整数、负整数和零；自然数包括正整数和零。整数是一个比自然数范围更广的概念,先学自然数再学整数是上位学习。

易错提示:考生可结合下图来理解上位学习、下位学习、组合学习的概念。

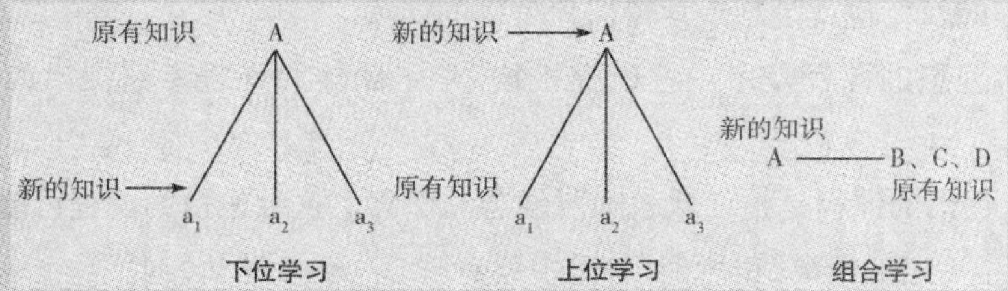

11. C 【解析】本题考查学习策略的种类。精加工策略是指把新信息与头脑中的旧信息联系起来从而增加新信息意义的深层加工策略。精加工越深入细致,回忆就越容易。记忆术是常见的精加工策略,即通过把那些枯燥无味但又必须记住的信息“牵强附会”地赋予意义,使记忆过程变得生动有趣,从而提高学习记忆的效果。为方便学生理解和记忆,教师将某个英语单词编成小故事,正是运用了精加工策略。

A项,复述策略是指在工作记忆中为了保持信息,运用内部语言在大脑中重现学习材料或刺激,以便将注意力维持在学习材料上的方法。常用的复述策略有及时复习、分散复习、过度学习、运用有意识记和无意识记、排除相互干扰、运用多种感官协同记忆、整体识记与部分识记相结合、复习形式多样化、画线等。

B项,组织策略是为了整合所学新知识之间,新旧知识之间的内在联系,形成良好的知识结构的策略。组织策略主要有归类策略和纲要策略两种。

D项,元认知策略是指学生对自己整个学习过程的有效监视及控制的策略,包括计划策略、监控策略和调节策略。

12. B 【解析】本题考查小学生心理辅导的方法。移情是来访者将自己过去对生活中某些重要人物的情感投射到咨询师身上的过程。小学生把辅导老师当成自己的父母,以获得情感的满足,这种心理现象属于移情。

共情是指咨询师设身处地去理解来访者的感情、态度和价值观,并通过语言交流以及一些非言语性的行为向来访者传达这种理解,启发、帮助来访者理解自己的情感的更深一层的含义,从而获得来访者对咨询师更深的信任。A项排除。

同情是咨询师对来访者境况和情绪、行为的理解并在感情上发生共鸣,通常带有怜悯色彩。C项排除。

激情是一种爆发式的、猛烈而持续时间短暂的情绪状态。例如,狂喜、暴怒、恐惧、绝望、剧烈的悲痛等。D项排除。

易错提示:共情和同情大多数是咨询师对来访者行为的理解和情感投入;移情是来访者将自己的情感投射到咨询师身上;激情是一种爆发、猛烈的情绪状态。

13. B 【解析】本题考查古德莱德的课程层次理论。在课程设置方面，古德莱德认为“课程”应分为五个层次，其中正式的课程，即由教育行政部门规定的课程计划、课程标准和教材，也就是列入学校课程表中的课程。

A项，理想的课程是由一些研究机构、学术团体和课程专家提出的应该开设的课程。

C项，领悟的课程是指任课教师所领会的课程。这种领悟的课程可能与正式课程之间会产生一定的距离，正所谓“一千个读者就有一千个哈姆雷特”。

D项，运作的课程是指在课堂上实际实施的课程。在实施中，教师常常会根据学生的反应随时进行调整。

14. C 【解析】本题考查与教学原则有关的古文名言。“君子之教，喻也”的意思是：有经验有修养的教师，总是善于运用启发诱导的方法。体现了启发性教学原则。

A项，关于直观性教学原则，荀子说过“不闻不若闻之，闻之不若见之”“闻之而不见，虽博必谬”；夸美纽斯指出“凡是需要知道的事物，都要通过事物本身来学习，应该尽可能把事物本身或代替它的图像呈现给学生”；乌申斯基则说“儿童是靠形式、颜色、声音和感觉来进行思维的”。

B项，关于因材施教教学原则，孔子说过“视其所以，观其所由，察其所安”，还有人提出过“一把钥匙开一把锁”的名言。

D项，关于循序渐进教学原则，《学记》中提到过“学不躐等”“不陵节而施”，朱熹曾说过“循序而渐进，熟读而精思”。

15. A 【解析】本题考查三维课程目标。“知识与技能”目标强调基础知识和基本技能的获得。题干中“掌握圆的周长计算公式”属于对基础知识与基本技能的掌握，这在三维课程目标中属于知识与技能目标。

16. B 【解析】本题考查课程内容的组织形式。螺旋式是指在不同单元乃至阶段或不同课程门类中，使课程内容重复出现，逐渐扩大知识面，加深知识难度，即同一课程内容前后重复出现，前面呈现的内容是后面内容的基础，后面内容是对前面内容的不断扩展和加深，层层递进。题干所述先呈现动植物的基本知识，再呈现与动植物有关的生态系统知识，最后是与人类相关的生态系统知识，课程内容层层递进，逐渐扩大知识面，这种课程内容组织形式为螺旋式。

A项，直线式是指把课程内容组织成一条在逻辑上前后联系的“直线”，前后内容基本不重复，即课程内容直线前进，前面安排过的内容在后面不再呈现。

C项，如果教材先后出现的若干单元自成体系，后面的内容并不必以前面内容的掌握为先决条件，这种教材内容安排方式叫横向并列式。

D项,圆周式曾是一种重要的编排方法。如过去的小学“社会科”,先教家庭、学校与社区,再教本县与本省,到了高年级才教本国与世界,逐年扩大范围,但教过的内容以后就不再重提。这种方式因不符合学习原理和儿童的实际生活经验,故被螺旋式代替。D项排除。

易错提示:考生易混淆课程内容组织的两种基本逻辑方式,做题时需注意,直线式和螺旋式都是由浅到深不断推进的,区别在于直线式课程内容前后不重复,而螺旋式课程内容则会重复出现,逐步推进和扩展。

17. C 【**解析**】本题考查教材编写的依据。课程标准是国家根据课程计划以纲要的形式编定的有关某门学科内容及其实施、评价的指导性文件。它是教材编写、教学、评估和考试命题的依据,也是国家管理和评价课程的基础。

18. A 【**解析**】本题考查教学方法。练习法是学生在教师指导下运用知识去反复完成一定的操作、作业与习题,以加深理解和形成技能技巧的方法。题干中教师让学生有感情地反复朗读课文是对练习法的运用。

19. A 【**解析**】本题考查教学评价的类型。延迟评价即推迟对学生的评价。由于学生的发展存在着差异,对尚未达到目标要求的学生,可暂时不给出明确的评价结果,给学生更多的机会,当取得较好的成绩时再给予评价,以保护学生学习的积极性。题干所述老师延迟对学生错误题目的批改即属于延迟评价。

20. C 【**解析**】本题考查新课程结构的主要内容。新课程结构的主要内容包括:(1)整体设置九年一贯的义务教育课程。小学阶段以综合课程为主。(2)高中以分科课程为主。在开设必修课的同时,设置丰富多样的选修课程,开设技术类课程,积极试行学分制管理。(3)从小学至高中设置综合实践活动课程并作为必修课程。(4)农村中学课程要为当地社会经济发展服务。

二、简答题(参考答案)

21. 简述人格形成与发展的影响因素。

(1)生物遗传因素。①遗传是人格不可缺少的影响因素;②遗传因素对人格的作用程度因人格特征的不同而异;③人格发展过程是遗传与环境交互作用的结果,遗传因素影响人格的形成的难易及发展方向。

(2)社会因素。①家庭教养方式;②学校教育;③同伴群体。

(3)个人主观因素。社会上各种影响因素,首先要为个人接受和理解,才能转化为个体的需要、动机和兴趣,才能推动他去思考与行动。另外,个体已有的心理发展水平对人格特征形成的作用会随着年龄的增加而日益增强。

(共10分。答案完整、正确得满分;答出“生物遗传因素”“社会因素”“个人主观因素”三点并展开叙述,内容准确、详细可酌情给6~10分)

22. 简述小学德育的实施途径。

(1)思想品德课与其他学科教学;(2)课外、校外活动;(3)劳动;(4)少先队活动;(5)班主任工作;(6)班会、校会、周会、晨会。

(共10分。答案完整、正确得满分;答出"学科教学""课外活动""劳动""少先队活动""班主任工作""班会"等关键词可酌情给6~9分)

23. 简述《小学教师专业标准(试行)》中关于教师专业能力的构成。

在《小学教师专业标准(试行)》中,专业能力包括的领域有:(1)教育教学设计;(2)组织与实施;(3)激励与评价;(4)沟通与合作;(5)反思与发展。

(共10分。每点2分,答案完整得满分;答出"教学设计""组织""评价""沟通""反思"等关键词可酌情给5~8分)

三、材料分析题(参考答案)

24. (1)①材料中的班主任顾老师和小明的家长在交流的过程中没有做到互相尊重,只是简单地把孩子出现的问题归责于对方,没有形成教育合力,两者最终没有就小明的教育问题达成共识。

②材料中的班主任顾老师在跟小明家长沟通的过程中缺乏沟通技巧,偏重指责、命令,很少运用引导、激励的方法,以致让家长对老师的要求产生抵触情绪,使沟通无实效。

③材料中小明的父亲片面地认为,教育孩子是学校和教师的事情,家长只把孩子照顾好就可以了。对于老师提出的一些建议也不予理睬,不能很好地与学校配合。

(共10分。总述2分;从"顾老师""小明父亲"两人角度作答,结合材料分析、表述合理,可酌情给6~8分)

(2)为了使家访收到实效,要注意以下几点:

①明确家访目的,即每次家访不可例行公事,更不可盲目进行。②分析家访对象、选择家访时机,并选择与家长沟通访谈的恰当方式。家访时老师的态度要诚恳,要尊重学生和家长,注意谈话艺术,保护家长和学生的自尊心。更多情况下,班主任老师是带着学生的"不足"去家访的,而家访的目的则是想在家长的配合下,让学生改掉这些不足。"望子成龙""望女成凤"是绝大多家长共同的心理,但家长都不想听到别人对自己孩子的否定性评价,这就需要班主任的信息传递具有艺术性,要多鼓励,忌多批评。③注重家访后期追踪,有针对性地调整后续的教育方式。

(共10分。答出"明确目的""选择时机""选择恰当方式""尊重家长""后期追踪"等关键词,言之有理、逻辑清晰,可酌情给8~10分)

25.(1)材料中王老师的教学行为是正确的,是值得提倡的。

①启发性原则是指在教学活动中,教师要调动学生的主动性和积极性,引导他们通过独立思考、积极探索,生动活泼地学习,自觉地掌握科学知识,提高分析问题和解决问题的能力。材料中王老师在教学过程中注意调动学生的学习主动性,在学生产生疑惑时,组织同学讨论,从而帮助学生解决了疑惑,这就是一个引导学生独立思考,积极探索,生动活泼地学习的过程,体现了启发性教学原则。

②在教学关系上,新课程强调帮助、引导。教师应该是学生学习的促进者。材料中王老师在教学过程中,一步步引导学生自己发现问题并解决问题,这体现了教师在学生学习过程中的促进作用。

③以"学生为本"是"以人为本"的理念在学校教育中的具体体现,也是教育的价值追求所在。它强调了学生的主体地位,要求教师尊重学生,关爱学生,充分发挥学生的主动性,为学生提供适合的教育。材料中王老师在教学过程中充分尊重学生,以学生为本,并在学生产生疑惑的时候,调整教学思路,引导学生通过讨论自己解决疑惑,体现了"以人为本"的教育理念。

(共10分。有点评教师行为的语句,评价恰当,得2分;结合材料展开具体分析,内容言之有理、逻辑清晰,可酌情给6~8分)

(2)学生资源是指在课堂教学中源于学生的,包括学生已有的知识、生活经验、情感、动作等,通过师生互动而产生的,有利于教学的资源。教学过程中开发和利用学生资源的基本要求:①合理选择;②学生自愿;③利用适度;④创设机会;⑤因地制宜;⑥导有目的;⑦及时调控;⑧社区参与;⑨了解学生;⑩尊重学生。

(共10分。答出至少五条教学过程中开发和利用学生资源的基本要求,内容正确、层次清楚,可酌情给8~10分)

四、教学设计题(参考答案)

26.(1)这篇课文是一个成语故事,这则成语故事语言生动、形象鲜明。全文共九个自然段,按照先果后因的顺序展开叙述,先写更赢提出不用箭,只需拉弓就能使大雁掉下来;然后写更赢试了一下,大雁果然从半空里直掉下来;最后以环环相扣的说理,分析推断虚发雁落的原因,是一篇很有说服力的推理文章。更赢之所以能做出这样的正确分析和判断,是因为他善于观察,勤于思考。他看得认真、听得仔细,并且能够把看到的、听到的和自己的实践经验结合起来进行思考。

(共10分。①答出文体特点及语言特色,得3分;②结合课文内容分析文章结构,得3分;③结合课文内容分析人物形象,得2分;④答出文章的主旨或揭示的道理,得2分)

(2)教学目标

①会认、会写课后要求的生字词;正确读写“惊弓之鸟、魏国、射箭”等词语,懂得“惊弓之鸟”这个成语的意思。

②分角色朗读课文,抓住关键词句,理解课文内容。

③从课文的学习中受到启发,懂得只有善于观察、善于分析,才能对事物有正确的认识的道理;学习对事物进行分析推理的方法。

(共12分。要求学生会认、会写生字词,正确读写词语,理解成语意思得4分;通过朗读,引导学生抓住关键词句,理解课文内容得3分;学生通过学习能够准确感悟文章蕴含的道理,学习分析推理的方法得4分;教学目标符合课标要求和学生认知得1分)

(3)教学设计

更羸为什么一看就知道这是一只受过箭伤的大雁,而且迅速做出判断,不用射箭,只要拉一下弓弦,就能把大雁射下来?你是从课文的哪个自然段知道的?(学习课文第九自然段)

①请同学们自由朗读第九自然段,思考这个问题。

实物投影仪出示:想想更羸说的话,哪些讲的是他看到的、听到的?哪些是他的分析?他是怎样一步一步分析的?这个自然段主要讲了什么?

②四人一个小组讨论交流。

③检查自学情况。

A. 哪些是更羸听到和看到的?他观察到了什么?

观察:飞得慢,叫得惨。

字理学习“惨”(从竖心旁分析字义),注意读准平舌音。

B. 哪些句子讲的是他的分析?他是怎样一步一步分析的?

分析:箭伤作痛、孤单失群。

学习生字“愈”:古时候“愈”是有个病字头的,是指病好了。课文中的“愈合”指伤口长好了。

引导学生联系上下文理解“孤单失群”的意思:这里的“失”可以用上文中的哪一个词来理解?(“离开”)“群”字呢?(“同伴”)看字形能不能说出“群”的意思?(群,形声字,形旁是羊,羊喜欢成群地在一起)

C. 根据这样的分析,更羸断定这是一只怎样的鸟?(受过箭伤的孤单失群的鸟)

D. 因为这是一只受过箭伤的鸟,所以,更羸又做了怎样的分析?要怎样做才能使这只大雁掉下来?

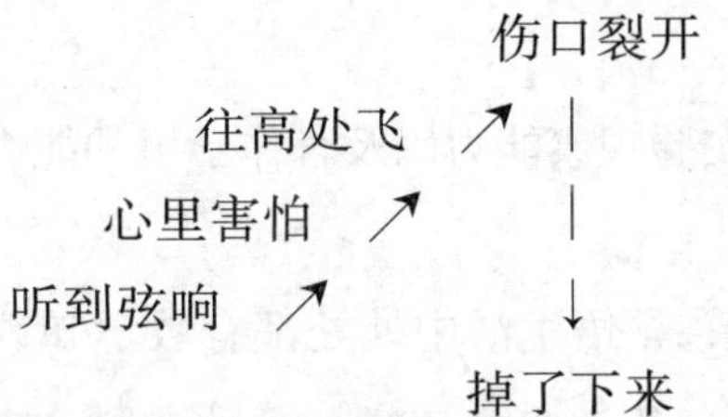

谁能用"因为……所以……"的句式说说更赢分析思考的过程?(先分说,后总说)

E. 更赢得出结论,只要拉一下弓,就能使这只大雁掉下来。

理解更赢是如何做出这个判断之后,教师引导同学们思考:更赢做出这样的判断需要具备什么品质? 同学们自由发表想法,教师总结:善于观察、勤于思考。

④教师引读,然后让学生朗读、背诵第九自然段。

(共18分。教学活动围绕题干问题展开得3分,如果没有围绕题干问题展开则该题不得分;借助多媒体设备,运用讨论交流的教学方法,引导学生分析更赢的说话内容得3分;引导学生理解关键字词和句子得5分;培养学生自主思考能力、分析问题能力得2分;通过学习,明白文章蕴含的道理得3分;符合学生认知,逻辑清晰、层层深入得2分)

27. (1)第一学段的要求:①结合生活实际,经历用不同方式测量物体长度的过程,体会建立统一度量单位的重要性;②在实践活动中,体会并认识长度单位千米、米、厘米,知道分米、毫米,能进行简单的单位换算,能恰当地选择长度单位;③能估测一些物体的长度,并进行测量;④结合实例认识周长,并能测量简单图形的周长,探索并掌握长方形、正方形的周长公式;⑤结合实例认识面积,体会并认识面积单位厘米^2、分米^2、米^2,能进行简单的单位换算;⑥探索并掌握长方形、正方形的面积公式,会估计给定简单图形的面积。

第二学段的要求:①探索并掌握三角形、平行四边形和梯形的面积公式,并能解决简单的实际问题;②知道面积单位千米^2、公顷;③探索并掌握圆的面积公式,并能解决简单的实际问题;④会用方格纸估计不规则图形的面积;⑤通过实例了解体积(包括容积)的意义及度量单位(米^3、分米^3、厘米^3、升、毫升),能进行单位之间的换算,感受1米^3、1厘米^{3}以及1升、1毫升的实际意义;⑥结合具体情境,探索并掌握长方体、正方体、圆柱的体积和表面积以及圆锥体积的计算方法,并能解决简单的实际问题;⑦体验某些实物(如土豆等)体积的测量方法。

〔共10分。答出《义务教育数学课程标准(2011年版)》中第一学段与第二学段关于"长度、面积、体积"的课程内容要求,得10分,少答一点扣5分〕

(2)教学目标

①理解体积的概念,了解常见的体积单位,对体积单位的大小形成比较明确的表

象,培养初步的空间观念和量感。

②通过猜想、验证等方法培养实验观察能力以及合作学习的能力,扩展思维,培养推理意识。

③体会数学与现实生活的联系,领悟生活中处处都有数学知识。

(共10分。根据课程目标,结合文本的教学重点及小学高年级学生的身心特点,设置切合的教学目标,得10分)

(3)导入环节

①复习旧知

口答:1米、1分米、1厘米,这是什么计量单位?

1平方米、1平方分米、1平方厘米,这又是什么计量单位?

②激趣引入

师:还记得乌鸦喝水的故事吗?谁来说一说?

学生说完后,师问:"水面真的会升高吗?"

师:从这个故事中,你发现了什么?

生1:我发现乌鸦非常善于动脑。

生2:我发现乌鸦往瓶子里填小石子,水面上升了。

师:为什么往瓶子里填小石子,水面就上升了呢?

生3:因为石头占了瓶子的一部分空间,把水挤上去了。

师:我们发现乌鸦向瓶子里扔的小石子越多时,水面上升的就越高,这又是为什么呢?

生:因为小石子越多,占用的瓶子空间就越大。

师:那么小石子所占空间的大小,在数学中有没有专业的名词可以表示呢?

生:体积。

师:大家真棒!体积和空间之间到底有怎样的关系?今天我们就来研究体积。

(板书:体积)

【设计理由】通过回忆旧知,使学生迅速将新知识纳入原有的知识结构中,能有效降低新知识的认知理解难度;用"乌鸦喝水"的故事导入,能激发学生的学习兴趣,让学生感悟到物体占据一定的空间,培养学生的空间观念。

(共20分。①教学导入设计内容紧扣教学目标,得3分,逻辑清晰,得3分,符合导入环节的特点,得3分,教学方法得当,得3分,符合学生认知,得3分;②设计理由方面,围绕提高学生能力和学习效果方面,表述合理、贴合材料即可得5分,少答一点扣2分)

28. (1)Key and difficult points

①Key points

Words: light, heavy, pocket, wheel

Sentence patterns: It's big and light. /It's got two pockets. /It's big and heavy.

②Difficult points

How to give suggestions when shopping and describe the feature of goods by using the correct sentence patterns " It's big and light. /It's got two pockets. /It's big and heavy".

(共10分。分析教学重点、教学难点,言之有理、贴合课文内容各得5分)

(2)Teaching Aims

①Students can understand the meaning of new words about describing objects like "light, heavy, big, small...".

②Students can master the sentence patterns"It's big and light. /It's got two pockets. /It's big and heavy".

③Students can use the sentence patterns by listening and reading some easy sentences.

④Students can describe the features of goods and give some advice.

⑤Students would love to know more about the features of many things in daily life.

⑥Students will be more confident when communicating with others in English.

(共10分。根据文本内容,设置恰当的教学目标,逻辑清晰、表述合理得10分)

(3)①Warm-up and Lead-in

Greet students as usual and play a song about travelling.

Ask them some questions like "If you want to travel, what luggage should you bring?" And lead students to answer the question and lead in the topic.

【设计理由】播放歌曲和提出问题可以吸引学生的兴趣和注意力,提高学生的发散思维能力并很自然地过渡到本节课所学的话题。

②Presentation

Show some clips to teach"light, heavy, pocket, wheel". Show some real bags. And lead students to describe them: It's heavy... It's light... It's got...

Then ask students to read the words and sentences one by one after the teacher in different ways.

【设计理由】通过不同的方式呈现单词和句型,增加单词教学的趣味性,让学生更容易接受和掌握;利用实物呈现,活动的衔接性较好。

③Practice

Activity 1 High and Low voice

Lead students to read the sentences "It's big and light. /It's got two pockets. /It's big and heavy." on the blackboard. When the teacher reads sentences in a low voice, students should read in a loud voice and vice versa.

Activity 2 Do an antonym match

heavy big

small light

Then work in pairs to role-play the dialogue.

【设计理由】采用游戏的方式练习句型能够增强句型学习的趣味性，寓教于乐，增强单词的识记效果；通过连线的方式，不仅能够巩固句型还能锻炼学生的反应能力，也能锻炼学生的听力。

Activity 3 Text learning

a.Listen to the tape and read after the tape.

Ask and answer the following questions.

How many bags do they see?

Why don't they choose the black one?

Which one do they choose? Why?

b.Read the text again and finish the table.

	small	big	heavy	light
the black bag				
the green bag				
the blue bag				

【设计理由】听录音跟读和回答问题的形式，集中锻炼学生的听说能力，并且有利于教师自然地呈现和提炼本课重点句型；通过读对话完成表格的形式，锻炼了学生解决问题的能力。

④Production

Let students make a dialogue by using what they have learnt today in groups of four. And then choose some groups as representatives to give a performance and the teacher gives some positive comments.

【设计理由】小组活动的形式能培养学生的团队合作能力和团队意识，让学生将所学知识运用到日常生活中去，符合课标要求培养学生的综合语言运用能力的标准。

⑤Summary and homework

Ask some students to conclude what they have learnt in today's class. And students should write a short passage or draw a picture to show their home.

【设计理由】锻炼学生的语言表达能力，培养学生对英语学习的兴趣。

（共20分。①教学活动设计内容完整，得3分，逻辑清晰，得3分，教学活动符合课文主题和要求，得3分，教学方法合理，得3分，符合学生认知，得3分。②设计理由方面，围绕提高学生能力和学习效果方面，表述合理、贴合材料即可得5分，少答一点扣1分）

29.（1）《数鸭子》是一首具有说唱风格，形象生动、活泼有趣的童谣歌曲。歌词描写了小朋友看到鸭群游过大桥，兴奋地数鸭子的情景。曲调为C大调，$\frac{4}{4}$拍，旋律主要以级进为主。前后皆有数板，说唱结合，表现出少年儿童活泼可爱的个性，充满了童趣。

（共10分。答出“调式”“节奏、节拍”“曲式结构”“旋律”“歌词”等五点及以上表现要素的表现特点可得10分，每点2分）

（2）教学目标

①学唱歌曲《数鸭子》，感受歌曲欢快活泼的音乐情绪，并能够创编动作表现其音乐形象。

②在歌曲学唱过程中，认识四分休止符，并能准确运用。

③认、读、拍出四分休止符“0”；能够用自然、活泼的声音演唱歌曲。

（共10分。①符合课标要求，每条得2分；②贴合作品得1分；③紧扣唱歌课课型得2分；符合低年级学生的认知规律得1分。若设置“大”而“空”，要酌情扣1～2分）

（3）节奏练习

①模仿小鸭子的动态

师：“真是一群快乐的小鸭子呀！刚才我们模仿过它们的叫声，现在能不能用手模仿一下小鸭子在‘咕嘎咕嘎’叫时扁扁的嘴巴呢？”（学生自由模仿）

②初听音乐，拍出歌曲的强弱规律

指导学生模仿小鸭子的嘴巴：双手掌根相靠，指尖朝前模仿鸭嘴一张一合。聆听音乐，在歌曲强拍时合，弱拍时张，拍出歌曲的强弱规律。

③再听音乐，认、读、拍出四分休止符“0”

师：“在这首歌曲当中，小鸭子给我们留下了非常特殊的礼物，那就是一个个小鸭蛋。这些小鸭蛋在音乐当中叫作‘四分休止符’，在这首歌曲里，我们每次看见它，就要停下来休息一拍，将鸭蛋捡起来。仔细观察一下，在这首歌曲中，我们要捡几颗鸭蛋？接下来，就让我们跟着音乐模仿鸭子嘴巴的动态。注意，在看见小鸭蛋时，一定要停一拍，做一个捡鸭蛋的动作。”

【设计理由】通过形象的动作，拍出歌曲的强弱规律，并将四分休止符比喻成鸭蛋，轻松掌握四分休止符的时值。根据低年级学生的心理特点，将节奏巧妙融入音乐活动中，让学生通过形式多样的音乐活动反复聆听音乐，熟悉歌曲旋律，将本课的难点简单化。

（共20分。①节奏教学环节完整且连贯得8分，不完整或逻辑不清晰可酌情扣2～3分；紧扣“教学目标”得3分；过程设置合理得3分；“符合低年级学生的认知规律”得1分；行文流畅得1分。②答出设计理由并阐述合理、贴合材料得4分）

30.（1）教学重、难点

教学重点：助跑的速度和节奏，助跑与起跳的技术动作。

教学难点：助跑与起跳衔接流畅，摆动腿过杆内旋下压，过杆动作协调。

（共10分。①完整、准确写出助跑、起跳动作的教学重点，得5分；②完整、准确写出动作衔接流畅、摆动腿过杆的正确动作得5分）

（2）教学目标

①能够说出跨越式跳高过杆的动作要领，能够正确做出摆腿过杆动作。

②通过本节课的学习，90%的学生学会起跳技术，并用跨越式跳高越过横杆，同时发展灵敏、协调的动作和跳跃活动的能力。

③养成对体育活动的兴趣和爱好，培养勇于尝试的精神。

（共10分。答出切合水平三的小学生的教学目标，各目标阐述合理、语言连贯，得10分）

（3）技术教学环节的步骤

①讲授新课——跨越式跳高

A.教师先做两次完整的动作示范，组织学生认真观看。

B.出示跨越式跳高的挂图，讲解跨越式跳高的动作结构（助跑、起跳、过杆、落地）。

②组织学生练习

A.组织学生进行原地直腿摆动练习。

B.组织学生进行原地起跳练习。

C.选择适当的高度，组织学生进行原地过橡皮筋练习。

D.组织学生进行完整动作练习。

E.教学展示，找两名做得非常好的同学进行展示。

③游戏——抢占岛屿

全班分成四组，教师吹哨子，每组第一名同学开始越过“雷丝”，然后再跨过障碍，最后抵达岛屿。学生抵达岛屿后举手示意，然后第二名学生可以开始，以此类推，最先完成的小组获胜。

【设计理由】教师进行示范讲解，凸显教学的直观性；组织学生进行分步骤的练习，体现了教学的循序渐进；游戏环节可以激发学生对体育课程的兴趣。

（共20分。①教学活动设计内容完整，得4分，逻辑清晰，得3分，教学活动符合拟定的教学目标，得3分，教学方法得当，得3分，符合学生认知，得3分；②设计理由表述合理、贴合材料，得4分）

31.（1）废物艺术是指利用不同材质的物品，经创作者的巧妙构思和精细的加工而创作出的栩栩如生的艺术作品。它的主要目的就是美化生活空间，它所表现的内容极广，表现形式也多姿多彩。它创造了一种舒适而美丽的环境，可净化人们的心灵，陶冶人们的情操，激发人们对美好事物的追求。

（共10分。答出“废物艺术的含义”得3分，答出“废物艺术的目的”且阐述完整、合理得7分，回答不完整酌情扣3～7分）

（2）教学目标

①了解物体的基本形象，能够运用联想的方法完成作品。

②通过观察、对比、讨论掌握形象变化的方法，创造出新的奇特的形象。

③提高发现美、感受美、创造美的能力。

（共10分。答出“了解物体的基本形象”“创造出新的奇特的形象”“提高发现美、感受美、创造美的能力”3个关键点，且阐述完整、合理得10分，少答一点酌情扣3～4分）

（3）新课讲授

①教师展示书中作品《恐惧的同伴》，请学生观察，提出问题：作品表现了怎样的内容？可以看出作品是由哪些形象组成的吗？

学生思考后回答，教师总结：作品运用生活中常见的叶子组成了全新的猫头鹰形象。

【设计理由】通过让学生观察作品，提高学生自主探究学习的能力。

②教师继续请学生观察作品，并思考问题：这个形象是怎样重新组合成新作品的呢？

学生讨论后，派代表发言，教师总结：运用的方法有联想、变化、添加、组合等。

【设计理由】通过观察作品，让学生自己总结，从而提高创作欲望。

③如果让你用废旧物品进行创作，你会怎样创作呢？运用废旧物品创作的目的何在？教师分步骤示范讲解：

A. 剪下物品；B. 拼贴组合；C. 巧妙构思；D. 完成作品。须说明进行物品二次利用，有助于保护环境。

【设计理由】教师讲解步骤，把身边常见的物品变化出奇特的形象，激发学生创作的欲望，增强学生学习美术的兴趣。

（共20分。①新课讲授环节以“作品是由哪些形象组成的”“这个形象是怎样重新组合成新作品的”“用废旧物品进行创作”为主题进行设计，教学内容完整得5分，内容不完整、设计不合理可酌情扣1～3分；②教学方法得当5分；③教学手段合理3分；④符合学生认知2分；⑤设计理由阐述清晰完整、贴合材料得5分）

2018年下半年中小学教师资格考试真题试卷（十）

一、单项选择题

1. D 【解析】本题考查基础教育的内容。基础教育是奠定一个人身心健康发展的基础。基础教育的状况如何，是衡量一个国家文明程度和人口素质高低的重要标志。

2. A 【解析】本题考查儒家教育思想。有教无类属于孔子的教育思想，孔子为儒家学派的创始人。B、C项为道家的教育思想，D项源自法家的教育思想。

3. A 【解析】本题考查我国学制的发展。“癸卯学制”以普通教育为主干，分为纵向三段七级、横向三类。其中，横向三类学校是：(1)普通教育；(2)实业教育；(3)师范教育。“癸卯学制”是中国近代教育史上首次纳入师范教育并实施的学制。

B项，五四三学制是我国当前中小学教育所实行的主要学制之一。五四三学制把小学阶段定为五年，初中阶段四年，高中阶段三年。五四三学制加大了初中阶段的学习年限，缩短了小学阶段的学习年限。这种学制在初中的最后一年可以分流，想就业的学生可以学习职业课程，而欲升学的学生则继续学习普通教育课程升入普通高中。

C项，壬寅学制以日本的学制为蓝本，是中国颁布的第一个现代学制，但只颁布没有施行。

D项，六三三学制是我国当前中小学教育所实行的主要学制之一。六三三学制确定小学阶段六年，初中阶段与高中阶段各三年。六三三学制在我国具有悠久的历史，早在1922年，中华民国政府公布的“壬戌学制”，就主要是采取了当时美国一些州所实行的六三三学制。

4. B 【解析】本题考查个体身心发展的一般规律。身心发展的顺序性是指人的身心发展是一个由低级到高级、由简单到复杂、由量变到质变的连续不断的发展过程。题干中描述的“三翻六坐八爬叉,十二个月喊爸爸”表明儿童的发展是按照一定顺序进行的,体现了个体身心发展的顺序性。

A项,个体身心发展的稳定性是指处于一定社会环境和教育中的某个年龄阶段的青少年儿童,其身心发展的顺序、过程、速度都大体相同。如学龄初期儿童的总特征是身体发展较缓慢,思维以形象思维为主;而学龄中期儿童的特征是身心急剧变化,自我意识增强,独立性增强,特别是情感较丰富,又不容易控制自己;学龄晚期学生的身心发展明显成熟,接近成人的水平。

B项,个体身心发展的不平衡性主要表现在两个方面:(1)同一方面的发展速度,在不同年龄阶段是不平衡的。如青少年的身高和体重有两个生长的高峰期。(2)发展的不同方面,发展速度也不同。如在生理方面,神经系统、淋巴系统成熟在先,生殖系统成熟在后;在心理方面,感知成熟在先,思维成熟在后,情感成熟则更晚。

D项,个体身心发展的个别差异性是指个体之间的身心发展以及个体身心发展的不同方面之间,存在着发展程度和速度的不同。这种差异性表现在:(1)不同个体同一方面的发展速度和水平不同,如有些人“少年得志”,有些人则“大器晚成”。(2)不同个体不同方面的发展存在差异,如有的学生数学能力较强,但绘画却很差,而有的学生正好相反。(3)不同个体所具有的个性心理不同,如同年龄的儿童具有不同的兴趣、爱好和性格等。(4)个别差异也表现在群体间,如男女性别的差异。

5. C 【解析】本题考查科尔伯格的道德发展阶段理论。科尔伯格采用“道德两难故事法”对儿童道德认知的发展进行研究,提出了道德认知发展阶段理论,即把道德判断分为前习俗水平、习俗水平和后习俗水平三种水平,每一水平包含两个阶段,这六个阶段依照由低到高的层次发展。故C项正确。

A项,马斯洛提出了需要层次理论,将人的需要分为生理需要、安全需要、归属与爱的需要、尊重需要、认知需要、审美需要和自我实现的需要。

B项,皮亚杰采用“对偶故事法”对儿童道德判断的发展进行研究,提出了道德发展阶段理论,将儿童的品德发展划分为自我中心阶段、权威阶段、可逆性阶段和公正阶段。

D项,罗森塔尔提出了教师期望效应,认为教师的期望或明或暗地传送给学生,会使学生按照教师所期望的方向来塑造自己的行为。

易错提示:皮亚杰和科尔伯格采用不同的研究方法研究儿童的道德发展。

人物	研究方法	描述
皮亚杰	对偶故事法	向儿童讲述成对的两个故事,测定儿童是依据对物品的损坏结果还是依据故事主人公的行为动机作出道德判断
科尔伯格	道德两难故事法	创设一种道德两难情境,要求儿童作出选择

6. C 【解析】本题考查小学生安全教育中火灾的相关内容。使用干粉灭火器的步骤:

(1)发生火灾时,首先将灭火器提至着火现场。在距离着火点适当距离时停下,在室外的话,要站在上风方向。

(2)由于干粉灭火器是一种混合性的粉末,装在灭火器瓶中静置久了就会沉淀在瓶子下方,所以在使用前,我们要先将灭火器上下颠倒几次,使瓶内的干粉松动。

(3)使用时,先去除铅封、拔出保险销。一只手握住喷射软管前的喷嘴,并将喷嘴对准燃烧物根部;另一只手提起提把,并用力压下压把,这时灭火器中的干粉喷出,即可实行灭火。

(4)要注意,在灭火器的使用(喷射)过程中不能将灭火器颠倒或者横卧,否则可能会导致压力不稳中断喷射。

7. D 【解析】本题考查教育调查法中的访谈法与问卷法。访谈法是指研究者通过与研究对象进行面对面的交谈,以口头问答的形式搜集资料的一种调查研究方法。访谈法较为灵活,能深入了解被访者的心理感受,可观察表情、动作等体态语言,容易进行深入调查。问卷法中问卷内容客观统一,数据处理分析方便,节省人力、时间和经费,适用于大样本研究。

8. D 【解析】本题考查主题活动的内容。主题活动是就某一特定专题而开展的短期或长期的专门活动。题干中某小学围绕"中国风"这一主题,组织学生开展活动,这属于主题活动。

A项,学科活动是以学习和研讨某一学科的知识或培养某一方面的能力为主要目的的活动,可以分学科组成不同的小组,也可以依据某一专题成立小组。

B项,科技活动是以让学生学习和了解科技知识为目的的课外活动。

C项,游戏活动,不仅能让学生有机会感受生活的多姿多彩,有机会展现自己的生命活力和丰富想象力、创造力,也能让学生学会如何制订游戏规则,养成遵守游戏规则的习惯,培养学生的主体精神和协作精神。

9. A 【解析】本题考查情感的分类。道德感是根据一定的道德标准评价人的思想、意图和言行时所产生的主观体验。它表现在对待国家、集体、工作、事业、学习以及人与人之间的关系等各个方面，如爱国主义情感、集体主义情感、责任感、事业心、荣誉感、自尊心等。题干中小英帮助生病的小勇辅导功课后，感到很快乐，这种因帮助他人而产生的愉悦感属于道德感。

B项，美感是人们根据一定的审美标准对自然或社会现象及其在艺术上的表现予以评价时所产生的情感体验。

C项，理智感是人认识事物和探求真理的需要是否得到满足而产生的主观体验。

D项，幸福感，一般又称为主观幸福感，是个体依据自定的标准对其生活质量的整体评价。

10. A 【解析】本题考查操作技能的形成阶段。操作定向就是了解操作活动的结构与要求，在头脑中建立起操作活动的定向映像的过程。学生先听教师讲解新字，并观察教师书写示范，从而在头脑中建立起来关于写新字的操作过程，这是处于操作定向的技能学习阶段。操作模仿是指学习者通过观察，实际再现特定的示范动作或行为模式。操作模仿的实质是将头脑中形成的定向映像以外显的实际动作表现出来。操作整合是把构成整体的各动作要素，依据其内在联系联结成整体，形成操作活动的序列，获得有关操作活动的完整的动觉映像的过程。操作熟练是操作技能掌握的高级阶段，通过动作练习形成的活动方式对各种变化的条件具有高度的适应性，动作的执行达到高度的程序化、自动化和完善化。

易错提示：操作技能形成的四个阶段考生可结合下表进行理解。

阶段	内涵	举例
操作定向	通过观察、了解形成动作映像	学生观察教师范写生字
操作模仿	模仿、再现动作	学生自己尝试写生字
操作整合	把构成整体的各动作要素联结成整体，获得完整的动作映像	综合各笔画，形成完整的生字映像，较为流畅地写出完整生字
操作熟练	程序化、自动化和完善化	学生不需集中注意力即可自然而然地写出该字

11. D 【解析】本题考查学习策略。学业求助策略是资源管理策略的一种，是指当学生在学习上遇到困难时，向他人请求帮助的行为。芳芳在学习中遇到不懂的问题向老师请教所采用的学习策略是学业求助策略。

A项，精加工策略是指把新信息与头脑中的旧信息联系起来从而增加新信息意义的深层加工策略。常用的精加工策略有记忆术、做笔记、提问、生成性学习、运用背景知识联系客观实际等。

B项，认知策略是学习者加工信息的方法和技术，包括复述策略、精加工策略和组织策略。

C项，元认知策略是指学生对自己整个学习过程的有效监视及控制的策略，包括计划策略、监控策略和调节策略。

12. B 【解析】本题考查成败归因理论。运气属于外在、不稳定、不可控归因。

易错提示：韦纳的归因理论是考生容易混淆的知识点，考生注意识记。

维度 因素	稳定	不稳定	内在	外在	可控	不可控
能力	√		√			√
努力程度		√	√		√	
工作难度	√			√		√
运气		√		√		√
身心状况		√	√			√
外界环境		√		√		√

13. C 【解析】本题考查教育学的独立形态阶段各代表人物的著作。1632年夸美纽斯出版的《大教学论》是教育学开始形成一门独立学科的标志，在此书中他提出了"泛智"教育思想，认为教学应当成为"把一切事物教给一切人类的全部艺术"。

A项，德国教育家赫尔巴特的代表作《普通教育学》的出版标志着规范教育学的诞生，该书也被认为是第一本现代教育学著作。

B项，卢梭在代表作《爱弥儿》中宣扬了自然主义教育的思想，认为"出自造物主之手的东西都是好的，而一到了人的手里，就全变坏了"。

D项，洛克的教育思想集中反映在其代表作《教育漫话》中，提出了"白板说"和绅士教育理论。

14. A 【解析】本题考查国家课程、地方课程与校本课程的关系。国家课程、地方课程和学校课程，都是我国基础教育课程体系的有机组成部分，它们在功能上具有互补性，不存在"高低贵贱"之分。故地方课程与国家课程在地位上具有平等性。

15. D 【解析】本题考查教材编写的原则和要求。教科书的编排形式要有利于学生的学习，符合卫生学、教育学、心理学和美学的要求。教科书的内容阐述要层次分明，文字表述要简练、精确、生动、流畅，篇幅要详略得当。标题和结论要用不同的字体或符号标出，使之鲜明、醒目。封面、图表、插图等，要力求清晰、美观。字体大小要适宜，装订要坚固耐用，规格大小、厚薄均要适宜，便于携带。总之，要符合卫生学、教育学、心理学和美学的要求。

16. C 【解析】本题考查新型教学组织形式。开放课堂又称开放教学。其特点是教师不再分科系统地按照教材传授知识，而是为学生创造学习环境，由学生根据自己的兴趣在教室或其他场所自由活动或学习。

A项，在线课堂是在Internet上构建一个实时在线交互系统，利用网络在两个或多个地点的用户之间实时传送视频、声音、图像的通信工具。进行课堂交流的用户可通过系统发表文字、语音会话，同时观察对方视频图像，并能将文件、图纸等实物以电子版形式显示在白板上，参与交流的人员可同时注释白板并共享白板内容，效果与现场开设的课堂一样。

B项，网络课堂是基于互联网络的远程在线互动培训课堂。一般系统采用音视频传输以及数据协同等网络传输技术，模拟真实课堂环境，通过网络给学生提供有效的培训环境。其标准使用状况是：学员在连接互联网的计算机上安装网络课堂客户端软件或直接使用浏览器，再使用由网络课堂管理者提供的学员账号登录客户端，即可参加由培训学校提供的在线培训课程。

D项，翻转课堂，就是在信息化环境中，课程教师提供以教学视频为主要形式的学习资源，学生在上课前完成对教学视频等学习资源的观看和学习，师生在课堂上一起完成作业答疑、协作探究和互动交流等活动的一种新型的教学模式。

17. B 【解析】本题考查课程的类型。综合课程是指打破传统的分科课程的知识领域，组合两门或两门以上学科领域而构成的一门学科。题干中的科学、艺术课程融合了多门学科的相关知识，所以是综合课程。

18. B 【解析】本题考查课堂教学导入的类型。温故导入是指教师通过帮助学生复习与将要学习的新知识有关的旧知识，从中找到新旧知识联系的联结点，合乎逻辑、顺理成章地引导学生学习新知识的一种导入方法。《金色的鱼钩》和《七律·长征》两篇课文都与红军长征有关，张老师在新课教学开始时将以前学过的知识和新知识联系在一起，从而引入新课，这种导入方式属于温故导入。

A项，设疑导入是通过设置悬念、提出问题，进而激发学生兴趣，调动学生思维的一类教学导入形式。

C项，情境导入是指教师通过精彩的语言描绘，音乐、视频、图片、实物的呈现及学生的表演，创设切入主题的情境，从而使学生产生丰富的想象和身临其境的感受，激发学生浓厚的学习兴趣和强烈的情感体验，让他们情不自禁地进入学习的情境。

D项，故事导入是教师通过讲解与所要学习内容有关的故事、趣事，进而引发学生学习动机的一类教学导入形式。

19. C 【解析】本题考查教学过程最优化理论。教学过程最优化是苏联教育家巴班斯基提出的教学理论和方法。他认为，应该把教学看作一个系统，从系统的整体与部分、部分与部分以及系统与环境之间的相互联系、相互作用之中考察教学，以便最优处理教学问题。巴班斯基将现代系统论的方法引进教学论的研究，是对教学论进一步科学化的新探索。

20. D 【解析】本题考查教学评价的类型。个体内差异评价是对被评价者的过去和现在进行比较，或将评价对象的不同方面进行比较。题干中，小明数学考试成绩不高，但数学老师通过对小明计算能力、图形感知能力等多方面的分析，判断小明具有较强的数学学习潜力，这是对同一评价对象的不同方面进行的评价，属于个体内差异评价。

二、简答题（参考答案）

21. 简述影响学生有意注意的因素。

（1）对活动目的、任务的理解；（2）对事物的间接兴趣；（3）活动的合理组织；（4）个人已有的经验；（5）个人的意志品质。

（共10分。每点2分，答案完整得满分；答出“对目的的理解”“间接兴趣”“活动组织”“已有经验”“意志品质”等关键词可酌情给6～8分）

22. 简述家校合作的途径。

家校合作的途径有：（1）家访；（2）班级家长会；（3）家长学校；（4）家长委员会；（5）家长沙龙等。

（共10分。每点2分，答案完整、准确得满分；答出其他合理途径可酌情给6～8分）

23.《小学教师专业标准（试行）》中“专业知识”维度包括哪些领域？

（1）小学生发展知识；（2）学科知识；（3）教育教学知识；（4）通识性知识。

（共10分。答案完整、准确得满分；答出“小学生发展知识”“教学知识”“学科知识”“通识性知识”等关键词可酌情给6～9分）

三、材料分析题（参考答案）

24.（1）材料中黄老师的做法是值得肯定和赞赏的。

①在对待师生关系上，新课程强调尊重、赞赏；在对待教学关系上，新课程强调帮助、引导。材料中的黄老师面对说话不流畅的小伟，没有嘲笑、挖苦，反而是耐心引导，并及时鼓励，既尊重了学生的人格尊严，还发挥了教师的引导作用。

②材料中黄老师对小伟充满信心，坚信他可以顺利地背完课文，最终小伟没让黄老师失望，也赢得了其他同学的认可。黄老师把小伟看成是发展中的人，认为学生具有巨大的发展潜能，遵循了以人为本的学生观。

（共10分。有点评教师行为的语句，评价恰当，得2分；从“教师观”“学生观”等角度答出至少2条并结合材料具体阐述，每条4分）

（2）对待“特殊儿童”，教师首先应该关心、爱护、尊重他们。因为特殊儿童更需要周围人的关心；其次在教学中，教师要帮助、引导他们，多鼓励他们；最后，要因材施教、长善救失,依靠积极因素来克服他们的消极因素。

(共10分。答出"关心、爱护""帮助、引导""因材施教"等关键词,言之有理、逻辑清晰、内容饱满,可酌情给8~10分)

25.(1)材料中林老师的行为是正确的,值得学习。

①材料中林老师布置的作业形式灵活。他让学生把上课所学讲给最喜欢的人听,不再局限于平时所布置的书面作业、巩固型作业等。

②材料中林老师作业布置的很有趣味性,通过与他人进行沟通来完成作业,这有助于启发学生的思维。

③材料中林老师的作业布置做到了举一反三,并且同社会生活中的实际问题紧密结合。例如通过上课所学的小白兔的故事迁移到下雨前其他动物的表现。

(共10分。有点评教师行为的语句,评价恰当,得2分;答出"作业形式灵活""作业具有趣味性""作业布置做到了举一反三"等关键词并结合材料展开具体说明,内容言之有理、逻辑清晰,可酌情给6~8分)

(2)①布置作业要有目的、有重点,作业内容符合课程标准的要求;②考虑不同学生的能力需求;③分量适宜,难易适度;④作业形式与内容要多样化,具有多选性,难度要逐步提高;⑤要求明确,规定作业完成时间;⑥作业反馈清晰、及时;⑦作业要具有典型意义和举一反三的作用;⑧作业应有助于启发学生的思维,含有鼓励学生独立探索并进行创造性思维的因素;⑨尽量同现代生产和社会生活中的实际问题结合起来,力求理论联系实际。

(共10分。从"内容符合课程标准要求""考虑不同学生""难度适宜""形式多样""要求明确""反馈及时""有典型意义""有助于启发学生思维""与实际问题结合"等角度,至少答出五条,内容言之有理,可酌情给8~10分)

四、教学设计题(参考答案)

26.(1)《爬山虎的脚》一文共五个自然段,可分为三个部分。第一部分主要介绍了爬山虎的生长位置——墙,第二部分主要介绍了爬山虎叶子的特点,第三部分主要描写了爬山虎的脚的特点。

《爬山虎的脚》一文按照从整体到部分再到细节的顺序细致地描写了爬山虎生长的地方,爬山虎的叶子,爬山虎的脚生长的位置,爬山虎的脚的形状、颜色,以及它是如何一脚一脚往上爬的。读后让人产生探究的欲望,激起人们留心观察周围事物的强烈兴趣。

(共10分。①划分文章结构层次,得2分;②结合课文内容梳理文章各层次内容,得3分;③总结文章结构特点,得3分;④答出景物描写手法的表达效果,得2分)

(2)教学目标

①通过阅读课文,认识5个生字,会写"虎、铺"等字,理解文章主要内容和了解爬山虎的脚的特点。

②学习作者观察和表达的方法,养成认真细致观察生活的习惯。

③激发学习语文的兴趣,做生活的有心人。

(共10分。答出会认、会写生字,理解文章内容,了解爬山虎的脚的特点得3分;引导学生学习作者的观察方法、表达方法,培养观察生活的习惯得3分;激发学生的学习兴趣得2分;拟定的教学目标符合课程标准的要求得2分)

(3)教学活动

【活动主题】观察身边的植物,学写观察日志。

【活动准备】

①学生提前栽种植物,条件允许的,可以将植物带入课堂。

②教师备好教学用品。

【活动方式】教师指导,小组合作,师生讨论。

【活动目的】指导学生观察植物生长过程并学写连续性观察日志。

【活动过程】

①阅读课文知晓文章大意:文章主要写了爬山虎的叶子、爬山虎的脚的位置和形状以及它是如何爬墙的内容。

②指导学生学习句子:"爬山虎的脚触着墙的时候,六七根细丝的头上就变成小圆片,巴住墙。细丝原先是直的,现在弯曲了,把爬山虎的嫩茎拉一把,使它紧贴在墙上。"

爬山虎就是这样一脚一脚地往上爬。抓住关键动词,触、巴、拉、贴,结合多媒体让学生明了爬山虎爬墙的过程,并让学生在纸上画一画、用身体演示出来。

③分组画出爬山虎生长的过程和爬墙的过程,并让学生分组展示。

④分成小组模拟爬山虎生长的过程和爬墙的过程,并让学生分组展示。通过画出和模拟出爬山虎生长和爬墙的过程,让学生更加深刻地理解植物生长的过程。

⑤再分析句子"爬山虎的脚要是没触着墙,不几天就萎了,后来连痕迹也没有了。触着墙的,细丝和小圆片逐渐变成灰色",通过"萎了、逐渐"等词,再次让学生体会作者观察爬山虎的耐心细致。

⑥引导学生体会爬山虎具体的爬墙过程,进一步引入植物每天的生长都不同,需要我们细致认真地观察。

⑦给学生布置作业,让学生自己选择观察身边某种植物的生长过程,将观察到的

植物的生长过程写成观察日志并与同学相互交流。

（共20分。活动主题符合题目要求得2分；活动准备为学生观察植物创造条件得2分；活动方式能够体现教师的引导作用，培养学生的合作能力得2分；活动目的符合题目要求得2分；活动过程能够帮助学生理解文章大意，指导学生学习关键句、抓住关键词得4分，以小组合作学习的形式加深学生对植物生长过程的理解得2分，引导学生养成细致认真观察事物的习惯得4分，布置有关写观察日志的作业得2分）

27.(1)分类思想是根据数学研究对象本质属性的相同点和不同点，将数学研究对象分为不同种类的一种数学思想，可以用生活中的实例，或者根据学生的生活经验来培养，在教学过程中进行渗透。

（共10分。①答出分类思想的概念，得5分。②答出培养学生分类思想的教学措施，言之有理即可得5分）

(2)教学目标

①通过课前预习，了解图中物品的类型，明白每类物品的特点，理解分类依据，学会如何分类。

②通过合作探究、实际演练等方式，加深对分类思想的理解，在掌握知识的基础上，能够把所学应用于实践，处理生活中遇到的问题，提高分析问题和解决问题的能力。

③通过参与课堂活动，体会团队合作精神，养成自主探究、合作交流的行为习惯，体会到数学学习给生活带来的便利，激发学习兴趣。

（共10分。根据课程目标，结合文章的教学重点及小学一年级学生的身心特点，设置切合的教学目标，得10分）

(3)①情境导入

首先，出示一张房间的图片，询问学生哪些是学习用品。

其次，引导学生思考如何使房间变得整洁有序，请同学们展开讨论。

最后，在简单总结的基础上，引入学生今天所要学习的内容。

【设计理由】通过生活实例引入新课，能够激起学生的学习兴趣，从而激发对新知识的探究欲望。

②讲授新课

A.引导学生分享自己整理房间的方法，课件演示正确整理房间的过程。师生总结整理房间的物品分类规律。

【设计理由】引导学生理解分类思想，鼓励学生在生活中做勤快整洁的好孩子。

B.出示图片，引导学生回答动物名称，找出会飞的动物并涂色，思考会飞动物的共同特点。

C.与学生一起，分享自己和爸爸妈妈一起逛超市的经历，思考哪些是水果哪些是蔬菜。出示题目，让学生按照题目要求自己画一画。

D.组织策划小竞赛，看谁在物品分类中分得又快又准。

【设计理由】从生活实际出发，使学生体验将物品分类放置给生活带来的好处，体验到数学来源于生活，运用于生活，引导学生们养成有条理地整理事物的习惯。

③拓展练习

学生小组讨论文具、玩具、服装的特点，并进行物品分类，对表现好的小组进行奖励。

【设计理由】使学生学以致用，引导学生学中用、用中学，将学习与生活紧密结合起来，使自己成为学习和生活的主人。

④小结作业

老师引导学生总结本节课在分类方面的收获，要求学生在课下帮助爸爸妈妈整理房间，对家中物品进行分类。

【设计理由】培养学生及时对所学知识进行归纳总结的意识，培养应用意识，提高运用数学知识解决问题的能力。

（共20分。①教学活动围绕“整理房间”展开，得5分，内容完整，得4分，教学方法得当，得4分，符合学生认知，得4分。②设计理由方面，围绕提高学生能力和学习效果方面，表述合理且贴合材料即可得3分，少答一点扣1分）

28.(1)Key and difficult points

Key point: Students can master the words and phrases such as quarter, get up, brush teeth, wash face, have breakfast as well as the sentence patterns“What are you doing...?”“I'm getting up/washing face...”

Difficult point: Student can ask and answer what they are doing at an exact time.

（共10分。分析教学重点、教学难点，言之有理各5分）

(2)Teaching objectives

①After this class, students can know the following phrases: get up, brush teeth, wash face, have breakfast, etc.

②Through practice, students can master the following expression pattern: What are you doing...? I'm getting up/washing face...

③Students can use the sentence pattern of this lesson to ask and answer what they are doing at an exact time.

④Students can be punctual in their daily life.

⑤Students will be more interested in practising English in daily life.

(共10分。教学目标设置合理、符合课标要求、符合学生认知水平、贴合文本,得10分)

(3)导入和新授环节

Lead-in:

Sing an English song "It is time to go to school" for students. Draw a clock on the blackboard and ask students if they know how to say it in English.

【设计理由】演唱歌曲和提出与课题相关的问题,可以引起学生的学习兴趣,吸引他们的注意力,为接下来学习时间点的表示方法作铺垫。

Presentation:

①Ask students what time it is now.(Students will be eager to know how to express it in English.)

Show the pictures of different times and teach them the correct ways to express different times.

②Ask students to take out a piece of paper and write four things they usually do in the morning. (Many students may not know how to write them in English.)

Show a picture and teach the phrase"get up".

T:What am I doing? I'm getting up. It's seven o'clock. I'm getting up.

Ask students to do the action and speak out the phrase and sentences.

③Ask one student to do the action of brushing teeth and ask others to guess what he is doing. Then teach the new phrase "brush my teeth".

T:It's a quarter past seven. I'm brushing my teeth.

Ask students to do the action and speak out the phrase and sentences.

④Use the same way to teach "wash my face"and"have breakfast".

【设计理由】通过图片、动作和短语进行匹配,学生可以更容易地理解和记忆新短语、新句型。通过猜测活动,可以活跃课堂气氛,加深学生对新知识的印象。

(共20分。①导入活动设计合理、逻辑清晰,得6分,设计理由表述合理得4分;②新授环节活动设计内容完整、逻辑清晰,得6分,设计理由表述合理、贴合材料得4分)

29.(1)歌曲《小蜻蜓》篇幅短小,结构单一,是一首优美抒情的儿童歌曲。歌曲为

$\frac{3}{4}$拍，属于F宫五声调式。歌曲属于一段体结构，由四个乐句构成。歌曲节奏舒展、旋律优美，用简明的语言描述了小蜻蜓飞来飞去捕蚊的情景，让小朋友们知道蜻蜓是益虫，并懂得爱护蜻蜓、保护益虫的道理。

（共10分。答出“整体情感”“结构”“节奏”“旋律”“歌词”等特点，得10分；答出其他表现要素可酌情给分）

（2）教学目标

①通过学习《小蜻蜓》，能够用优美抒情的情绪演唱歌曲，并懂得爱护蜻蜓，保护益虫的道理。

②通过模唱、律动、探究等方法，在欢乐的学习氛围中学唱歌曲。

③通过学习歌曲《小蜻蜓》，感受并记住$\frac{3}{4}$拍的强弱规律。

（共10分。教学目标设置合理、符合课标要求、符合低年级小学生学情，得10分）

（3）教学设计

①运用声势节奏法，讲解$\frac{3}{4}$拍强弱弱的变化规律。

师：我们用拍手来代替$\frac{3}{4}$拍中的强拍部分，用拍肩膀来代替弱拍部分。现在就让我们一起跟着音乐律动起来吧！

教师播放音乐，学生进行三拍子的强弱练习。

②教师演示碰铃和三角铁的演奏方法，学生感受不同乐器的声音特点。

③小组之间运用碰铃和三角铁，结合歌曲进行创编旋律。

④小组展示，教师进行评价。

【设计理由】学生处于小学低年级阶段，以形象性思维为主。在加入打击乐器进行演奏时，可以先运用声势节奏法，让学生把节奏变成自己的肢体动作，进而更深刻地感受拍子特点，最后将自己的感受融入打击乐器，通过小组合作的方式创编旋律。这样的教学步骤由浅入深，有利于学生自主地学习。

（共20分。①答出“加入课堂打击乐器，丰富歌曲表现力”的教学过程得16分，其中“教学环节完整且连贯”得8分，不完整或逻辑不清晰可酌情扣2～3分；紧扣“打击乐器”得3分；紧扣“教学目标”得3分；“符合低年级学生的认知规律”得1分；行文流畅得1分。②答出设计理由并阐述合理、贴合材料得4分）

30.（1）教学重、难点

教学重点：弹性屈伸与快速有力起跳相结合。

教学难点:上下肢体动作协调配合。

(共10分。①完整、准确写出弹性屈伸与起跳结合,得5分;②完整、准确写出肢体动作协调配合,得5分)

(2)教学目标

①通过学习,初步掌握“立定跳远”的技术动作,从而形成正确的动作概念。

②通过练习,促进弹跳力以及灵敏度、速度、协调性等身体素质的发展。

③通过游戏,养成认真负责的态度,表现出自信和克服困难的勇气。

(共10分。①答出切合水平二的小学生的教学目标,各目标阐述合理、语言连贯,得10分)

(3)新授环节

①教师讲解示范,提出重难点。

②学生做一、二、三“三拍法”的摆臂练习。

③学生做摆臂向上跳起的练习。

④学生在教师的指导下做摆臂向前上方跳跃的练习。

⑤教师指出易犯错误,并进行纠正。

⑥学生进行对比练习、分组练习。(巩固练习)

【设计理由】通过教师讲解示范,让学生形成初步印象,起到预习的作用;教师通过个别动作的辅助性练习,让学生加深对个别动作的印象,形成肌肉记忆,从而在做完整动作时可以更协调;教师进行易错点指导,可以起到预警作用,在学生练习时单独纠错,可以让学生更快地掌握技术动作;分组练习、对比练习可以让学生感受竞争,增强团队荣誉感。

(共20分。①教学活动设计内容完整,得4分,逻辑清晰,得3分,教学活动符合拟定的教学目标,得3分,教学方法得当,得3分,符合学生认知,得3分;②设计理由表述合理、贴合材料,得4分)

31.(1)剪纸的装饰纹样是许多民间剪纸艺人在长期的剪纸实践中总结出来的用于表现特定事物、美化事物的装饰纹样。

常用的剪纸装饰纹样:小圆孔、锯齿纹、月牙纹、鱼鳞纹、旋涡纹、云纹、花瓣纹、逗号纹、柳叶纹、水滴纹等。

(共10分。答出“表现特定事物、美化事物的装饰纹样”且阐述完整、合理得4分;答出剪纸的六种装饰纹样得6分,少答一点扣1分)

(2)教学目标

①认识、了解鱼的基本形状和特征,初步认识对称鱼形的特征。

②通过观察,动手操作,掌握基本的剪纸方法。

③体验热爱自然、保护自然的情感。

(共10分。答出"初步认识对称鱼形的特征""掌握基本的剪纸方法""体验热爱自然、保护自然的情感"3个关键点,且阐述完整、合理得10分,少答一点酌情扣3~4分)

(3)①导入

首先请学生观看《海底总动员》的视频,并提问:"你们都看到了什么?"引导学生回答,视频中是各种各样的海洋鱼,有大家非常熟悉的小丑鱼尼莫和爸爸,还有它们的好朋友小蓝鱼多莉,从而吸引学生的注意力。接着教师引导:"老师可以把这些美丽有趣的小鱼变到课堂中来,同学们想看吗?"接下来教师用剪纸的方式快速剪出鱼的形状,从而激起学生对于新课学习的兴趣,进入本节课的主题。

【设计理由】通过学生喜欢的动画片来引出生动形象的海洋生物,在引起学生注意的基础上,教师直观演示剪纸鱼,这种直观的教学形式可以刺激学生的感觉器官,激发学生的兴趣,从而引出课题。

②作业评价

老师提前做好一个海洋展示板放在展示区,邀请同学们将自己的"鱼儿"放入"海洋里"。引导学生进行欣赏评价。

自评:哪位同学愿意介绍自己的"鱼儿"?(从创意、花纹两个方面回答)

互评:你认为"海洋里"哪条鱼儿最美呢?

师评:教师从对称、外形、花纹等方面对学生作品进行点评,同时进行课堂总结。

【设计理由】创设海洋这一主题情景,让学生积极参与课堂活动,同时使课堂活动更具创意性,关注学生主体评价,锻炼学生语言表达的能力,激发小学生学习美术的兴趣,从而升华课堂主题。

(共20分。①设计导入环节和作业评价环节教学活动,导入自然得5分,作业评价方式合理得5分;②教学内容完整得3分;③符合学生认知得3分;④设计理由阐述清晰完整、贴合材料得4分)

国家教师资格考试

历年真题详解及预测试卷

教育教学知识与能力·小学(预测答案本)

目 录

国家教师资格考试预测试卷(十一)

一、单项选择题

1. D 【解析】尽管教育的发展受政治经济制度和生产力的制约,但教育又具有自身的特点和规律,相对独立于社会政治经济制度和生产力的发展水平,能促进生产力的发展,维护、巩固和加强政治经济制度,对社会政治经济制度和生产力具有能动作用。题干说明教育具有相对独立性。

2. C 【解析】隐性课程也叫潜在课程、隐蔽课程,指学生在学校情景中无意识地获得的经验、价值观、理想等意识形态内容和文化影响。隐性课程的主要表现形式有:

(1)观念性隐性课程,包括隐藏于显性课程之中的意识形态,学校的校风、学风,有关领导与教师的教育理念、价值观、知识观、教学风格、教学指导思想等。

(2)物质性隐性课程,包括学校建筑、教室的设置、校园环境等。

(3)制度性隐性课程,包括学校管理体制、学校组织机构、班级管理方式、班级运行方式。

(4)心理性隐性课程,包括学校人际关系状况,师生特有的心态、行为方式等。

3. D 【解析】在教学过程中,要充分发挥教师的主导作用,而教师主导作用是针对能否引导学生积极学习与上进而言的。教师主导作用发挥得越好,学生学习的主动性、积极性越高。所以,学生的主体性调动得怎样,学习的效果怎样,是衡量教师主导作用发挥得好坏的主要标志。

4. B 【解析】埃里克森认为,人格发展是一个逐渐形成的过程,必须经历八个顺序不变的阶段。每一阶段都有一个由生物学的成熟与社会文化环境、社会期望之间的冲突和矛盾所决定的发展危机。成功而合理地解决每个阶段的危机或冲突将使个体形成积极的人格特征,发展健全的人格。其中,6~12岁的个体的发展危机是勤奋感对自卑感,解决危机后所形成的积极的人格品质为能力。

5. A 【解析】关键期是指人的某种身心潜能在某一年龄段有一个最好的发展时期。关键期也叫敏感期、最佳期,在这一时期内,对个体某一方面进行训练可以获得最佳成效,并能充分发挥个体在这一方面的潜力。错过了关键期,训练的效果就会降低,甚至永远无法补偿。题干所述符合关键期的内涵。

6. B 【解析】19世纪,随着资本主义近代工业的突飞猛进,科学技术也日益显示出其重要性并走向兴盛。面对工业化对个人掌握基本文化知识和技能的客观要求与古典经院式教育根深蒂固的矛盾,英国实证主义哲学家斯宾塞提出了“什么知识最有价值”这一著名命题,开创了课程发展的新时代。

7. A 【解析】学校德育实施的途径主要有思想品德课与其他学科教学,课外、校外活动,劳动,少先队活动,班主任工作,校会、班会、周会、晨会等。其中思想品德课与其他学科教学是学校德育实施的最基本途径。

8. D 【解析】强迫症包括强迫观念和强迫行为。强迫观念指当事人身不由己地思考他不想考虑的事情。强迫行为指当事人反复去做他不希望执行的动作。题干中小东反复检查门锁的行为表现属于强迫行为。

9. D 【解析】上位学习又称总括学习,是在学生掌握一个比认知结构中原有概念的概括和包容程度更高的概念或命题时产生的。上位学习遵循从具体到一般的归纳概括过程。学生在学过“正方体”“长方体”的体积公式后,再学习“一般柱体”的体积计算公式属于上位学习。

易错提示:考生对原有观念和新学习知识的关系容易区分不清。新知识概括水平较低则为下位学习;新知识概括水平较高则为上位学习;新知识与原有观念是并列关系则为并列结合学习。

10. B 【解析】认知内驱力指个体渴望认知、理解和掌握知识,以及陈述和解决问题的需要。科学家的不懈探索主要是为了满足自己了解知识以及解决问题的需要,这种动机指向学习任务本身,因此属于认知内驱力。

方法技巧:在做此类题目时,考生应注意把握题干关键词。如追求知识本身,对知识有兴趣的为认知内驱力,追求他人赞赏的为附属内驱力,追求地位与威望的为自我提高内驱力。

11. C 【解析】皮亚杰认为人的认知发展要经过四个阶段:感知运动阶段、前运算阶段、具体运算阶段和形式运算阶段。一般来说,小学生正处于皮亚杰所说的具体运算阶段。处于具体运算阶段的儿童的思维具有去自我中心性,能够多角度地看待和理解事物,得出具体问题的解决方法。题干中亮亮可以从多个维度对事物进行归类,说明亮亮处于皮亚杰认知发展的具体运算阶段。

12. B 【解析】依据艾利斯的理性—情绪疗法理论,人的情绪是由他的思想决定的,合理的观念导致健康的情绪,不合理的观念导致负向的、不稳定的情绪。人们持有的不合理信念总结起来有三个特征:绝对化要求、过分概括化和糟糕至极。其中,过分概括化是一种以偏概全、以一概十的不合理思维方式的表现。过分概括化的一个方面是人们对自身的不合理的评价,如面对失败的结果时,往往会认为自己“一无是处”“一钱不值”等。以自己做的某一件事或某几件事的结果来评价自己整个人,评价自己作为人的价值,其结果常常会导致自责自罪、自卑自弃的心理及焦虑和抑郁情绪的产生。过分概括化的另一个方面是对他人的不合理评价,即别人稍有差错就认为他很坏、一无是处等,这会导致一味地责备他人,以致产生敌意和愤怒等情绪。题干所述即个体对自己的不合理评价——一次失败便认为自己没用,是个失败者,这属于不合理信念中的过分概括化。

13. D 【解析】社会政治经济制度决定教育目的。政治经济制度尤其是政治制度,是直接决定教育目的的因素。教育的根本任务是培养人,可以说,在一定社会中,培养具有什么政治方向和思想观念的人,是由政治经济制度决定的。我国的社会主义性质决定了我国的教育目的,这说明政治制度是决定我国教育目的的主要依据。

14. B 【解析】课程标准是国家课程基本的纲领性文件,是国家对基础教育课程的基本规范和质量要求。它是教材编写、教学、评估和考试命题的依据,也是国家管理和评价课程的基础。所以教研室的老师们出题时最需要参考的是课程标准。

15. C 【解析】实验研究法是指研究者根据研究目的,运用一定的人为手段,主动干预或控制研究对象的发生、发展过程,通过观察、测量、比较等方式探索、验证所研究现象因果关系的研究方法。实验研究的目的是发现事物间的因果关系,是各类研究中唯一能确定因果关系的研究。因此,王老师应该采用实验研究法来研究语文学科系统讲授加点评的教学方法与提高学生阅读水平之间的关系。

16. D 【解析】教育过程中的"教学相长"指,教师的教促进学生的学,学生的学促进教师的教,教与学是相互促进的。孙老师的话表明教师与学生是相互促进的,所以D项符合题意。

17. C 【解析】美国教育学家孟禄在批判教育的生物起源论(说)的基础上提出了教育的心理起源论(说),他认为教育起源于日常生活中儿童对成人的无意识模仿。

18. A 【解析】"孩子有一百种语言,一百只手,一百个念头,一百种思考方式、游戏方式及说话方式"说明教师劳动的对象是千差万别的。孩子们有着不同的经历、不同的兴趣和能力,使其发展具有不同的水平和特点,因此教师劳动具有复杂性。

19. C 【解析】演示法是指教师通过展示实物、直观教具,进行示范性的实验或采取现代化视听手段等,指导学生获得知识或巩固知识的方法。题干中的教师借助乐曲让学生学习新知识,加深理解,这体现了演示法的内涵。

20. C 【解析】情境导入是指教师通过精彩的语言描绘,音乐、视频、图片、实物的呈现及学生的表演,创设切入主题的情境,从而使学生产生丰富的想象和身临其境的感受,激发学生浓厚的学习兴趣和强烈的情感体验,让他们情不自禁地进入学习的情境。题干中王老师通过朗诵、图像等方式让学生慢慢进入学习情境,激发学生的学习兴趣,然后进行新课的教学,这种导入方式属于情境导入。

二、简答题(参考答案)

21. 简述激发小学生学习动机的方法。

(1)创设问题情境,激发兴趣,维持好奇心;(2)设置合适的目标,培养自我效能感;(3)充分利用反馈信息,妥善进行奖惩;(4)正确指导结果归因,促使学生继续努力;(5)对学生进行合作与竞争教育,开展合作与竞争学习。

22. 简述资源管理策略的种类。

(1)时间管理策略;(2)环境管理策略;(3)努力管理策略;(4)学业求助策略。

23. 简述学校教育在人身心发展中起主导作用的原因。

(1)学校教育是有目的、有计划、有组织地培养人的活动;

(2)学校有专门负责教育工作的教师,相对而言效果较好;

(3)学校教育能有效地控制和协调影响学生发展的各种因素。

三、材料分析题(参考答案)

24. (1)①学生是具有能动性和自我教育可能性的受教育对象,学校教育是有计划、有目的、有组织地培养人的社会活动。教师根据一定的教育目的和具体教育场景选择教育内容,组织教材和教学活动,并采取一定的教学方法,对学生施加影响。然而这一切并不意味着在教育过程中学生只是一个受动者,忽视学生主动性的学生观在根本上是错误的。教师要巧妙地利用学生的依赖性和向师性,从根本上培养学生独立的发展意识与能力,发展学生自我教育的能力。②班级管理是班主任按照一定的原则和具体要求,对班级中的各种资源进行计划、组织、协调、控制,以实现各种共同目标而进行的管理活动。这一活动的根本目的是实现教育目的,使学生得到充分的、全面的发展。因此,班主任为组织管理而开展班级活动时,最重要的是要树立使班级活动真正成为学生的自主活动,使学生在自主活动中进行自我教育的思想。班主任对学生的信任与尊重是自主活动能够开展起来的首要条件,班主任只有信任学生才会给学生提供机会,只有尊重学生,才会发现学生的积极面并加以指导。

(2)材料中于老师大胆放手,给学生以信任,让学生当“代理班主任”,给学生创造自我管理、自我教育的机会,这正符合了学生的本质属性,有利于学生的发展,能够培养学生的自觉能动性、独立自主性和开拓创新性,使学生具有强烈的竞争意识、平等观念和合作精神。同时也是确立学生主体地位的一种富有成效的实践。

25. (1)材料中的王亮品德的知、情、意、行四个心理成分发展不统一,导致出现不良行为。

①小学生的道德认知主要表现在道德概念的掌握、道德判断能力的发展及道德

信念的形成三个方面。材料中王亮虽然初步掌握了道德概念,有了一定的道德判断能力,但是还没有形成坚定的道德信念,因此会出现明知故犯的现象。

②道德情感是道德认知与道德行为之间的媒介,是促使道德认知转化为道德行为的强大推动力,小学阶段是儿童道德情感发展的重要时期。材料中王亮没有强大的道德情感做支撑,因此,改正错误的动力不足。

③小学生的道德意志主要表现在坚持性和自制力方面,材料中王亮由于道德意志薄弱、坚持性差,常有“明知故犯”“言行不一”的现象。

④在整个小学阶段,学生在道德发展上,认知与行为基本上是协调的。年龄越小,言行越一致。而随着年龄的增长,逐步出现了言行不一致的现象。材料中王亮对老师撒谎说自己作业忘在家里了,正是这点的体现。

(2)如果我是王亮的老师,我会从以下几个方面帮助他改正:

①和家长沟通情况,请家长督促王亮养成良好作息习惯,按时起床上学。

②与王亮进行沟通,了解他迟到和不做作业的原因,帮助他找到学习的内在动力。

③帮助王亮制定切实可行的日常计划,如提早准备好书包内的物品、设定闹钟等,增强其自我管理能力。

④注重表扬,当王亮有进步时在集体面前表扬其进步,以增强其成就感和自信心。

⑤加强对王亮道德意志的培养。与家长密切合作,在生活和学习中严格要求王亮,开展积极的活动培养王亮的意志坚韧性,帮助王亮克服困难。

四、教学设计题(参考答案)

26. (1)①激发学生对说明文的阅读兴趣。因为小学生还处于好奇心旺盛时期,对学习没有明确的目的性,兴趣是其学习的主要驱动力。所以,教师应该优化教学内容,调整教学方法,激发学生学习兴趣和好奇心,让学生在求知的氛围中学习说明文。

②掌握说明文的特点。说明文的特点是短小精悍,一篇集中说明一个问题,资料可靠,数据准确,力求知识的科学性;活泼生动,可叙述,可描写,把科学融于艺术之中,引人入胜,《松鼠》一文很好地体现了这个特点。

③充分利用多媒体教学设施。因为说明文短小精悍,在课文中出现的频次较少,不容易理解。所以教师可以充分利用多媒体,通过视频、图片等形式,多角度地进行教学,这样能够激发学生的想象,便于学生理解课文内容。

(2)教学重点:①学习说明文结构严谨的特点;②体会文章生动的语言特点。

教学难点:激发保护野生动物的热情,增强保护野生动物的意识。

(3)教学片段

①激情导入

同学们,你们都见过哪些野生动物?(学生自由回答)同学们见识真不少,你们看到的、说出来的大多数都是大型动物,你们有没有仔细观察过一些体型较小的动物呢?比如松鼠。今天,让我们一起去文中看一看吧。板书课题,齐读。

②初读课文,整体感知

A. 出示自读要求:

a.大声朗读课文,自学生字词;圈出自己不理解的词。

b.小组朗读互相纠正字音、交流词语的含义。

c.用自己的话说说你眼中的松鼠是什么样子的。

d.思考课文围绕松鼠写了哪几个方面的内容。

B. 学生自学,教师巡视辅导。

③精读课文,品味语言

A. 课文是怎么描写松鼠的?读课文,找一找、画一画,在有感受的地方做上标注。

a.自读课文,边读边画出你喜欢的句子,并作简单的批注。

b.学生自学,教师巡视辅导。

c.小组交流,取长补短

d.全班交流,引导提升。

B. 外形漂亮。

a.出示松鼠图片,仔细观察并说说你眼中的松鼠是什么样子的。

b.第1自然段运用总分的结构对松鼠进行描写。请问,本段是从哪些方面介绍松鼠的?

c.你觉得这是一只怎样的松鼠?

d.理解“歇凉”的意思,并用这个词语说一句话。

e.你觉得本段的语言具有什么特点?

f.指导朗读。

C. 生活习性。

a.阅读第2自然段,你知道本段运用了什么修辞手法吗?这样写有什么好处?

b.读课文,你觉得这只松鼠生活习性是什么样的?

c.播放视频,说说你看到的松鼠和文中介绍的有什么不一样。

d.指导朗读,“躲藏、清朗”重读,读慢些。

D. 松鼠吃食。

a.边读边想象画面，松鼠是怎么收集榛子的？

b.理解“蛰伏、警觉”的意思，你知道哪些动物也有这样高的警觉吗？原因是什么？

c.松鼠是如何运送榛子的，你们知道吗？想象并说一说。

d.播放视频，观看松鼠收集、运送榛子的视频，说一说，这是一只怎样的松鼠？

e.对于这只活泼可爱的松鼠，你有什么样的情感？你觉得作者呢？

E.采用范读、齐读等形式进行朗读，走进文本与作者产生共鸣。

④小结

这节课，我们学习了《松鼠》这篇课文，知道了松鼠的外形、生活习性、吃食方面的特点，品味了文章生动的语言。那松鼠对于搭窝和产仔又有什么特点？我们下节课继续讨论。

27.（1）教学目标

①认识长度单位“米”，知道用“m”表示“米”，能感知“1米”有多长。

②通过实践与探究活动理解“1米=100厘米”，提升估测及实践能力。

③通过实际测量活动提升合作意识，并增强对数学知识的求知欲与兴趣。

（2）教学重难点

教学重点：通过观察与实际测量活动，认识长度单位“米”，知道用“m”来表示“米”，感知“米”的实际表象。

教学难点：通过测量活动，理解“1米=100厘米”；在测量活动中提升估测能力。

（3）教学过程

①创设情境，导入新课

教师准备厘米尺与米尺。

比赛活动：教师用米尺测量黑板的长度，学生用厘米尺测量黑板的长度。这样的比赛公平吗？

全班同学5～6人为1个小组，开展小组研讨活动学习。

引出新课：量短的物体用厘米尺就可以了，如果是长的物体就要用米尺了。今天我们来学习一个新的长度单位——米。

②自主探究，获得新知

A. 认识米

a. 观察米尺，感受1米有多长。

b. 教师为每个小组发一根1米长的绳子，感受1米的长度。

c. 想一想，量一量，感受身体中所包含的1米。（如将手臂伸开是多长？几个脚印是1米？）

d. 生活中哪些物体的长度适合用“米”来表示？

总结：较长的物体的长度适合用米，米用“m”表示。

B. 理解米与厘米的关系

a. 请同学估测1厘米的长度，再估测1米的长度，1厘米与1米之间有什么关系？

b. 测量活动：两名同学拉直1米长的绳子，其他同学用总长20厘米的厘米尺测量，从中发现了什么？(20厘米+20厘米+20厘米+20厘米+20厘米=100厘米=1米)

教师总结：1米=100厘米。

③联系实际，巩固新知

测量活动：量一量2米有多长？3米有多长？

思考：2米=(　　)厘米，(　　)厘米=3米。

④总结本课，布置作业

这节课我们有哪些收获？

回家量一量家中的家具有多长。

28. (1)小学英语教学组织游戏应注意的事项有以下几点：

①游戏开始前用简洁的话语让学生明确游戏的内容和规则。

②游戏过程中要注意监控，随时调整布局和进度。游戏结束时用简洁的话语认真总结，奖励优胜者，同时纠正普遍性错误，以提高游戏的教学效果。

③整个游戏过程中用英语交际，但在交代游戏规则时如有必要，可用汉语复述。

④强调全员参与，防止少数人代替全班(组)。

⑤结合教学实际和当时、当地的条件，创造和组织新的教学游戏。

(2)教学目标

①Students can master new words: dictionary, comic book, word book, postcard and master the sentence pattern: What are you going to do?

②Students can talk about the schedule with others through asking“What are you going to do?”

③Students can learn about others' schedules and have the consciousness of arranging their own schedules.

④Students can be willing to take part in the class activities and cooperate with other classmates.

(3)导入和新授环节的教学活动

Lead-in:

①Daily greetings.

②Let students have a free talk: What do you often do on the weekend? And then, ask students to think about how to ask others'schedules.

【设计理由】通过课前提问和讨论,激发学生对本节课内容的思考,从而引出新课。

Presentation:

Task 1 Learn new words

①T: When you meet some new words, you can look them up in dictionary. (The teacher shows a dictionary and explains its pronunciation.)

②T: Do you like to read it? (The teacher takes out a comic book.)

Ss: Yes.

T: Do you want to know how to say it in English?

Ss: Yes. (The students listen and repeat.)

③T: Look! This is a beautiful card. It's a postcard. (The teacher takes out a postcard and writes"postcard"on the blackboard.)

【设计理由】通过实物进行新词的教授,学生能直观地学习生词,加深对生词的熟悉与记忆程度。

Task 2 Learn new sentences

①T: When you talk to a friend and want to know what he or she wants to do, you can use this sentence"What are you going to do?"(The teacher writes the sentence on the blackboard.)

②Play the video twice and ask students to read the dialogue by following the tape.

③Students work in pairs to use the nouns in"Let's learn"to make dialogues.

【设计理由】通过对话学习新句型,学生能了解其用法,同时锻炼听力能力。通过置换单词练习句子,学生能熟悉单词及句型。

29. (1)《唱山歌》是电影《刘三姐》的插曲。电影《刘三姐》是根据壮族的民间传说创作的。刘三姐是壮族民间传说中的歌仙,她以歌声为武器,为了乡亲们的利益与财主进行智慧而又勇敢的斗争。

《唱山歌》为六声音阶,徵调式,由上下两个乐句构成一段体结构。第一乐句为上句,八小节,旋律起伏、委婉。第二乐句是下句,是上句的扩充乐句。其中,下句前四小节是上句前四小节的换头同尾,下句后四小节与上句后四小节相同,然后扩充了三小节,在统一的风格中又有一些变化。

(2)审美感知:通过欣赏这首民歌,感受其乐观豪迈的音乐情绪,培养对民族音乐的兴趣。

艺术表现、创意实践:掌握这首民歌的节奏特点,用响亮开朗的声音背唱。

文化理解:通过学习这首民歌,了解电影《刘三姐》的故事,增进对中国各地丰富多彩的民族文化的认识。

(3)教学过程

①影片导入

播放电影《刘三姐》中《唱山歌》片段,并提问:影片中唱歌的人是谁？她唱的是哪个民族的民歌?

师总结:影片中唱歌的人是刘三姐,这首歌曲是壮族民歌。刘三姐是壮族民间传说中一位聪明、美丽、善良的歌仙,远在唐代就有关于她的记载。据传她出生在广西北部山区,给人们留下许多优美动人的山歌。当地人民也用山歌来表示对她的爱戴和怀念。"唱歌要数刘三姐,年年月月歌不断,如今广西成歌海,句句都是三姐传。"

②初步感受

教师播放歌曲,学生感受并说出歌曲情绪。(优美)

教师再次播放歌曲。

A. 师:这首歌曲由几个乐句组成,每个乐句有几个小节?(学生回答)

B. 师:观察谱子,找找乐句中有哪些相同的旋律呢?(学生回答)

教师介绍"换头同尾"创作手法。(换头同尾是指重复句尾而变化句头的旋律发展手法)

③学唱歌曲

教师弹琴,学生听音模唱,视唱全部曲谱。(教师需要提醒学生将两拍半的时值唱满)

教师指导学生用较长的气息演唱,保持声音的平稳。(尽量保持四小节一换气,最后一个乐句中扩展部分的换气要及时准确)

④演唱歌词

学生加入歌词演唱,注意一字多音的词曲对位。

教师指导学生随伴奏用中速,以优美、委婉、自然、连贯的声音演唱歌曲。

⑤深入探究

教师引导学生根据自己对歌曲的理解选择相应的速度、力度演唱。学生通过小组合作的形式背唱歌曲,师生评价。

⑥课堂小结

师:通过本节课,我们学唱了《唱山歌》这首歌曲,了解了壮族"歌仙"刘三姐的故事,让我们在美妙的乐曲中结束这节课吧!

30.(1)教学重、难点

教学重点:脚底接球的部位。

教学难点:接球的时机。

(2)教学目标

①知道脚底接地滚球的动作方法,初步掌握脚底接地滚球的动作技能,会在跑动中运用。

②通过练习,发展灵敏、速度等身体素质,提高身体的协调性。

③养成合作与竞争意识,提高对足球运动的兴趣。

(3)易犯错误与纠正方法

易犯错误一:球从脚底漏过。

【纠正方法】在练习过程中用语言提醒学生主动判断来球方向,并掌握好触球部位离地面的高度。

易犯错误二:脚触球后,球反弹较远。

【纠正方法】保持接球腿部和脚踝放松,接球时要做好缓冲的动作。

31.(1)①对称和均衡。对称是指以一条线为中轴,左右、上下、前后双方形体上的均等;均衡的特点是两侧的形体不一定等同,但量上应大体相当。

②对比和调和。对比是指两种以上的事物之间所呈现的差异。如大小、方圆、曲直等形的对比。调和则体现了统一,是指形、色、数、量、动势、质地、组织形式、制作技法等的相同或类似。过分对比会产生“花”“乱”效果,失去美感;过分调和容易让人感到呆板乏味。因此,要恰当处理好对比与调和的辩证关系。

③变化和统一。变化是指美术作品的各个组成部分的差异。统一是指美术作品中各个组成部分的内在联系。变化与统一既相互对立又相互依存,变化是绝对的,统一是相对的。要在统一之中求变化,变化之中求统一,使之产生美感。

(2)教学目标

①审美感知:了解生活中对称形象的艺术特点,能说出5~10件左右对称的物体。

②艺术表现、创意实践:能用对印的方法表现2~3幅作品。

③文化理解:了解对称图形带给人们的美的感受,体会对称美背后的文化内涵。

(3)教学过程

①引导阶段

A.教师让学生说一说日常生活中的哪些东西是对称的。

教师总结:生活中对称的物品有手套、桌子、凳子等。对称就是以一条中心线为准,左右对称、上下对称或对角对称。

教师出示课前准备的实物,结合教材范例让学生看一看,欣赏对称的美。(平衡、均衡、整齐、稳定)

B. 教师让学生观看教材中给出的对印画的制作过程:在作业本的一边涂颜料,把作业纸对折,印一印,打开看像什么?引导学生简单制作一幅对称图,再谈谈制作中遇到的困难。(对称的颜色不明、画面糊了)讨论怎样才能印得清晰。(颜料浓淡要适当)

C. 小组讨论:哪些物体适合用对称方法表现、构图。(一半图形的设计)

②发展阶段

A. 教师示范

a. 构思要印什么?先想好,纸对折,在中心线的一边,画出一半的内容。

b. 调色。(注意颜料要少调些水,色彩要鲜艳,不要几种颜色混在一起,容易弄脏画面)

c. 对印、展开,根据印出来的图案,想一想印出的东西像什么?

d. 添画,对构图有缺陷的画面可添画补救,形象不清用添画使其具体清晰,色彩不丰富的可添画装饰美化。

B. 学生进行操作练习,教师巡视辅导

学生对自己的作品进行远距离观看,想一想,印出来的东西像什么?然后再进行添画。

教师提醒学生注意保持画面的整洁,手脏了要用抹布擦干净。引导小组之间互相学习。

③展示作品

小组进行评议,每位同学都说一说自己印出来的作品哪些是自然效果,哪些是经过添画的效果。每个小组选出一个优秀作品进行展示与交流,教师总结评价。

④课堂小结

教师总结:这节课大家都表现得很好,制作的作品都非常漂亮,想象力也很丰富,基本上都是在对称的基础上又有了一些灵活的变化,尤其值得表扬的是大家都能将对印完的颜色及时用抹布擦干净,保持了个人及班级的卫生。

国家教师资格考试预测试卷(十二)

一、单项选择题

1. C **【解析】**夸美纽斯在其著作《大教学论》中提出了“泛智”教育和普及教育的思想,并对班级授课制做出了系统阐述。

A项，柏拉图的教育思想集中体现在其代表作《理想国》中。他认为教育的最高目标是培养哲学王兼政治家，这种观点是国家主义教育思想的渊源。柏拉图重视哲学，为哲学教育开列了诸多教育科目。此外，他还提出了“回忆说”，认为学习即回忆。

B项，昆体良的代表作《雄辩术原理》又称《论演说家的教育》，它是西方最早的教育著作，也被誉为古代西方的第一部教学法论著。

D项，德国教育家赫尔巴特的代表作《普通教育学》的出版标志着规范教育学的诞生，也被认为是第一本现代教育学著作。

2. D 【解析】综合课程是指打破传统的分科课程的知识领域，组合两门或两门以上学科领域而构成的一门学科。STEM的实质是一种新的教育理念，它是科学、技术、工程、数学四个学科融合的综合教育，STEM教育综合了不同学科的内容，故属于综合课程。

3. D 【解析】少先队活动的趣味性是指在开展少先队教育活动过程中，要遵循少年儿童的年龄特点，用知识性、活动性、群体性、新异性、竞赛性、游戏性、趣味性等具有激励性的工作方法，满足少年儿童的兴趣和爱好，激发他们对活动的主动性、积极性和创新精神。

4. B 【解析】维果斯基认为，儿童有两种发展水平：一是儿童的现有水平，即由一定的已经完成的发展系统所形成的儿童心理机能的发展水平；二是可能达到(即将达到)的发展水平。这两种水平之间的差异，就是最近发展区。所谓最近发展区是儿童在有指导的情况下，借助成人的帮助所能达到的解决问题的水平与独自解决问题所达到的水平之间的差异，即两个邻近发展阶段间的过渡状态。

5. C 【解析】思维的灵活性是指摒弃以往的习惯思维方法而开创不同方向的能力，也叫思维的变通性。例如，让学生“举出报纸的用途”，如果回答“阅读”“学习”“获取信息”，就只是把报纸的用途局限在“阅读材料”上；如果回答“包东西”“折玩具”等，则范围更加广泛，变通性也就比较大。题干中，学生甲答出的数量多，但都局限在食物这一范围内；学生乙虽然答出的数量相对较少，但开创了不同方向，故乙的思维变通性更好。

6. B 【解析】操行评定是以教育目的为指导思想，以“学生守则”为基本依据，对学生一个学期内在学习、劳动、生活、品行等方面的小结与评价。操行评定的步骤是：(1)学生自评；(2)小组评议；(3)班主任评价；(4)信息反馈。

7. A 【解析】现实生活中，很多物品的使用都与电有关，在连接电源或接触电线时要小心触电。如遇学生触电，应立即切断电源，或用不导电的物体，如干燥的木棍、竹棒或干布等使学生尽快脱离电源，切不可直接接触触电者，以防自身触电。

8. A 【解析】感觉对比是指同一感受器接受不同的刺激,而使感受性发生变化的现象。感觉对比分为两种:同时对比和继时对比。其中,几个刺激物同时作用于同一感受器会产生同时对比现象。例如:把一个灰色的小方块放在白色的背景上,小方块看起来就显得暗些;把相同的小方块放在黑色的背景上,小方块就显得亮些。

方法技巧:考生可根据以下表述来加强对感觉现象的理解。

(1)感觉适应:长时感受使适应。(2)感觉对比:几个刺激来对比。(3)感觉后效(感觉后像):感觉印象仍逗留。(4)感觉补偿:一个缺失,其他补偿。(5)联觉:一个刺激,多种感觉。

9. A 【解析】归属与爱的需要也称社交需要,是指每个人都有被他人或群体接纳、爱护、关注、鼓励及支持的需要。例如,人际关系和谐、被团体接纳、有归属感等。根据题干中"建立良好的人际关系""兴趣小组接纳"等关键词可知,王明表现出的是归属与爱的需要。

10. B 【解析】负强化也称消极强化,是通过消除或中止厌恶、不愉快刺激来增强反应频率。回答问题对小马来说是厌恶刺激,坐教室后排可以移除这种厌恶刺激,从而使小马坐在后排的次数增加,题干所述符合负强化的内涵。

易错提示:考生需要注意,正强化和负强化都是增强反应频率,二者的区别在于是呈现积极刺激还是撤销消极刺激,而不在于强化的结果。

11. A 【解析】符号学习是指学习单个符号或一组符号的意义。符号学习不仅包括词汇学习,还包括非语言符号的学习和事实性知识的学习。其中,事实性知识的学习,是指学习一组符号(语言或非语言)所表示的某一具体事实。如历史课中历史事件和历史人物的学习,地理课中地形地貌和地理位置的学习。学生在地理课上学习各省的简称属于符号学习。

12. D 【解析】肯定性训练也叫自信训练,目的是促进个人在人际关系中公开表达自己真实的情感和观点,维护自己的权益也尊重别人的权益,发展人的自我肯定行为。自我肯定行为主要表现在:(1)请求他人为自己做某事,以满足自己合理的需要;(2)拒绝他人的无理要求而又不伤害对方;(3)真实地表达自己的意见和情感。"不敢拒绝别人的无理要求,不敢表示自己的不满情绪"说明这个学生缺少自我肯定行为,因此需要用肯定性训练培养其自我肯定行为。

13. B 【解析】教学过程是一种特殊的认识过程,在认识方式上具有简捷性与高效性。学生走的是一条认识的捷径,许多知识是人类经过长期的认识和实践总结出来的,通过间接知识认识世界,可以减少探索的实践,避免探索的弯路,尽快地掌握人类的文化精华。题干所述表明学生通过教学在很短时间内就能掌握公式定理,这说明教学活动具有简捷性。

14. C 【解析】努力属于内在的、不稳定的、可控制的因素。晓斌把自己学习成绩好归因于刻苦努力,这属于可控的内部归因。

15. D 【解析】效能期待是指人对自己能够进行某一行为的能力的推测或判断,它意味着人是否确信自己能够成功地进行带来某一结果的行为。当个体确信自己有能力进行某一活动时,他就会产生高度的“自我效能感”,并努力实施该活动。依据题干表述,李伟认为自己能够听懂老师讲的知识时就会认真听课,这属于效能期待。

16. D 【解析】演示法是指教师通过展示实物、直观教具,进行示范性的实验或采取现代化视听手段等,指导学生获得知识或巩固知识的方法。题干中杨老师通过大屏幕播放雪景,让学生直观地感受到雪的美丽,这属于教学方法中的演示法。

17. B 【解析】诊断性评价是在学期开始或一个单元教学开始时,为了了解学生的学习准备状况及影响学习的因素而进行的评价。题干中教师通过查明学生现有的知识与能力,发现学生的优缺点,从而更好地组织教学内容、选择教学方法,这体现了诊断性评价的内涵。

18. D 【解析】题干引文意为:老师受到尊敬,然后真理学问才会受到敬重。真理学问受到尊敬,然后百姓才会敬重学问,认真学习。这体现的是尊师重道的原则。本题答案选D项。

19. D 【解析】皮亚杰提出了道德发展阶段理论,将儿童的道德发展划分为自我中心阶段、权威阶段、可逆性阶段、公正阶段四个阶段。其中,道德发展处于公正阶段的儿童开始倾向于主持公正、平等,体验到公正、平等应该符合每个人的特殊情况。公正的奖罚不能是千篇一律的,应根据每个人的具体情况进行。题干中,小芳认为公正的奖惩应该根据他人的具体情况进行判断,考虑到平等、公正等因素,故其道德发展处于公正阶段。

20. B 【解析】悬念导入也叫设疑导入,是一种通过设置悬念、提出问题,进而激发学生兴趣,调动学生思维的一类教学导入形式。题干中语文老师的开讲充分激发了学生的好奇心,引起了学生对学习新知识的兴趣,运用的是悬念导入。

二、简答题(参考答案)

21. 简述教师在教学中应如何对待不同气质类型的学生。

(1)对待学生应克服气质偏见;(2)针对学生气质差异因材施教;(3)帮助学生进行气质的自我分析、自我教育,培养良好的气质品质;(4)特别重视胆汁质和抑郁质学生;(5)组建学生干部队伍时,应考虑学生的气质类型。

22. 简述创造想象产生的条件。

(1)强烈的创造愿望;(2)丰富的表象储备;(3)积累必要的知识经验;(4)原型启发;(5)积极的思维活动;(6)灵感的作用。

23. 小学教师如何培养良好的班集体?

(1)确定班集体的发展目标。(2)建立得力的班集体核心。(3)建立班集体的正常秩序。(4)组织形式多样的教育活动。(5)培养正确的舆论和良好的班风。

三、材料分析题(参考答案)

24. (1)①在教学中,“我”重视课堂预设,保证了教学的科学性。教学方案是教师对教学过程的“预设”,教学方案的形成依赖于教师对教材的理解、钻研和再创造。“我”的教学方案是根据课文编排顺序进行的,有助于引导学生一步步学习课文。

②面对不符合教学方案的提问,“我”忽略了教学的生成性。实施教学方案是把“预设”转化为实际的教学活动,在这个过程中,师生双方的互动往往会“生成”一些新的教学资源,这就需要教师能够及时把握,因势利导,适时调整预案,使教学活动收到更好的效果。面对学生的提问,“我”没有及时引导学生寻求答案,可能导致学生备受困扰,影响学习效果。

③“我”的回答尊重了学生的创造性。在学生提出超出教学预设方案的问题后,“我”并没有斥责或是敷衍学生,而是看到学生积极思考的学习态度,给予表扬,并引导学生自己寻找答案。

(2)①教学反思有利于教案的改进。②教学反思为撰写教学研究论文提供丰富的素材。③反思使经验(和教训)变成教学智慧,从发生的事件中得到启发。④反思能帮助自己找到问题的解决方法。⑤反思使自己学会教学。⑥反思促进教师成长。⑦教学反思促进教师的专业发展。

25. (1)材料中的老师对于此突发事件采取了幽默调侃的处理策略。该老师没有对同学提出严厉批评,而是采取了幽默的调侃方式,并引导学生参与课堂,化解尴尬的气氛。既保护了学生的自尊心,利用自身的教育机智化解了这场突发事件,又没有影响正常的教学秩序,反而调动了课堂气氛,这是一种机智聪明的处理策略。

(2)面对课堂突发事件时,老师应该做到:

①沉着冷静面对。这是处理突发事件的基础。沉着冷静面对事实,尤其在发生师生冲突时,要求教师具有很高的教育修养和心理调控能力,要豁达大度,不怕低头承认自己平时工作中的漏洞。所以教师往往要有极大的忍耐力。

②机智果断应对。要尽可能地平息事端,为当事人平静感情,思考进一步解决问题的办法而争取时间。还可采取“转移话题,暂避锋芒”“冷处理”等方法。

③公平民主处理。处理学生与学生之间的矛盾冲突时，教师应以事实为依据，依法秉公办事，要有民主意识，不偏袒班干部和学优生，也不以老眼光看人，贬低后进生。

④善于总结引导。把处理一桩突发事件看成一次了解班级情况、教育引导学生的机会，要允许有"突发事件"的存在。善于从不良事件中找出学生的闪光点并帮助学生分析问题，寻找解决问题的办法，维护学生的自尊心。

四、教学设计题（参考答案）

26.（1）《开满鲜花的小路》是一个温馨浪漫且充满儿童情趣的童话故事，它运用拟人的修辞手法，讲述了一条开满鲜花的小路的由来。该故事虽然篇幅不长，角色对话简洁明了，但为孩子营造了一个浪漫温馨的氛围，给大家带来了花香和快乐，表现了小动物之间和谐相处的美好景象。整个故事角色众多，让故事显得十分热闹、有趣。故事中，虽然每个角色说的话不多，但从提示语，如"在门口喊""惊奇地说""奇怪地问"，以及说话的具体内容中，都能感受到他们说话时的神情、动作和内心想法，每个角色都各具特点。课文通过这种反复的结构，一步步地把故事推向高潮，凸显出"礼物"的神奇与美好。

（2）①会认"邮、递、裹、寄"等15个认读字，会写"鲜、邮、递、员"等10个生字，理解"包裹、懊丧、绚丽多彩、惊奇、五颜六色、花朵簇簇"等词语在课文中的含义。

②正确、流利、有感情地朗读课文，读出角色对话中疑问和慨叹的语气。

③理解课文内容，体会小动物们对开满鲜花的小路的喜爱之情。

④理解最后一句话的意思，懂得美和喜悦可以传递、可以共享的道理。

（3）识字、写字教学片段

①识字教学

A. 学生自由练读课文，要求读准字音，读通句子，遇到不认识的字把它圈出来，遇到难读的句子用横线标注出来。

B. 创设语境巩固识字。

a. 出示句子：长颈鹿大叔寄来了包裹，邮递员黄狗让鼹鼠先生到邮局领取。

b. 学生认读句子，识记"寄""邮""递"。

C. 全班交流识字方法。

"堆、破"可以用熟字换偏旁的方法来识记。

"裹"，可以组词"包裹"，并和学生交流爸爸妈妈是否经常收、寄包裹。

"局"与"居"进行区别记忆。

D. 检查预习，指导学生把字音读正确。

注意:“礼”为边音;“堆”的韵母是“ui”;“猬”在组成词语“刺猬”时读轻声。

E. 练习难读的句子,随文识记“漏、懊、丧、绚”等生字。

a. 出示句子:看来都漏在来时的路上啦! 鼹鼠先生很懊丧。

学生读词语“懊丧”,联系上文想想“懊丧”的意思。

由懊丧的原因引出“漏”,认读“漏”。

交流生活中是否有过懊丧的时候。

练读句子。

b. 出示句子:刺猬太太走出门。看到门前开着一大片绚丽多彩的鲜花。

c. 松鼠太太走出门,看见门前的小路上花朵簇簇。

出示花朵簇簇的图片,指导读好“绚丽多彩、花朵簇簇”。

练读句子,巩固词语。

F. 创设情境,识记多音字“啊”。

a. 创设不同的情境,引导学生根据语境识记“啊”的读音。

b. 点拨、引导学生根据句意选择读音。

G. 学生轻声朗读课文,并试着将相应的动物名填到括号里,可重复选择。

A. 松鼠太太　B. 鼹鼠先生　C. 黄狗　D. 狐狸太太　E. 长颈鹿大叔　F. 刺猬太太

邮递员(　　)为鼹鼠先生送来了(　　)寄来的包裹单。鼹鼠先生不认识包裹里的小颗粒,于是去问(　　),结果发现包裹破了,小颗粒漏在了来时的路上,(　　)很懊丧。春天来了,通往(　　)家的路,成了一条开满鲜花的路。(　　)、(　　)和(　　)看到门前的鲜花,觉得十分美好。原来,(　　)寄来的礼物是花籽。

②写字教学

A. 出示要写的生字,让学生观察田字格中的字,按结构归类。

B. 出示半包围结构的字:递、原、局。

a. 引导学生观察,发现书写顺序的区别:原、局,先外后内;递,先里后外。并告诉学生,所有偏旁是“辶”的字书写顺序都是先里后外。

b. 教师范写,强调“原”里面的“白”要写得宽、扁。

c. 学生练写。

d. 反馈评价:出示优秀作品和有问题的作品,引导学生进行交流讨论,反馈后再次书写。

C. 指导书写部分左右结构的字:鲜、邮、叔、认、礼。

a. 引导学生将四个字进行比较,发现异同点:“鲜”“认”“礼”三个字左右等高,“邮”字左高右低,“叔”字右边要低于左边。

b.学生练写,交流分享。

D. 指导书写“员”。

a.教师范写指导,提示学生注意上面的“口”要写扁,下面“贝”的最后一笔是点。

b.学生练习。

c.对学生的字进行评价,学生再次书写。

E. 指导书写“堆”。

a.引导学生分析结构,观察每部分所占比例。

b.提醒学生左边的“土”下面的横要写成提。

c.学生练写并交流、讨论,教师指导、点评。

27.(1)结合实例认识线段、射线和直线;体会两点间所有连线中线段最短,知道两点间距离;会用直尺和圆规作一条线段等于已知线段;了解同一平面内两条直线的位置关系。

(2)教学目标

①理解直线间的平行与垂直这两种特殊的位置关系,初步认识平行线和垂线。

②通过观察、操作、讨论和归纳等活动,积累操作和思考的活动经验。

③发展空间观念,初步渗透分类的数学思想。

(3)教学过程

①动手操作,复习导入

A. 画一画

师:请同学们把准备好的白纸平铺在桌面上,画一画直线,请看要求:

a. 请在每张纸上画两条直线;

b. 画完后在组内交流,看看自己与谁画的是同一类。

B. 分一分

预设:学生画直线。教师巡视和指导,选取有代表性的画法。

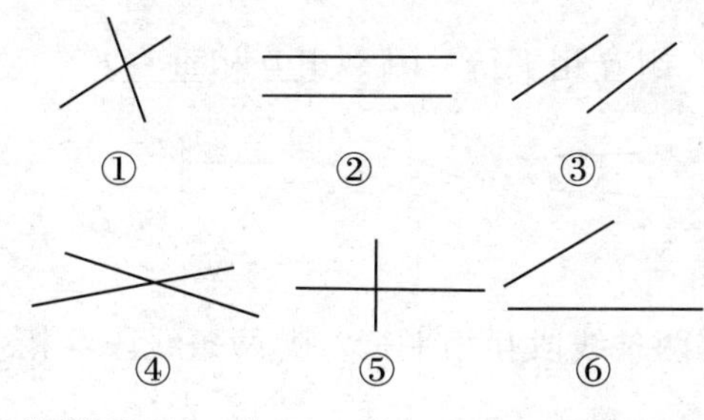

师:能把这几组直线分类吗?

(小组讨论如何分类)

②自主探究,讲授新知

师:通过刚才的探索,发现两条直线的相互位置关系有两种情况:相交、不相交。

A. 揭示平行线的概念

师(指着②和③直线):它们延长后,再延长,无限地延长下去会相交吗?说说你的理由。

小结:板书平行线的概念。

师:生活中有没有这样互相平行的例子呢?用你的眼睛去发现。

B. 理解同一平面和重合

引导质疑:同一平面。

实物演示:两个长方体摞起,每个长方体的正面上各有一条直线,转动两个长方体,请学生观察这两条直线在同一平面吗?

C. 揭示垂直的概念

师(出示①④⑤⑥):请看这4组,你有什么发现?

D. 理解垂直与相交的关系

课件演示:

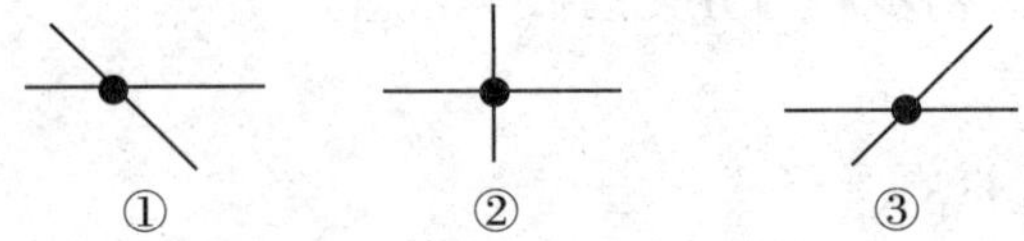

师:这几组中的两条直线互相垂直吗?

小结:揭示垂线和垂足。

师:生活中有没有互相垂直的例子呢?

揭示课题:今天我们一起走进了垂直与平行的世界。(板书)

③课堂练习,巩固新知

A. 做一做

下面各组直线,哪一组互相平行?哪一组互相垂直?

B. 说一说

下面每个图形中哪两条线段互相平行?哪两条线段互相垂直?

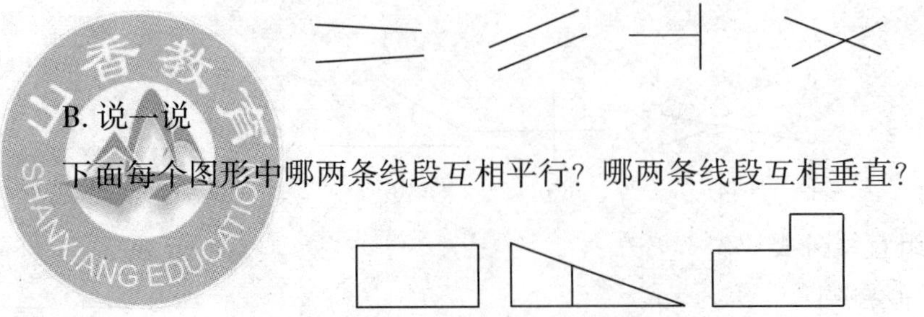

C. 摆一摆

a. 把两根小棍都摆成和第三根小棍互相平行。看一看,这两根小棍互相平行吗?

b. 把两根小棍都摆成和第三根小棍互相垂直的状态。看一看,这两根小棍有什么关系?

④回顾总结,质疑提升

通过今天这节课的学习,你有什么收获?还有什么疑问?

⑤作业布置

对不同层次的学生分层次布置作业。

28. (1)优点:①作文模板有利于提高学生运用英语语言的地道性和连贯性。小学英语阶段,学生写作能力比较薄弱,模板能提高学生对所学单词句型的应用能力,大幅度提高学生写作的流畅性。

②作文模板有利于加强学生的语篇组织能力。模仿范文结构、套用规范句式,再加上学生的创造性利用,能够进一步强化学生的知识运用能力。

缺点:作文模板很容易使学生陷入思维僵局。作文模板的便利性和直观性,会使学生过多依赖模板,不愿创新,使得英语作文过于死板。简单套用也与新课标的要求相背离,束缚学生的创新思维。

(2)教学目标

①Students can learn some new words: favourite, sweet, beef, chicken, onion, vegetable...and the sentence patterns: My favourite food is...; It is...; I like...; I don't like....

②Students can understand the main content of these two short passages.

③Students are able to talk about what their favourite food are in their daily life and write to Robin about what they would like to eat by using the words and sentence patterns they have learned.

④Students can get more interested in English and build up confidence by using English to talk and write their favourite food.

⑤Students can learn to respect and cherish food.

(3)【读后写环节】

①After reading, the teacher asks students to write to Robin. Let students think about which food they like or dislike and why. Students will be divided into groups of 4 to discuss these questions.

②After the discussion, the teacher asks students to make a draft according to the pattern on the textbook and then finish the writing.

Dear Robin,

My favourite food is ________. It is ________.

I don't like ________ but I like ________.

Thank you!

____

③After drafting, the teacher asks students to exchange their passages and correct some mistakes in their writing. And then invite one student from each group to share his or her writing in the class. The teacher will give some positive evaluations to students and teach students to respect and cherish food.

【读后说环节】

① After reading, students will be divided into groups of 4 to discuss their favourite food. They should list all the food they have learned and share their thoughts about which food they like and which food they dislike with others by using the expressions of the material.

② One student from each group will be invited to introduce his or her favourite food and reasons in front of the class. Other students will agree or disagree and say their reasons. The teacher will give some positive evaluations to students, encourage them to speak boldly and correct their mistakes after they speak if any.

29. (1)《小动物唱歌》为C大调，$\frac{4}{4}$拍。曲式结构为规整的上下句结构，两个乐句只有结束音不同：上句结束在属和弦的五音上，下句结束在调式主音上。歌曲音域不宽，只有八度。歌词也只有一句"许多小动物在唱着歌，喵喵（汪汪汪汪）真快乐"并重复一遍。歌曲短小，旋律与语言声调结合紧密，适合一年级学生学唱。

(2)教学目标

①审美感知、文化理解：通过聆听、学习描写小动物的歌曲，感受歌曲的欢快情绪，理解动物是人类的朋友，人与动物应和睦相处。

②创意实践：能够为歌曲编创歌词与动作，并以小组表演的方式进行展示。

③艺术表现：能比较准确地演唱弱起节奏，完整演唱歌曲，用舞蹈表现歌曲情绪。

(3)"唱好歌曲"教学环节设计

【学唱歌曲】

①教师带领学生按节奏朗读歌词。注意在力度上，应弱化"许多"，强调"小"字。

②为了解决学生学习弱起小节的困难，加强恒拍的稳定性，教师可以用响板伴

奏。注意响板从强拍开始,在强拍和次强拍上敲击,让学生体会弱起小节的特点。

③学生随录音模唱歌曲的旋律,培养对音乐的记忆力。

④教师分句教唱歌曲,注意音高和节奏的准确性。

⑤表现力度强弱的难点练习。

师:小猫有两种叫声,一种大,一种小,我们如何把它运用到歌曲中呢?

练习"喵(力度强,大声唱)喵(力度弱,小声唱)真快乐"(旋律)。

师:唱完了小猫我们再来唱唱小狗吧。

练习"汪汪(力度强,大声唱)汪汪(力度弱,小声唱)真快乐"(旋律)。

【编创与表演】

①教师鼓励学生编创歌词。

师:刚才我们只唱了小猫和小狗,还有许多可爱的小动物也想加入我们的演唱,大家欢迎吗?

教师拿出小青蛙、大公鸡等小动物的头饰。

师提问:小青蛙怎么唱?

一学生唱:呱呱呱呱(按歌曲中的旋律唱)。

师:唱得真好,这个青蛙头饰送你了。

师再提问:大公鸡怎么唱?

一学生唱:喔喔(按歌曲中的旋律唱)。

师:唱得真好,这个大公鸡头饰归你了。

②教师鼓励学生为歌曲创编动作,如在唱"汪汪""喵喵""呱呱""喔喔"时模仿该小动物的动作。

③学生分为每4人一小组,根据自己创编的歌词,为歌曲加上表演动作,并练习边唱边表演歌曲。

④学生以小组表演的方式进行展示,教师进行评价,鼓励学生大胆参与音乐表演活动。

30.(1)教学重、难点

教学重点:上杠后直臂支撑、挺胸展腹,绷脚面。

教学难点:前翻时,收腹、贴杠前翻下。

(2)教学目标

①了解低单杠跳上成正撑——前翻下的动作结构,在同伴的帮助下基本可以完成跳上成正撑、前翻下动作。

②通过练习,发展上肢力量和腰腹力量,提高身体的协调性和空间感知觉能力。

③通过相互保护和帮助，树立安全意识，克服胆怯、畏难的心理障碍，体验成功的乐趣。

(3)①易犯错误一：蹬地与拉压杠配合不协调，不能成正撑。

纠正方法：加强握力和臂力的锻炼；利用跳箱盖或增加垫子高度练习；加强保护与帮助，让学生体会上杠的动作要领。

【设计理由】水平二的学生进行跳上成正撑技术动作练习时，由于上肢力量不足，以及身体的协调性差，出现蹬地与拉压杠配合不协调，不能成正撑的问题。学生需要通过握力、臂力的练习增加上肢力量，同时在教师的保护与帮助下，体会上杠的动作要领。

②易犯错误二：支撑时屈臂、塌肩、屈髋。

纠正方法：在教师帮助下体会直臂、顶肩、挺身练习。

【设计理由】水平二的学生进行跳上成正撑技术动作练习时，由于上肢力量不足，练习时往往出现耸肩屈肘的现象，需要在教师的帮助下进行直臂、顶肩、挺身练习。

③易犯错误三：前翻下时，展髋，腹部离杠。

纠正方法：前翻下时收腹、低头，站在杠后稍压腿，防止展髋；反复进行支撑前倒成屈膝腹部挂杠练习，在有旁人的帮助下做屈臂屈腿前翻下。

【设计理由】前翻下时，学生会出现展髋、腹部离杠的错误动作，为了防止出现此类错误，首先教师需要在学生练习时提示其收腹、低头，使学生加强对动作要领的理解；其次学生通过反复的练习支撑前倒成屈膝腹部挂杠或在有旁人的帮助下做屈臂前翻下，避免错误动作的出现，造成损伤。

④易犯错误四：前翻下时，重心后移，在杠上不能翻下。

纠正方法：上体前倾时，教师提示低头、重心前移。

【设计理由】前翻下时，学生会出现重心后移，在杠上不能翻下的现象，教师可通过语言提示，强调低头、重心前移等事项加强学生对正确动作的理解。

31. (1)重复排列是指一个图形向左右、上下有规律地重复排列，就会形成一个新图形。重复能够加深对形象的印象，形成有规律的节奏感、统一感。

(2)教学目标

①审美感知：了解平面构成的排列方法，探索其规律，提高审美素养。

②艺术表现、创意实践：通过赏析与实践，探究图案排列、重复的规律，学会设计简单的重复图案。

③文化理解：通过观察生活中多种多样的图案，发现生活中的美，将艺术与生活紧密相连，从而培养热爱生活、善于观察的好习惯。

(3)新课讲授

①直观感知

教师引导学生思考:在我们的日常生活和大自然中,有哪些是重复排列的?

学生思考并回答。(空中飞翔的鸟、路边的树木)

教师总结,同时展示《凤戏牡丹》等图。

【设计理由】引导学生寻找身边的重复图案,结合生活实际把复杂知识简单化,帮助学生加深对重复排列的理解。

②开拓思维,创作表现

教师继续展示图片,并提问:它们是怎样重复排列的?

学生思考回答:向下、向上、向左、向右。

教师引导学生实践并探究:相同图形,变换不同的排列方式,最终得到的形象相同吗?

学生实践后回答。

教师总结指导(改变方向、改变颜色):一个图形向左右、上下有规律地重复排列,就会形成一个新图形。

【设计理由】引导学生动手操作,尝试变换重复图案的排列方式,有助于对比发现其规律,加深对重复排列的理解。

③实践展评

A. 尝试运用拼贴、绘画、剪贴等方法设计有重复规律的图案。

教师巡视辅导,鼓励学生尝试运用独特的排列方式进行排列与设计。

B. 通过自评、互评、师评三种方式展评。(从构思、排列方式等方面进行点评)

【设计理由】鼓励学生大胆创新,尝试多种排列方式,培养学生的设计意识,并引导学生将设计与生活相联系。

国家教师资格考试预测试卷(十三)

一、单项选择题

1. D 【解析】教育更新、创造文化的功能主要表现在两个方面:(1)教育通过培养具有创新精神和创造能力的人来发挥其文化创造的功能;(2)教育直接创造新的文化。21世纪的人们拥有新的科学技术、新的思想,这体现了教育在更新和创造文化方面的作用。

2. C 【解析】马克思主义认为教育起源于生产劳动,教育与生产劳动相结合是造就全面发展的人的唯一方法。

3. B 【解析】班级平行管理是指班主任通过对集体的管理去间接影响个人，又通过对个人的直接管理去影响集体，从而把对集体和个人的管理结合起来的管理方式。班级平行管理的理论源于马卡连柯的“平行影响”的教育思想。题干中的肖老师使用的班级管理模式为平行管理。

4. C 【解析】行动研究是指实际工作者(如教师)基于解决实际问题的需要，与专家、学者及本单位的成员共同合作，将实际问题作为研究的主题，进行系统的研究，以解决实际问题的一种研究方法。庞老师的研究是从具有实际意义的教学问题展开的，系统设计具体的措施和做法，并且在实践中验证和反思这些做法，这符合行动研究法的特点。

5. B 【解析】1922年，在北洋军阀统治下，留美派主持的全国教育会联合会以美国学制为蓝本，颁布了“壬戌学制”。由于采用美国式的六三三分段法，即小学六年、初中三年、高中三年，因此壬戌学制又称“新学制”或“六三三学制”。

6. B 【解析】无意想象又称不随意想象，是没有预定目的，不由自主产生的想象。题干中，伟华看到天上的浮云，他的脑海中出现了“骏马”“恐龙”等动物形象，这种想象属于无意想象。

7. A 【解析】A项采取的急救措施是错误的，应为：使溺水者俯卧，腰部垫高，头部下垂，用手压其背部。

8. A 【解析】实际锻炼法是有目的地组织学生参加各种实践活动，使其在活动中锻炼思想，增长才干，培养优良的思想和行为习惯的德育方法。题干引文的意思是：上天将要把重任降临到某人身上的时候，一定要先使他的意志遭受磨炼，使他的筋骨经受劳累，使他的身体忍受饥饿，使他的全身困苦疲乏，使他的行动总是遭受困扰麻烦。这样，便可使他的内心受到震动，使他的性格更加坚韧，从而增加他所未具备的能力。这强调的是实践锻炼的重要性，体现的德育方法是实际锻炼法。

9. B 【解析】依据情绪发生的强度、持续性和紧张度的不同，心理学家把情绪状态划分为心境、激情和应激三种。激情是一种爆发式的、猛烈而持续时间短暂的情绪状态。例如，狂喜、暴怒、恐惧、绝望、剧烈的悲痛等。题干中志君看到他喜欢的球队夺冠时欣喜若狂，此时他表现出的情绪状态属于激情。

10. A 【解析】前摄抑制是指先学习的材料对识记和回忆后学习材料的干扰作用。题干中强调先学习的汉语拼音“t”对后学习的英语字母的发音产生了干扰作用，这是受到了前摄抑制的影响。B项，倒摄抑制是指后学习的材料对保持和回忆先学习的材料的干扰作用。C项，消退抑制是指由于没有得到强化而发生的抑制。D项为干扰选项。

易错提示:考生易混淆前摄抑制和倒摄抑制,在做题时,需牢记前影响后,叫作前摄抑制;后影响前,叫作倒摄抑制。

11. A 【解析】刺激泛化是指机体对与条件刺激相似的刺激做出条件反应。被狗咬过的人不只害怕咬他的狗,还害怕所有的狗,即出现了刺激泛化。

方法技巧:泛化与分化易混淆,考生在做题时可以抓住关键词来进行区分。泛化:对事物相似性的反应(分不清);分化:对事物差异性的反应(分得清)。

12. D 【解析】反移情是咨询师把对生活中某个重要人物的情感、态度和属性转移到来访者身上的过程。题干中李老师听了晓阳讲述的故事后,内心里把晓阳当作自己的女儿,这一现象属于反移情。

13. B 【解析】教育的负向功能是指教育阻碍社会进步和个体发展的消极影响和作用。题干阐述的是标准化的教学对学生发展的消极影响和作用,即体现了教育的负向功能。

14. A 【解析】罗森塔尔效应是指教师的期望或明或暗地传送给学生,会使学生按照教师所期望的方向来塑造自己的行为。题干中教师用鼓励的话、信任的眼神、引起共鸣的手势或表情来表达对学生的期望,学生受到鼓舞从而取得显著的进步,这属于罗森塔尔效应。

15. C 【解析】德国教育家瓦·根舍因著有《范例教学原理》,倡导“范例教学”。所谓范例教学是指教师在教学中选择真正基础的本质的知识作为教学内容,通过“范例”内容的讲授,使学生举一反三、掌握同一类知识的规律和方法。所以,题干中李老师的教学方法体现了瓦·根舍因的教学理念。赞可夫提出了发展性教学理论;布鲁纳提出了结构主义教学理论,倡导发现学习;布卢姆提出了掌握学习理论。

16. A 【解析】道尔顿制是由美国教育家柏克赫斯特创建的一种新的教学组织形式。运用这种方法时,教师不再讲授,只为学生指定自学参考书、布置作业,由学生自学和独立完成作业后,向老师汇报学习情况和接受考查。题干中教师不系统教授知识,让学生自学并独立完成作业,教师只起辅助作用,这种教学组织形式属于道尔顿制。

17. B 【解析】课程实施的三种取向包括:(1)忠实取向;(2)相互适应取向;(3)创生取向。其中,相互适应取向者认为,课程实施过程是课程计划与班级或学校实际情境在课程目标、内容、方法、组织模式诸方面相互调整、改变与适应的过程,强调课程实施不是单向的传递、接受,而是双向的互动与改变。题干中,陈老师根据自己的经验、学生状况、实际需要等因素来调整自己的教学活动,属于教师对预定课程方案的积极改变,体现了课程实施的相互适应取向。

易错提示：考生易混淆课程实施的相互适应取向与创生取向，在做题时需注意，相互适应取向重在“可变”，即课程实施过程中可以对课程目标、内容、方法、组织模式诸方面相互调整、改变与适应，而判断创生取向的关键词是“创造性”。

18. A 【解析】直观性原则是指在教学活动中，教师应尽量利用学生的多种感官和已有的经验，通过各种形式的感知，使学生获得生动的表象，从而比较全面、深刻地掌握知识。题干中的王老师通过播放与课程内容密切相关的纪录片，让学生更直观、更真切地感受到课程内容，调动了学生学习的积极性，这一过程运用了直观性原则。

19. B 【解析】相对性评价的优点是甄选性强，因而可以作为选拔人才、分类排队的依据；缺点是不能明确表示学生的真正水平，不能表明学生在学业上是否达到了特定的标准，对于个人的努力状况和进步的程度也不够重视。

A项，个体内差异评价的优点是充分体现了尊重个体差异的因材施教原则，适当减轻了评价对象的压力。缺点是由于评价本身缺乏客观标准，因此，不易给评价对象提供明确目标，难以发挥评价的应有功能。

C项，绝对性评价可以衡量学生的实际水平，了解学生对知识、技能的掌握情况，宜用于升级考试、毕业考试和合格考试。它的缺点是不适用于甄选人才。

D项，形成性评价是在教学过程中为改进和完善教学活动而进行的对学生学习过程及结果的评价，是一种过程性评价。

20. C 【解析】古德莱德认为“课程”应分为五个层次：(1)理想的课程；(2)正式的课程；(3)领悟的课程；(4)运作的课程；(5)经验的课程。其中领悟的课程，即任课教师所领会的课程。故该题选C。

二、简答题(参考答案)

21. 简述影响注意转移的因素。

(1)原有注意的紧张度；(2)新的注意对象的特点；(3)大脑皮层神经兴奋过程和抑制过程相互转换的灵活性；(4)各项活动的目的性或第二信号系统的调节作用。

22. 简述我国新型师生关系的特点。

(1)尊师爱生；(2)民主平等；(3)教学相长；(4)心理相容。

23. 我国新一轮基础教育课程改革的具体目标有哪些？

(1)实现课程功能的转变；(2)体现课程结构的均衡性、综合性和选择性；(3)密切课程内容与生活和时代的联系；(4)改善学生的学习方式；(5)建立与素质教育理念相一致的评价与考试制度；(6)实行三级课程管理制度。

三、材料分析题(参考答案)

24. (1)根据材料描述可知，出现课堂失控，教师方面的主要原因是：

①教师的教学技能有待提升。高超的教学技能可以激发学生的学习兴趣和求知

欲，将注意力转移到课堂当中，课堂氛围活跃，调动学生的学习主动性。张老师的课堂氛围较为沉闷，学生学习兴趣不高，说明张老师的教学技能有待提升。

②教师的领导方式有待改进。教师是课堂教学的主导者，教师的领导方式是影响课堂氛围的重要因素。张老师面对课堂冲突束手无策，学生不服管教，说明张老师的领导方式需调整改进。

③教师威信不高。教师威信是指教师在学生心目中的威望和信誉。教师威信实质上反映了一种良好的师生关系，是教师成功地扮演教育者角色、顺利完成教育使命的重要条件。材料中课堂场面一度失控，张老师多次制止无效，学生依旧我行我素，说明张老师在学生心目中的威望不高。

(2)创设良好的课堂气氛可从以下方面入手：

①发挥教师的主导作用。教师在营造良好的课堂氛围的过程中起着主导作用。如果教师能精心组织课堂教学，巧妙把握语言艺术，善于用良好的情绪情感感染学生，处理课堂问题，就更容易创造出良好的课堂氛围。

②尊重学生的主体地位。创造良好的课堂氛围，关键在于教师能否切实调动学生学习的主观能动性，使学生真正成为学习的主体。因此，教师必须调动学生参与的积极性和主动性，让学生保持最佳的学习心态。

③构建和谐的师生关系。课堂中的师生关系，直接影响课堂气氛。建立和谐的课堂人际关系，是创设积极课堂气氛的基础。可以采取以下措施来使师生关系更加和谐：第一，师生民主平等；第二，树立一定的教师威信；第三，教师要关心爱护学生。

25. (1)材料中周老师耐心解答学生提出的问题是正确的教学行为，但是，周老师按既定教学设计讲授规定的内容不符合新课程的教学观，并且周老师对学生的评价是欠妥的。

①周老师对学生的问题耐心解答，体现了周老师重视学生的课堂提问，是正确的教学行为。

②教学不只是课程传递和执行的过程，更是课程创生与开发的过程。材料中，周老师按既定教学设计讲授规定的内容，忽视了学生的主体地位，将教学过程仅仅看作是教师向学生传授知识的过程，是不正确的教学行为。

③新课程倡导的评价理念是改变课程评价过分强调甄别和选拔的功能，发挥评价促进学生发展、教师提高和改进教学实践的功能。材料中，周老师的评价表达出学生有不懂的地方是上课没有专心听讲造成的，没有从自己和教学的角度思考问题的原因，不利于发挥学生学习的积极性，不利于学生的发展。

(2)新课程倡导的教学观的内容主要有以下几个方面：

①教学是课程创生与开发的过程。新课程所倡导的教学观认为教师和学生是课程的有机构成部分，是课程的创造者和主体，他们共同参与课程开发的过程。教学不只是课程传递和执行的过程，更是课程创生与开发的过程。

②教学是师生交往、积极互动、共同发展的过程。新课程强调教学是教与学的交往、互动，师生双方相互交流、相互沟通。在这个过程中，教师与学生分享彼此的思考过程、经验和知识，交流彼此的情感、体验与观念，丰富教学内容，求得新的发现，从而达成共识、共享、共进，实现教学相长和共同发展，彼此形成一个真正的"学习共同体"。

③教学重过程甚于重结论。教学的目的之一就是使学生理解和掌握正确的结论。但是，如果学生不经过一系列的质疑、比较与判断以及相应的分析、综合等认识活动，就难以获得结论，也难以得到真正的理解和巩固。因此，教学不仅要重结论，更要重过程。

④教学更为关注人而不只是学科。新课程强调以人为本，关注人是新课程的核心理念。"一切为了每一位学生的发展"意味着在教学中，教师应关注每一位学生，关注学生的情绪生活和情感体验，关注学生的道德生活和人格养成。

四、教学设计题（参考答案）

26.（1）汉语拼音教学的方法

汉语拼音教学的一般步骤包括：出示声母（或韵母），读准声母（或韵母），拼读音节，指导书写等步骤，其中拼读和书写两个步骤的顺序不固定，可以先教拼读，也可以先教书写。

①借助情境或语境学习声母、韵母。借助"情境图""语境歌"将学生已有的口语经验、相关的生活经验与所学的字母联通、匹配，化难为易、寓学于乐，提高汉语拼音教学效率。

②借助游戏演练，教学生拼读音节。可先教会学生掌握拼读规律，然后运用声母、韵母找朋友的游戏进行演练，寓教于乐，提高学生的拼读能力。

③激发学习兴趣，提高拼音教学效率。教学方式要生动活泼，可采用图片、录音、录像、多媒体等手段，宜多采用游戏和活动的形式。这样寓练习于游戏、活动之中，寓教于乐，能激发学生的学习兴趣，使之在欢快的气氛中学习汉语拼音，从而提高汉语拼音教学效率。

（2）教学目标

①学会ɑ、o、e三个单韵母，认清形、读准音；认识声调符号，掌握ɑ、o、e的四个声调，并能直呼；认识书写汉语拼音的四线三格及基本笔画，能正确书写ɑ、o、e三个单韵母。

②通过看图说话揭示学习内容；通过探索，找到隐藏在插图中的字母的形，在模拟唱歌、打鸣的活动中读准字母的音；通过互动游戏巩固字母的音和形。

③激发学习汉语拼音的兴趣，培养良好的写字习惯。

④联系实际，创设情境，感受汉语拼音的丰富内涵。

(3)教学游戏设计

①儿歌诵读

目的：用儿歌辅助学生轻松愉快地读准音、认清形。

准备：儿歌、课文投影。

儿歌1：小姑娘，圆圆脸蛋马尾辫，张大嘴巴ɑ、ɑ、ɑ；大清早，太阳出来红彤彤，公鸡唱歌o、o、o；池塘里，游来一只大白鹅，水中倒影e、e、e。

儿歌2：圆脸小姑娘，小辫头上扎，ɑ、ɑ、ɑ；一只大公鸡，清早喔喔啼，o、o、o；一只大白鹅，水里来唱歌，e、e、e。

儿歌3：娃娃唱歌，嘴巴张大ɑ、ɑ、ɑ；公鸡打鸣，嘴巴圆圆o、o、o；白鹅照镜，嘴巴扁扁e、e、e。

方法：老师带领学生诵读儿歌。

②收信游戏

目的：巩固ɑ、o、e四声的认读。

准备：ɑ、o、e分别加上四声的卡片。

方法：老师引导："我这里有几封信，要送到小朋友手里。收到信的小朋友只要把信的内容念出来，这封信就是你的了。"学生(齐)："丁零零，丁零零，邮递员阿姨(叔叔)来送信。小小信封收到后，请你念给大家听。"

在学生读儿歌的同时，老师本人或请一位学生来给大家分发书信(卡片)。拿到卡片后，相应的学生要上台来举起卡片带领大家认读拼音。如果学生读对了拼音，大家就一起跟他拼读，并说"对对对，快收信"；如果他读错了，大家就说"错错错，没人收"，然后再请一位学生来帮助遇到困难的学生重新进行认读。

本游戏可以反复进行多次，让更多的学生获得带领大家认读卡片的机会。这样既能激起学生学习拼音的兴趣，又能锻炼他们合作学习的能力。

③角色表演

目的：巩固ɑ、o、e音和形的识记。

准备：头饰(头饰上写ɑ、o、e)。

方法：请一名学生戴着拼音字母头饰上台。他一边用肢体动作展示ɑ、o、e等字母的形状，一边介绍自己，然后请其他学生读出他头饰上的字母，和他交朋友。比如，学生说:“同学们好,我是ɑ,你们愿意和我做朋友吗?”其他的学生则大声地说:“ɑ、ɑ、ɑ,你好! 我们愿意和你做朋友!”

27.(1)原理

我们知道自然数以“1”为标准,逐次加1而组成自然数序列。例如,“5”是由5个“1”组成的,所以任意两个自然数是可以相加减的,2+5表示2个“1”和5个“1”相加,结果为7,就是7个“1”。但是分数不同,分数没有固定的单位,不同分数有不同的分数单位,例如,$\frac{4}{7}$表示4个$\frac{1}{7}$相加,$\frac{3}{5}$表示3个$\frac{1}{5}$相加,但是$\frac{4}{7}$与$\frac{3}{5}$不能直接相加,因为两个分数的分数单位不同。简单来说,5米加3米等于8米,但是5米不能直接和3厘米相加,需要统一换算成米或者厘米才能相加减。同理,异分母分数相加减的时候也要统一单位,也就是将分母进行统一。

算法:先将异分母分数通分,然后按照同分母分数加、减法的计算方法进行计算。

(2)教学目标与教学重、难点

①教学目标

A. 通过观察、归纳,理解异分母分数加、减法的算理,并能正确计算异分母分数的加、减。

B. 运用类比的方法探索新知,培养推理能力和概括能力。

C. 渗透转化的数学思想,感受数学知识在生活中的应用。

②教学重点:探索异分母分数加、减法的计算方法,能准确进行异分母分数加、减计算。

教学难点:理解异分母分数加、减法的算理。

(3)教学环节

①复习导入

大家回忆一下,两周前,老师布置的一项调查、收集资料的作业:调查自己生活的社区主要有哪些生活垃圾,每种垃圾大约占生活垃圾的几分之几。

②讲授新知

A. 提出问题

学生将课前调查的情况进行交流。(触发联想,让异分母分数加、减法的教学融入环境教育中)

(多媒体展示例1)

师:我们知道纸张和废金属是垃圾回收的主要对象,它们在生活垃圾中共占几分之几呢?

学生列出算式：$\frac{3}{10}+\frac{1}{4}$。

B. 计算 $\frac{3}{10}+\frac{1}{4}$

第一步：小组探讨 $\frac{3}{10}+\frac{1}{4}$ 的算法。教师巡视，然后将学生中的几种不同算法列到黑板上。

第二步：集体评价。让学生分别对上述几种计算方法进行评价。达成共识：先找10和4的最小公倍数，通分后再相加，单位不同的两个分数是不能直接相加的。

第三步：归纳异分母分数加法的计算方法。在集体评价的基础上，教师说明：由于10和4的最小公倍数是20，所以把圆平均分成20份，这样 $\frac{3}{10}$ 变成 $\frac{6}{20}$，$\frac{1}{4}$ 变成 $\frac{5}{20}$，所以 $\frac{3}{10}+\frac{1}{4}$ 变成 $\frac{6}{20}+\frac{5}{20}$。在学生归纳的基础上，教师请学生打开教材，让学生将自己表述的语言和教材上的文字语言进行对照，学会用简明扼要的语言归纳异分母分数加法的计算方法。

③巩固新知

设置练习题，学生利用已有经验验算，学生完成后，集体讲评，然后请学生讲述计算的过程。

在学生说算法的基础上，教师引导归纳：异分母分数相减，也是先通分再相减。接着归纳异分母分数加、减法的计算方法。

让学生自己归纳，然后在全班交流，最后老师小结：异分母分数加、减法的计算方法是先通分，然后按同分母分数加、减法的计算方法进行计算。

④课堂小结

本节课我们研究了异分母分数加、减法的计算方法。一般情况下，异分母分数相加减时，先通分，转化成同分母分数，然后按同分母分数加、减法的计算方法进行计算。注意在通分时，为了计算简便，应选择两个分母的最小公倍数作公分母。

⑤作业布置

对不同层次的学生分层次布置作业。

课后第1～3题为必做题，探究题第5题为选做题。

28. (1)Teaching Key and Difficult Points

Teaching key point:

Students can master the expression of the days of a week and the usage of the new sentence patterns.

Teaching difficult point:

Students are able to describe what they do on some special days in their daily life.

(2)Teaching Objectives

①Students can listen, read, speak and write the new words about the week and courses: Monday, Tuesday, Wednesday and so on; Chinese, maths, English and so on.

②Students can master the new sentence structures:

"What do you have on...? I have...on..."

"I have...on... Is it...?"

③Students can describe the weekend freely and know how to arrange the activities.

④Students can get interested in their school life and their team spirit can be improved.

(3)Warm-up and lead-in

①Play the song *Days of the Week*, and ask students to sing with it. Then teach students the new words about the week.

②Free talk: Show a timetable and ask students some questions, for example, "It's nine o'clock now. What class do you have?". After students answer the questions, the teacher can design a free talk, show some pictures of different lessons and encourage students to describe them. Then invite some volunteers to share ideas with others.

【设计理由】播放歌曲可以为学生创造轻松的学习环境,激起学生的学习兴趣,有利于学生快速进入英语的学习氛围中;自由讨论可以帮助学生熟悉本堂课的话题,同时明确学习任务。

Practice

①Fast reaction

The teacher uses gestures to express 1 to 7 and the students quickly say the corresponding word. For example, teacher says "1" with a gesture and the students quickly say "Monday". And when the teacher asks students the question "What do you have on Monday?", the students speak the different course names.

【设计理由】快速反应回答出星期几的名词,可以帮助学生巩固有关星期的单词;回答教师的问题,可以帮助学生巩固有关课程的单词。

②Group work

Students take turns in a group of four to say which day they like and why they like it. The conversation can be "I like Wednesday. Because I have music on Wednesday."

【设计理由】小组讨论活动可以提高学生的口语表达能力，有利于培养学生的交际意识。

29.（1）《大雨和小雨》是一首五声宫调式、$\frac{2}{4}$拍的歌曲。它的旋律流畅、节奏简单，富有儿歌特点。歌词模仿了大雨哗啦啦和小雨淅沥沥的声音，并用拟人的手法通过小草笑嘻嘻隐喻了雨水对生态平衡的重要作用。歌曲音乐形象鲜明，富有童趣，节奏以四分音符、八分音符为主，简单、易学，适合小学低年级学生开展节奏与节拍的训练。歌曲有两个乐句，第一乐句中采用了模进的方式，旋律下行，进行大雨与小雨的对比。第二个乐句延续了第一乐句的音乐素材，其中的“哗啦啦”和“淅沥沥”在演唱中通过有弹性的演唱表现雨滴的特点。整首歌曲以三度、二度音程为主，只有在第一、二小节中间出现了四度音程，在两个乐句间出现了五度大跳音程。歌曲通过力度的变化表现了自然界中大雨和小雨的特点。

（2）教学目标

①审美感知、文化理解：通过学唱歌曲，提升对音乐的兴趣，培养对大自然的热爱之情。

②创意实践：通过模仿、体验、合作等方式学唱歌曲，将声势动作加入演唱当中。

③艺术表现：感受歌曲中的强弱变化；能够在教师的指导下控制演唱的力度，进而生动地演唱歌曲《大雨和小雨》。

（3）教学活动

①视唱大雨和小雨的旋律，体会音高的变化

A. 大雨是怎么唱的？小雨是怎么唱的？听一听，除了强弱不同，还有什么不同？

教师活动：出示歌谱，结合柯尔文手势范唱歌谱。

学生活动：感受音高的不同，边做柯尔文手势，边视唱歌谱。

B. 跟琴唱词，模仿雨点的音响，注意声音的弹性。

C. 师生接龙唱。（唱词）

教师活动：带唱“大雨”“小雨”“大雨、小雨”。

学生活动：分成“大雨”“小雨”两组，分别演唱“哗啦啦”“淅沥沥”。

D. “大雨”“小雨”一起唱，初步感受和声的效果。

教师活动：教师带唱“大雨小雨”。

学生活动：两个声部同时演唱“哗啦啦”“淅沥沥”，初步感受和声的效果。

【设计理由】采用听唱法及先谱后词的学唱顺序，培养学生的读谱能力，指导学生在演唱的同时拍打节奏，感受节拍，进而简单学唱歌曲旋律，以唤起对歌曲的热爱。

这样做的目的是力求指导学生用最短的时间唱会歌曲。

②学唱第二乐句,完整演唱歌曲

A. 视唱旋律,结合谱例感受旋律要素的重复。

B. 用声音和表情表现小草雨后的喜悦。

C. 跟着钢琴伴奏,演唱歌曲。

教师活动:钢琴伴奏。

学生活动:集体齐唱歌曲,请同学从节奏、音准等方面评价刚才的演唱。

D. 加入击拍动作,演唱歌曲。(跟伴奏)

30. (1)教学重、难点

教学重点:右臂向前上方伸直,手腕前屈,食指和中指用力拨球,通过指端将球投出。

教学难点:上、下肢协调用力。

(2)教学目标

①通过学习,知道单手肩上投篮的动作要领,能基本掌握单手肩上投篮的技术动作。

②通过练习,发展腰腹力量、上肢力量和手指力量,提高身体协调性。

③养成良好的竞争意识和积极进取的精神;在学练中,培养良好的交往与合作能力,提高练习时的专注度。

(3)技术教学环节设计

①教师讲解并示范单手肩上投篮的动作要领

A. 教师利用教学视频展示单手肩上投篮的动作集锦;

B. 教师正面、侧面示范单手肩上投篮的技术动作;

C. 教师讲解单手肩上投篮的技术动作要领;

D. 教师邀请学生配合示范并讲解单手肩上投篮的技术动作要领。

【设计理由】由浅入深地讲解,帮助学生建立正确的动作表象。

②学生分组,教师指导学生练习

A. 教师根据学生人数进行分组,并强调练习安全和注意事项;

B. 小组长带领组员练习,教师巡回指导;

C. 教师再次强调动作要领,并做动作示范;

D. 学生分组继续练习,教师巡回指导。

【设计理由】增加练习次数,加强肌肉的动作记忆。

③学生展示,教师纠错并指导

教师邀请学生展示,并对错误动作纠正和指导。

【设计理由】纠正练习中发生的错误动作,加深对正确动作的理解。

④学生分组,教师指导学生练习

组长带领学生进行有任务目标的练习,教师巡回指导。

【设计理由】巩固练习,提高对技术动作的掌握程度。

⑤组织教学比赛

教师组织"团队之星投篮比赛"。每组每名同学投篮5次,哪组投篮进球的数量多则获胜。

【设计理由】检验掌握技能的程度,活跃课堂气氛,建立同学之间的友谊。

31. (1)①色相指色彩的相貌,是区别色彩种类的名称。②光谱上的色光带成条状,秩序分明,为了研究与运用方便,通常把其联结成环状,即色相环。③基础色相有红、橙、黄、绿、蓝、紫六种。

(2)教学目标

①审美感知:了解色相的基本概念,能够利用自己对色相的理解创作一幅作品。

②艺术表现、创意实践:通过欣赏色彩丰富的艺术作品与创作实践,掌握色相在艺术创作中的表达方式。

③文化理解:体会色彩的美感,提高学习美术的兴趣。

(3)新授环节

活动一:交流探讨、认识四季

师:同学们,四季指什么?四个季节给你的感受是什么?

学生自由回答。

师总结:四季是指一年中四个不同的季节,分别为春、夏、秋、冬。春天,冰化了,草绿了,天气暖和了;夏天,天气闷热,经常下雨;秋天,农作物丰收了;冬天,天气寒冷,经常下雪。

【设计理由】通过提问,引出关于"四季"的问题,激发学生的学习兴趣。

活动二:四季色相引发联想

教师用多媒体展示"四季的颜色"图片,学生观察。

师:同学们,在你们心中,四季分别是哪个色相呢?

学生分组讨论,每组派一个代表发言。

师总结:春天的色相可以是绿色,因为花草树木发芽了;夏天的色相可以是红色,因为夏天像个大火炉;秋天的色相可以是金黄色,因为秋天收获了许多金黄色的种子;冬天的色相可以是白色,因为冬天有白色的雪。让我们根据自己对四季色彩的联想创作出最喜欢的季节吧!

【设计理由】通过欣赏图片,引发学生的联想,开拓学生的思路,同时激发学生的创作欲望。

国家教师资格考试预测试卷(十四)

一、单项选择题

1. B 【解析】社会本位论的观点有:(1)从社会发展需要出发,注重教育的社会价值;(2)主张教育的目的是培养合格公民和社会成员;(3)教育是国家的事业;(4)评价教育要看其对社会的发展贡献的指标。题干中提到教育的目的就是使青年社会化,这体现了社会本位论的观点。

2. D 【解析】陶行知提出了生活教育理论,“生活即教育”是生活教育理论的核心,它主张以人类的生活作为教育内容,在生活实践中接受教育。杜威提出了“教育即生活”“学校即社会”的理论主张。故本题选D。

3. D 【解析】道德意志是个体自觉地调节道德行为,克服困难,以实现预定道德目标的心理过程。道德认知是指对于道德行为规范及其意义的认识。孩子认识到拿别人的东西是不对的,说明其道德认知是正确的;但抵不住诱惑,说明他们的意志不坚定,不能够克服种种困难达到目标。所以,应该加强对他们道德意志的培养。

4. D 【解析】教育调查法是指研究者通过问卷、访谈等方式,有目的、有计划地搜集研究对象的有关资料,对取得的第一手资料进行整理和分析,从而揭示事物本质和规律,寻求解决实际问题的方案的研究方法。要想了解家长对小学生参加劳动所持的态度,最适宜的研究方法是调查法,可通过问卷调查和访谈调查进行。

5. B 【解析】凡是6周岁到14周岁的少年儿童,愿意参加少先队,愿意遵守队章,向所在学校少先队组织提出申请,达到入队要求后,经批准,就成为队员。

6. B 【解析】螺旋式是指在不同阶段、单元或不同课程门类中,使课程内容重复出现,逐渐扩大知识面,加深知识难度,使之呈现“螺旋式上升”的形状。依照螺旋排列式设计的课程在学习的深度和广度上是不同的。题中学生在小学和中学阶段所学数学知识的深度不同,这种课程内容组织形式属于螺旋式。

7. A 【解析】蜈蚣会分泌酸性毒液,被蜈蚣咬伤后,应立即用淡碱水或肥皂水、石灰水冲洗伤口,然后涂上较浓的碱水或3%浓度的氨水。

8. D 【解析】强化物是指能增强行为频率的刺激或事件。在选择强化物时,可以遵循普雷马克原理,又称为“祖母法则”,即用高频活动作为低频活动的有效强化物。

在运用此原理时需注意,行为和强化的关系不能颠倒,必须先有行为,再有强化。根据普雷马克原理可知,最合理的安排是用玩游戏这个高频活动来强化写作业这一低频活动。即当孩子完成作业后,就奖励他玩游戏,以此增加孩子认真完成作业这一行为的出现频率。故本题选D。

9. D 【解析】逆向迁移是指后继学习对先前学习产生的影响。题干中小明后学习的英语语法,加深了他对先前学的中文语法的理解,这种现象属于逆向迁移。

10. B 【解析】隐性课程亦称潜在课程、自发课程,指学生在学校情景中无意识地获得的经验、价值观、理想等意识形态内容和文化影响。隐性课程的主要表现形式有观念性隐性课程、物质性隐性课程、制度性隐性课程、心理性隐性课程。其中,观念性隐性课程包括隐藏于显性课程之中的意识形态,学校的校风、学风,有关领导与教师的教育理念、价值观、知识观、教学风格、教学指导思想等;心理性隐性课程主要包括学校人际关系状况,师生特有的心态、行为方式等。所以,题干所述主要体现了隐性课程的影响。

11. D 【解析】强迫症包括强迫观念和强迫行为。其中,强迫行为是指当事人反复去做他不希望执行的动作,如不这样想、不这样做,就会感到极端焦虑。常见的强迫行为的表现有:(1)强迫性计数;(2)强迫性洗涤;(3)强迫性自我检查;(4)刻板的仪式性动作或其他强迫行为。题干中学生反复地计算身边的事物的数量属于强迫性计数的表现。

12. A 【解析】注意的稳定性是指注意保持在某一对象或某一活动上的时间长短特性。注意的稳定性分为狭义的注意稳定性和广义的注意稳定性。其中,广义的注意稳定性是指注意保持在同一活动上的时间。广义的注意稳定性并不意味着注意总是指向同一对象,而是指当注意的对象和行动有所变化时,注意的总方向和总任务不变。例如,上课时学生既要听教师讲课,又要记笔记,还要看实验演示或幻灯片等。但所有这些行为都服从于听课这一总任务,因此,他们的注意是稳定的。故本题选A项。

13. C 【解析】玛勒斯等人认为职业倦怠主要表现为三个方面:(1)情绪耗竭,指个体情绪情感处于极度的疲劳状态,工作热情完全丧失;(2)去人性化(去人格化),即刻意在自身和工作对象间保持距离,对工作对象和环境采取冷漠和忽视的态度;(3)个人成就感低,表现为消极地评价自己,贬低工作的意义和价值。题干中的刘老师消极地评价自己,并认为工作是枯燥无味的繁琐事务,符合个人成就感低的特点。故本题选C项。

14. A 【解析】情绪记忆是个体以曾经体验过的情绪或情感为内容的记忆。它是个体将过去经历过的情绪或情感体验保存在记忆中，并且在一定条件下，这种情绪或情感被重新体验到的过程。题干中强调小丽听到自行车铃声就会回忆起当时的害怕情绪，故这种记忆属于情绪记忆。

15. C 【解析】我国学者申继亮等人采用内隐理论的研究范式，对教师的教学能力进行了系列研究，把教师的教学能力分成以下几方面：(1)教学认知能力，指教师对所教学科的定理、法则和概念等的概括化程度，以及对所教学生的心理特点和自己所使用的教学策略的理解程度。(2)教学操作能力，指教师在教学中使用策略的水平，其水平高低主要看他们是如何引导学生掌握知识、积极思考、运用多种策略解决问题的，它是教师课堂教学能力的集中体现。(3)教学监控能力指教师为了保证教学达到预期的目的而在教学的全过程中，将教学活动本身作为意识对象，不断对其进行积极主动的计划、检查、评价、反馈、控制和调节的能力。题干表述符合教学监控能力的内涵，本题选C。

教学效能感一般指教师对自己影响学生行为和学习结果的能力的一种主观判断，分为一般教学效能感和个人教学效能感。一般教学效能感指教师对教与学的关系、教育在学生身心发展中的作用等问题的一般看法和判断；个人教学效能感指教师认为自己能够有效地影响学生，相信自己具有教好学生的能力。B项与题意不符，排除。

16. A 【解析】群众性活动是一种面向多数或全体学生的带有普及性质的活动。活动的规模常根据活动的目的、内容而定。它的具体活动方式有以下几种：集会活动；竞赛活动；参观、访问、游览和调查活动；文体活动；墙报和黑板报活动；社会公益劳动；主题系列活动等。题干中的参观、游览活动属于群众性活动。

17. A 【解析】瑞士著名心理学家皮亚杰采用"对偶故事法"对儿童道德判断的发展进行研究，发现并总结出了儿童道德认知发展的总规律，即儿童道德的发展经历从他律到自律的转化发展过程。他律水平和自律水平是儿童道德判断的两级水平，而10岁是儿童从他律道德向自律道德转化的分水岭。10岁前儿童对道德行为的思维判断主要依据他人设定的外在标准，也就是他律道德；10岁以后儿童对道德行为的思维判断大多依据自己的内在标准，也就是自律道德。

18. D 【解析】在教学中，学生是学习的主人，具有主观能动性，教师要充分发挥学生主体参与教学的能动性。题干中，周老师充分发挥学生在学习过程中的主动性和积极性，激发学生的学习兴趣，营造和谐的学习氛围，体现了学生主体作用的发挥。

19. A 【解析】翻转课堂就是在信息化环境中，课程教师提供以教学视频为主要形式的学习资源，学生在上课前完成对教学视频等学习资源的观看和学习，师生在课堂上一起完成作业答疑、协作探究和互动交流等活动的一种新型的教学模式。题干中，学生先在家观看视频完成学习，然后在课堂上和同学、老师一起进行讨论交流，这种教学组织形式属于翻转课堂。

B项，开放课堂又称开放教学，其特点是教师不再分科系统地按照教材传授知识，而是为学生创造学习环境，由学生根据自己的兴趣在教室或其他场所自由活动或学习。

C项，“慕课(MOOC)”是Massive Open Online Courses的英文首字母缩写的中文音译，意为大规模开放在线课程。

D项，“微课”是指按照新课程标准及教学实践要求，以视频为主要载体，记录教师在课堂内外教育教学过程中，围绕某个知识点(重点、难点、疑点)或教学环节而开展的精彩的教与学活动的全过程。

20. C 【**解析**】个体内差异评价是将被评价者的过去和现在进行比较，或将评价对象的不同方面进行比较。题干中小王将自己本学期的考试成绩与上学期进行对比分析，这属于个体内差异评价。

二、简答题(参考答案)

21. 简述个体自我意识发展的历程。

个体自我意识的发展经历了从生理自我到社会自我、再到心理自我的过程。

(1)生理自我(自我中心期)。生理自我是自我意识最原始的形态，在3岁左右基本成熟。

(2)社会自我(客观化时期)。儿童在3岁以后，自我意识的发展进入社会自我阶段。社会自我至少年期基本成熟。

(3)心理自我(主观自我时期)。心理自我是在青春期开始发展和形成的。

22. 简述《小学教师专业标准(试行)》的基本理念。

(1)师德为先；(2)学生为本；(3)能力为重；(4)终身学习。

23. 教学过程有哪些基本规律？

(1)间接经验与直接经验相结合的规律(间接性规律)；(2)教师主导作用与学生主体作用相统一的规律(双边性规律)；(3)掌握知识和发展智力相统一的规律(发展性规律)；(4)传授知识与思想品德教育相统一的规律(教育性规律)。

三、材料分析题(参考答案)

24. (1)李老师的教学行为是错误的，应引以为戒。

①新课程倡导的学生观认为学生是具有独立意义的人，具体表现为每个学生都是独立的、不以教师的意志为转移的客观存在。学生是学习的主体。材料中，李老师

让学生续写故事，却否定了学生的回答，没有尊重学生的主体地位，打击了学生的学习积极性。

②新课程改革倡导发展性评价。材料中，李老师对学生的评价没有从学生的角度出发，单方面否定了学生的观点，限制了学生的思维，不利于学生的发展。

③在对待师生关系上，新课程强调尊重、赞赏。材料中，李老师嘲讽学生是“井底之蛙”，没有尊重学生的人格。

(2)如果我是这位老师，我会通过以下策略进行改变：

①提高自身素质。教师的道德素养、知识素养和能力素养是学生尊重教师的重要条件，也是教师提高教育影响力及威信的保证。我会努力提高自身各方面的素质和修养，用高尚的品德、丰富的知识、高超的教育教学能力，重新赢得学生的尊重和爱戴。

②树立正确的学生观。新型学生观倡导学生是发展的人，学生是独特的人，学生是具有独立意义的人。因此，我会在教育教学中，重视学生的主体地位，尊重学生的想法，给每一位学生发言的权利。

③以平等的态度对待学生，发挥教师的促进者的作用。在教育教学实践中，尊重学生的观点和想法，不以“权威”自居。鼓励学生发表不同意见，培养学生敢于质疑的精神，激发学生学习的积极性，创设让学生提出疑问的安全的心理环境，对学生的提问加以引导，而不是片面地否定。我还会以讨论、协商的方式解决有争议的问题，允许学生持有不同想法，促进自己和学生之间的良性互动，营造轻松、民主的教学氛围。

25. (1)从学生角度看，小李老师的做法是错误的。理由如下：

①学生是发展中的人，具有巨大的发展潜能。当学生回答迟疑时，小李老师马上替学生说出答案的做法，忽视了学生是发展中的人，没有看到学生的发展潜能。

②学生是独特的人，学生与成人之间存在着巨大的差异。小李老师用成人的标准看待三年级学生，忽视了学生的独特性。

③学生是具有独立意义的人，学生是学习的主体。小李老师在教学过程中以自我展示为主，忽视了学生主体性。

(2)①遵循小学生身心发展规律；②教师要关心爱护学生；③教师要帮助学生养成良好的学习习惯；④教师要鼓励学生，多表扬学生；⑤教师要协调多方面教育影响；⑥教师要充分发挥学生的主动性和创造性。

四、教学设计题(参考答案)

26. (1)《静夜思》没有奇特新颖的想象，没有华美的辞藻，只是用叙述的语气，写远客思乡之情，然而它却意味深长，耐人寻味。因此，千百年来，一直深深地吸引着读者。秋月是分外光明的，又是十分清冷的。对孤身远客来说，最容易触动思乡情怀。凝望着月亮，容易使人产生遐想，想到故乡的一切，想到家里的亲人。全诗从“疑”到“举头”，从“举头”到“低头”，鲜明地勾勒出一幅生动形象的月夜思乡图，抒发了作者在寂静的月夜思念家乡的感情。

(2)教学目标

①会认、会写课后要求的生字，认识新偏旁“夂”；正确、流利、有感情地朗读、背诵这首古诗。

②理解“疑”等重点字的意思，并能用自己的话说说古诗的意思。

③反复阅读古诗，体会作者浓浓的思乡之情。

④感受诗中的美好意境，激发对中华优秀传统文学作品的热爱之情。

(3)教学导入

猜谜导入，揭示课题：老师知道，咱班小朋友的肚子里装着很多诗，称你们为小诗人一点儿也不过分。那么，小诗人们，今天老师给大家带来了一则谜语，请你们猜一猜。

有时落在山腰，有时挂在树梢，

有时像面圆镜，有时像把镰刀。

(谜底：月亮)

小朋友们，你们喜欢月亮吗？从古至今，有许多诗人和你们一样也很喜欢月亮，今天，我们就来学习一首关于月亮的古诗——《静夜思》。会背这首诗的请举手！能不能背给老师听听？(生背)你们知道这首诗是谁写的吗？(播放李白的相关视频，认识唐代诗人李白)今天咱班的小诗人们要好好地学习大诗人李白的《静夜思》。

27. (1)数感主要是指于数与数量、数量关系及运算结果估计的直观感悟。数感的培养需要在教学中潜移默化地进行，经历一个逐步建立、发展的过程。培养小学生的数感应该做到以下几个方面：

①重视低年级学生对数感的建立，在数感培养的过程中处理好阶段性和发展性的关系。

②紧密结合现实生活情境和实例培养学生的数感。

③让学生多经历有关数感形成的活动过程，逐步积累数感经验。

(2)教学目标

①认识计数单位“万”“十万”“百万”“千万”“亿”，知道亿是一个大数，培养数感；知道亿以内相邻两个计数单位间的关系。

②经历对旧知识的复习过程，进行知识的迁移；通过大胆探索，掌握规律，培养抽

象、归纳能力。

③通过运用数学知识解决一些简单的生活问题，体会数学与日常生活的联系，激发学习数学的兴趣；通过具体的教学情境，提高观察、分析的能力，培养合作交流的意识以及自主探究的精神。

（3）教学环节

①情境导入

教师引入：我们已经学习了“万以内的数”，但在日常生活和生产中，我们还经常用到比万大的数。今天我们一起来学习“亿以内数的认识”。

PPT展示我国2020年第七次人口普查的数据。

师：这些是我国2020年第七次人口普查的数据，都是比万大的数，要认识这样的大数首先要认识比万还要大的计数单位。那么，请同学们先回忆一下我们学过的计数单位都有哪些。

预设学生回答：个、十、百、千、万。（教师板书）

【设计理由】采用生活中的实例，使学生初步了解大数，知道新知识在实际生活中的用途。

②新知探究

活动一：教师带领学生观察多媒体课件中计数器上面珠子的个数，并引导学生学习计数器中珠子个数与计数单位的关系以及如何进位等内容。

师小结：每相邻两个计数单位之间的进率都是10的计数方法叫作十进制计数法。计数单位按照一定的顺序排列起来，它们所占的位置叫作数位。到现在为止，我们所学的计数单位有个、十、百、千、万、十万、百万、千万、亿。（课件展示概念）

师：有谁知道这些计数单位的数位？

预设学生回答：个位、十位、百位、千位、万位、十万位、百万位、千万位、亿位。

活动二：教师引导学生在练习本上将数位按照从小到大、从右到左的顺序进行排序，之后请学生板书，教师进行点评和指导。

教师小结：刚才我们制作的是数位顺序表，按照我国的计数习惯，从右起也就是从个位起，每四个数位为一级，个位、十位、百位、千位是个级，表示多少“个”；万位、十万位、百万位、千万位是万级，表示多少个“万”；亿位和亿位以上的数位是亿级，表示的是多少个“亿”。

（教师进一步整理数位顺序表）

活动三：教师让学生在练习本上继续完善数位顺序表，并让同桌之间相互考查数级、数位的位置以及个级、万级、亿级的定义。

【设计理由】在旧知识的基础上,让学生动手去画数位顺序表,并层层引导学生探索新知,可以培养学生分析、解决问题的能力。

③拓展延伸

师:我们之前学过,一个数占有几个数位,我们就称它为几位数。那么,在2020年全国第七次人口普查的数据中,北京市人口数据21 893 095是几位数呢?

预设学生回答:8位数!

师追问:在数位顺序表中,如果将21 893 095中每个数字对应到相应的数位下方,那么21 893 095中从左向右的第一个9在哪个数位呢?

预设学生回答:万位!

师继续追问:这个“9”表示9个什么? 其他数位上的数各表示什么?

预设学生回答:表示9个万;21 893 095中(从左到右)的“2”表示2个千万,“1”表示1个百万,“8”表示8个十万,“9”表示9个万,“3”表示3个千,“0”表示0个百,“9”表示9个十,“5”表示5个一。

活动四:教师请学生尝试着读21 893 095这个大数,并进行指导。

【设计理由】在学习完新知识的基础上,将生活实例巧妙地与新知识结合,帮助学生学会运用新知识解决实际问题;在学生初步掌握数位、数级概念的基础上,引导学生将大数的读法与旧知识中五位数以下的读法联系起来,既培养了学生举一反三的学习能力,又为下节课的教学埋下伏笔,建立了新旧知识之间的联系,形成了一套知识体系。

④课堂小结

活动五:教师让学生拿出各自的计数器,结合多媒体课件中的问题,在计数器上拨数,且同桌之间互查,之后教师进行演示。

活动六:教师带领学生回顾课堂内容,并进行小结。

课堂总结:万以上的计数单位分别是十万、百万、千万、亿;每相邻两个计数单位之间的进率都是10的计数方法,叫作十进制计数法;计数单位按照一定的顺序排列起来,它们所占的位置叫作数位,按照我国的计数习惯,从右起也就是从个位起每四个数位为一级,个位、十位、百位、千位是个级,表示多少“个”;万位、十万位、百万位、千万位是万级,表示多少个“万”;亿位和亿位以上的数位是亿级,表示的是多少个“亿”。(结合板书和课件)

【设计理由】运用新知识进行练习,可以帮助学生进一步提高对新知识的运用能力,加强对新知识的掌握;通过课堂总结,可以帮助学生加深对新知识的记忆。

⑤布置作业

教师布置作业：请同学们自己尝试着读一下2020年我国人口普查的数据，下节课我们请同学来试读，期待下节课我们对大数读法的进一步学习。

【设计理由】课后作业可以帮助学生进一步加深对新知识的理解和运用，提高学生解决问题的能力。

28.（1）Teaching key points

①Students can master the usage of new adjectives.

②Students can learn to use the new knowledge just learned in class to introduce their friends.

Teaching difficult point：Students can describe their friends to others briefly.

（2）①Students can master new words：friendly，tall，strong，thin.

②Students can describe or introduce a friend by using some adjectives.

③Students' awareness of caring about friends can be cultivated and their friendship can be enhanced.

④Students can be willing to cooperate with other classmates.

（3）导入和操练环节

Lead-in：

Describe a few kinds of animals and ask students to figure them out.

For example：

Its body is very small. It has a short tail and long ears.（Rabbit）

Students who give the answer quickly and correctly will get a sticker of the animal.

【设计理由】猜谜游戏可以激发学生的学习兴趣，吸引他们的注意力。带领学生复习"big，small，long，short"等旧词，无形中与要学的新词建立了联系。

Practice：

Ask one student to stand in front of the class with eyes covered.

One student says"Hello，I'm your new friend."The others ask the front one"What's his/her name?"The front one should answer the name，and describe the features of the new friend using new words. If the front one is not sure，he/she can ask the others"Is he/she...?"and get the answer"Yes."or"No."And the game will be played several times. Those who guess the name quickly and describe the features correctly will be praised.

【设计理由】猜朋友的游戏能够使全体学生都参与其中，极大地调动全班学生学习的积极性与主动性。同时,在真实的语境中操练新学的知识,能够加深学生对新知的印象。通过描述“新朋友”的特点,学生之间的友谊能够得到增进。

29. (1)《小红帽》是一首在世界范围内广泛流传的巴西儿童歌曲,C大调,$\frac{2}{4}$拍。歌词以第一人称讲述了“小红帽”的故事。歌曲旋律流畅,音乐形象既有统一又有对比。歌曲由六个乐句组成,音乐材料比较简单,六个乐句中有五个乐句以“12345”级进式旋律开始。除第五乐句外,其他几个乐句都围绕第一、第二乐句的材料展开。歌曲第一、第三乐句旋律基本相同,第二、第四乐句旋律相似,而第六乐句则完全重复第四乐句。只有第五乐句与其他几个乐句形成对比关系,但第五乐句的音乐材料又与第三乐句有一定的关系。

(2)教学目标

①审美感知、文化理解:通过聆听歌曲,感受歌曲所要表达的情绪,能够分清善恶。

②创意实践:会用打击乐器给歌曲伴奏。

③艺术表现:有感情地演唱歌曲,在童话王国中尽情地享受音乐带来的快乐,同时还要学会唱旋律的唱名。

(3)导入环节

①同学们,欢迎大家来到快乐的音乐小屋,希望音乐会带给你们快乐。今天老师想带大家到快乐的农场里去转转。(播放课件《快乐的农场》)教师和学生跟随音乐一起模仿小动物。

【设计理由】让学生边听着音乐边模仿农场里的小动物,激发学生的学习兴趣。

②刚才我们去农场里面转了一下,和农场里的小动物都成了好朋友,大家高兴吗?今天老师还想带大家到童话王国里转转,大家想去吗?

(播放《小红帽》动画片)

看完故事,你懂得了什么道理呢?

【设计理由】在观看动画片的同时可以集中学生的注意力,也把德育渗透给了学生。

③我们今天就来学习童话故事《小红帽》改编的歌曲《小红帽》。(板书课题《小红帽》)

30. (1)教学重难点

教学重点:转体引臂,蹬地转体。

教学难点:动作连贯,摆臂与蹬地协调配合。

(2)教学目标

①95%的学生掌握单手投掷技术要领,并能够运用到实际的游戏当中。

②通过练习,掌握单手投掷轻物的正确技术动作,发展灵敏、柔韧、协调性等身体素质,发展上肢力量。

③通过单手投掷学习,养成团结协作、积极向上的品质,养成终身体育的意识和习惯。

(3)练习方法

①学生分成甲乙两队分别在老师指定的位置两两对立,用沙包进行投掷。

【设计理由】两两对立,学生可以分别捡取对方的沙包,节约练习的时间,增加练习的次数,巩固技术要领。

②指定红色投掷区域,学生用沙包在指定位置投掷,投中指定红色区域5次过关,所用次数最少者获胜。

【设计理由】单人投掷有助于个别辅导,纠正学生动作的不规范之处。

③教师在场地上用小垫子设置障碍物,学生分成两组,一组穿越封锁线,另一组用沙包进行封锁,被沙包击中者淘汰,穿越封锁线人数多的小组获胜。

【设计理由】通过游戏,可以培养学生的灵敏性和协调性,以及团结协作能力。此游戏还可以在其他班级活动中展开,有助于培养学生积极开展体育运动的习惯。

31.(1)形体结构指的是形体占有空间的方式。形体以什么样的方式占有空间,就具有什么样的结构。例如,形体若以立方体的方式占有空间,它就有立方体的结构;若以圆球体的方式占有空间,它就有圆球体的结构;若以不同的形体穿插组合在一起的方式占有空间,它就有相应的较为复杂的结构。

(2)教学目标

①审美感知:了解元宵节放花灯的由来,以及各类花灯的艺术特点。

②艺术表现、创意实践:通过看一看、试一试等活动环节,掌握制作花灯的基本方法和要领,感受花灯作品的工艺特点。

③文化理解:培养耐心、细致的学习态度,相互合作的工作作风和对民间传统艺术的热爱之情。

(3)教学过程

①故事导入,揭示课题

元宵节的时候,民间不仅吃元宵,还闹花灯呢,其实,元宵节闹花灯的风俗由来已久。传说玉帝养了一只鹅,它在凡间玩的时候被人类打死了。玉帝非常生气,决定在元宵节那天放火烧死人类。聪明的人类知道了,就在元宵节那天挂灯,把放火的武将骗了回去。所以,元宵节放花灯就成了风俗。那今天我们就来学习《闹花灯》一课。板书课题——闹花灯。

②作品欣赏与制作

A. 教师出示一个花灯成品,请学生上台将它一步一步地拆开,引导学生观察、逆向分析花灯的制作过程,教师做适当的示范。

B. 欣赏花灯作品,提问:

a. 这些作品的选材、造型和装饰分别有什么特色?

b. 这些花灯和民间花灯作品有什么不同?

c. 你能试着做一个花灯吗?

C. 图示简易手工制作花灯的方法,随后学生进行制作。

a. 将图片对折后再摊开。

b. 沿裁剪线小心地剪下。

c. 在粘贴处涂上胶水或粘上双面胶。

d. 粘好后从上下往中间轻轻地挤压一下。

e. 对花灯进行装饰。

③课堂延伸

A. 你还能想出用什么材料来制作花灯呢?

B. 你们想知道其他的民间风俗吗? 回家后让长辈们讲给你们听。

④课堂小结

同学们制作的花灯都非常漂亮,花灯是装点节日气氛的重要装饰,今年的元宵节,我们自己制作的花灯就可以挂在家里了,你们觉得好看吗?(学生回答)

同学们回家还可以教一教自己的爸爸妈妈,做出更多花样的花灯装点自己的家。

国家教师资格考试预测试卷(十五)

一、单项选择题

1. A **【解析】**《学记》(收入《礼记》)是中国也是世界教育史上的第一部教育专著,成文大约在战国末期。

2. B **【解析】**在影响人的身心发展的因素中,教育对人的发展特别是对年青一代的发展起着主导作用和促进作用。

方法技巧:考生注意掌握遗传、环境、教育、个体主观能动性在个体身心发展中的地位。

遗传——物质前提;环境——提供多种可能性;教育——主导和促进作用;个体主观能动性——决定性因素,起决定作用。

3. D 【解析】教师劳动的复杂性主要表现在:(1)教育目的的全面性;(2)教育任务的多样性;(3)劳动对象的差异性。题干中教师的教育任务具有多样性、教育目的具有全面性,教师不仅要教书,还要育人,这体现了教师劳动复杂性的特点。

4. D 【解析】发散思维是指人们解决问题时,思路朝着各种可能的方向扩散,从而求得多种答案,如"一题多解""一事多写""一物多用"等。

5. D 【解析】泰勒提出了关于课程开发的四个问题,即确定教育目标、选择教育经验、组织教育经验、评价教育计划。他认为一个完整的课程开发过程都应包括这四项活动。泰勒原理的实质是以目标为中心的模式,因此又被称为"目标模式"。

6. A 【解析】榜样示范法是用榜样人物的优秀品德来影响学生的思想、情感和行为的德育方法。王老师讲述"负荆请罪"的故事,让学生以廉颇为榜样,改正自己的行为,这属于榜样示范法。

7. D 【解析】指压止血法、加压包扎止血法、止血带止血法都是现场急救时有效的止血方法。结扎止血法属于手术中使用的止血方法。

8. B 【解析】性格是指人的较稳定的态度与习惯化了的行为方式相结合而形成的人格特征。题干中的勤奋努力、细致严谨、诚实可信是后天形成的性格特征。

9. D 【解析】根据加德纳的多元智力理论可知,人际智力是指与人交往并和睦相处的能力。该智力高者善于处理人际关系。

方法技巧:考生可结合下表记忆加德纳提出的多元智力理论。

智力	典型人物	智力高者的表现
言语智力	作家、演说家	能说会道、妙笔生花
逻辑—数理智力	数学家	逻辑分析能力强,数学运算水平高、用科学方法调查问题的能力强
视觉—空间智力	画家、雕塑家、建筑师	对色彩、线条、形状、空间及它们之间的关系感知敏锐,空间想象能力强,方向感好
音乐智力	作曲家、音乐家、歌唱家	声音感知敏锐,节奏感强,音乐表现能力强
运动智力	舞蹈家、运动员、外科医生	肢体控制能力强,平衡性、协调性好
人际智力(社交智力)	推销员、教师、心理咨询师、政治家	善于处理人际关系,善于与人交往
自知智力(内省智力)	神学家、哲学家、心理学家	擅长独立思考,认识深刻,目标、规划清晰
自然智力	植物学家、生态学家	善于辨别自然界各种事物的形态、对自然现象理解深刻、对环境关注度高
存在智力	哲学家	喜欢思考关于生命、死亡与终极本质相关的问题

10. B 【解析】习得性无助是指由于连续的失败体验而导致个体产生的对行为结果感到无力控制、无能为力的心理状态。根据题干描述可知，小明学习非常努力，但成绩总是不理想，他觉得自己非常失败，从而长期陷入了一种被动、退缩、无动力的状态，因此这种心理反应属于习得性无助现象。

11. D 【解析】奥苏伯尔提出了“先行组织者”的概念，即先于某个学习任务本身呈现的一种引导性学习材料，它要比学习任务本身有较高的抽象、概括和综合水平，并且能够清晰地与认知结构中原有观念和新任务关联起来。题干中“三角形”的概念等级高于“等腰三角形”，并且二者存在一定的关联。因此，题干中的做法符合先行组织者策略。

12. C 【解析】组织策略是为了整合所学新知识之间，新旧知识之间的内在联系，形成良好的知识结构的策略。组织策略主要有归类策略和纲要策略。其中，归类，也叫群集，是把材料分成小单元，再把这些单元归到适当的类别里。题干中按偏旁部首对汉字进行归类运用的是组织策略中的归类策略。

13. C 【解析】亚里士多德在教育史上首次提出了“教育遵循自然”的观点，主张按照儿童心理发展的规律对儿童进行分阶段教育，提倡对儿童进行和谐的教育，成为后来全面发展教育的思想源泉。

14. A 【解析】间接经验与直接经验相结合(间接性规律)主要是指：教学活动是学生认识客观世界的过程，要以间接经验为主、直接经验为辅，将二者有机结合起来。书本知识一般表现为概念、定理、原理等，这对学生来说是间接经验。学生要把这些知识转化为自己的知识，必须以个人以往积累的或现时获得的感性经验为基础。因此，学生学习间接经验要以直接经验为基础，这就要求教师要根据教学需要充分利用和丰富学生的直接经验。题干中张老师在教学中充分利用学生的已有经验，丰富学生的感性认识，其做法体现了间接性规律的内涵。

15. B 【解析】演示法是指教师通过展示实物、直观教具，进行示范性实验或采取现代化视听手段等，指导学生获得知识或巩固知识的方法。老师让学生观察蚕宝宝，属于演示法中的实物直观演示。讨论法是全班或小组成员在教师的指导下，围绕某一中心问题发表自己的看法和见解，从而进行相互学习的一种方法。题干中的老师让学生在全班交流学习成果，这体现了对讨论法的运用。

易错提示：谈话法与讨论法的概念是容易混淆的知识点，考生可结合以下示意图进行理解掌握。

谈话法：教师 $\xleftrightarrow{\text{交流互动}}$ 学生

讨论法：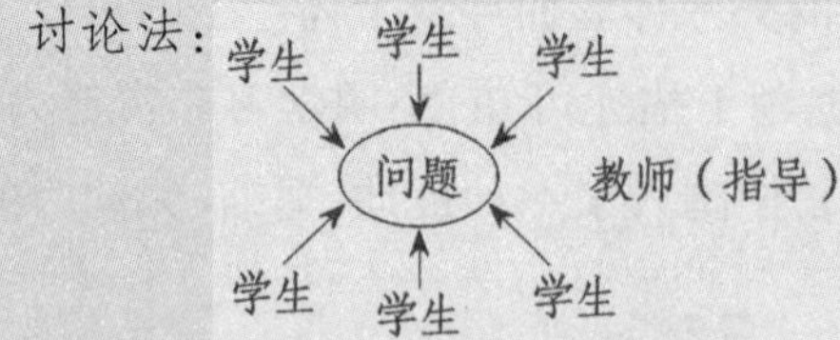

16. D 【解析】美国教育心理学家布卢姆将教学目标分为认知、情感和动作技能三个领域，每一领域的目标又从低级到高级分成若干层次。其中，认知领域的教学目标从低到高分为知识、领会、运用、分析、综合、评价六级。因此，认知领域的最高级目标是评价。

方法技巧：关于认知领域的教学目标的六级水平，从低到高可记忆为"知领用，分合评"。

17. B 【解析】相对性评价又称为常模参照评价，它主要依据学生个人的学习成绩在该班学生成绩序列或常模中所处的位置来评价和决定他的成绩的优劣，而不考虑是否达到教学目标的要求。题干中陈浩期中语文成绩在班上属于"中等水平"，这种评价属于相对性评价。

易错提示：相对性评价、绝对性评价和个体内差异评价是易混点。考生在区分这三种评价类型时，可把相对性评价理解为"看位置"，绝对性评价理解为"看标准"，个体内差异评价理解为"看自己"。

18. A 【解析】微格教学指以少数的学生为对象，在较短的时间内(5~20分钟)，尝试做小型的课堂教学，并把这种教学过程摄制成录像，课后再进行分析。这是训练新教师、提高其教学水平的一条重要途径。题干中赵老师所用的方法是微格教学。

19. A 【解析】从众是指人们对于某种行为要求的必要性缺乏认识与体验，跟随他人行动的现象。题干描述的现象是从众效应的典型实例。

B项，在管理学领域，"雁阵效应"指一个团队要有能发挥领头雁的作用的人，加上其他成员的团结协作，这个团体才能走得更远。

C项，鲇鱼效应是指在群体中被对手激活的现象。

D项，蝴蝶效应是指初始非常微小的变化，会造成未来状态巨大改变的现象。

20. C 【解析】故事导入是教师通过讲解与所要学习内容有关的故事、趣事，进而引发学生学习动机的一类教学导入形式。教师根据学生喜欢听有趣、好玩、新奇、情节生动的故事的心理，通过绘声绘色的故事抓住学生的注意力，进而引发学生的好奇心，使其投入学习。题干中教师通过讲述与教学内容有关的故事、寓言、传说等，激发学生的学习兴趣，使学生更加自觉主动地进行学习，这种导入方式称为故事导入。

二、简答题(参考答案)

21. 简述问题解决的一般过程。

(1)发现问题;(2)理解问题;(3)提出假设;(4)检验假设。

22. 简述小学班主任工作的内容。

(1)了解和研究学生;(2)组织和培养班集体;(3)建立学生档案;(4)进行个别教育工作;(5)组织班会活动;(6)协调各种教育影响;(7)操行评定;(8)班主任工作计划与总结。

23. 简述社会政治经济制度对教育发展的制约作用。

(1)社会政治经济制度决定教育的领导权。(2)社会政治经济制度决定受教育权。(3)社会政治经济制度决定教育目的。(4)社会政治经济制度决定着教育内容的取舍。(5)社会政治经济制度决定着教育体制。(6)社会政治经济制度制约教育的改革与发展。(7)教育相对独立于社会政治经济制度。

三、材料分析题(参考答案)

24. (1)主要原因:

①盲从优秀教师的教学经验,缺乏对自己教育实践的反思。田雨老师在教学过程中只是一味地学习优秀教师的经验,没能经常进行自我反思,没有发现自己教学实际中存在的问题,没有及时进行调整。

②田雨老师违背了教师主导作用与学生主体作用相统一的教学规律。她在教学过程中只强调发挥自己的主导作用,即自己去向老教师请教和观看精品课程视频,而忽视了发挥学生的主体性,没有深入了解所教学生的特点,没有针对学生的特点进行教学。

③田雨老师违背了因材施教的教学原则。因材施教的教学原则要求教师要了解学生,从实际出发进行教学,田雨老师在教学过程中只是一味地去模仿优秀教师和精品课程,而没有针对学生的个性特点、教学目的和教学内容去采取适宜的教学手段,教学缺乏针对性。

④田雨老师在教学过程中积极学习,一味地钻研教材和设计教法,而没有做到全面了解学生。她首先要考虑学生总体的年龄特征,熟悉他们身心发展的特点;其次要了解学生个体的能力水平、学习态度和兴趣特点。此外,还要了解班级的一般状况,如班纪、班风等。

(2)建议:

①田雨老师应在教学工作中经常进行教学反思,做教育教学的研究者,利用反思日记、交流讨论、行动研究等方法及时总结教学过程中的问题,以便及时改进教学。

②田雨老师在教学过程中要坚持教师主导作用与学生主体作用的统一,在发挥教师主导作用的同时,要充分调动学生学习的积极性,做学生学习的促进者和引导者。

③田雨老师在教学过程中要去深入了解本班学生的特点,全面掌握所教学生的知识基础和心理特点,从而有针对性地进行教育。

④田雨老师要主动与学生进行沟通和交流,深入到学生之中,建立良好的师生关系,从而促进教学活动顺利进行。此外,田雨老师要重视学生学习的检查与评定,而不仅仅是上课。

25.(1)材料中教师采用了如下两种教学方法:

①实验法。实验法是指教师引导学生使用一定的仪器和设备,进行独立操作,引起某些事物和现象产生变化,从而使学生获得直接经验,培养学生技能和技巧的教学方法。学生在教师的指导下,使用啤酒瓶和水,进行观察、测量和分析,从而获得啤酒瓶容积的测量方法,体现了对实验法的运用。

②发现法。发现法又称探索法、研究法,是指学生在教师指导下,对所提出的课题和所提供的材料进行分析、综合、抽象和概括,自行发现并掌握相应的原理和结论的一种教学方法。学生在王老师的引导下,独立研究,主动进行探索,体现了对发现法的运用。

(2)①材料中的王老师在认真反思之后转变了教学思路,从"教会学生知识"向"教会学生学习"转变,在学生学习方式转变中起促进作用,对学生学习方式的改变产生了重要的影响。

②新课程改革要求教师应该是学生学习的促进者。教师应该提高自身素质、更新观念、转变角色,教学行为也应产生相应的变化。在对待师生关系上,要尊重、赞赏学生;在对待教学关系上,要帮助、引导学生;在对待自我上,要多进行反思。在整个教学过程中,教师应创设启发诱导的环境,提供材料、线索,引导学生观察、思考,让学生通过自己的活动去探索、发现知识。在此过程中,培养学生的创新精神和实践能力,实现从"以教育者为中心"到"以学习者为中心"的转变。在教学过程中,教师要指导学生掌握基本的学习过程,指导学生了解学科特征。同时,教师也要掌握学科研究方法,培养学生良好的学习习惯。

四、教学设计题(参考答案)

26.(1)这是一篇精读课文,讲的是生活在乡下的两个小朋友(兄弟俩)的故事,通过兄弟俩在草地上玩耍时"我"的发现,讲述出草地和蒲公英给他们带来了探索、发现的喜悦。课文的情节描写真实生动,描写孩子天真和调皮的语句具有感染力;课文以孩子的眼光和心理,用修辞手法,形象地讲了草地、蒲公英颜色的变化,进一步抒发了对草地、蒲公英的喜爱之情。课文内容简单明了,运用平实但温暖的语言表达出作者对大自然的热爱之情,描绘了大自然给人们生活带来的快乐。

(2)①会认、会写课后要求的生字,结合语境和生活实际理解"一本正经、使劲、引人注目、观察”等词语的意思。

②有感情地朗读课文，初步体会课文中一些词句在表情达意方面的作用。

③感受课文的意境之美及大自然带给孩子们的快乐。

④读懂课文内容，培养热爱大自然的感情，增强观察自然、了解自然的意识。

(3)《金色的草地》教学思路与方法

①设疑激趣，导入课题

A. 在你的心目中，草地是什么样子的？

B. 大家见过金色的草地吗？老师今天就带大家去看一看那金色的草地到底是什么样子的。

C. 板书课题。

②朗读课文，初步感知

A. 想亲自在那金色的草地上走一走吗？那可不能两手空空呀！让我们带上生字宝宝去看看。

a. 选择自己喜欢的方式自由读课文，注意读准字音，读通句子，遇到难读的字、句就多读几遍。

b. 利用生字卡片与同桌合作学习，你指我认，互读互查生字掌握情况。

c. 师生合作，讲解课文中的生字词。

B. 探究草地之谜。

a. 多种形式读课文第一自然段。(指名读、女生读、齐读)

b. 说说你读懂了什么，发现了草地的什么秘密呢？用手中的笔把它标记出来。

c. 草地为什么会变色呢？

d. 同桌互相交流。(指导朗读，配表情读，带上动作读等)

e. 作者为什么会发现草地会变颜色草地变色的原因是什么呢？

教师总结：其实大自然中还有许多好玩有趣的现象，只有细心观察的小朋友才能发现它们的奥秘。老师相信你们一定会像文中的小男孩一样，不仅发现它们的神奇之处，还能找到其中的奥妙！

C. 生字指导。

a. 投影出示田字格中的生字，指导学生认真观察。

b. 在书写时，你有什么地方要特别提醒大家吗？教师随机范写，学生书空。

c. 学生练习书写生字。

③再读课文，细读感悟

A. 细读第二自然段。

a.“我”和弟弟觉得玩蒲公英可有趣了,“我们”怎么玩的?请大家各自放声读一读,然后同桌间互相边说边演一演。

b.想象、描述。想象一下,当时草地上空会出现怎样的情景?学生描述。

c.把这兄弟俩玩乐的情景生动地描述出来。

B.细读第三自然段。

a.草地为什么会变色呢?大家各自轻声读课文,共同探究这个奥秘。

b.指名说说草地早晨、中午、傍晚各是什么颜色的。

c.小组讨论,探究草地会变色的原因。

d.小作者也通过自己的仔细观察,发现了这片草地的秘密,多么兴奋啊!请你想想画面:他迫不及待地跑进家门,把这一切告诉弟弟谢廖沙!请你学着哥哥的口吻,和弟弟说说你的发现。

C.细读第四自然段。

a.自由轻声朗读最后一个自然段,你能从这短短的几句话中感受到小作者对这片草地怎样的感情呢?

b.潜心品评,多元解读。你认为哪一句话最能表达小作者的感情?请你好好地读一读最后一个自然段。(教师指导学生有感情地朗读)

④课堂小结,内容升华

A.谈一谈:为什么这些并不引人注目的草地,在“我”的眼睛里却是那么的可爱、有趣?仅仅是因为草地给“我”和弟弟带来了快乐吗?

B.总结:是呀!正是因为“我”对这片草地的爱,才能让“我”感受到草地给“我”带来的快乐,正因为这些快乐使“我”更爱这片草地。

⑤课后作业

A.如果你喜欢积累,请把课文中你喜欢的语句抄下来。

B.如果你喜欢表演,请和你的小伙伴一起体验一番兄弟俩草地玩耍的乐趣。

C.如果你喜欢创作,请选择一个或几个季节,续写这片草地带给兄弟俩的快乐。

27.(1)小数乘法的法则

先按照整数乘法的计算法则算出积,再看因数中共有几位小数,就从积的右边起向左数出几位,点上小数点;如果位数不够,就用“0”补足。

(2)教学目标:

①理解小数乘小数的算理,掌握小数乘小数的一般方法,能够熟练地进行笔算。

②经历将小数乘小数转化为整数乘整数的过程,认识到转化的方法是学习新知识的工具。

③体会小数乘法在生活中的广泛应用,培养数学思维,激发学习数学的兴趣。

教学重点:小数乘小数的算法及算理。

(3)教学环节设计

①引导学生自主学习

教师提问(多媒体出示例3图):同学们从图上看到了什么?要解决什么问题?解决这个问题的条件具备吗?

学生回答:要解决的问题是刷完长方形宣传栏共需要多少千克的油漆,所以要先计算长方形宣传栏的面积,知道长方形宣传栏的长是2.4米,宽是0.8米,就能计算出长方形宣传栏的面积;知道每平方米要用油漆0.9 kg,就能计算出共需要多少千克油漆。

②同桌两人一组合作探究两个因数都是小数的乘法怎么计算

同学们先各自列竖式计算2.4×0.8的积,教师巡视、指导。选出几位同学将自己的计算过程写在黑板上,并简述其中的道理。

可能的方法有:

A. 2.4米=24分米 0.8米=8分米 24×8=192(平方分米)

通过单位换算得出192÷100=1.92(平方米),因此2.4×0.8=1.92(平方米)。

B. 2.4扩大到它的10倍是24,0.8扩大到它的10倍是8,24×8=192,192缩小为原数的1/100:192÷100=1.92,因此2.4×0.8=1.92。

教师及时给予评价和鼓励,然后指导学生看书,着重让学生说一说“2.4×0.8”的计算原理。

③巩固小结:组织学生探索因数和小数乘积的位数关系

教师出示2.4×0.8的竖式计算与1.92×0.9的竖式计算。

提问:两个算式中因数各共有几位小数呢?积呢?各式的因数与积之间有什么关系?

对学生的回答给予鼓励并补充完整:第一个算式中因数共有两位小数,积也是两位小数;第二个算式中因数共有三位小数,积也是三位小数,两个算式中各个式子的因数的小数位数与其乘积的小数位数相同。

28. (1)情境创设一般有以下几种。

①实物法。实物有很强的直观性,不但能快速引起学生的注意,而且能让学生自然而然地和现实生活联系起来。这些实物包括报纸、杂志、照片、漫画、地图、电影海报等。

②故事法。故事法是通过讲故事创设教学情境的方法。教师可以把教学中涉及的新知识点融入故事中讲述。

③生活化法。学生在完成真实生活任务的同时进行语言的操练和交流,可以得到真实的生活体验,有效达到教学目的。

④游戏法。游戏法即组织学生通过生动有趣的游戏活动创设情境的方法，常用于小学中低年级教学情境的创设，具体包括识字游戏、Bingo游戏、生活游戏、地理游戏、历史游戏等。用该方法创设情境不仅能使抽象的教学内容形象化，更能使学生获得有趣的学习体验。

⑤此外，还有实验法、演示法、表演法、比喻法、形象渲染法等。

(2)教学目标

①Students are able to ask and describe the position of an object in our daily life by using "Where is my..."and"It's in/on/under...".

②Students can get the main idea of the material.

③Students can not scatter their personal belongings everywhere.

④Students can increase their interest in learning English.

(3)教学活动

Step 1 Warm-up/Revision

Ask students to listen to the song *On In Under* By and discuss the words describing the position of an object in the song.Then, guide students to do the relevant actions.

【设计理由】呈现新知前，让学生听一首有关新课内容的歌曲，不仅能让学生熟悉方位介词的含义，还能活跃课堂气氛。

Step 2 Presentation

①Watch a video with questions.

T: Zhang Peng and John are going home. What are they looking for? Let's have a look. Before watching, please read these two questions.

Q1: Where is Zhang Peng's pencil-box?

Q2: Where is Zhang Peng's pencil?

②Students answer the questions and read after the video.

③Students in groups role-play the dialogue.

【设计理由】介绍对话背景，让学生带着问题观看视频，熟悉本节重点句型。

29.(1)歌曲《童心是小鸟》为大调式，$\frac{3}{4}$拍，二段体结构。第一乐段共有四个乐句，采用了排比句式，节奏基本相同，曲中含有的附点音符和休止符极富有特点，使得旋律欢快、跳荡，将我们带入了诗一般美丽的孩子天地里，表现了孩子们像小鸟一样自由自在、幸福快乐的心情。中间插入的4小节衬词"啦啦啦"是上下段的连接，曲调轻盈跳跃，进一步抒发了孩子们喜悦欢乐的心情。紧接着第二乐段在节奏上作了变化，旋律变得优美而舒展，唱出了少年儿童无比欢乐的童年生活，尾声结束在主和弦的五音上，给人以余音缭绕、回味无穷之感。

(2)审美感知、文化理解：通过学唱歌曲，感受童真、童趣，激发对生活的热爱之情。

创意实践：在实践中学习$\frac{3}{4}$拍的知识，并表现三拍子的韵律感。

艺术表现：能带着欢快的情绪、自然的声音完整演唱歌曲。

(3)教学环节

①出示节奏。

$\frac{3}{4}$ XX XX X | X X 0 | X X· X | XX X – ‖

我有一只鸟 飞 呀(咦) 飞 走 了 飞走了

教师加声势念节奏。

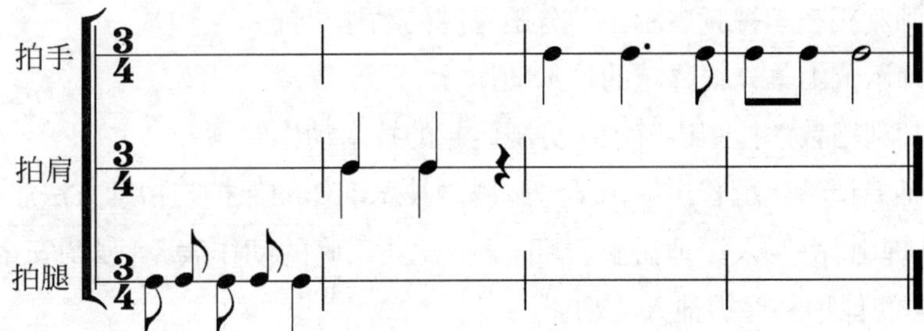

提示：符干朝下用左手拍左腿(肩)，符干朝上用右手拍右腿(肩)。

②学生模仿。

③节奏接龙。

$\frac{3}{4}$ XX XX X | X X 0 | X X· X | XX X – ‖

教师：我有 一只 鸟 飞 呀(咦) 飞 到 了 哪里 去

学生：我有 一只 鸟 飞 呀(咦) 飞 到 了 (　　　)

伴随声势念节奏，教师念第一句，学生轮流用第二句回答，要求把“咦”放在心里，不出声。

④听全曲。

师：刚才游戏中的节奏在歌曲的什么地方出现，出现了几次？

(学生回答：游戏中的节奏和歌曲前面四个乐句基本相同，出现了四次。)

让学生仔细观察曲谱，前面四个乐句的节奏和游戏的节奏有什么不一样的地方？

(学生回答：第三个乐句的休止符是八分休止符。)

【设计理由】从游戏入手，在游戏中快速记忆，通过对比聆听帮助学生清晰了解歌曲曲式结构；用形象的语言和声势，提示“点”和“线”的不同韵律感，帮助学生体验歌曲的情绪变化,更准确地表达歌曲情绪。

30.(1)教学重、难点

教学重点:助跑与踏跳紧密结合;提臀、分腿、顶肩。

教学难点:助跑踏跳连贯、迅速有力;推手及时,抬上体。

(2)教学目标

①通过学习,知道山羊分腿腾越的动作要领,能基本掌握山羊分腿腾越的技术动作。

②通过练习,发展上肢力量和核心力量,提高身体协调性和控制能力。

③消除练习中的紧张情绪和恐惧心理,激发学习兴趣;在学练中,培养良好的交往与合作能力,提高自信心和安全意识。

(3)技术教学环节设计

①教师讲解并示范山羊分腿腾越的动作要领

A. 教师利用教学视频展示山羊分腿腾越的动作集锦。

B. 教师示范山羊分腿腾越的技术动作。

C. 教师利用教学挂图讲解山羊分腿腾越的技术动作要领。

D. 教师邀请学生配合讲解山羊分腿腾越技术动作的保护与帮助方法。

【设计理由】由浅入深地讲解,帮助学生建立正确的动作表象,强调安全注意事项,让学生学会自我保护和保护他人的动作。

②教师指导学生练习

A. 学生依次进行踏板试跳,教师做帮助与保护。

B. 学生依次进行踏板推山羊练习,教师做帮助与保护。

C. 教师再次强调动作要领,并做动作示范。

D. 学生依次做完整的山羊分腿腾越动作,教师做帮助与保护。

【设计理由】增加分解动作的练习,加强肌肉的动作记忆和安全意识,建立良好的动作基础。

③学生展示,教师纠错并指导

教师邀请学生展示,并对错误动作纠正和指导。

【设计理由】纠正练习中发生的错误动作,加深对正确动作的理解。

④教师指导学生练习

学生依次练习,练习过的学生依次做保护与帮助动作,教师在旁指导。

【设计理由】巩固练习,提高对技术动作的掌握程度,提高对保护与帮助动作的理解。

31.(1)印刷术是中国古代四大发明之一,东汉末年,出现了摹印和拓印。唐朝时期,人们从刻印章中得到启发,发明了雕版印刷术。但是雕版印刷术存在着一字刻错则全版需要重新刻等费时、费工、费料和不容易更改的缺陷。到了宋朝,雕版印刷业发展到全盛时期。为了克服雕版印刷的缺陷,宋代工匠毕昇发明了活字印刷术。

(2)教学目标

①审美感知:了解活字印刷的相关知识及制作方法。

②艺术表现、创意实践:理解简单的活字印刷原理,进一步提高实践能力和创新能力。

③文化理解:通过欣赏与体验等活动感受祖国的优秀文化,加深对祖国优秀文化的热爱之情。

(3)新课讲授

①欣赏活字印刷的相关视频

师:我国的四大发明是造纸术、指南针、火药、印刷术。今天老师把其中的一项发明带到了我们的课堂上,同学们想不想知道是什么呢?

生:想!

播放2008年北京奥运会开幕式的节目《活字印刷》视频。

【设计理由】由视频欣赏导入,既能让学生直观地感受本节课的内容,又能以形象的造型引起学生的兴趣。

②深入了解活字印刷的意义及制作原理和方法

师:有没有同学了解关于活字印刷的相关知识呢?

生回答,师总结:同学们都说得很好。活字印刷距今已有近千年的历史,是古代印刷史上一次伟大的技术进步,对人类文明起到了巨大的推动作用,有着"文明之母"的美誉。

师:毕昇发明了活字印刷,有没有同学知道毕昇发明的活字印刷的方法是什么呢?

生回答,师总结:毕昇发明的活字印刷的方法是用胶泥做成规格一致的毛坯,并刻上反体单字,用火烧硬,使其成为单个的胶泥活字模。胶泥活字版印刷不仅能够节约大量的人力物力,而且可以提高印刷速度和质量。即使是现代的凸版铅印,也仍然沿用这样的基本原理和方法。

【设计理由】引导学生深入学习、思索,了解活字印刷的背景以及与人们生活的关系,使学生理解活字印刷的内涵与寓意。

③观看活字印刷的过程,学生动手制作

师:下面我们通过一段视频,来看看活字印刷的整个流程。

教师播放视频。

师:看过视频后,现在我们知道活字印刷大致可以分为这样几步——刻字模、排版、印刷、揭起。接下来请同学们制作一个属于自己的作品吧!

学生制作,教师巡视。

【设计理由】在美术教学过程中,恰当地运用多媒体能激发学生的兴趣。让学生自己制作作品,可以提高学生的动手能力。

图书反馈

重磅！真题有奖征集！

「凡提供当年度考试真题者，根据真题完整度，可获得500元以内现金奖励。」

具体请联系QQ:1831595423

（温馨提示：所提供真题须是当年度考试真题，且真实有效。）

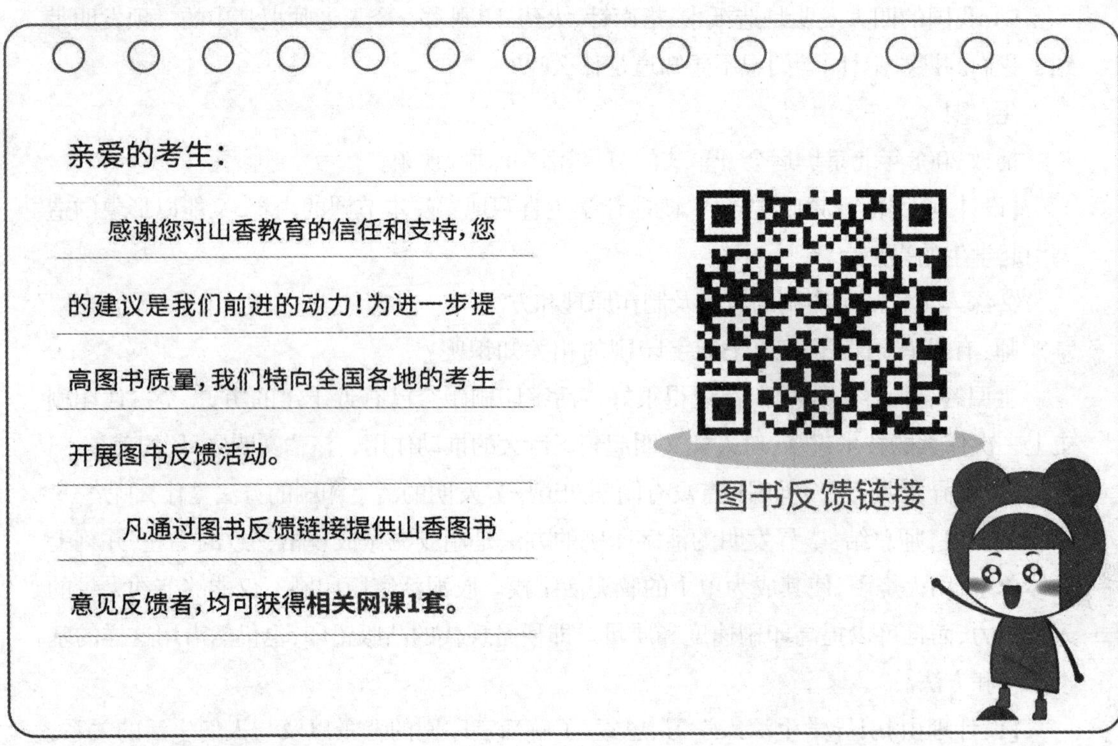

联系方式：400-600-3363　　研发部QQ：1831595423

招教网
招考资讯平台

山香官网
考编服务平台

山香网校
线上学习平台

图书订正链接
勘误更新平台